रुक्मिणी हरण

[उपन्यास]

कृष्णावतार-2

रुक्मिणी हरण

कन्हैयालाल माणिकलाल मुंशी

अनुवादक
ओंकारनाथ शर्मा

राजकमल प्रकाशन

ISBN : 978-81-7178-682-4

मूल्य : ₹ 995

पहला संस्करण : 1966
चौदहवाँ संस्करण : 2016
This book is printed on **Print on Demand** Technology : 2026

प्रकाशक : राजकमल प्रकाशन प्रा.लि.
1-बी, नेताजी सुभाष मार्ग, दरियागंज
नई दिल्ली-110 002
शाखाएँ : अशोक राजपथ, साइंस कॉलेज के सामने, पटना-800 006
पहली मंज़िल, दरबारी बिल्डिंग, महात्मा गांधी मार्ग, प्रयागराज-211 001
1, अनमोल सोराबजी सन्तुक लेन, धोबी तलाव, मरीन लाइंस, मुम्बई-400 002
वेबसाइट : www.rajkamalprakashan.com
ई-मेल : info@rajkamalprakashan.com

RUKMINI HARAN
Novel by K.M. Munshi

पूर्व भूमिका

यहाँ से इस कथा का नया खंड आरम्भ होता है। इसके साथ ही श्रीकृष्ण के जीवन-प्रसंगों के आलेखन की कठिनाइयाँ और अधिक बढ़ जाती हैं।

अपने जीवनकाल में ही जो प्रतिष्ठा के शिखर पर पहुँच गया था, उस नरोत्तम के सही जीवन-प्रसंगों को खोजकर उसका वर्णन करना अत्यन्त कठिन है। ऐसे पुरुषों के पराक्रम चमत्कार बन जाते हैं। उनके अनुयायी व्यक्ति-पूजक बन जाते हैं। उनके शत्रुओं को असुर समझा जाने लगता है।

श्रीकृष्ण की जीवनकथा के आलेखन का काम तो इससे भी हजार गुना कठिन बन गया है, क्योंकि अपने जीवनकाल में ही वे ईश्वर के अवतार माने जाने लगे थे। तीन हजार वर्षों से लोग उन्हें पूर्णावतार मानते आ रहे हैं। युगों से विविध भक्ति-सम्प्रदाय उनकी उपासना परम तत्त्व के रूप में करते आ रहे हैं। ऐसा लगता है कि मैंने एक ऐसा दायित्व ओढ़ लिया है, जिसे लगभग अशक्य कहा जा सकता है। जिन चमत्कारों तथा दिव्यशक्ति का आरोपण श्रीकृष्ण पर किया गया है, उससे उनका मानव रूप ढँक-सा गया है। मानव के लिए दुःसाध्य कहे जानेवाले चमत्कारों का एक गहरा रंग उनके जीवन की वास्तविक घटनाओं पर चढ़ गया है। फिर भी इतना तो कहना ही पड़ेगा कि उनमें दैवी शक्ति अद्‌भुत मात्रा में थी। दुर्भाग्यवश सदियों के अन्तर से रचे गए विभिन्न पुराणों ने अपने-अपने युग के अनुकूल प्रसंगों तथा मान्यताओं को उनकी ज़ीवन-गाथा में स्थान देने में संकोच नहीं किया।

श्रीकृष्ण के जीवन की सर्वाधिक प्रमाणित साधन-सामग्री 'महाभारत' में मिलती है। श्रीकृष्ण के बाल्यकाल के प्रसंगों का उसमें विस्तार से वर्णन नहीं है, फिर भी उनके बाल्यकाल के अधिकांश पराक्रमों का उल्लेख इस ग्रन्थ में देखने में आता है। इसके बाद कालानुक्रम में आता है 'हरिवंश'। ऐसा लगता है कि

श्रीकृष्ण के जीवन और पराक्रमों का वर्णन करने के लिए ही इस ग्रन्थ की रचना हुई है। व्यास के मूल महाभारत की रचना के बहुत समय बाद–सदियाँ बीत गईं, तब–इस ग्रन्थ की रचना हुई। परन्तु जिस परम्परा, विशेषकर मथुरा के यादवों की परम्परा, के आधार पर उसकी रचना की गई है, वह प्रमाणभूत मानी जा सकती है। उसके प्रसंग स्वाभाविक लगते हैं और उद्देश्य तथा प्रयोजन भी मानव सदृश, लौकिक प्रकार के दिखाई पड़ते हैं।

'वायु', 'विष्णु' तथा 'मत्स्य' पुराण में भी इस परम्परा का आलेखन किया गया है, परन्तु अत्यन्त संक्षिप्त रूप में। आठवीं सदी में रचे गए भागवत पुराण में हमें कृष्ण-पूजा का भक्ति सम्प्रदाय दृढ़ता से स्थापित होता लगता है। इसमें वर्णित प्रसंग प्रधानतया 'हरिवंश' से लिये गए हैं परन्तु इन प्रसंगों की नए सिरे से रचना की गई है, घटना के पूर्वापर सम्बन्धों को आगे-पीछे कर दिया गया है और इस ग्रन्थ की प्रधान भावना के अनुरूप हरसम्भव तरीके से उनके तारतम्य पर जोर दिया गया है। बहुत से प्रसंगों के मानव अथवा लौकिक भावों को पहचाना न जा सके, इस प्रकार उलटफेर भी कर दिया गया है। भागवत पुराण की शास्त्रग्रन्थ के रूप में बड़ी प्रतिष्ठा है और विश्व साहित्य के एक सर्वश्रेष्ठ काव्य के रूप में उसकी गणना की जाती है, परन्तु श्रीकृष्ण के जीवन-प्रसंगों की साधन-सामग्री के लिए वह 'हरिवंश' से भी कम उपयोगी है।

इतिहास अथवा दन्तकथाओं में वर्णित सभी पुरुषों में लोकोत्तर दैवी पुरुष के रूप में गिने जाने का जिसे सबसे विशेष अधिकार है और जो अन्य सभी की तुलना में उच्चतम जीवनयापन के लिए सर्वश्रेष्ठ पुरुष गिना जा सकता है, ऐसे श्रीकृष्ण के वास्तविक जीवन-प्रसंगों का संशोधन कार्य करने के लिए ब्रह्मवैवर्त्त जैसे उत्तरकालीन पुराण बिलकुल व्यर्थ हैं क्योंकि उनमें श्रीकृष्ण के जीवन-प्रसंगों में भाँति-भाँति की घटनाएँ तथा हेतु जोड़ दिए गए हैं।

पहले खंड में श्रीकृष्ण के बाल्यकाल के प्रसंगों का आलेखन किया गया है, जिसमें राधाविषयक प्रसंग के बारे में ऐतिहासिक आधार शंकास्पद होने पर भी उसका वर्णन किया गया है क्योंकि श्रीकृष्ण के साथ राधा का नाम इस प्रकार संलग्न हो गया है कि उसके उल्लेख के बिना काम चल ही नहीं सकता।

इस दूसरे खंड के लिए मैंने मुख्यतः 'हरिवंश' का आधार लिया है। इसमें भी श्रीकृष्ण के चमत्कारों का वर्णन है, फिर भी जिन आधारभूत प्रसंगों का उल्लेख इसमें किया गया है, वह प्रमाणभूत का ही अनुसरण करता है। यहाँ पर जिन्हें दिव्य और अलौकिक चमत्कार दिखाया गया है, उनमें मैंने मानव भाव तथा हेतुओं का दर्शन करने का प्रयत्न किया है। मैं आशा करता हूँ कि यह क्षम्य समझा जाएगा।

भगवान श्रीकृष्ण ने इस पृथ्वी पर जिस प्रकार अवतार लिया, जीवन व्यतीत

किया और विविध पराक्रम किए, उन सबका पुनः संस्करण कर उनके आलेखन को लगभग अशक्य कहा जा सके, ऐसा कार्यभार मैंने स्वयं पर लिया है और यदि इसमें मेरे द्वारा कहीं कोई प्रमाद हो गया हो तो मुझे विश्वास है कि भगवान श्रीकृष्ण मेरे इन दोषों को क्षमा करेंगे।

—लेखक

राजमुकट का त्याग

कृष्ण का अनुमान सही था। कंस का सहसा संहार हो जाने पर सभी स्तब्ध रह गए; फलस्वरूप नृशंस हत्याकांड एवं संभ्रम की जो सम्भावना थी, वह समाप्त हो गई।

क्षण-भर के लिए सभी किंकर्तव्यविमूढ़ हो गए। बाद में उन्हें घटना का सही भान हुआ और एक स्वर से सभी के कंठों से मुक्तिदायक उद्‌घोष फूट पड़ा, ''परित्राता का पदार्पण हो चुका है! अत्याचारी का अन्त हुआ, भविष्यवाणी सत्य सिद्ध हुई!''

मागधी सैनिक भी किंकर्तव्यविमूढ़ थे। जिस प्रतापी कंस की आज्ञाओं का पालन करते वे अघाते नहीं थे, उसका अन्त हो चुका था। उनकी अपेक्षा यादवों की संख्या अधिक थी। यद्यपि प्रद्योत को वे कंस का स्वामिभक्त सेनापति सदा से समझते थे, किन्तु उसने ही मागधियों के प्रधान वृत्रिघ्न का वध कर डाला था। सभी यादव आनन्दातिरेक से पुलकित हो उठे। सेनापतिविहीन उनके क्षुब्ध प्रतिपक्षियों में अब आक्रमण करने का साहस नहीं रहा।

यादवों के अगुआ, जिस शक्तिशाली तरुण ने मुष्टिक का मर्दन किया था, उसने यादवों को आक्रमण न करने का आदेश दिया। हाथ में विशाल गदा लेकर वह दोनों पक्षों के मध्य में खड़ा हो गया और आग्नेय नेत्रों से सभी को निहारता हुआ गरज उठा, ''अगर अब किसी ने अपना शस्त्र उठाया तो निश्चय ही मैं उसका शिरच्छेद कर डालूँगा।'' उसकी इस चेतावनी से सभी ने अपने शस्त्र भूमि पर डाल दिए। इसी बीच वसुदेव, जो अक्रूर एवं प्रद्योत से मन्त्रणा कर रहे थे, राज-अतिथियों के पास पहुँचे। शस्त्रों से सुसज्जित एवं अनुचरों के घिरे, सभी बड़ी अधीरता से यह प्रतीक्षा कर रहे थे कि आगे क्या होता है।

"राजोत्तम, आप सबको चिन्ता करने का कोई कारण नहीं। आप यादवों के भी सम्मान्य अतिथि हैं। आप सब मेरे साथ आएँ, मैं आप सबको राजमहल में ले जाऊँगा, यहाँ सभी के ठहरने की व्यवस्था की गई है। हम सब आपकी सेवा के लिए उपस्थित हैं!" वसुदेव ने कहा।

कंस के शव को महल में ले आने का राजप्रतिहारी को आदेश देकर अक्रूर शोकनिमग्न रानियों को सान्त्वना देने के लिए अन्तःपुर की ओर चल पड़े।

इसी बीच प्रद्योत ने राजमहल एवं नगर की सुरक्षा का भार सँभाल लिया था। उसने अपने सहयोगियों को शहर में शान्ति स्थापित रखने के लिए सदैव सचेष्ट रहने का आदेश दिया।

घेरा तोड़कर लोगों के दल के दल कृष्ण के आसपास एकत्र हो गए और हर्ष-ध्वनि के साथ 'जय कृष्ण', 'जय वासुदेव' पुकार उठे। कितनों ने भूमि पर गिरकर साष्टांग दण्डवत् किया, कितनों ने उसके चरण छुए। वह उनका तारणहार जो हो गया था।

शोकभरी दृष्टि से कृष्ण ने सभी को निहारा। कंस के रक्त से रंजित अपने हाथों को उसने ऊपर उठाया। सब शान्त हो गए। उसने कहा, "यह आनन्द और उल्लास का समय नहीं है। शान्तिपूर्वक कृपया सभी अपने-अपने घर जाएँ। यह शोक का समय है। हमारे राजा की मृत्यु हो गई है!"

कृष्ण की गम्भीर वाणी सुनकर सबने अपने-अपने घर की राह ली। बाद में कृष्ण वहाँ गया, जहाँ नन्द गोपों के साथ खड़े थे।

"हे तात्, मुझे मेरे इस कृत्य के लिए क्षमा करने की कृपा करें!" नन्द के चरणों में गिरते हुए कृष्ण ने कहा, "दुष्ट का अन्त एक दिन होना ही चाहिए। यही विधि का विधान है।"

"कृष्ण, मेरे प्रिय पुत्र!" भावविभोर हो नन्द ने कहा, "शत्-शत् वर्ष जियो मेरे गोविन्द!" कृष्ण के मित्र उद्धव ने उसे धोती निकालकर पहनने को दी। मामा की मृत्यु पर शोक-चिह्नस्वरूप धोती पहनना आवश्यक था। ऐसे अवसर पर अन्य वस्त्र धारण करना वर्जित था।

कृष्ण ने कहा, "पिताजी! आप अपने शिविर में पधारें। मैं मामा की अन्त्येष्टि करके शीघ्र ही आता हूँ।"

उत्तल से उतरकर देवकी अन्तरावेदी पर आईं। उनकी दृष्टि कृष्ण पर स्थिर हो गई।

चाणूर ने जब कृष्ण को युद्ध के लिए ललकारा था तो उसका हृदय भय से प्रकम्पित हो उठा। पच्चीस वर्षों की लम्बी अवधि, जब से वह सुहागन बनी, उसने शोक-शैया पर ही काट दी। उसका सम्पूर्ण जीवन दुख की छाया में बीता था।

कितनी क्रूरता से उसकी सन्तानों का वध होता रहा! उसके स्मरण मात्र से वह भय से विचलित हो उठी। अत्याचारी भाई के भय से उसके दो पुत्र विचित्र परिस्थितियों में पल रहे थे। इसी विश्वास पर वह अब तक जी रही थी कि 'मेरा आठवाँ पुत्र एक दिन अवश्य मेरे पास आएगा।'

साँस रोककर वह इसी घड़ी की प्रतीक्षा कर रही थी। क्षण मात्र के लिए भी वह अपने हृदय से यह बात नहीं निकाल सकी थी। नन्हे-से पालने में नन्ही-सी स्वर्ण-प्रतिमा को वह झुलाती रहती, जैसे वह प्रतिमा ही उसके विश्वास का आधार-स्तम्भ हो। वह उस प्रतिमा को ही जीता-जागता कृष्ण समझती। उसे लगता,...जैसे उसके साथ वह हँस रहा है, खेल रहा है, ठनगन कर रहा है, अपनी सुकोमल भुजाओं में उसे लपेट लेने का प्रयास कर रहा है और बालसुलभ क्रोध के पश्चात् उसकी गोद में छुप रहा है...उसके जीवन-जगत् में बस दो ही प्राणी थे, एक वह और दूसरा उसका लाडला कृष्ण। आशा की मिटती-उभरती ज्योति में वह किसी अटल विश्वास के सहारे प्रतीक्षा कर रही थी—कृष्ण के आने की।

उसे यह भी बताया था कि भविष्यवाणी सत्य सिद्ध होने के पूर्व कृष्ण उसके पास नहीं आएगा। ऐसा करने से उसके अनिष्ट की पूरी सम्भावना है। इसलिए वह इस घड़ी की प्रतीक्षा साँस रोककर कर रही थी।

यादव सरदारों में मतभेद की लपटें किस भयानकता से उठ रही हैं, यह बात उसके कुलगुरु, आर्य गर्गाचार्य ने उसे बता दी थी। उसने तत्काल ही यह निश्चित कर लिया था कि अगर वह जीवित रहेगी तो मात्र अपने प्यारे पुत्र के लिए। अगर उसका भी वध हुआ तो भविष्यवाणी असत्य सिद्ध हो जाएगी। तब उसके जीने का कोई अर्थ नहीं रह जाएगा। अतः वह दृढ़प्रतिज्ञ थी कि अगर उसके पुत्र का अनिष्ट हुआ तो वह अग्नि-स्नान कर लेगी। उसने यादव सरदारों को भी अपने इस प्रण से अवगत करा दिया था।

किन्तु आज...वह...उसका प्यारा पुत्र...आमने-सामने थे। प्रवेशद्वार से होकर आते हुए उसने देखा था उसे। और उसके पीछे आते हुए देखा था अपने सातवें पुत्र को भी, जो विश्व की दृष्टि में रोहिणी का पुत्र था। वह सलोनी सूरत उसके नेत्रों में नाच रही थी...सुवर्णमय वस्त्रों से अलंकृत, केशों में मोर-पंख खोंसे, विशाल कमल नेत्रोंवाले, सौन्दर्य एवं लावण्य की अप्रतिम प्रतिमा के रूप में भुवनमोहिनी मुस्कान बिखेरते, जैसे उसने सबका हृदय पलक मारते जीत लिया हो...ऐसे अपने पुत्र को आते हुए उसने देखा।

उसके बाद चाणूर आया था और मल्लयुद्ध के लिए उसे चुनौती दी थी। भय से प्रकम्पित हृदय की गति को वह किसी प्रकार सँभाल पाई थी। लगा, जैसे उसके विश्वास के पर्वत में दरारें पड़ रही हों। 'नहीं...नहीं! कुछ नहीं हो सकेगा,' यही

उसका आठवाँ पुत्र है अवतार पुरुष! परित्राता! उसका कोई अनिष्ट नहीं हो सकता।

पुनः एक के बाद एक चमत्कार घटित होते गए। दुर्जय चाणूर को किशोर कृष्ण ने न केवल धराशायी कर दिया, अपितु उसका संहार कर डाला, दुष्ट कंस के केश पकड़कर उसका शिरच्छेद कर दिया। भविष्यवाणी सत्य सिद्ध हुई। उसका हृदय आनन्द और उल्लास से छलक उठा। गत पच्चीस वर्षों में ऐसे आनन्द का अनुभव वह प्रथम बार कर रही थी। उसे लगा, जैसे सारा प्रासाद आनन्द और उल्लास के सागर में तैर रहा है।

उसके कान पुनः उसी ध्वनि से गूँज उठे, ''जय कृष्ण! जय वासुदेव!'' अपने पति के साथ उसे लिपटते हुए भी उसने देखा। आह! कितना सुखद क्षण था... पिता-पुत्र आलिंगन! नवजात शिशु की अवस्था में ही नन्द के यहाँ पहुँचा आने के बाद आज प्रथम बार पिता-पुत्र एक-दूसरे से मिल रहे थे।

अब वह लोगों से बात कर रहा था। लोगों ने उसके लिए मार्ग दिया। शीघ्रता से वह अपनी दासियों के साथ उत्तल से उतरकर अन्तरावेदी पर आ खड़ी हुई। वह बड़ी अधीरता से प्रतीक्षा कर रही थी कि उसका लाल उसे कब देखता है। वह तो उसी की ओर आ रहा था। मार्ग में पालक पिता नन्द को उसने दण्डवत् किया। हाँ...वह उसी की ओर बढ़ रहा था...निश्चित रूप से उसके पग उधर ही बढ़ रहे थे...उसे देखकर कृष्ण ने हृदयहारी मुस्कान बिखेर दी। आह! कैसी मनोहर मुस्कान...ऐसी ही मुस्कान तो वह स्वप्न में देखा करती थी, एक क्षण के लिए भी उसे नहीं बिसार सकी थी। वह आ पहुँचा...एक पग और बढ़ते ही माँ की ममताभरी गोद में समा जाएगा...उसके नेत्रों में समुद्र उमड़ पड़ा और उसे ऐसा प्रतीत हुआ, मानो कृष्ण उसी में तैरता उसकी ओर बढ़ रहा है...उसने अपनी लालायित भुजाओं को उन्मुख रूप से पसार दिया और तब कृष्ण ने भी वैसा ही किया।

'माँ, कहकर कृष्ण उससे लिपट गया। वह चित्रलिखित-सी खड़ी रह गई। वाणी अवरुद्ध हो गई। मूर्छा-सी छा गई। कृष्ण ने उसे सहारा दिया।

वसुदेव के प्रासाद-प्रांगण में यादव सरदार एकत्र हुए। सभी ने सन्तोष की साँस ली। उसी समय गर्गाचार्य के साथ वसुदेव आ गए।

कुछ समय पश्चात् आचार्य सान्दीपनि भी आ पहुँचे। कंस के राज-अतिथि के रूप में आए अवन्ती के विन्द एवं अनुविन्द राजकुमारों के गुरुभार को उन्होंने स्वीकार कर लिया। मुनिश्रेष्ठ वेदव्यास के आदेशानुसार कृष्ण एवं बलराम के साथ वे कुछ समय तक वृन्दावन में भी रहे थे। उसी समय दो यादव सरदारों के साथ प्रद्योत भी आ गया। वह मथुरा में शान्ति-स्थापना के लिए अब तक प्रयत्नशील था।

"शूरश्रेष्ठ, हम बड़ी विकट परिस्थिति में पड़ गए हैं। परिस्थिति इतनी द्रुतगति से हमारे विपरीत होती जा रही है कि यदि हम अपने विरोधियों से अधिक गतिवान न हुए तो निश्चय ही मथुरा शत्रुओं के हाथ में चली जाएगी," वसुदेव को सम्बोधित करते हुए प्रद्योत ने कहा।

"मैं जानता हूँ," वसुदेव ने उत्तर दिया। "हमारे कुछ अतिथि कंस के परम मित्र थे। निश्चय ही वे हमारे विपक्ष में हो जाएँगे।"

"बात इतनी ही नहीं है। मगध सम्राट् जरासन्ध अपने दामाद के वध का बदला लेने का प्रयत्न अवश्य करेगा। दोनों रानियाँ, अस्ति एवं आस्ति भी हमारे पक्ष में नहीं होंगी। हमारे मध्य अभी दो सहस्र मागधी सैनिक उपस्थित हैं। हम कह नहीं सकते कि वे क्या करेंगे!"

"हमें शीघ्रता से इस दिशा में कुछ करना होगा। हमारे मध्य किसी भी प्रकार के मतभेद के लिए स्थान नहीं होना चाहिए," वसुदेव ने कहा।

"राजा उग्रसेन वयोवृद्ध हो चले हैं। हमें इसी समय किसी को अपना राजनेता चुन लेना चाहिए," प्रद्योत ने कहा।

कुछ यादव सरदारों को यह शंका हुई कि कहीं प्रद्योत स्वयं राजा बनने की इच्छा तो नहीं रखता।

"इतनी शीघ्रता भी क्या है?" कुछ यादव सरदारों ने बल देते हुए कहा।

कुछ समय तक विचारमग्न रहने के बाद प्रद्योत के सुझाव पर वसुदेव ने अपनी सहमति प्रकट की। "कंस के स्थान पर किसी को बैठाना तो है ही। फिर इस कार्य में विलम्ब क्यों किया जाए? इससे हमारे शत्रुओं को भी उत्तर मिल जाएगा।"

प्रद्योत ने पूछा, "आर्य गर्गाचार्य क्या सोच रहे हैं?"

गर्गाचार्य ने कहा, "मैं भी तुमसे सहमत हूँ।"

"मथुरा के विनाश के लिए अवश्य ही षड्यन्त्र रचा जा रहा है। हमें शत्रुओं की चेष्टा को विफल करने के लिए शीघ्रातिशीघ्र शक्ति संचय करना होगा।"

"किन्तु हमारा राजनेता कौन बनेगा," एक वरिष्ठ यादव सरदार ने पूछा, "जिसमें सभी का सम्पूर्ण विश्वास हो?"

एक यादव ने सुझाव दिया, "शूरश्रेष्ठ वसुदेव ही हमारे राजनेता होने के अधिकारी हैं।"

वसुदेव ने कहा, "मेरा समस्त जीवन शोक-सरिता बनकर बहा है। मैं सदैव चिन्ता की चिता में जलता रहा हूँ। तुम सब जिसे चुनोगे, मैं उसकी पूरी-पूरी सहायता करूँगा। किन्तु मैं यह भार वहन नहीं कर सकता।"

"मैं तो समझता हूँ, इस दिशा में हमें शीघ्रता से किसी निर्णय पर पहुँच जाना चाहिए। हमें उन सरदारों को वापस बुला लेना चाहिए, जो देश-निष्कासित कर दिए

गए अथवा जो कहीं और जाकर बस गए। हमें उनके साथ सन्धि कर लेनी चाहिए।''

बहुत से लोग प्रद्योत को सशंकित दृष्टि से देखने लगे। भले ही वह कितना ही शक्तिशाली एवं कुशल क्यों न हो, किन्तु वे उसे राजनेता के रूप में नहीं चाहते थे।

कृष्ण आकर अपने पिता के पार्श्व में बैठ गया। सबने उसका स्वागत किया। वह सोलह वर्ष का किशोर ही उनका तारणहार था।

''अब तक कहाँ थे कृष्ण? मैं कब से तुम्हारी प्रतीक्षा कर रहा हूँ,'' वसुदेव ने कहा।

''माँ को यहाँ लाने के पश्चात् मैं यह देखने चला गया कि मामा कंस की अन्त्येष्टि उचित ढंग से की जा रही है या नहीं?''

''वसुदेव-पुत्र, हम सबका अभिवादन स्वीकार करो। निश्चय ही तुमने चमत्कारपूर्ण कार्य किया है।''

''मैं प्रसन्नता का अनुभव नहीं करता।'' शोक से सिर हिलाते हुए कृष्ण ने कहा, ''रानियों का करुणक्रन्दन मुझसे सहा नहीं जाता। मेरे मामा निश्चय ही सुन्दर और स्नेही पति थे, रानियों का हृदय विदीर्ण हुआ जा रहा है।'' कृष्ण ने शोक-संतप्त स्वर में कहा।

कुछ लोगों को कृष्ण के इस निर्मल स्वभाव पर आश्चर्य हुआ। उसने आगे कहा, ''अब उनका जीवन विषमय बन जाएगा।'' सभी शान्त भाव से कृष्ण की वाणी सुन रहे थे। ''परन्तु मैं क्या कर सकता था! दुष्ट को उसकी दुष्टता का फल भोगना ही पड़ता है। यही विधि का विधान है।''

कृष्ण के कुछ और कहने के पूर्व वयोवृद्ध एवं निर्बल उग्रसेन को साथ लेकर अक्रूर आ गया। उनके पीछे-पीछे वृद्ध अन्धक को सहारा दिए हुए बलराम ने प्रवेश किया। तीन दिन पूर्व ही कंस के आदेशानुसार वृत्रिघ्न ने अन्धक को बड़ी निर्दयता से चोट पहुँचाई थी और अभी भी उनके घावों पर पट्टियाँ बँधी थीं। सभी सम्मान में खड़े हो गए। राजा उग्रसेन वसुदेव की बगल में बैठ गए। उनके पीछे अन्धक और अक्रूर बैठे। बलराम ने कृष्ण के पास आसन ग्रहण किया।

बाह्य एवं आन्तरिक परिस्थितियों पर गम्भीरतापूर्वक विचार-विमर्श होने लगा। घड़ी बीतती गई। सभी बातों पर सविस्तार मन्त्रणा हुई।

वयोवृद्ध उग्रसेन यादवों को सम्बोधित करते हुए बोले, ''मैं सब सुन चुका हूँ। मैं प्रद्योत से सहमत हूँ कि संकट की इस घड़ी में हमें किसी का नेतृत्व प्राप्त हो। मैं आपके विचारों से भी परिचित हो चुका हूँ। मैं वयोवृद्ध एवं शक्तिहीन हो चला। अपने जीवन का प्रमुख भाग मैंने कारागार की कोठरियों में बिताया है। संसार के

साथ मेरा सम्पर्क भी समाप्त-सा हो गया है। मेरा पुत्र भी न रहा। मैं पुत्रविहीन हो गया हूँ। मैं कृष्ण को अपने पुत्र के रूप में अंगीकार करना चाहता हूँ और उसे ही राजा के रूप में अपना उत्तराधिकारी मानता हूँ।''

सभी ने इस सुझाव का हार्दिक स्वागत किया। वस्तुतः राजा ने सभी के हृदय की बात जान ली और सबकी मनचाही बात कह दी।

वरिष्ठों के इस विचार-विमर्श के समय कृष्ण शान्तभाव से बैठा रहा। उसका नाम आते ही सबकी दृष्टि कृष्ण की ओर उठ गई। बड़ी विनम्रता से वह सबकी दृष्टि से बचने का प्रयास करने लगा।

सभी के मुखों से एकसाथ 'साधु-साधु' (अति उत्तम) निकल पड़ा!

करबद्ध, ससम्मान स्वर में कृष्ण ने कहा, ''राजन्, आपने मुझे बहुत बड़ा आदर प्रदान किया है, सम्भवतः विश्व में सर्वश्रेष्ठ आदर! क्योंकि मथुरा धरती का मणिमुकुट है। मैं इतना बड़ा उत्तरदायित्व वहन करने में समर्थ नहीं। मैं तो ग्वालसुलभ कार्यों को ही जानता हूँ। मैं राजा नहीं बन सकता।''

''नहीं, नहीं, पुत्र! तुम्हीं इसके लिए सर्वश्रेष्ठ पात्र हो।''

''हे यादवनाथ! मुझ पर कृपा करें। मैं जानता हूँ, एक शासक में कौन-से गुण होने चाहिए। जननायक! आप ही में वे सर्वगुण सन्निहित हैं। आप ही यादवों को एकता के सूत्र में बाँध रख सकते हैं। आप अत्यन्त जनप्रिय हैं। आप स्वयं राजपद पर आसीन रहें। आपके निर्देशन में पूज्य पिताजी, काका अन्धक तथा प्रद्योत सभी भार सँभाल लेंगे और मैं सदैव आपकी सेवा के लिए तत्पर रहूँगा। प्रथम हमें क्षत्रिय धर्म की शिक्षा ग्रहण करनी चाहिए, वेदों में पारंगत हो जाना चाहिए और युद्ध-विद्या में निष्णात।''

दोनों भाई तथा उद्धव एक-दूसरे के बगल में ही सो गए। अन्धकार में बलराम स्वतः हँसने लगा। उसका यह हास्य विचित्र था। पूर्णिमा के दिन वे मात्र ग्वालबाल थे और तीन दिन के भीतर ही युवराज बन गए। इतना ही नहीं, कृष्ण ने तो राजगद्दी भी अस्वीकार कर दी। सम्भवतः उसने ऐसा करके अपनी अज्ञानता का ही परिचय दिया, किन्तु वह तो अति कुशाग्र बुद्धिवाला है! हो सकता है, इतने बड़े उत्तरदायित्व को उसने समझ-बूझकर ही अस्वीकार कर दिया हो।

बलराम ने सोचा, ये तीन दिन विजय के दिन थे और इसका श्रेय छोटे भाई को ही है। उसने भविष्यवाणी को सत्य सिद्ध कर दिया। कृष्ण भगवान का अवतार है, यह वह नहीं मानता था। किन्तु कृष्ण उसका लघु भ्राता है, वह भी कितना मधुर, कितना आज्ञाकारी और कितना चतुर! वह प्रेम से विह्वल हो उठा और कृष्ण को अपने अंक में भर लिया।

कृष्ण ने अपने नेत्र खोले और उसकी ओर देखा। बलराम ने कहा, ''कृष्ण!

तुम विलक्षण हो।''

कृष्ण ने धीरे-से कहा, ''तुम-जैसा भाई जो मिला है!''

और दोनों एक-दूसरे को हृदय से चिपकाकर निद्रा की गोद में निमग्न हो गए।

गुरु सांदीपनि

महल के एक कोने में राजकुमारी रुक्मिणी बैठी थी। उसके सामने बैठी विदर्भ के राजकुमार रुक्मी की पत्नी सुव्रता आँखें फाड़े उसे देख रही थी।

''कल सारे दिन तुम कहाँ थीं? तुम्हारी चिन्ता में मेरा पूरा दिन नष्ट हो गया!'' सुव्रता ने भारी स्वर में, क्रोध से कहा।

''मैं त्रिवक्रा के साथ थी,'' रुक्मिणी ने कहा, ''उसके बाद मैं रानी देवकी के महल गई। तब आप कंस की रानियों से मिलने गई थीं।''

''तुम देवकी के महल किसलिए गईं, यह मैं अच्छी तरह जानती हूँ। तुम्हारे भाई को आ जाने दो, फिर देखना! तुम्हारे लिए हमें लज्जित होना पड़ता है। विदर्भ नरेश भीष्मकराज के नाम पर तुमने कलंक लगा दिया।''

''और तुम क्या करती हो? यही कि और कुछ?'' चीखकर रुक्मिणी ने कहा और क्रोध को दबाने की चेष्टा में होंठ भींच लिये।

प्रातःकाल ही कंस की श्मशान-यात्रा में भाग लेने के लिए अन्य राज-अतिथियों के साथ रुक्मी भी गया था। जीवित रहते, जिसे सब धिक्कारते थे, उसी की अन्तिम यात्रा में भाग लेने सारा नगर उमड़ पड़ा। राजकुल के प्रति सम्मान व्यक्त करना उनका धर्म था। राजा उग्रसेन और घायल होने के कारण चलने में अशक्त वृद्ध अन्धक भी चले आए थे। बलराम और कृष्ण को साथ लेकर वसुदेव तथा अक्रूर भी उपस्थित हुए। अन्तिम विधि राजा उग्रसेन ने सम्पन्न की। चिता जलाई की राख यमुना में पधराने के बाद नदी में स्नान कर सब लोग घर लौटे।

रुक्मी जब राज-अतिथियों के लिए सुरक्षित महल में अपने निवास स्थान पर पहुँचा, तब मध्याह्न बीत चुका था। हृदय में शूल-सा चुभ रहा था। राजाधिराज जरासन्ध के आश्रय में जो कई तरुण नरेश अपने-अपने प्रदेशों का विस्तार कर रहे थे, उन सबमें कंस अग्रगण्य था। अपने कुछ मित्रों के साथ रुक्मी कंस के विजयोत्सव में भाग लेने मथुरा इसी आशा से आया था कि सभी तरुण राजाओं और कंस के बीच की संधि और मित्रता इससे अधिक दृढ़ हो जाएगी। परन्तु जब से वह आया, सबकुछ विपरीत ही होता जा रहा था। उन दो किशोरों ने तो जो वसुदेव के पुत्र निकले, उसे बस मार ही डाला था। छोटे भाई ने जो चमत्कार किए,

उससे रुक्मी का द्वेष और भड़क उठा।

कंस उसका मित्र था। जरासन्ध के आश्रय में गठित राजमंडल का वह प्रधान था और उसी कंस का कृष्ण ने वध कर दिया। अब मथुरा का क्या होगा यह कोई नहीं कह सकता। शायद वसुदेव अथवा उसका पुत्र मथुरा की गद्दी पर बैठे। जरासन्ध यादवों को कभी क्षमा नहीं करेगा। उनके साथ सन्धि करना निरर्थक था। सभी बातें उलटी पड़ रही थीं। निराश और निरुत्साह मन से वह अपनी पत्नी तथा भगिनी के पास पहुँचा।

''आर्यपुत्र, मैं तो तुम्हारी बहन से तंग आ गई हूँ। अब आप ही इसे सँभालें। मेरा उसके साथ कोई सम्बन्ध नहीं रहेगा,'' सुव्रता ने कहा।

''और मैं तुम दोनों से तंग आ गई हूँ,'' कोने में बैठी रुक्मिणी रोष से बोली।

''बात क्या है?'' रुक्मी ने गुस्से से पूछा, ''तुम दोनों तो ऐसे झगड़ रही हो, जैसे मुझे तुम्हारे झगड़े सुलझाने के सिवाय और कोई काम ही नहीं! क्या हुआ रुक्मिणी?''

''क्या नहीं हुआ! पूछो अपनी पत्नी से। मुझसे ये कितना जलती है!''

''और यह हम दोनों से जलती है।'' सुव्रता बोल उठी, ''कल बाहुयुद्ध के समय झरोखे से नीचे झुक-झुककर देख रही थी और असभ्यों की तरह नाच और चिल्ला रही थी।''

''मुझे नाचना होगा तो मैं जरूर नाचूँगी। अपने पैरों से नाचती हूँ, तुम्हारे पैरों से नहीं!'' रुक्मिणी ने रोषपूर्ण स्वर में कहा।

''मुझे मालूम है, तुम क्या कर रही थीं! उस दुष्ट युवक की तरफ देख रही थीं। आर्यपुत्र, हम लोग जब मथुरा पहुँचे, तब आपके साथ जिसने बुरा बर्ताव किया, वही था वह युवक।''

''ऐसा उन्होंने क्या बुरा बर्ताव किया! यही तो न कि भाई को उठाकर मेरे पास रख गए। तुम चाहती थीं कि भाई को वे यमुना में फेंक देते?'' रुक्मिणी ने धृष्टतापूर्वक कहा।

''और अन्धकराज मारे गए, तब भी तुम मगन होकर नाचने लगी थीं!''

''किस चतुराई से उन्होंने उसका वध किया। एक ही बार में खेल खत्म! सिर धड़ से अलग हो गया!''

''अब तुम दोनों अपनी बकवास बन्द करो। असल बात क्या है, यह भी कोई कहेगा या नहीं?'' रुक्मी ने पूछा।

''आज फिर यह आपकी लाड़ली बहन अदृश्य हो गई।''

''मैं अदृश्य नहीं हुई।'' मैं तो त्रिवक्रा के साथ...''

''उस हत्यारे से मिलने!'' सुव्रता ने टोका।

''नहीं, मैं रानी देवकी से मिलने गई थी। यहाँ सब उनका बहुत सम्मान करते हैं।'' रुक्मिणी ने बीच में ही उसे रोकते हुए कहा।

''नहीं, तुम गई थीं उस कृष्ण के पास...''

''नहीं, मैं रानी देवकी के पास गई थी। और वे भी वहाँ थे।''

''बस, बहुत हो चुका। तुम दोनों अपनी बकवास बन्द करो।'' रुक्मी चिल्ला उठा।

''भाई, पहले तुम अपनी पत्नी को रोको, वह कुछ कहेगी तो मुझसे भी जवाब दिए बिना न रहा जाएगा।'' रुक्मिणी ने चिढ़कर कहा।

''हाँ, दोष तो सदा मेरा ही रहता है!'' सुव्रता कुछ ठंडी पड़ गई। ''भाई-बहन दोनों एक हो जाते हो। सारे परिवार में बस मैं ही तो बुरी हूँ।'' आँसू पोंछने का उपक्रम करते हुए सुव्रता ने कहा।

''तो क्या भाई और बहन एक हो ही नहीं सकते?'' रुक्मिणी ने इस प्रकार कहा, मानो स्वयं से कह रही हो।

''वसुदेव के महल में क्या हुआ, यह तो कोई बताएगा नहीं और अंट-शंट बके जा रही हैं।''

''अपनी लाड़ली बहन से ही पूछो न। मैं क्या वहाँ गई थी।'' तिरस्कारपूर्वक सुव्रता ने कहा।

''हाँ-हाँ, मैं वहाँ गई थी। रानी देवकी मूर्छित हो गई थीं। उनके पुत्र उन्हें उठाकर भीतर ले गए। मैं भी उनके साथ भीतर गई।''

''मुझसे बिना पूछे ही यह चली गई थी,'' सुव्रता ने शिकायत की।

''रुक्मिणी क्या कहती है, यह तो मुझे सुनने दो।'' रुक्मी अधीर हो उठा। ''वहाँ क्या हुआ, यह मैं जानना चाहता हूँ!'' वसुदेव के महल में जो कुछ हुआ, उसका कितना महत्त्व है!

आकाश की ओर दृष्टि उठाकर, मानो उसे अपनी व्यथा सुना रही हो, सुव्रता ने कहा, ''यही तो मैं कह रही थी कि भाई-बहन दोनों एक हो गए हैं। एक ही माँ के उदर से जो जन्म लिया है! मेरा क्या! मैं तो पराई हूँ।''

''चुप रह!'' रुक्मी चीख उठा। फिर रुक्मिणी को सम्बोधित करते हुए पूछा, ''हाँ, फिर क्या हुआ?''

''होता क्या! मैं त्रिवक्रा के पास जाकर बैठ गई। थोड़ी देर में रानी देवकी की मूर्छा भंग हुई और फिर माँ-बेटे गले मिले। माँ ने रोना शुरू किया। बेटा बड़ी देर तक मीठी-मीठी और सरस बातें करता रहा।'' रुक्मिणी ने भावार्द्र होकर कहा, ''वासुदेव जब बोलते हैं, तो मानो मधु के झरने बहने लगते हैं।''

''फिर कृष्ण ने क्या किया? और कौन था वहाँ?''

"उसके बाद यादव सरदार चौक में एक विशाल वृक्ष के नीचे एकत्रित हुए और देवकीपुत्र कंस की रानियों से मिलने चले गए।"

सुव्रता ने कहा, "लो और सुनो! यह उसका नाम[1] तक नहीं लेती!"

"तुम चुप नहीं रह सकतीं!" अधिकारपूर्ण स्वर में रुक्मी ने कहा, "हाँ, तो फिर सरदारों ने क्या किया?"

"उन्होंने मथुरा नरेश के रूप में कृष्ण को चुना," रुक्मिणी ने कहा।

"शिव, शिव!"

"भाई, इतने दुखी मत होओ। उन्होंने मथुरा की गद्‌दी पर बैठना अस्वीकार कर दिया," कटाक्षपूर्वक रुक्मिणी ने कहा।

"अस्वीकार कर दिया! राजगद्‌दी पर बैठना!"

"हाँ, उन्होंने कहा, 'मैं केवल एक ग्वाला हूँ, राजपद के योग्य नहीं।' अब तो आप सन्तुष्ट हुए न! परन्तु मुझे तो उन पर बड़ा गुस्सा आ रहा है। जाने दो, यहाँ मेरे गुस्से की चिन्ता ही किसे है!"

"गुस्सा क्यों नहीं आएगा! उसकी रानी जो बनना था!" कटुता के साथ सुव्रता ने कहा, "बेचारी की सारी आशाएँ धूल में मिल गईं।"

तभी एक प्रतिहारी कक्ष में आया और प्रणाम कर बोला, "गुरु सांदीपनि और अवन्तीराज जयसेन के पुत्र कुमार विन्द और अनुविन्द आपसे मिलने के लिए आए हैं और बाहर प्रतीक्षा कर रहे हैं।"

दोनों स्त्रियाँ एकदम उठ खड़ी हुईं और आगन्तुक जब भीतर चले आए, तो दोनों ने ही जाकर सांदीपनि के चरणों में प्रणाम निवेदन किया। रुक्मी ने भी उसी प्रकार प्रणिपात किया। अवन्ती के राजकुमारों का भी यथायोग्य आदर-सत्कार किया। लम्बे कद और विशाल देह के स्वामी गुरु सांदीपनि के स्नायु सुबद्ध और बलवान थे। उनका तेजस्वी मुखमण्डल काली दाढ़ी और जटा से सुशोभित था। उनकी आँखें तेजस्वी, नासिका नुकीली और मुखमुद्रा प्रसादपूर्ण थी।

गुरु सांदीपनि महासमर्थ ऋषि परशुराम भार्गव के आश्रम से शिक्षा प्राप्त कर पच्चीस वर्ष पूर्व बाह्य जगत में आए थे और फिर शस्त्रास्त्रविद्या पारंगत होकर

1. भारतवर्ष में प्राचीनकाल से ही ऐसी परम्परा चली आ रही है कि पत्नी अथवा वाग्दत्ता अपने पति का नाम नहीं लेती। पति के नाम का उल्लेख करना असंस्कारिता का सूचक समझा जाता है। 'अमुक के पुत्र' के रूप में उसका उल्लेख किया जाता है। सन्तान होने के बाद स्त्री पति को 'अमुक के पिता' कहकर सम्बोधित करती है। निम्न वर्ण की स्त्रियाँ ही अपने पति का नाम लेकर अथवा तू कहकर बुलाती हैं। उच्चवर्ण की स्त्रियाँ पति का कभी नाम नहीं लेतीं और उनके लिए बहुवचन का प्रयोग करती हैं। परन्तु इधर पाश्चात्य संस्कृति से प्रभावित कुछ स्त्रियाँ पति को नाम लेकर कई बार लाड़ में तू कहकर बुलाती हैं।

उन्होंने विविध स्थानों का भ्रमण किया था। पन्द्रह वर्षों से अवन्ती में उनका आश्रम चल रहा था। शास्त्रविद्या की शिक्षा के लिए यह आश्रम श्रेष्ठ माना जाता था। उस प्रदेश के राजपुरुष और सरदार अपने पुत्रों को वहीं शिक्षा प्राप्त करने भेजते थे। ऐसा कहा जाता था कि ऐसी कोई युद्धविद्या अथवा व्यूह-रचना नहीं, जो सांदीपनि गुरु से नहीं सीखी जा सकती। रुक्मी ने भी उन्हीं के आश्रम में रहकर शिक्षा प्राप्त की थी। विन्द और अनुविन्द उस समय उन्हीं के पास रहकर विद्याभ्यास कर रहे थे।

कुछ समय से करीब चालीस शिष्यों को साथ लेकर सांदीपनि गुरु प्रवास को निकले थे। भिन्न-भिन्न राजसभाओं में उनका यथोचित सत्कार किया गया। इन दिनों अपने शिष्यों सहित वे मथुरा में थे और वहाँ से अपने आश्रम लौटने की तैयारी कर रहे थे।

''गुरुदेव, क्या आज्ञा है?'' रुक्मी ने पूछा।

''रुक्मी, राजा उग्रसेन ने तुम्हें यहाँ पन्द्रह दिन और रुक जाने के लिए निवेदन किया है।''

''पन्द्रह दिन! नहीं, नहीं, राजा कंस मेरे मित्र थे; अब मुझे यहाँ रहना पसन्द नहीं।''

''तुम्हारी भावनाओं को मैं समझता हूँ, वत्स! परन्तु राजा उग्रसेन का बड़ा आग्रह है। विधि के विधान को कोई अन्यथा नहीं कर सकता।''

''कुमार, कृपया रुक जाइए।'' विन्द ने आग्रहपूर्वक कहा, ''गुरुदेव के साथ सभी मिलकर अवन्ती जाएँगे तो बड़ा अच्छा रहेगा।''

रुक्मी ने यह समझते हुए कि सांदीपनि के वचन का अनादर करना कठिन है, कुछ संकोच के साथ कहा, ''नहीं, मुझे तत्काल जाना होगा। पन्द्रह दिन ठहरकर मैं क्या करूँगा?''

''यहाँ आकर शोक के बारह दिन पूरे हुए बिना चले जाना उचित नहीं और कार्तिक की पंचमी को बलराम तथा कृष्ण के उपवीत संस्कार का समारम्भ भी होनेवाला है,'' सांदीपनि ने कहा।

''उपवीत संस्कार होगा! अभी तक उनका यह संस्कार नहीं हुआ?'' रुक्मी ने आश्चर्यपूर्वक पूछा।

''तुम तो जानते हो कि अब तक इन दोनों का लालन-पालन ग्वालों के तरीके से ही हुआ है, परन्तु अब उन्हें योग्य संस्कार-दीक्षा देने की आवश्यकता है।''

''गुरुदेव, क्या यह सच है कि कृष्ण ने मथुरा की राजगद्दी अस्वीकार कर दी?''

''तुम्हें सभी कुछ मालूम है, ऐसा लगता है। वैसे तो इस बात को हम गुप्त

ही रखना चाहते थे, परन्तु अब जब तुम पूछते ही हो, तो बता देता हूँ कि यह सच है।''

''उसने अस्वीकार क्यों कर दिया? मैं तो समझता था कि गद्‌दी प्राप्त करने के लिए वह बहुत उत्सुक है और इसीलिए उसने अपने मामा का वध भी किया।'' रुक्मी ने कटाक्षपूर्वक कहा।

''विदर्भकुमार! कितने कम लोग इन बालकों को पहचानते हैं! वे उत्सुक हैं, अधर्म का नाश करने के लिए, राजगद्‌दी पर बैठने के लिए नहीं!''

''आपको कैसे पता? क्या यह सम्भव नहीं कि अधिकांश यादव भी उनके शत्रु हों?'' रुक्मी ने शंका व्यक्त की।

''कोई उनका शत्रु नहीं। सभी कृष्ण को राजपद पर देखना चाहते थे।''

''तो अब वह क्या करना चाहता है?''

अनुविन्द ने कहा, ''हमारे साथ शिक्षा प्राप्त करने के लिए दोनों भाई गुरुदेव के आश्रम में आनेवाले हैं।''

''ओह! सचमुच!'' रुक्मी ने आश्चर्य प्रकट किया।

''उनका आना क्या तुम्हें अच्छा नहीं लगता? वृन्दावन में कुछ मास मैं उनके साथ रह चुका हूँ। उनके समान शिष्यों को सिखाने का लोभ मैं नहीं छोड़ सकता।'' गुरुदेव ने कहा।

''तो क्या आप यह चाहते हैं कि हम लोग सब साथ ही यहाँ से रवाना हों? क्यों, तुम्हारी क्या राय है?'' अपनी पत्नी की ओर देखकर रुक्मी ने पूछा। उसके मन में यह शंका उठ खड़ी हुई थी कि अधिक दिन रुकने के लिए उसके प्रति जो आग्रह दिखाया गया है, अवश्य ही उसमें कोई गूढ़ रहस्य होगा। उसे जानने के लिए वह उत्सुक था। विचार करने के लिए भी कुछ समय आवश्यक था।

''मेरा तो यही विचार है, भाई कि यहाँ कुछ दिन और रुका जाए। गुरुदेव के वचन को हमें शिरोधार्य करना चाहिए,'' रुक्मिणी ने कहा। उसकी आँखें चमक उठीं। सुव्रता ने कठोर दृष्टि से उसकी ओर ताका और फिर अपने पति के प्रश्न का उत्तर देते हुए कहा, ''मेरे विचार से तो यहाँ से चले चलना ही ठीक है। गुरुदेव पीछे से अवन्ती के राजकुमारों के साथ पहुँच जाएँगे।''

''कुमार, इन दोनों के मत एक-दूसरे के विपरीत हैं,'' सांदीपनि ने किंचित् मुस्कराकर कहा, ''अब तुम्हें अपना निर्णय स्वयं करना है। तुम जो भी निर्णय करोगे, उसका समर्थन इन दो में से एक तो करेगी ही। सम्भवतः यहाँ रुकना ही ठीक रहेगा। यहाँ कुछ असाधारण समस्याएँ उत्पन्न होने की शंकाएँ हैं। तुम्हारे पिता स्वभावतः ही यह चाहेंगे कि ऐसी स्थिति में तुम यहाँ उपस्थित रहो।''

"यदि आपकी आज्ञा हो तो मैं रुक जाऊँगा, परन्तु यहाँ अधिक ठहरना मुझे अच्छा नहीं लगता।"

विचार-मन्थन

अपने मामा कंस की चिता के पास खड़ा कृष्ण गम्भीर विचार में निमग्न था। कंस कितना मूर्ख था! वह समझता था कि उसके समान कोई नहीं है और वह अपनी मनमानी करने के लिए स्वतन्त्र है। एक ओर कंस और दूसरी ओर प्रभुसेवा में जीवन व्यतीत करनेवाले अक्रूर : इन दोनों व्यक्तियों का भेद कृष्ण ने अब समझा।

राजा उग्रसेन अपने एकमात्र पुत्र की चिता स्वयं अपने हाथों से जला रहे थे– उनकी आँख में आँसू और हृदय में एक अव्यक्त वेदना थी। यह शोक पुत्र की मृत्यु का इतना नहीं था जितना कि उसके पापी और अनाचारी जीवन के प्रति था। कृष्ण ने सोचा मैंने केवल देववाणी को यथार्थ किया है। दुष्टों का विनाश और साधुजनों का परित्राण होना ही चाहिए। यही धर्म है। मैंने केवल धर्म का संस्थापन किया है। देव-इच्छा की पूर्ति की है।

श्मशान से लौटते समय सबके चेहरों पर गम्भीरता छाई हुई थी, फिर भी उनके जी हल्के थे। मनुष्य को मृत्यु आती ही है। वह पीछे रहनेवालों की स्मृति में जीता है, नहीं तो उसका जीना ही व्यर्थ है।

बाबा नन्द से मिलने के लिए कृष्ण अधीर हो उठा। श्मशान में दूर से उन्हें देखा-भर था। तीन दिन पहले जो उनका लाड़ना पुत्र था, वह अब राजवंशी वसुदेव का पुत्र और मथुरा का लोकनायक बन गया था। यही सोचकर सम्भवतः नन्द दूर-दूर रहते थे। इससे कृष्ण का हृदय विषाद से भर जाता। परन्तु यह भी उसे मानना पड़ा कि इस स्थिति में नन्द बाबा जो कर रहे थे, वही ठीक था।

शुद्धिस्नान के बाद कृष्ण, बलराम और उद्धव नगर के बाहर नन्द के गोप-शिविर की ओर गए। बाबा नन्द के पास जाकर उन्होंने दण्डवत् किया। नन्द ने तीनों का आलिंगन किया, किन्तु कृष्ण को देर तक छाती से चिपकाए रहे। जब वह बालक था, तब जैसे उसके गाल से अपनी नाक का घर्षण करते थे, वैसे ही किया। उनकी आँखों से प्रेमाश्रु बहने लगे। किसी तरह स्वयं पर नियन्त्रण कर बोले, "कृष्ण, हम कल जा रहे हैं।"

"कल ही, पिताजी!" बलराम ने आश्चर्य व्यक्त किया। "पन्द्रह दिन बाद तो हमारा यज्ञोपवीत होनेवाला है। क्या आप तब तक नहीं रुकेंगे? कृष्ण! पिताजी को समझाओ न।"

“राम! अधिक रुकना हमारे लिए सम्भव नहीं।” नन्द ने मस्तक हिलाकर कहा, “प्यारे पुत्रो! अब हमारी विदा की घड़ी आ गई है। जितनी जल्दी घड़ी यह बीत जाए, उतना ही अच्छा।”

“पर पिताजी! इतनी जल्दी भी क्या है?” कृष्ण ने पूछा।

“कृष्ण! मेरे लाड़ले! जब तुझे मेरी गोद में सौंपा गया था, तभी से मैं इस घड़ी की प्रतीक्षा कर रहा था। ऐसा कीर्तिवन्त क्षण फिर नहीं मिलेगा। तूने देववाणी सत्य सिद्ध की, सबका स्नेह प्राप्त किया। मुझे सन्तोष है...” आँसू पोंछते हुए नन्द ने कहा, “थोड़ा दुख भी होना स्वाभाविक है। तुम मुझे बहुत ही अच्छे लगते थे। यदि मेरे अपने पुत्र भी होते तो तुमसे अधिक प्रिय नहीं होते। तुम्हारे रहते मुझे कभी ऐसा नहीं लगा कि मैं सन्तानहीन हूँ। कलेजा भर आता है, तुम्हें यहाँ छोड़कर जाते समय। पर प्रभु की यही इच्छा है, यही सोचकर मन को समझा रहा हूँ। मेरे लाड़लो! तुम्हारे सामने उज्ज्वल भविष्य है। परमात्मा तुम्हें सभी कार्यों में सफलता दे। यहाँ जितना अधिक रहूँगा, उतना ही विदा की वेला कष्टप्रद होगी। तुम्हारी माँ भी तुम्हारे समाचार सुनने को आँखें बिछाए बैठी होगी। यह जानकर कि वह तुम्हें सदा के लिए खो बैठी है, उसका हृदय टूक-टूक हो जाएगा। ऐसे समय मेरा उसके पास रहना अधिक आवश्यक...”

बलराम को दुख हुआ, पर पिता की बात सच है, यह भी उसने समझा। विदा की वेदना का विस्तार करना निरर्थक था।

“पिताजी! जो भी हो, मैं कुछ भी क्यों न होऊँ, पर आप मुझे कभी न भूलें। मैं सदा आपके समीप रहूँगा।”

“पुत्र! तू मेरे समीप ही रहेगा। मैंने तुम दोनों को अबोध बच्चों से महान नेता बनते देखा है। मेरा जीवन धन्य हुआ। हम कल सवेरे प्रस्थान करेंगे।”

“हम आपको विदा करने आएँगे, पिताजी! उद्धव आपके साथ चलेगा। कुछ मित्रों को सन्देश भेजना है...कुछ सौगात भी भेजनी है।”

नन्द से मिलकर जब कृष्ण बाहर आया तो उसके हृदय में वेदना की शूल-सी चुभ रही थी। उसकी आँखों से आँसू बह रहे थे। उसे अपने सखाओं की याद आई। जिन गोप-गोपियों के साथ बचपन के स्वप्न बिताए, उनकी स्मृति उभर आई। और राधा–आनन्द की देवी राधा...। कृष्ण ने उद्धव को एकान्त में ले जाकर इन सबको जो सन्देश भेजने थे, वे कहे।

कृष्ण अपने पिता वसुदेव के महल में गए और माता से मिले। पिछले सोलह वर्षों से उन्होंने कृष्ण को देखा नहीं था। नाम-भर सुना था। कृष्ण को सामने पाकर उनकी आँखें प्रसन्नता से चमक उठीं। वसुदेव का व्यक्तित्व इससे भिन्न था। वे भावुक नहीं, विचारवान थे। कृष्ण ने मथुरा का राजा बनना अस्वीकार किया, यह

उन्हें अच्छा लगा। उन्हें भय था कि कहीं उत्साह में आकर वह 'हाँ' न कह दे! बलराम, कृष्ण और उद्धव को पास में बैठाकर वे बहुत-सी बातें समझाते, अपने महान् पूर्वजों की गौरव-गाथाएँ सुनाते और विद्या तथा ब्रह्मतेज से विभूषित, अपरिग्रही ऐसे ऋषियों की कथाएँ सुनाते, जो मानव-जाति के पथ-प्रदर्शक और प्रभु के प्रिय बने।

अपनी बहन कुन्ती की चर्चा भी उन्होंने सविस्तार की और यह बताया कि यदि उसके पति पाण्डु जीवित रहते तो हस्तिनापुर की महारानी वही बनती, पर अब पति के न रहने पर उसके सभी दृष्टि से योग्य, पाँचों पुत्रों के साथ उनके अन्ध चाचा धृतराष्ट्र के पुत्र बुरा बर्ताव करते हैं।

वसुदेव, अक्रूर और सांदीपनि गुरु राज-अतिथियों से कृष्ण-बलराम के यज्ञोपवीत हो जाने तक रुकने के लिए प्रार्थना कर रहे थे। विदर्भ के राजकुमार और उसकी बहन के बर्ताव से कृष्ण को आश्चर्य हुआ। रुक्मी कंस का मित्र था और जब वह मथुरा आया, तब बलराम और कृष्ण के साथ जो घटना हो गई, उससे उसकी न रुकने की इच्छा स्वाभाविक थी...पर इसमें कृष्ण का क्या दोष! उसे आर्यधर्म की शिक्षा देनी आवश्यक थी। पर उसकी बहन का व्यवहार कृष्ण को और भी विचित्र लगा। वह माता और त्रिवक्रा के साथ ही रहने का निश्चय कर बैठी थी। उसकी सुन्दर, विशाल आँखें कृष्ण पर इस प्रकार ठहर जाती थीं कि यदि वश चले तो वे कृष्ण को आत्मसात कर लें।

कृष्ण, बलराम और उद्धव का सांदीपनि गुरु के आश्रम में जाना निश्चित हो गया। जब गुरु वृन्दावन आए थे, तब उन्होंने कृष्ण को धनुर्विद्या, मल्लविद्या तथा बिगड़े हुए बैलों को वश में करने की अनेक युक्तियाँ बताई थीं। पिताजी ने कहा कि अब तुम्हें गुरु के आश्रम में कठिन परिश्रम कर जो विद्याएँ अब तक नहीं सीख सके, वे भी सीख लेनी चाहिए। कई बार तो पिताजी ऐसा बर्ताव करते मानो कृष्ण बच्चा हो और जिन बातों को वह अच्छी तरह जानता था, उनके बारे में भी उपदेश देते। सम्भवतः पिता का प्रेम ऐसा ही होता है।

मामा कंस के अन्तिम संस्कार पूरे हुए। बारहवें दिन राजा उग्रसेन ने श्राद्ध किया, पूर्वजों को पिण्डदान दिया और मामा की आत्मा पितृलोक में चली गई। इन दिनों कृष्ण को कई नई बातें जानने को मिलीं। अत्याचारी कंस का विनाश करने पर उसे तारणहार और यादवों का नायक कहा गया, पर उसे यह विचार भी आए बिना न रहा कि वह विराट् महत्त्वाकांक्षाओं और प्रचण्ड राजनीतिक चालों के अपरिचित जगत में वह फँस गया है। केवल अन्तःस्फुरण से ही उसने मथुरा का राजा बनने से मना किया था और गुरु सांदीपनि के यहाँ जाकर विद्याभ्यास करने का भी निश्चय हुआ था, पर राजनीतिक चालों से बचने का कोई उपाय न था

क्योंकि कृष्ण ने जो कदम उठाया था, उससे यादव एक गम्भीर स्थिति में पड़ गए थे।

राजा उग्रसेन भले व्यक्ति थे और कोमल हृदय भी। शूरों के नायक, पिता वसुदेव और वृष्णिओं के नायक, काका अक्रूर नई मथुरा को स्थिरता प्रदान करनेवाली शक्ति थे। इनमें भी एक विनम्र थे और दूसरे सन्त। दोनों कोई तत्काल निर्णय नहीं ले सकते थे। प्रद्योत, वैसे तो चपल था, परन्तु नायक बनने की योग्यता उसमें नहीं थी। वृद्ध अन्धक को सभी आदर की दृष्टि से देखते थे, पर इस संकट की घड़ी में वे भी नायक नहीं बन सकते थे। अन्य यादव सरदारों ने सारा जीवन संघर्ष में बिताया था। उनमें समाज को स्थिर करने की शक्ति अथवा योग्यता नहीं थी।

जिन यादव सरदारों को कंस ने मथुरा से बाहर निकाल दिया था, वे अपने-अपने परिवारों तथा अनुचरों के साथ लौट आए थे। वे अपने-अपने महल और भूमि फिर से हस्तगत करने में जुटे थे। वे असन्तोषी और झगड़ालू बन गए थे और पद-प्रतिष्ठा प्राप्त करने के लिए व्यूह रच रहे थे। कर्तव्यपालन के लिए उनमें उत्साह नहीं था। उनके आगमन से मथुरा की शक्ति में लेशमात्र भी वृद्धि नहीं हुई थी।

उस समय के सत्ताशाली नरेशों के बीच मामा कंस का जो स्थान था, उसका अनुमान अब कृष्ण को हुआ। वैसे तो यादव शक्तिशाली थे। निर्भय और साहसी भी थे। अपने वंश के गौरव का सदा स्मरण रखते थे, पर नित्य व्यवहार में वंशशुद्धि की परवाह नहीं करते थे। माता-पिता की सम्मति के बिना, आर्य अथवा अनार्य किसी भी कुल की कन्या से विवाह कर लेते थे और सत्तापरिग्रह की शतरंज में अपनी पत्नियों, बहनों और बेटियों को मोहरे बनाते थे।

इन्हीं दिनों कृष्ण को अपने पूर्वजों के इतिहास का ध्यान आया। यादवों के एक पुरातन नरेश हर्मश्व ने दैत्य मधु की बहन के साथ विवाह किया था और उन्हें अनर्त तथा सौराष्ट्र वसीयत में मिले थे। उन्होंने गिरिनार का किला बनवाया था। यदु ने स्वयं नागराज कन्या से विवाह किया था, जिससे उसके पाँच शूरवीर पुत्र हुए। इन्हीं में से एक माधव के वंशज अन्धक, वृष्णि तथा शूर नाम से प्रसिद्ध हुए।

यादवों की एक लाक्षणिकता भी कृष्ण की समझ में आई। किसी भी प्रकार के संकट में वे आर्यधर्म से विचलित नहीं हुए। वे स्वयं चाहे जो करते, पर यह आग्रह अवश्य रखते थे कि सब धर्म का पालन करें। अपने उत्साह के फलस्वरूप ही वे जीवन में अपना लक्ष्य प्राप्त कर सके। ब्राह्मणों को दान देने में उन्होंने कभी कृपणता नहीं की। ऋषियों के लिए उन्होंने आश्रमों की स्थापना की। वर्षों तक

चलनेवाले यज्ञों का आयोजन किया। हाँ, मामा कंस इन सबमें अपवाद था।

राजा माधव के वंशज मथुरा में स्थापित हुए। यादवों की दूसरी शाखा भोज चेदि में स्थिर हुई। वहाँ उनका शक्तिशाली राज्य था। उनके राजा दामघोष का विवाह कृष्ण की बुआ के साथ हुआ था। वे दोनों अपने पुत्र शिशुपाल के साथ कृष्ण के उपनयन पर मथुरा आनेवाले थे।

यादव सरदारों की गुप्त मन्त्रणा में एक नाम ऐसा भी आता था जिसका उच्चारण करते समय सभी काँप उठते थे। वह था–राजा जरासन्ध का। कंस की रानियों, अस्ति और आस्ति का वह पिता था। आसपास के राज्यों पर विजय प्राप्त कर उसने चक्रवर्ती पद प्राप्त किया था। जरासन्ध को उसके जमाई के दुखद अवसान की सूचना देने विश्वासपात्र दूत भेजे गए थे। कंस केवल उसका जमाई ही नहीं, परम मित्र भी था। कंस की मृत्यु का समाचार पाकर वह चुप नहीं बैठेगा, ऐसी आशंका थी। मथुरा का भविष्य डगमग जान पड़ रहा था।

कृष्ण को अब बोध हुआ कि मथुरा को उसके अत्याचारी शासक से मुक्त कर उस समय के सबसे बड़े नरेश की प्रतिष्ठा को उसने धक्का पहुँचाया है। पर जरासन्ध तो अधर्म का अवतार है। उसका सामना करना ही चाहिए, ऐसी कृष्ण की सम्मति थी, फिर भी सरदारों को ऐसा कहना व्यर्थ था। वे इसे निरी मूर्खता समझेंगे।

मथुरा के यादवों की आशा अब राजा दामघोष पर स्थिर हुई। कृष्ण की बुआ के साथ विवाह हुआ था, पर जरासन्ध का यह घनिष्ठ मित्र था। उसका पुत्र शिशुपाल जरासन्ध के दरबार में प्रभावशाली स्थान रखता था। वह चाहे तो जरासन्ध को मना सकता है।

कृष्ण को यह भी पता चला कि रुक्मी का पिता, विदर्भ-नरेश भीष्मक स्वयं भोज शाखा का होने पर भी जरासन्ध का अच्छा मित्र था। वह मथुरा की सहायता कर चक्रवर्ती की अप्रसन्नता मोल लेने के लिए कभी तैयार नहीं होगा। उसका पुत्र रुक्मी तो नकचढ़ा था ही और अपने पिता पर उसका वर्चस्व था। वह कंस का मित्र और प्रशंसक था। गुरु सांदीपनि के विशेष आग्रह पर ही वह रुका था और वसुदेव तथा अक्रूर की इतनी अनुनय-विनय के उपरान्त कृष्ण के प्रति उसका द्वेष घटा नहीं था।

तभी एक घटना ऐसी अकस्मात् घटी, जिसने सबके अनुमानों को असत्य सिद्ध कर दिया। चेदि की रानी–वसुदेव की बहन–श्रुतश्रवा अकेली ही मथुरा आ पहुँची। उसके पति राजा दामघोष ने यह कहला दिया कि वे किसी कारणवश स्वयं आने में असमर्थ हैं, इसलिए क्षमा चाहते हैं, पर यह किसी से छिपा नहीं रहा कि वह खुल्लमखुल्ला कृष्ण का पक्ष नहीं लेना चाहता। उसके पुत्र शिशुपाल ने तो

यज्ञोपवीत समारम्भ में आने से यह कहकर इनकार कर दिया कि इस ग्वाले के साथ मेरा कोई सम्बन्ध नहीं।

कृष्ण सोच रहा था—हाँ, मैं ग्वाला हूँ। मुझे इसका दुख नहीं। जो यह सोचता है कि ग्वाला तिरस्कार का पात्र है, वह भयानक भूल कर रहा है।

पाँच पाण्डव

तीन दिन बीत गए। मथुरा में सब एक असामान्य उत्तेजना का अनुभव कर रहे थे। तभी दूत यह सन्देश लेकर पहुँचे कि हस्तिनापुर के राजा पाण्डु की विधवा तथा वसुदेव की बहन कुन्ती अपने पाँचों पुत्र तथा सचिव विदुर को लेकर कृष्ण के उपनयन पर आ रही है। कृष्ण यह अच्छी तरह जानता था कि जरासन्ध के साम्राज्य के बाद, शक्ति और सामर्थ्य की दृष्टि से हस्तिनापुर का नाम ही सर्वत्र लिया जाता है। हस्तिनापुर पर कुरुओं का शासन था। कुरु भरतों की मुख्य शाखा थी और कृष्ण स्वयं भी भरत था।

कुरुओं के राजा धृतराष्ट्र अन्धे और निर्बल थे। राज्य में भीष्म का वर्चस्व था। भीष्म परशुराम जैसे शास्त्रज्ञ के शिष्य थे और बड़े प्रतापी पुरुष थे। उन्हें सभी पितामह कहते थे। गुरु द्रोणाचार्य हस्तिनापुर के राजकुमारों को शस्त्र-विद्या की शिक्षा देते थे। वे एक प्रभावशाली योद्धा थे। वे भी परशुराम के शिष्य थे। महापंडित विदुर सचिव थे और समस्त भारतवर्ष में पूज्य, भगवान वेदव्यास भी कुरुओं को समय-समय पर मार्गदर्शन करते रहते थे।

कृष्ण को देखते ही कुन्ती का वात्सल्य उमड़ पड़ा। कृष्ण को उसने कभी देखा नहीं था, पर दृष्टि पड़ते ही वह उसे पहचान गई और उसे छाती से लगाकर उसका मस्तक सूँघने लगी।

"तू बड़ा नटखट है।" कुन्ती ने स्नेहपूर्ण स्वर में कहा, "हमने तेरी बड़ी बातें सुनी हैं।"

वसुदेव को कुन्ती ने प्रणाम किया और देवकी से बड़े प्रेम के साथ गले मिली। दोनों एक-दूसरे के कन्धों पर सिर रखे देर तक खड़ी रहीं, कभी हँसतीं, कभी रोतीं। दोनों ने जीवन में काफी दुख सहन किया था। वे एक-दूसरी की वेदना समझ सकती थीं।

कुन्ती के पाँचों पुत्र अत्यन्त आकर्षक थे। सुदृढ़ और सुन्दर भी। उनकी चाल-ढाल भी अच्छी थी। सबसे बड़ा युधिष्ठिर इस उम्र में भी गम्भीर और प्रभावशाली था। कृष्ण से वह तीनेक वर्ष ही बड़ा होगा। दूसरा भाई भीम बलराम

से कद में कुछ अंगुल ही छोटा था, परन्तु ऐसा लगता था मानो फौलादी स्नायुओं का बना हो। उसके चेहरे से प्रसन्नता झलकती थी और आँखों में शरारत-भरी चमक। वय में वह कृष्ण से बड़ा था। कृष्ण ने उसे प्रणाम किया। भीम ने कृष्ण के मस्तक पर हाथ धरा और बड़े प्रेम से उसकी पीठ पर एक धौल जमाया। कुन्ती का तीसरा पुत्र, अर्जुन धनुष-बाण से सज्जित था। वह कृष्ण-जैसा ही दिखाई पड़ता था—उससे किंचित दुबला। वह सुदृढ़ था और आँखों में बुद्धि की चमक थी। उसकी चाल-ढाल से गौरव टपकता था। उसने बड़ी ठसक से कृष्ण को प्रणाम किया। कृष्ण उसकी ओर आकर्षित हुआ और बड़े उत्साह से उसके गले मिला। उससे छोटे नकुल और सहदेव कद में छोटे और इकहरी काठी के थे, परन्तु बुद्धिमान जान पड़ते थे। वे दोनों कृष्ण को अत्यन्त आदर के साथ देख रहे थे।

वयस्कों के इधर-उधर होते ही पाँचों पाण्डव, कृष्ण और बलराम को घेरकर खड़े हो गए। भीम ने मुक्त हास्य के साथ सीधे प्रश्न किया, ''क्यों भई कृष्ण! यह जो इतनी बातें हम तुम्हारे बारे में सुन रहे हैं, वे क्या सब सच हैं? या योंही तुमने उड़ा रखी हैं?'' अन्य कोई इस प्रकार का प्रश्न करता तो कृष्ण अपमान का अनुभव करता, परन्तु भीम के मुक्त हास्य और ममता-भरी दृष्टि ने इनका तीखापन मिटा दिया।

''तुमने क्या-क्या सुन रखा है, यह जानूँ तो पता चले कि हस्तिनापुर के लोग किस्से जोड़ने में कितने तेज हैं!''

''अधिक चालाक न बनो!'' कृष्ण को फिर एक हल्का-सा धौल जमाते हुए भीम बोला, ''तुमने पूतना को मारा, बकासुर, केशी और अरिष्ट का वध किया। यह सच है? कालिय नाग को नाथने की बात भी सच्ची है? गोवर्धन पर्वत को क्या तुमने सचमुच उठा लिया था? सच-सच बताना!''

''गोपियों के साथ प्रेम भी तुमने किया न?'' अर्जुन ज़रा हँसकर बोला। उसकी मुस्कान कृष्ण के हृदय में बस गई।

कृष्ण को यह कल्पना भी नहीं थी कि बुआ के लड़कों से उसे इतना स्नेह मिलेगा। ''तुम क्या सोचते हो भीम! क्या यह सब बातें मैंने खुद गढ़ी हैं?'' कृष्ण ने पूछा। उसकी आँखों में भी शरारतभरी चमक थी।

बलराम ने कहा, ''कंस, चाणूर और मुष्टिक के वध की कथा भी क्या हमने ही जोड़ ली? एक बार मथुरा के लोगों से जाकर पूछो तो सही कि हम दो भाइयों ने क्या-क्या किया है!''

युधिष्ठिर ने पहली बार मुँह खोला। उनका स्वर शान्त और गम्भीर था। ''भाई, भीम बड़ा अधीर है। उसकी बात का बुरा न मानना। हमें आमन्त्रण देने

के लिए हस्तिनापुर आए सरदार शंकु ने तुम दोनों के बारे में भाँति-भाँति की जो बातें कहीं, उनसे यह जानना कठिन हो गया कि किसने क्या किया और क्या नहीं। सच्चाई जानने को हम आतुर हैं।'' युधिष्ठिर ने फिर कहा, ''भीम की बात का बुरा मत मानना। यह तो ऐसा ही है। इतने दिनों से तुम्हारे पराक्रम की कथाएँ गाता फिर रहा है।''

''नहीं, तुम भूल करते हो भाई!'' भीम ने कहा और फिर कृष्ण की ओर देखकर वह बोला, ''देख, यदि तूने ही यह सब पराक्रम किए हैं तो मुझे वास्तव में तुझसे ईर्ष्या है। मेरी भी इच्छा होती है कि मैं भी अपने कई दुष्ट चचेरे भाइयों, दुर्योधन अथवा दुःशासन को, स्वधाम पहुँचा दूँ। जैसे तुमने अपने मामा की हत्या की, वैसे ही सूतपुत्र कर्ण की गर्दन मरोड़ दूँ।''

युधिष्ठिर ने हँसते हुए हाथ उठाकर भीम को रोका, ''भीम! तू तो पहली ही मुलाकात में कृष्ण और बलराम को अपने कुटुम्ब की गुप्त बातें बताने लगा!''

बलराम का क्रोध चढ़ आया। उसने कहा, ''तुम्हारे दुष्ट चचेरे भाइयों के बारे में अधिक जानने को मन होता है। जब तुम उनके विरुद्ध मैदान में उतरो तो हमें भी स्मरण करना। हम अवश्य ही तुम्हारा साथ देंगे।''

हस्तिनापुर में पाण्डवों की जो दयनीय स्थिति थी, उसके बारे में अधिक चर्चा करना कृष्ण को उचित नहीं जान पड़ा। उसने विषय बदलते हुए कहा, ''अच्छा अब इन बातों को छोड़ो। तुम लोगों ने वेदों और शास्त्रों का अध्ययन किया होगा। तुम्हारे गुरु ने तुम्हें भाँति-भाँति के शस्त्रों को उपयोग में लाना भी सिखाया होगा। तुम्हें सुन्दर शिक्षा मिली है, जबकि हम मात्र ग्वाले ही हैं। तुम लोग अपनी शिक्षा सम्पूर्ण कर चुके और हम अभी शिक्षा आरम्भ करने की योजना ही बना रहे हैं।''

''पर तुमने जो प्राप्त किया है, वह सम्भवतः हम कभी प्राप्त न कर सकें।'' अर्जुन ने अपनी चित्तहारी मुस्कान के साथ कहा, ''तुमने मथुरा को एक अत्याचारी के हाथों से बचाया है।'' उसके स्वर में आदर की भावना थी और दृष्टि में स्नेह की ऊष्मा।

युधिष्ठिर ने कहा, ''और, तुमने धर्म की रक्षा की है।''

''और चारों ओर भयंकर शत्रु खड़े किए।'' कृष्ण की इस बात पर सब हँस पड़े, यह किसी के ध्यान में नहीं आया कि उसकी बात में तथ्य है।

भीम ने कहा, ''जब भी आवश्यकता पड़ेगी, हम तुम्हारी सहायता को तैयार होंगे।''

अर्जुन बोला, ''सम्भवतः ऐसा कभी न हो भीम कि कृष्ण और बलराम को हमारी सहायता की आवश्यकता पड़े!'' उसकी आँखों में छलकता विषाद कृष्ण से

छिपा न रहा। उसने गम्भीर होकर पूछा, ''तुम्हारी स्थिति क्या वहाँ इतनी असह्य है?''

''यहाँ रहकर सम्भवतः तुम्हें उसकी कल्पना भी न हो,'' अर्जुन ने उदास स्वर में कहा, ''लोग समझते हैं कि हम कुरुओं के बान्धव हैं, परन्तु सच तो यह है कि हम उनके असहाय आश्रित हैं।''

बलराम ने कहा, ''कल की चिन्ता आज क्यों? चलो कुछ खेलें-कूदें। भीम! सुना है कि तू बड़ा कुश्तीबाज है! चलो, हम एक-दूसरे से थोड़े दाँवपेंच ही सीख लें।''

कृष्ण ने सुझाव रखा, ''बाकी के सब लोग चलो यमुना में स्नान करें।''

''नहीं, मुझे मामा को अभी हस्तिनापुर के समाचार देने हैं। जब हम हस्तिनापुर जाएँगे तो मामा अक्रूर को भी साथ लेते जाएँगे,'' युधिष्ठिर ने कहा और सहदेव को साथ लेकर चल दिया।

''मैं भी जाऊँगा। मुझे माताजी से मिलना है। देखूँ, उन्हें कोई कष्ट तो नहीं है,'' नकुल ने कहा और वह भी युधिष्ठिर के पीछे-पीछे चला गया।

अब कृष्ण और अर्जुन ही रह गए। ''चलो, हम तैरने चलें। पर मुझे बताओ कि धनुर्विद्या में तुमने नया क्या सीखा है? सुना है, तुम इस विद्या में अत्यन्त कुशल हो!'' कृष्ण ने अर्जुन के कन्धे पर हाथ रखकर नदी की ओर जाते-जाते पूछा।

''अन्धकार में लक्ष्यवेध करने की कला ही नवीनतम है, जो मैंने प्राप्त की है। परन्तु गुरुदेव द्रोणाचार्य इससे बहुत आकुल हो गए!'' अर्जुन ने नम्रता से कहा।

''यह क्या है?''

''एक दिन मैं भोजन कर रहा था कि हवा से दीपक बुझ गया। तब भी मेरा हाथ सीधे मुँह में ही जाता था। मैंने सोचा, अन्धकार में भी मेरा बाण अपने लक्ष्य को क्यों नहीं वेध सकता? तभी से मैंने रात के अन्धकार में लक्ष्य साधने का प्रयोग किया और अन्ततः मुझे सफलता मिली।'' यह कहकर अर्जुन ने कृष्ण की ओर इस दृष्टि से देखा कि कहीं कृष्ण इसे केवल डींग तो नहीं समझ रहा!

''तुम्हारे गुरु को तो इससे बड़ी प्रसन्नता हुई होगी?''

''मेरा भी यही विचार है, पर हस्तिनापुर की स्थिति में वे अपनी प्रसन्नता प्रकट नहीं कर सकते। यदि हम अपने चचेरे भाइयों से किसी भी बात में आगे बढ़ जाएँ तो उन पर यह आरोप लगाया जा सकता है कि वे पक्षपात करते हैं।''

''पर मुझे आशा है कि तुम लोग अपने चचेरे भाइयों से बहुत आगे बढ़ गए हो।''

''सम्भवतः!'' अर्जुन ने हँसते-हँसते कहा, ''यही तो कठिनाई है! यदि हम

गँवार निकलते तो हमारे ये भाई, बल्कि स्वयं चाचा धृतराष्ट्र भी बहुत प्रसन्न हुए होते।''

कृष्ण और अर्जुन दोनों नदी में घुस गए। वे जल-पक्षियों की तरह किल्लोल करने लगे। तभी युधिष्ठिर, भीम, नकुल और सहदेव भी आ गए। भीम ने जल में उतरकर काफी उत्पात मचाया। कृष्ण और अर्जुन के मस्तक को वह जल में डुबो देता और जब तक वे उसे पकड़ें, तब तक वह हँसता-हँसता दूर निकल जाता। बाद में चारों भाई राजमहल वापस चले गए। अर्जुन और कृष्ण सबके बाद बाहर निकले और नदी-किनारे लेट गए। कृष्ण ने आँखें मूँद लीं।

थोड़ी देर बाद कृष्ण ने आँखें खोलीं और पूछा, ''अर्जुन, क्या यह सच है कि तू देवराज इन्द्र का पुत्र है?'' कृष्ण को इन्द्र को दिए हुए अपने वचन की याद आ गई।

''भगवान वेदव्यास ने मुझको ऐसा ही कहा था। मेरी माता ने भी मुझे यही बताया है।''

''तुझे मालूम है अर्जुन, वृन्दावन में मैंने लोगों को इन्द्रोत्सव न मनाने के लिए प्रेरित किया था। हम लोगों ने गोवर्धन, वृक्षों तथा गायों का पूजन किया। इससे देवराज इन्द्र कुपित हुए और उन्होंने वर्षा तथा बिजली हम पर भेजी। यदि गिरिराज गोवर्धन धरती से ऊपर उठकर हमें आश्रय नहीं देते तो हम सब घोर संकट में पड़ गए होते।''

''फिर?''

''इन्द्र जब नम्र हुए तब हमने उनके सम्मान में एक यज्ञ किया। फिर एक दिन जब मैं गायें चरा रहा था तो दिवास्वप्न में मैंने इन्द्र को देखा; वे कह रहे थे, 'कृष्ण तेरी बात ही सच थी। मुझे भय की नहीं, स्नेह की पूजा चाहिए।' फिर उन्होंने कहा, 'अच्छा, मेरा एक काम करोगे?' मैंने हाँ भरी। उन्होंने कहा, 'मेरा एक पुत्र है, उसकी सहायता करोगे? वचन दो।' 'हाँ, मैं वचन देता हूँ,' मैंने कहा। पर उनका वह पुत्र कौन है, यह बिना बताए ही वे अन्तर्धान हो गए। मैं सदा यही विचार करता था कि इन्द्र-पुत्र मुझे कहाँ मिलेगा! फिर माताजी ने तुम्हारी चर्चा की।'' अर्जुन का हाथ पकड़कर कृष्ण ने आगे कहा, ''आज मुझे इन्द्र-पुत्र मिल गया!''

''मैं चाहता हूँ कि हम सदा साथ रहें!''

''हाँ, हम सदा साथ रहेंगे।'' वह सोच रहा था कि अब मेरे एक नहीं छह भाई हैं। क्षितिज विस्तृत हो रहे हैं—यह सातों भाई मिलकर तो धर्म की स्थापना के लिए बड़े चमत्कार दिखा सकते हैं।

कृष्ण विचार तरंगों में बह गया—वह अन्य राजाओं की तरह अपनी शक्ति का दुर्व्यय न कर संसार में धर्म को सर्वोच्च स्थान दिलाने का प्रयत्न करेगा और धर्म

की संस्थापना के लिए तत्पर लोगों को संगठित करेगा। उसने मन-ही-मन यह भी प्रण किया कि विवाह न होने तक वह पूर्ण ब्रह्मचर्य का पालन करेगा। इसके बाद का मार्ग तो आनेवाला समय खुद ढूँढ़ लेगा।

ब्रह्मचर्याश्रम

उस रात अर्जुन और कृष्ण बगल-बगल में सोए और सारी रात तरह-तरह की बातें करते रहे। हस्तिनापुर में पाण्डवों की जो स्थिति थी, पाण्डवों को जिन अग्नि-परीक्षाओं में से गुजरना पड़ा, उनके बारे में अर्जुन ने चर्चा की और यह भी बताया कि पाँचों भाइयों को अपमानित करने की कैसी-कैसी चेष्टाएँ की गईं। पाण्डवों पर भीष्म पितामह तथा महर्षि वेदव्यास का अपार स्नेह अवश्य था, परन्तु वे भी कौरवों के आगे चुप थे। अर्जुन ने उस रात बहुत-सी बातें कीं–किस प्रकार पाँचों भाइयों को यज्ञोपवीत दिया गया, ब्रह्मचारी का कठोर जीवन उन्होंने कैसे बिताया, उनकी आज्ञाकारिता से गुरु बहुत प्रसन्न हुए, इत्यादि।

"परन्तु मैं उस समय बहुत छोटा था, कृष्ण! तुम तो अब सोलह के हो चुके हो, तुम्हें ब्रह्मचर्य-आश्रम के यम-नियम अधिक कठोर लगेंगे।"

"नहीं," कृष्ण ने तत्काल उत्तर दिया, "ब्रह्मचारी जीवन के कठोर नियमों का पालन तो मुझे करना ही है। यदि यह तप मैं न कर सका तो धर्म के प्रति मेरी निष्ठा कहाँ रही!"

"पर वृन्दावन में तुमने स्वच्छन्द और अनियन्त्रित जीवन बिताया," अर्जुन ने शंका व्यक्त की। बात-बात में शंका और प्रश्न करना अर्जुन की आदत थी।

"वृन्दावन में जो समय मैंने गँवाया, उसकी पूर्ति तो करनी ही होगी," कृष्ण ने दृढ़ता से कहा, "मेरे विचार से जब तक यह ज्ञान न प्राप्त हो जाए कि जीवन का भोग किस प्रकार किया जाए और उसकी सीमा क्या हो, तब तक जीवन का आनन्द नहीं उठाया जा सकता।"

"हमारे जीवन में तो आनन्द की कोई सम्भावना नहीं। यदि दुर्योधन ने हमें हमारे पैतृक उत्तराधिकार से भी वंचित कर दिया तो हमें यह भी पता नहीं कि हम कहाँ जाएँगे!"

"तुम्हें तुम्हारे उचित पैतृक उत्तराधिकार से वंचित करने का किसी को क्या अधिकार है? तुम पाँच भाई हो। तुम्हें क्या अपने पर आस्था नहीं?" ऐसे शूरवीर और समझदार भाई किस प्रकार अपना आत्मविश्वास खो बैठे हैं, यह कृष्ण की समझ में नहीं आया। स्वयं कृष्ण कभी आत्मविश्वास नहीं खोते थे।

"तुमसे मिलने के बाद मुझमें कुछ आत्मविश्वास अवश्य उत्पन्न हुआ है। जब हम साथ-साथ तैरने गए थे, तब मुझे सर्वप्रथम अपने सामर्थ्य की प्रतीति हुई।"

"अर्जुन! जब तक धर्म की स्थापना नहीं होती, हम साथ-साथ ही तैरेंगे।"

"कृष्ण! तुम क्योंकर इस प्रकार बोलते हो, मानो धर्म के बारे में सबकुछ जानते हो?" अर्जुन ने पूछा।

कृष्ण हँस पड़े। "यह तो सीधी-सी बात है। प्रत्येक क्षण मैं यह देख और समझ सकता हूँ कि मेरा धर्म कहाँ है?"

अर्जुन ने नम्रता से कहा, "तुम मुझसे बहुत आगे बढ़ गए हो।"

अर्जुन विनम्र था। कृष्ण के शब्दों को उसने बिना किसी टीका के स्वीकार कर लिया। इससे कृष्ण का उसके प्रति स्नेह और बढ़ गया।

इसके दूसरे दिन यज्ञोपवीत समारम्भ शुरू हुआ था। किसी प्रकार के उत्सव की योजना नहीं थी। कंस की मृत्यु का शोक जो था। दो दिन बाद यज्ञोपवीत संस्कार का अन्तिम अनुष्ठान सम्पन्न हुआ। तीनों भाइयों का केवल शिखा रखकर मुण्डन किया गया। यज्ञ की वेदी प्रदीप्त की गई। कृष्ण के पिता-माता, चाचा, फूफी तथा गुरुदेव गगाचार्य की अनुमति प्राप्त कर मन्त्रोच्चारण के साथ यज्ञोपवीत धारण किया। तीनों भाइयों को मृगचर्म दिया गया। प्रत्येक को दिन में लंगोट बाँधकर यह मृगचर्म धारण करना था और रात्रि में उसी मृगचर्म पर सोना था। तीनों को कमंडल और काष्ट-आचमनी इत्यादि भी दिए गए।

शास्त्रोक्त रीति से यह कृष्ण का नया जन्म था। वह आर्य बने। पवित्र कर्तव्यों का भार धारण किया। ब्रह्मचारी अवस्था में प्रवेश किया। आगामी वर्ष विद्याभ्यास के लिए कठोर तप के थे। ब्रह्मचारी के रूप में कृष्ण को भिक्षा भी लेनी थी। माता के सामने जाकर कमण्डल बढ़ाकर कहा, "भवती भिक्षाम् देही।"

कृष्ण प्रसन्न था कि वे विद्याराधना करेंगे और गुरु सांदीपनि के सान्निध्य में रहेंगे। अब उन्हें गुरु की आज्ञा में रहना होगा। उन्हीं की सेवा करनी होगी और सभी पार्थिव आनन्दों को छोड़कर धर्म का पालन करने के लिए योग्य पात्र बनना होगा। यहाँ का जीवन बड़े आनन्द का था, पर वृन्दावन के मुक्त और उल्लासपूर्ण जीवन से बहुत भिन्न था। अब उन्हें ब्रह्मतेज अथवा क्षात्रतेज का विकास करना था, परन्तु कृष्ण दोनों ही सम्पन्न करना चाहते थे। उनके लिए यह कुछ कठिन भी न था।

पिता के महल को छोड़कर कृष्ण गुरु सांदीपनि के साथ आश्रम पहुँचा। गुरु का स्वभाव बड़ा मधुर था, परन्तु उनकी आँखें सबकुछ आदेश दे देती थीं। केवल आँखों के इशारे से ही वे छात्रों को अनुशासित कर लेते थे। गुरु के उद्यान में लेटे-लेटे कृष्ण विचार कर रहा था—अब मुझे सम्पूर्ण ब्रह्मचारी जीवन बिताना है।

मैं कैसा हूँ, कैसा लगता हूँ, यह सब भूल जाना होगा। गोवर्धन, गायें, गोपियों का प्रेम, पिता नन्द, माता यशोदा, वसुदेवजी, माँ देवकी, सबकी स्मृति का लोप करना होगा। मेरे पराक्रम और मुझे मिली हुई लोकप्रियता, मेरी प्रसन्नता की देवी राधा, सबको भूल जाना होगा।

गुरु ने बलराम, उद्धव और कृष्ण को अपने भतीजे श्वेतकेतु के दल में रखा। श्वेतकेतु सुन्दर युवक था। गुरु का वह सबसे अधिक लाड़ला और शक्तिशाली शिष्य था। श्वेतकेतु के दल में इन तीन भाइयों के अलावा अवन्ति के राजकुमार विन्द और अनुविन्द भी थे। दोनों के चेहरे आपस में इतने मिलते-जुलते थे कि दर्शक भ्रम में पड़ जाते। कृष्ण ने देखा कि विन्द और अनुविन्द यह कभी नहीं भूल पाते कि वे राजकुमार हैं। कृष्ण जब भी उनके निकट जाने का प्रयत्न करता, वे उसे यह कहकर चिढ़ाने से नहीं चूकते कि वह ग्वाल है। दोनों मृगचर्म भी अकड़कर बाँधते थे और केवल राजगृहों में ही भिक्षा लेने जाते थे। इन मिथ्याभिमानी छोकरों के बर्ताव को कृष्ण सस्मित सह लेते थे।

कृष्ण में इस प्रकार का कोई अभिमान नहीं था। त्रिवक्रा ने अपने यहाँ भिक्षा लेने के लिए निमन्त्रण दिया, तो कृष्ण ने तत्काल स्वीकार कर लिया। त्रिवक्रा राजकुल की नहीं थी, पर उसका हृदय राजकुल की स्त्रियों से भी अधिक उदार और उन्नत था। महल में कृष्ण उसके खंड पर गए। उसने बड़े स्नेह से अनेक सामग्रियाँ कृष्ण के कमंडल में परोसीं। इन दिनों कृष्ण जहाँ भी भिक्षा लेने जाते, रुक्मी की बहन वहाँ अवश्य उपस्थित रहती। पर अकेली नहीं, त्रिवक्रा के साथ। जहाँ भी कृष्ण भिक्षा लेने जाते, एकाध सामग्री वह स्वयं परोसती। भिक्षा देते वक्त एक मधुर मुस्कान उसके होंठों पर थिरकती और कृष्ण के मुख को एकटक निहारती रहती। वह बहुत सुन्दर और साहसी लड़की थी। उसका भाई कृष्ण को सहज नहीं भाता, पर रुक्मिणी की बात अलग थी। उसकी आँखें और नाक-नक्श बड़े सुन्दर थे। राधा का व्यक्तित्व कुछ और था। वह उल्लास और आनन्द से छलकती हुई मूर्तिमन्त मधुरता थी, जबकि रुक्मिणी का व्यक्तित्व कुछ ऐसा था कि किसी भी व्यक्ति पर उसका प्रभाव पड़े बिना न रहता। पर कृष्ण की विचारधारा एकदम टूट गई। वह ब्रह्मचारी जीवन बिता रहा था। लड़कियों के बारे में इस प्रकार सोचना उचित नहीं। उन्हें भुला देना ही ठीक है।

श्वेतकेतु के साथ रहनेवाले शिष्यवृन्द में सुदामा भी था। वह दुबला-पतला था, पर उसकी बुद्धि प्रखर थी। वह सरल हृदय था। सारी बातें निस्संकोच कह देता। उसके पिता सुदूर प्रभासतीर्थ के पास के रहनेवाले थे। सुदामा का कहना था कि सबको एक बार प्रभास की यात्रा अवश्य करनी चाहिए। उसके पिता गुरु सांदीपनि के मित्र और गुरु भाई थे। सामवेद के गान में वे अद्वितीय थे। उनका अवसान

हो गया था और सुदामा गुरु सांदीपनि के आश्रम में रहकर अपना विद्याभ्यास पूर्ण कर रहा था।

सुदामा स्वयं भी सामवेद का गान बड़े मधुर कंठ से करता था। कृष्ण मुग्ध भाव से सुदामा के कंठ से उच्चारित ऋचाएँ सुनते। सुदामा से सामसंगीत सीखने की भी कृष्ण की बड़ी इच्छा हुई। सौभाग्य से गुरु ने उनकी इस प्रार्थना को स्वीकार कर लिया। पर बलराम की समस्या कुछ टेढ़ी थी। ब्रह्मचारी जीवन से उन्हें अरुचि-सी हो रही थी। वृन्दावन का विस्तार उन्हें यहाँ नहीं दिखाई पड़ा। वे यहाँ यथेच्छ विहार नहीं कर सकते थे, न हो-हल्ला कर सकते थे और न ही गुस्सा आने पर मार-पीट। यह जीवन उन्हें बहुत संकटमय लगने लगा। प्रतिदिन के उस वेदगान और शुष्क चर्चा में उन्हें रस नहीं मिलता।

कृष्ण ने बलराम की इस नीरसता को दूर करने का निश्चय किया। यह बहुत सरल कार्य था। कृष्ण कुछ ऐसा अभिनय करता कि जैसे वह मन्त्र भूल गया है। और इसलिए बलराम के पास जाकर उन्हें अपनी भूल सुधारने के लिए कहता। इस प्रकार बलराम को मन्त्र अधिक याद रहने लगे। प्रत्येक विधि किस प्रकार की जाए, यह कृष्ण बलराम से ही पूछता। बलराम समझ गया था कि कृष्ण सब कुछ जानता है, परन्तु मेरी मदद करने के लिए ही ऐसा दिखावा करता है। बलराम को इस बात का सदा ध्यान रहता कि कृष्ण उनसे अधिक बुद्धिशाली है और इस बात का उन्हें अभिमान था। कृष्ण को वह हृदय से चाहता था। इसलिए ईर्ष्या उसे कभी छूती न थी। कृष्ण भी उन्हें उतना ही चाहता था। केवल कृष्ण को खुश करने के लिए बलराम वेदमन्त्र कंठस्थ करने लगा।

पाँच दिन बाद कृष्ण का परम मित्र उद्धव वृन्दावन से वापस आया। उसने बताया कि वहाँ सब कृष्ण की बड़ी आतुरता से राह देख रहे हैं। कृष्ण की बातें सुन वे कभी अघाते नहीं थे। उद्धव के साथ उन्होंने भाँति-भाँति के सन्देश भी कहलाए। यमुना का तट कृष्ण के बिना कितना सूना लगता था, इसी की चर्चा उन्होंने अपने सन्देश में की थी। और तो और, उद्धव ने ब्रज की गायों को सहलाया, तो गायों के निःश्वास भी उन्हें स्पष्ट सुनाई पड़े।

मथुरा में जो कुछ घटित हुआ, उसका हाल सुन माता यशोदा की आँखों में आँसू नहीं समा रहे थे। सोते-जागते वह कृष्ण के नाम की रट लगाती है। सुनकर कृष्ण का हृदय उदास हो गया। राधा ने अनमने मन से अपना सन्देश सुना, यह जानकर कृष्ण और उदास हो गया। कृष्ण ने कहलाया था, 'राधा, तू मेरी प्रसन्नता की देवी है। तू सदा मेरे हृदय में रहती है और रहेगी। मुझे यह जानना है कि मैं आश्रम से वापस लौटूँ, तब क्या तू मेरे साथ रहने के लिए आएगी?' राधा का उत्तर उद्धव ने गद्‌गद कंठ से सुनाया। प्रथम तो राधा उद्धव को ब्रज के निकुंज में ले

गई और कहा, 'क्या मेरा कृष्ण यहाँ नहीं!' फिर जहाँ कृष्ण के साथ बैठी थी, उस कदम्ब वृक्ष के पास उद्धव को ले जाकर कहा, 'ध्यान से सुनो, क्या उसकी बाँसुरी के सुर सुनाई नहीं पड़ते?'

कुछ क्षण उद्धव अवाक् रह गया। राधा तो पहले की तरह ही प्रसन्न थी। उद्धव की ओर मुड़कर उसने कहा, 'उद्धव, तुम अन्धे भी हो और बहरे भी। यहीं तो है मेरा कान्ह—वह मेरी हर साँस में बसा है, मेरी गति में अंकित है। मैं जहाँ भी जाऊँ, वह मेरे साथ रहता है। मुझे और क्या चाहिए।'

राधा को इस प्रकार की बातें करते देखकर उद्धव को अत्यन्त दुःख हुआ। उसे लगा कि राधा दुखी है। यमुना के तीर पर कृष्ण की बाँसुरी लेकर वह घंटों घूमा करती। राधा को उद्धव चाहे न समझ सका, पर कृष्ण ने उसे समझ लिया। वह कृष्णमय बन गई थी। दूसरे के मन में भले ही वह कृष्ण हो, पर राधा तो 'मेरा कान्ह' के स्मरणों की सृष्टि में ही विहार करती थी। राधा के इस भक्तिभाव से कृष्ण का हृदय पवित्र और पुलकित हो गया। कृष्ण और राधा के सम्बन्ध में एक नवीन सौन्दर्य का सृजन हुआ।

गुरु सांदीपनि की छाया में

कंस की मृत्यु के पच्चीसवें दिन पौ फटने से पूर्व ही आचार्य सांदीपनि अपने शिष्योंसहित यमुना तट की ओर चल पड़े। सबने यमुना में स्नान किया। तट पर बैठकर सन्ध्या-वन्दना की। बाद में मथुरा की सीमा पर जाकर दूसरों की प्रतीक्षा करने लगे।

एक के बाद एक सभी राज-अतिथि वहाँ पहुँचने लगे। उग्रसेन, अक्रूर, प्रद्योत तथा अन्य उच्च यादव सरदार उन्हें विदा करने वहाँ तक आए। सभी राज-अतिथि आज गुरु सांदीपनि के साथ प्रस्थान कर रहे थे। उनके रथ, अश्व तथा अन्य वाहन उनके पीछे-पीछे आ रहे थे।

स्मरण रहे, इनमें से अधिकांश राज-अतिथियों ने कंस के नेतृत्व में जरासन्ध के वर्चस्व को स्वीकार कर लिया था। उन्हें यादवों के पक्ष में करने सम्बन्धी वसुदेव तथा अक्रूर के सभी प्रयास असफल हो गए थे। अतिथि और आतिथेय का औपचारिक सम्बन्ध तो उनके बीच था, किन्तु उन्हें और अधिक ठहराया नहीं जा सका। इसमें विदर्भ के राजा भीष्मक के पुत्र रुक्मी का उच्छृंखल स्वभाव मुख्य कारण था।

वसुदेव, देवकी, रोहिणी तथा अन्य रानियों के साथ सरदारों के परिवारजन भी

कृष्ण और बलराम को विदाई देने आए। त्रिवक्रा भी वहाँ उपस्थित थी। वह अपने साथ सुवासित द्रव्यों की अपनी मंजूषा भी लाई थी। वह सभी राज-अतिथियों पर इन सुवासित द्रव्यों को छिड़कनेवाली थी। मुख्य रूप से विदा की इस बेला में वह कृष्ण को जी-भर देखना चाहती थी।

नगर की जनता भी वहाँ एकत्र होने लगी। देखते-देखते जन-समुदाय का सागर उमड़ पड़ा। देवकी के नेत्र कृष्ण पर टिके थे। जिस पुत्र के दर्शन के लिए वह सोलह वर्षों से तरस रही थी, उसे वह किसी प्रकार मिला भी तो आज पुनः विदा हो रहा था। एक ओर जहाँ उसे पुत्रदर्शन का आनन्द था, वहाँ दूसरी ओर इतनी शीघ्रता से पुनः बिछुड़ जाने का दुख भी। पर दूसरा कोई उपाय न था।

कृष्ण द्वारा मथुरा का मुकुट अस्वीकार कर दिए जाने की बात से देवकी प्रसन्न थी। कृष्ण को सुव्यवस्थित शिक्षा नहीं मिल सकी थी। गुरु सांदीपनि जैसे आचार्य की छाया में वह विद्याभ्यास कर सके, यह सोचकर वह हर्षित थी।

प्राची में भगवान भास्कर की स्वर्णिम रश्मियों की उदय-बेला में सांदीपनि ने अपने मधुर शंख-नाद से संकेत किया कि प्रस्थान का शुभ मुहूर्त आ गया। नतमस्तक हो गुरु सांदीपनि ने निमीलित नेत्रों से कमण्डलु-जल द्वारा सूर्यदेव की अर्चना की।

राजा उग्रसेन ने प्रत्येक राज-अतिथि के भाल पर कुंकुम-तिलक लगाया, उनके हाथों में शुभवत् श्रीफल दिया। उनके कन्धों को स्वर्णिम किनारोंवाली शालों से सुशोभित किया। वसुदेव, देवकी तथा रोहिणी ने तीनों पुत्रों के मस्तक को चूमा। उद्धव, कृष्ण का परमप्रिय सखा था। वसुदेव-देवकी भी उसे पुत्रवत् प्यार करते थे। उनके भाल पर चन्दन का तिलक लगाया और हाथों में श्रीफल दिया।

त्रिवक्रा ने मधुर मुस्कान के साथ सभी राज-अतिथियों के हाथों पर सुवासित द्रव्य छिड़का। गुरु और ब्रह्मचारियों पर इस प्रकार के द्रव्यों का छिड़काव निषिद्ध था। आश्रम-जीवन में प्रवेश करने के बाद ऐसे द्रव्यों का उपभोग उन्हें वर्जित था। वह कृष्ण के चरणों में लेट गई। बड़ी कठिनाई से वह अपने आँसुओं को रोक सकी। विदा की ऐसी शुभ-बेला में आँसू अशुभ माने जाते थे।

राजा उग्रसेन ने तीनों किशारों के मस्तक पर हाथ फिराकर आशीर्वाद दिया और गुरु सांदीपनि का चरण-स्पर्श किया। अन्य सरदारों ने भी गुरु को प्रणाम किया। गुरु सांदीपनि के नेतृत्व में राज-अतिथियों ने विदा ली और यमुना के किनारे-किनारे स्थित मार्ग पर आगे बढ़े।

गुरु सांदीपनि की पद-यात्रा-पाठशाला का अनुशासन अति कठोर था। उनकी शिष्य-मण्डली में विन्द एवं अनुविन्द जैसे राजकुमार भी थे, किन्तु उन्हें भी अनुशासन का पालन करना पड़ता था।

रात होते ही वे नदी या किसी झरने के निकट के ग्राम में पड़ाव डाल देते थे। सूर्योदय के पूर्व ही गुरु-शिष्य अपना-अपना मृर्गचर्म त्याग देते थे। मृगचर्म दिन में वस्त्र तथा रात्रि में बिस्तर का काम देता था। उससे प्रतिकूल ऋतुओं में भी उनकी रक्षा होती। स्नान के लिए वे निकट की नदी या झरने पर जाते। कमर तक जल में खड़े होकर वे भगवान सवितानारायण को अर्घ्य चढ़ाते, भगवान वेदव्यास द्वारा निर्धारित स्वर-भार के साथ मन्त्रोच्चारण कर जल से बाहर आते।

मन्त्रगान के बाद गुरु-शिष्य निकट के ग्राम से उपहारस्वरूप आए दुग्ध का पान करते और तब पुनः अभ्यास-यात्रा आरम्भ हो जाती। शिष्यगण पाँच या छह की टोली में विभक्त हो जाते। प्रत्येक टोली का नेतृत्व अभ्यास में वरिष्ठ शिष्य करता। वे नए शिष्यों को मन्त्रगान तथा व्याकरण के नए नियमों को सिखाते। प्रत्येक टोली में धर्मशास्त्र पर चर्चा होती, नवीन विद्या-शाखा के सम्बन्ध में विचार-विमर्श होता तथा युद्ध एवं राज्य-अनुशासन के पाठ पढ़ाए जाते।

जब तक मध्याह्न न हो जाता और धूप सह्य रहती, वे चलते रहते। बाद में अश्वस्था या अन्य वृक्षों की छाया में विश्राम हेतु ठहर जाते। जो भी ग्राम निकट में होता, शिष्य-वृन्द भिक्षा-पात्र लेकर वहाँ से भिक्षा लाते और तब वहाँ रचित यज्ञ के वेदी में गुरु सांदीपनि पवित्र आहुति देते।

जब तक राज-अतिथि गुरु सांदीपनि की अभ्यास-यात्रा के साथ रहे, वे अपने-अपने रथों और अश्वों पर आगे निकल जाते और गुरु-शिष्यों के विश्राम के लिए सुन्दर स्थान ढूँढ़ निकालते। उनके परिचायक सांदीपनि तथा शिष्यमण्डली के लिए सुस्वादिष्ट भोजन बनाकर तैयार रखते। शिष्यगण भिक्षा-पात्र लेकर प्रत्येक राज-अतिथि के खेमे में जाते और 'भवती भिक्षाम् देही' का उच्चारण करते। भिक्षा लेते समय वे इससे अधिक कुछ नहीं बोलते। रानियाँ एवं राजकुमारियाँ तत्काल बाहर आतीं और भिक्षा-पात्र भर देतीं।

सांदीपनि के शिष्य किस अनुशासन में रहते हैं, इसका अनुभव रुक्मिणी को न था। उसने सोचा था, यात्रा-मण्डली के साथ चलने पर वह बड़ी सुगमता से अपने श्याम-सलोने से बार-बार मिलती रहेगी। प्रस्थान-बेला में जब वह रथारूढ़ हुई तो क्षणभर के लिए कृष्ण को उसने देखा था। उसका प्रीतम घुँघराले केशों से विहीन था, उसके शरीर पर मृगचर्म शोभायमान था, हाथ में दंड एवं कमंडल था। उसे लगा जैसे कृष्ण का स्वरूप ही बदल गया।

फिर भी यह उससे मिलने का प्रलोभन संवरण न कर सकी। जब भी सांदीपनि के शिष्य भिक्षा लेने आते, कृष्ण के आगे जा खड़ी होती और उसके भिक्षा-पात्र को भर देती। अन्य रानियाँ तथा राजकुमारियाँ रुक्मिणी के पागलपन को देखकर हँस पड़तीं। उन्मुक्त स्वभावशाली विदर्भ की इस राजकन्या के सम्बन्ध में वे आँखों

ही आँखों में आपस में सब कह लेतीं, समझ लेतीं। किन्तु कोई उसे ऐसा करने से रोक नहीं सकता था। उसकी भाभी रोष व तिरस्कार से उसकी ओर देखती रह जाती। भाई-भाभी दोनों उसे रोकने में असमर्थता अनुभव कर रहे थे। उसकी कुशाग्र बुद्धि अपने मार्ग की अवरुद्धता को बड़ी सरलता से असफल कर देती। भाई-भाभी भी इतने राजपरिवारों के बीच उसे लेकर कोई बखेड़ा खड़ा करना नहीं चाहते थे। उन्हें मौन तिरस्कार दरशाकर ही रह जाना पड़ता।

जब भी रुक्मिणी कृष्ण के भिक्षा-पात्र में खाद्य डालती, कृष्ण उसे निर्निमेष दृष्टि से देखता रह जाता। रुक्मिणी के हास्य के प्रति-उत्तर में वह कुछ न करता। हाँ, कृष्ण की मौन दृष्टि इतना अवश्य बता देती कि वह रुक्मिणी की मनोदशा समझ रहा है। किन्तु कृष्ण को पाठशाला का अनुशासन भंग करने की लेशमात्र भी इच्छा नहीं थी। आनन्द-प्रमोद को उसने तिलांजलि दे रखी थी।

मध्याह्न के भोजनोपरान्त गुरु-शिष्य कुछ विश्राम करते। धूप के सह्य होते ही यात्रा और ज्ञानगोष्ठी आरम्भ हो जाती। सन्ध्या को पुनः विश्राम के लिए वृक्षों की छाया में पड़ाव डाल दिया जाता। कुछ समय तक मुष्टि विद्या का अभ्यास किया जाता। बाद में गुरु-शिष्य स्नान-सन्ध्या करते और भोजनोपरान्त अपने-अपने मृगचर्म पर सो जाते।

कृष्ण अपने सौन्दर्य, पुष्प और पराग तथा गीत एवं नृत्य के प्रेम को पाठशाला के कठोर नियमों के आगे पूर्ण रूप से भूल गया था। इस नए जीवन के साथ उसने देह और मन को तदाकार कर लिया था। उसकी मण्डली के नायक श्वेतकेतु ने ऐसी ग्राह्यशक्तिवाला शिष्य कभी न देखा था। कृष्ण एक बार में ही मन्त्र का उच्चारण पूर्ण शुद्धि के साथ कंठस्थ कर लेता। आचार का जो सिद्धान्त उसे सिखाया जाता, वह सदासर्वदा के लिए ग्राह्य कर लेता। अभी तक विद्याभ्यास के सम्बन्ध में उसकी ओर विशेष ध्यान नहीं दिया गया था। उसने बड़ी तन्मयता से विद्यार्थी जीवन अंगीकार कर लिया। इस जीवन की सभी अपेक्षाओं को वह न केवल सस्मित स्वीकार कर लेता; अपितु प्रसन्नचित होकर उन्हें पूर्ण भी करता।

अपने गुरु-भाइयों के साथ कृष्ण जिस मधुरता का व्यवहार करता, उसे देखकर गुरु सांदीपनि मुग्ध हो जाते। सब परिचितों का हृदय कृष्ण बड़ी सरलता से जीत लेता। वह इतने स्नेह एवं निष्ठा के साथ लोगों से परिचय करता कि कोई उससे प्रेम किए बिना न रहता। वह सभी की सेवा करने के लिए सदैव तत्पर रहता। यह देखकर अवन्ती के गर्वीले राजकुमार भी लज्जा का अनुभव करते।

दौड़ या मुष्टि युद्ध में कृष्ण और बलराम की कोई बराबरी नहीं कर सकता था। कृष्ण मुष्टि युद्ध में चतुराई या शक्ति को प्रधानता नहीं देता। वह प्रतिद्वन्द्वी

के दावों को जैसे पहले से ही समझ लेता और उसकी शारीरिक तथा मानसिक दुर्बलता का लाभ उठाने से न चूकता।

श्वेतकेतु तथा उसकी टोली के शिष्यों के मध्य शीघ्र ही स्नेह-सम्बन्ध स्थापित हो गया। मात्र विन्द एवं अनुविन्द अपनी राजसी प्रतिष्ठा को नहीं भूल सके थे। किन्तु वे बलराम से सदैव भयभीत रहते। जैसे ही बलराम की दृष्टि उन पर पड़ती, वे ठिकाने आ जाते।

यात्रीगण धीरे-धीरे चर्मणवती (वर्तमान चम्बल) के तट पर पहुँच गए। एक के बाद एक राज-अतिथि गुरु-शिष्यों से विदा ले अपनी-अपनी राजधानी की ओर चल पड़े। डेढ़ माह की पद-यात्रा के बाद गुरु सांदीपनि अपने शिष्यों के साथ अवन्ती के आश्रम पहुँचे।

प्रतिवर्ष गुरु सांदीपनि दो यात्राएँ किया करते थे। एक बार तो वे कुरुक्षेत्र में महर्षि वेदव्यास के आश्रम में जाते और दूसरी बार समुद्र-तट पर स्थित प्रभासतीर्थ की यात्रा करते। पूर्णिमा की रात्रि को समुद्र में एकसाथ गिरनेवाली तीन नदियों के इस संगम-स्थान पर स्नान करने का बड़ा ही पुनीत महत्त्व था। अभी इस यात्रा के लिए समय था। इस बीच कृष्ण और बलराम को शस्त्र-विद्या का अभ्यास कराया जाने लगा।

प्रतिदिन प्रातःकाल, मध्याह्न तथा सन्ध्या को स्वयं गुरु अपने निर्देशन में उन्हें धनुर्विद्या तथा परशुविद्या की शिक्षा देते। बलराम अधिक ऊँचा था और उसके स्नायु भी सुदृढ़ एवं मांसल थे। अतः वह शीघ्र ही गदा-युद्ध में निष्णात हो गया। उसका स्वभाव भी प्रचण्ड बवण्डर जैसा था। असंख्य योद्धाओं के बीच सुगमता से मार्ग बना लेनेवाले शस्त्र उसे अधिक प्रिय थे।

कृष्ण को सभी शस्त्रों में चक्र अतिप्रिय था। बचपन से ही उसके नेत्र तीक्ष्ण थे और चाहे कैसा भी प्रचण्ड शक्तिशाली साँड़ हो, वह उसे पाशबद्ध कर लेता था। असम्भाव्य परिस्थिति में भी उसने कालिय नाग को नाथ लिया था। इसी प्रकार तर्जनी पर चक्र को घुमाकर अपने लक्ष्य स्थान पर केन्द्रित करने की कला में वह अति प्रवीण था। चक्र लक्ष्य-वेध के बाद उसके पास लौट आता। ऐसे विकट शस्त्रों का उपयोग करनेवाला शिष्य अभी तक सांदीपनि गुरु को नहीं मिला था। कृष्ण के हाथ में आते ही ये शस्त्र चामत्कारिक सृजन का स्वरूप धारण कर लेते।

चौंसठ दिन तक कृष्ण और बलराम शस्त्र-विद्या का अभ्यास करते रहे। इसके बाद सांदीपनि तथा उनके शिष्यगण भृगुतीर्थ की यात्रा के लिए तैयार हो गए। वहाँ से नौकाओं में बैठकर उन्होंने प्रभासतीर्थ की ओर प्रस्थान किया।

पञ्चजन तथा पुण्यजन राक्षस

[कंसवध के पश्चात् श्रीकृष्ण का प्रथम उल्लेखनीय पराक्रम गुरु सांदीपनि के पुत्र को वैवस्वतपुर में से लौटा लाना था। ऐसा लगता है कि यह घटना अधिकृत परम्परा पर आधारित है। सांदीपनि के पुत्र का प्रभास के पास अपहरण हुआ था। उसे सागर पार वैवस्वतपुर ले जाया गया। श्रीकृष्ण गुरु-पुत्र को ढूँढ़ने निकले। उन्होंने सागर यात्री राक्षस पञ्चजन पर विजय प्राप्त की (विदेशी भाषा बोलनेवाले असंस्कृत परदेशियों के लिए राक्षस शब्द का प्रयोग किया जाता था)। ऐसा भी माना जाता है कि पुण्यजन राक्षस सौराष्ट्र के सागर किनारे कुशस्थली पर स्थापित हुए थे।

ऋग्वेद में पणियों का उल्लेख आर्य देवों को अर्घ्य देनेवाली प्रजा के रूप में हुआ है और उनके लिए 'वृक्' अथवा 'राक्षस' जैसे शब्दों का प्रयोग भी हुआ है। उन्हें दस्यु भी कहा जाता था। कई विद्वानों के अनुसार वे आदिवासी बंजारे थे। अपने माल की रक्षा के लिए आवश्यकता होने पर वे लड़ाई के लिए भी तैयार रहते थे (मैकडोनाल्ड एवं कीथ, वैदिक इंडैक्स, भाग 1, पृष्ठ 471-72)। इससे मैं इस नतीजे पर पहुँचा हूँ कि पुण्यजन, पञ्चजन और पणिया फोनेशियाई से मिलते-जुलते परदेशियों के विभिन्न नाम हैं। फोनीशियावासी प्राचीन यूरोप की साहसिक, पर अप्रामाणिक जाति के रूप में विख्यात है। वे 1600 और 1350 ई.पू. के बीच फोनेशिया में स्थिर हुए (राउमीसंस हिस्ट्री ऑफ फोनीशिया, पृ. 406)। इससे पहले वे फोनीशिया के दक्षिण में युरीथ्रियन समुद्र के किनारे पर रहते थे, जिससे यह जाना जा सकता है कि फोनेशियाइयों की प्रवृत्ति अरबी समुद्र में अधिक थी]।

पुण्यजन जलयान

गुरु सांदीपनि ने अपने शिष्योंसहित नौकाओं में बैठकर भृगतीर्थ से प्रभासतीर्थ की ओर प्रस्थान किया।

कृष्ण का कभी सागर से साक्षात्कार नहीं हुआ था। सागर की उत्ताल तरंगों के आन्दोलित सौन्दर्य तथा उसके असीम विस्तार को वह देखता रह गया। वह नौकाचालन सीखने लगा। नौकाविहार उसे बहुत भाता।

गुरु सांदीपनि के साथ कुल छह नौकाएँ थीं। वे किनारे के साथ-साथ आगे बढ़ रही थीं। इधर के सभी विस्तार खण्डों में गुरु सांदीपनि की पर्याप्त ख्याति थी। विश्राम हेतु वे जहाँ भी ठहरते, उनका उचित आदर-सत्कार होता। प्रभास का राजा

गुरु सांदीपनि की इस प्रतिवर्ष की यात्रा की बड़ी उत्सुकता से प्रतीक्षा करता था। वहाँ पहुँचने पर उनका भव्य स्वागत किया जाता।

सौराष्ट्र के तटीय प्रदेश की जनसंख्या आर्यबहुल थी। आर्य ऋषियों का आगमन उनके लिए उत्सव का विषय बन जाता। गुरु जहाँ भी ठहरते, वहीं अस्थायी पाठशाला की स्थापना हो जाती। उनका पटु शिष्य इस पाठशाला का संचालन करता और यहाँ सभी वय के लोग शास्त्र एवं शस्त्र की शिक्षा पाते। गुरु स्वयं प्रबल एवं विकराल शस्त्रों के निर्माण एवं उनके उपयोग की शिक्षा देते। शिष्यगण आसपास की बस्तियों में आर्य संस्कृति का प्रचार-प्रसार भी करते।

प्रभास की जनसंख्या पर्याप्त रूप से घनी थी। वहाँ आर्यों के अलावा नाटे और काले लोग भी रहते थे। वे साहसी, शीघ्र ही दूसरों में मिल जानेवाले तथा अतिथि-सत्कार में प्रवीण थे। वे गलियों में पंक्तिबद्ध पक्की मिट्टी के बने स्वच्छ घरों में रहते थे। वे शिव के पुजारी थे। वहाँ मथुरा की तरह शिवलिंग नहीं था। वहाँ योगासन पर बैठे अवधूत शिव की पूजा होती थी। प्रभास के लोगों के पास उनके स्वयं के ज़लयान थे। वे भृगुकच्छ तथा अन्य तटीय प्रदेशों से व्यापार भी करते थे। आसानी से न समझ सकनेवाली भाषा वे बोलते थे। ये लोग कितने ही देशों में भ्रमण करते रहते थे, इसलिए आर्य संस्कृति, रीति-रिवाज तथा आर्यभाषा से परिचित थे। देवों ने वेदों को आर्यभाषा में ही प्रकट किया, ऐसा समझकर वे इस भाषा को देवभाषा मानते थे। प्रभास के आसपास ही अन्य आर्य बस्तियाँ भी गुरु सांदीपनि का स्वागत-सत्कार करतीं।

प्रभास में गुरु सांदीपनि का आश्रम सागर तट पर स्थित सूर्य मन्दिर के निकट रहता। प्रतिदिन गुरु-शिष्य विधिपूर्वक सागर में दो बार स्नान करते। स्थानीय जनता के लाभार्थ आश्रम के नित्य क्रम में कुछ परिवर्तन कर दिया जाता। प्रातःकाल अनुभवी शिष्य स्थानीय विद्यार्थियों को वेदों एवं यज्ञ की विधियों का अभ्यास कराते। सायंकाल शस्त्र विद्या दी जाती।

गुरु सांदीपनि जैसे ही सागर के सामने आते, उदासी की एक गहरी छाया उन्हें ढँक लेती। उनके जीवन की एक करुण घटना उनके हृदयपटल पर उभर आती। गत वर्ष जब वे प्रभासतीर्थ की यात्रा पर पधारे थे, तब व्यापार के लिए बारम्बार प्रभास आनेवाले पञ्चजन नामक राक्षस ने उनके एकमात्र पुत्र पुनर्दत्त का अपहरण कर लिया था।

एक दिन मध्यरात्रि में जब चन्द्रमा आकाश में पूर्णता के साथ जगमगा रहा था और सागर में ज्वार की लहरें हिलोरें ले रही थीं, कृष्ण ने देखा कि गुरु सांदीपनि सागर के तट पर उदास खड़े हैं। उनके नेत्र दूर–बहुत दूर, क्षितिज के उस पार

जैसे बड़ी व्यग्रता से कुछ ढूँढ़ रहे हों। कृष्ण ने गुरु की वेदना को अनुभव किया। सम्भवतः वे उस समय अपने अपहरण किए गए पुत्र के सम्बन्ध में सोच रहे थे।

कृष्ण ने अपना मृगचर्म त्यागा और उसे शरीर पर धारण कर वहाँ पहुँचे जहाँ गुरु अपनी कारुणिक स्मृति की लहरों में हिचकोले खा रहे थे।

नेत्रों में आए आँसुओं को पोंछते हुए उन्होंने कृष्ण की ओर देखा।

''वत्स, तुम इस समय यहाँ?'' उन्होंने कम्पित स्वर में पूछा।

''गुरुश्रेष्ठ, मैं समझता हूँ, आपके संताप का क्या कारण है? क्या मैं आपके इस संताप का अन्त करने में कुछ सहायक सिद्ध हो सकता हूँ? आपने मुझे अपना प्रिय शिष्य कहकर पुकारा है। आप मेरे लिए पिता से भी अधिक पूजनीय हैं।''

''कृष्ण, तू क्या कर सकता है! मेरे भाग्य में अब सुख नहीं। मेरी वेदना का अनुमान तू तब लगा सकेगा, जब एक पुत्र का पिता बनेगा, वह पुत्र तुझे प्राणों से भी अधिक प्यारा होगा और क्रूर राक्षस उसका अपहरण कर ले जाएगा।''

कृष्ण गुरु की बात शान्तिपूर्वक सुन रहा था।

''पुत्र वंश का विस्तार होता है। जीवन में वह अपना अंश होता है और मृत्यु के पश्चात् नरक के कष्टों से बचानेवाला। उसका स्थान कोई नहीं ले सकता। उसे कभी बिसराया नहीं जा सकता।''

''मैं आचार्य श्वेतकेतु से सुन चुका हूँ कि किस प्रकार पञ्चजन ने आपके प्रिय पुत्र का अपहरण किया। उसकी मुक्ति के लिए कोई प्रयत्न क्यों नहीं किया गया।''

सांदीपनि और अधिक उदास हो गए। अपना मस्तक घुमाते हुए दूर क्षितिज में अँगूठे के आकार के एक जलयान को निर्दिष्ट करते हुए उन्होंने कहा, ''देखो, वह जलयान। पञ्चजन फिर आ रहा है। वह पुण्यजन जाति का है। इन लोगों ने कुछ समय पूर्व राजा कुकुद्मिन से कुशस्थली (वर्तमान द्वारका) छीन लिया था। वह प्रतिवर्ष यहाँ व्यापार के लिए आता है। कुछ समय तक उसका जलयान यहाँ लंगर डाले रहता है। बाद में वह अपने अन्य साथियों के साथ चला जाता है। प्रभु जाने कहाँ! सुनने में आता है कि वह पाताल में रहता है।''

''गत वर्ष उनके यहाँ से प्रयाण करने के अन्तिम दिन पुनर्दत्त सागर में स्नान करने गया था। वह तुझसे एक वर्ष बड़ा था। वासुदेव! वह सुन्दर एवं बुद्धिमान था। मुझे पूर्ण विश्वास था कि वह मेरा कार्य प्रतिष्ठा और परम्परा के अनुकूल और आगे बढ़ाता।'' गुरु सांदीपनि ने दूर, बहुत दूर सागर के उस पार उदास मन से देखते हुए एक दीर्घ निःश्वास छोड़ा।

''पञ्चजन राक्षस ने उसका अपहरण कर लिया और अपना जलयान लेकर चला गया। मेरा प्यारा पुत्र! कितना विनम्र था वह! मुझसे विलग होकर अवश्य ही उसका हृदय विदीर्ण हो गया होगा। कौन जाने, उसके भविष्य में क्या लिखा

है! कैसे क्रूर विदेशियों के हाथ में वह चला गया है! जब मैं यह सोचता हूँ तो मेरा हृदय फट पड़ता है...'' एक वेदनापूर्ण सिसकी गुरु के स्वर को कम्पायमान कर गई। ''वह पुनः आ रहा है। मैं उसके जलयान को सम्पूर्ण रूप से नष्ट कर सकता हूँ। डुबो सकता हूँ। किन्तु यदि मैं ऐसा करता हूँ तो वह पुनर्दत्त का वध करने से न चूकेगा।''

कृष्ण विचार-विमग्न हो गया। ''गुरुदेव! यदि मैं उन्हें ढूँढ़ लाऊँ तो!''

''तू नहीं ढूँढ़ सकता। पुण्यजन का जलयान सातों समुद्रों की सैर करता है। अनजान देशों में विचरता है। जहाँ भयंकर राक्षस रहते हैं, वहाँ भी वह जाता है। ऐसे ही प्रदेश में कहीं वह पुनर्दत्त को बेच भी सकता है। वह अपने देव के भोग के लिए उसकी बलि भी दे सकता है।''

''जो भी हो, एक बार मैं उन्हें ढूँढ़ने का प्रयत्न अवश्य करूँगा ही।''

''तो तेरी भी दशा पुनर्दत्त जैसी ही हो जाएगी,'' गुरु ने अपने प्रिय शिष्य के कन्धे पर ममतापूर्वक हाथ रखते हुए कहा।

''गुरुदेव, प्रभास[1] को आ रहे पुण्यजन के जलयान को एक बार मुझे ढूँढ़ लेने की आज्ञा दीजिए। गत वर्ष जो जलयान आया था, यह वही है तो भी और नहीं है तो भी। किन्तु इतना करने की अनुमति आप मुझे अवश्य दें। यही मेरी गुरु-दक्षिणा होगी। यदि आप उचित समझें तो कल से मुझे ब्रह्मचर्य के नियमों से मुक्त कर दें।''

''मैं तो चाहता हूँ, तू अपने इस विचार को त्याग दे। फिर भी यदि तेरा यही आग्रह है तो मेरा आशीर्वाद तेरे साथ है। किन्तु, यदि तुझे कुछ हो गया तो वसुदेव और देवकी के पास मैं कौन-सा मुँह लेकर जाऊँगा?''

''आप उनसे कहिएगा कि मैं धर्म की रक्षा और दुष्टों का विनाश करने गया था।''

उद्धव कृष्ण का बालसखा था। उसने अपने मित्र के प्रति स्वयं को समर्पणमय बना लिया था। वह कृष्ण की मौन इच्छा को भी तत्काल समझकर पूर्ण कर देता। वह प्रत्येक भाँति कृष्ण की सहायता करता और उसकी ख्याति में स्वयं को धन्य मानता। पुण्यजन-जलयान को ढूँढ़ने के प्रयास में भी वह कृष्ण के साथ रहा। कृष्ण ने जलयान पर जब जाने की अपनी अन्तिम इच्छा प्रकट की तो उसके मना करने पर भी वह कृष्ण के साथ गया।

चतुर्थ दिवस की रात्रि को पुण्यजन-जलयान के प्रधान पञ्चजन ने प्रभास में अपना अन्तिम व्यापार सम्पन्न किया और एक छोटी नौका में बैठ सागर में लंगर

---

1. हैदराबाद (सिन्ध) के निकट का प्रदेश।

डाले अपने जलयान की ओर चला।

मध्यरात्रि को कृष्ण एवं उद्धव जलयान के पास तैरकर पहुँचे और उस पर चढ़ गए। रात्रि का नाविक (चालक) काली-कलूटी चमड़ी तथा श्वेत दाढ़ीवाला वृद्ध था। उसने तत्काल दोनों किशोरों को देख लिया। वह आर्य भाषा जानता था। पूछा, ''तुम लोग क्या चाहते हो?''

''काका, हम तुम्हारे साथ चलना चाहते हैं,'' सस्मित कृष्ण ने कहा, ''गत वर्ष तुम लोग हमारे भाई पुनर्दत्त को ले गए थे। हम उसके बिना जीवित नहीं रह सकते। तुम हमें उसके पास ले चलो।''

वृद्ध भिक्रु इनकी निर्भयता एवं साहस को देखकर दंग रह गया। वैसे वे प्रति वर्ष प्रभास आते थे, पर पुण्यजन के प्रमुख पञ्चजन के भय से कोई भी जलयान तक आने का साहस नहीं करता था।

प्रथम तो वृद्ध भिक्रु को कुछ शंका हुई। उसे लगा, वे सम्भवतः चोरी करने आये हों और जैसे ही जलयान लंगर उठाता, वे तैरकर वापस लौट जाते। किन्तु जलयान तो लंगर उठा चुका था और उसकी गति में तीव्रता भी आ गई थी। उसकी शंका जाती रही। उसने उनके हाथ-पैर बाँध दिए। उन्होंने लेशमात्र भी प्रतिकार नहीं किया। पतवार के पास बैठे वृद्ध भिक्रु ने उन्हें अपने सामने बिठाए रखा। कुछ समय तक मौन छाया रहा। मात्र सागर की गर्जना एवं उसमें मार्ग बनाते जलयान की ध्वनि निस्तब्धता को भंग कर रही थी।

''तुम्हारा जलयान अद्‌भुत है काका,'' कृष्ण ने कहा, ''तुम कितने समय से यह कार्य कर रहे हो?''

''मैं! अरे...'' वृद्ध नाविक ने हँसते हुए कहा, ''जब मैं बालक था, तभी से नाविक का कार्य कर रहा हूँ। मेरा पिता भी नाविक था और मेरा काका भी।''

''दिन-रात समुद्र पर चलते रहना मेरे लिए बड़े आनन्द की बात है, काका! मैं भी नाविक बनना चाहता हूँ। देखो न, तुम कितने स्थानों पर जाते हो, कितने लोगों से मिलते हो और सदैव प्रसन्नता एवं युवा बने रहने का अनुभव करते हो।''

''यदि तुम मेरे साथ रहकर नौकाचालन सीखना चाहते हो तो मुझे कोई आपत्ति नहीं है,'' जोर का ठहाका मारते हुए भिक्रु ने कहा, ''इन उत्ताल तरंगों में से मार्ग बनाने जैसा अपूर्व एवं आह्लादक कार्य इस विश्व में दूसरा नहीं।''

''अरे काका, तुम्हारा जलयान तो अद्‌भुत है!''

''अभी गत मास ही कुशस्थली में इसका नवीनीकरण किया गया है।''

कृष्ण ने पूछा, ''वहाँ किस प्रकार के राक्षस रहते हैं?''

''वे हमारे प्रधान की जाति के हैं। उफ्...'' उसने जिस प्रकार कहा उससे यह स्पष्ट था कि वह पञ्चजन से प्रसन्न नहीं था।

जलयान चलता रहा, कृष्ण बातें करता रहा और प्रातः तक वृद्ध भिक्रु उन्हें सागर-सम्बन्धी अद्भुत कथाएँ सुनाता रहा।

भिक्रु ने दोनों किशोरों को बन्धन-मुक्त किया और पुण्यजन के प्रमुख पञ्चजन के समक्ष उपस्थित किया। पञ्चजन सुदृढ़ एवं ऊँचा था। उसके शुष्क चेहरे की विकरालता को उसकी श्वेत दाढ़ी और भी बढ़ा रही थी। उसने गले में बहुमूल्य आभूषण एवं शरीर पर सुन्दर वस्त्र धारण कर रखे थे। उसकी कमर में रुपहली म्यान में मढ़ी छोटी तलवार लटक रही थी। उसके हाथ में एक विकराल कोड़ा भी था, जो उसकी सत्ता का प्रतीक था। उसकी जब इच्छा होती, अपने किसी भी सेवक पर इस कोड़े को निरंकुशता से बरसाने लगता।

उसके अंगरक्षक के रूप में दो राक्षस थे। उनके हाथ में भी कोड़े थे। उनके केश कड़े एवं घुँघराले थे, होंठ मोटे थे तथा स्नायु सुदृढ़। वे पञ्चजन के अंगरक्षक के रूप में कार्य करने के उपरान्त जलयान की पूरी व्यवस्था भी देखते थे।

ये दोनों किशोर जलयान पर किस प्रकार आए, वृद्ध भिक्रु ने प्रधान को अवगत कराया। इसके बाद कृष्ण ने पञ्चजन को प्रणाम कर आदरपूर्वक कहा, ''महाराज, हमारे यहाँ आने का कारण पुनर्दत्त है। हम भी उसके पास जाना चाहते हैं। आप गत वर्ष उसे अपने साथ उठा लाए थे। वह मेरा भाई-जैसा ही है। उससे विलग होकर हम नहीं रह सकते। आप हमें उसके पास पहुँचा दें।''

पञ्चजन इन किशोरों के सौन्दर्य एवं साहस से प्रभावित हो उठा। उसने हँसते हुए इन्हें पुनर्दत्त के पास ले जाने का वचन दिया और मन-ही-मन विचार करने लगा कि इन्हें बेचने पर कितनी धनराशि मिलेगी!

पञ्चजन ने इन किशोरों को अपने तथा अपने भतीजों के लिए निर्मित कक्ष में ठहरने के लिए आमन्त्रित किया, किन्तु कृष्ण ने क्षमायाचनापूर्वक कहा, ''हम भिक्रु के साथ रहकर नौकाचालन सीखना चाहते हैं।''

पुण्यजन का नायक हँस पड़ा, ''तुम सुकुमार शरीरवाले किशोर भला किस प्रकार यह कार्य कर सकोगे? तुम्हारे हाथ कितने कोमल हैं। मेरी कन्याओं के हाथ भी इनसे कठोर हैं।''

कृष्ण ने कहा, ''हम आप पर भारस्वरूप नहीं होना चाहते प्रधान। हम भिक्रु तथा अन्य खलासियों के साथ परिश्रम कर अपना भार स्वयं वहन करेंगे।''

पञ्चजन को यह अच्छा नहीं लगा। उसकी इच्छा तो यह थी कि वे इसी प्रकार सुन्दर एवं सुकुमार बने रहें। तभी इनका अधिक से अधिक मूल्य मिल सकेगा। किन्तु जब वे काम करने पर तुल ही गए तो उन्हें रोकना उसने उचित नहीं समझा।

''अच्छा,'' पञ्चजन ने कोड़े को फटकारते हुए कहा, ''भिक्रु, इन किशोरों का विशेष ध्यान रखना। इनसे अधिक काम न लेना। धूप में इनकी चमड़ी काली पड़

जाएगी। यदि ऐसा हुआ तो...''

पञ्चजन ने कोड़े लिए खड़े राक्षसों की ओर अर्थभरी दृष्टि से देखा।

''जैसी प्रधान की आज्ञा,'' भिक्रु ने कहा और इन किशोरों को अपने साथ ले गया और उनका परिचय अपने पौत्र कुक्कुर से कराया।

कुक्कुर की इन किशोरों के साथ शीघ्र ही प्रगाढ़ मित्रता हो गई। वह उनकी भाषा तो नहीं समझता था किन्तु सांकेतिक भाषा में वह सारी बातचीत कर लेता था।

इस बीच कृष्ण एवं उद्धव ने पुनर्दत्त-सम्बन्धी समस्त जानकारी प्राप्त कर ली। उसे पाताल ले जाया गया था। सूर्य के नगर वैवस्वतपुर के राजा ने उसे खरीद लिया था। यह जलयान उधर ही जा रहा था। वह प्रदेश विचित्र था। वहाँ रानी को दिव्य माता तथा राजा को मृत्युदेव यम के रूप में माना जाता था।

पुण्यजन-प्रधान कृष्ण के प्रति अति उदार भाव दर्शाता। वह उसे बारम्बार अपने कक्ष में बुलाता और अपनी बगल में बैठाकर कहता, ''मैं अवश्य तुम्हें पुनर्दत्त के पास ले चलूँगा।'' कृष्ण को इस राक्षस का चेहरा लेशमात्र भी न भाता। उसका दुष्ट भाव कृष्ण से छिपा न था। जहाँ तक सम्भव था, वह उससे दूर रहने का प्रयत्न करता।

प्रतिदिन अपराह्न पञ्चजन नौका-पृष्ठ पर आता और अपने कन्धे पर लटकते सुन्दर गुलाबी शंख की ध्वनि करता। उससे सारे खलासी उसके समक्ष उपस्थित हो जाते। मात्र नीचे के नौका-पृष्ठ पर डाँड चलानेवाले इस बन्धन से मुक्त रहते। उनके कार्य का काल बदलता रहता। इसलिए जलयान का प्रत्येक व्यक्ति प्रति दूसरे दिन उसके समक्ष उपस्थित होता।

वह नौका-पृष्ठ पर खड़ा हो जाता, उसके दोनों ओर उसके दो भतीजे खड़े होते तथा उससे थोड़ी दूर हटकर राक्षस हुल्लु और हुक्कु खड़े होते। सब प्रधान को प्रणाम करते, वह सभी की पीठ पर कोड़े मारता और बाद में रात्रि के लिए आज्ञा प्रदान करता। जो पञ्चजन की आज्ञा न मानता, उसे कठोर दंड मिलता।

दो दिन बाद पञ्चजन का दरबार लगा तो राक्षस हुक्कु ने जलयान के एक युवक तक्षक रड्डु को पकड़कर उसके समक्ष प्रस्तुत किया। उस समय पञ्चजन का चेहरा बड़ा विकराल लग रहा था। उसके नेत्र क्रोध से नाच रहे थे। उसके ओष्ठ काँप रहे थे। तक्षक घुटनों के बल भूमि पर गिरकर क्षमा माँगने का प्रयत्न कर रहा था। तभी उसने उसे एक लात मारी। बाद में उसने हुक्कु को कोड़े मारने का आदेश दिया। हुक्कु आगे बढ़ा, उसने अपने लम्बे कोड़े को एक बार जोर से फटकारा और फिर चीत्कार करते हुए रड्डु पर बड़ी निर्दयता से उसने छह कोड़ों का प्रहार किया। रड्डु की पीठ लहूलुहान हो गई। वह कराह रहा था।

उस रात्रि को जब सब सो गए थे, कृष्ण उद्धव को लेकर पतवार के पास बैठ भिक्रु के पास गया।

''भिक्रु, इस तक्षक को किस अपराध के लिए इतनी निर्दयता से पीटा गया?'' कृष्ण ने पूछा। भिक्रु ने एक दीर्घ निःश्वास छोड़ा, ''उसने प्रधान के कक्ष की ठीक से मरम्मत नहीं की थी और प्रधान को क्रोध आ गया।''

''किन्तु उसे इतनी निर्दयता से पीटा! वह कक्ष की मरम्मत इसलिए न कर सका कि उसे ज्वर था।''

''यह तो हमारे लिए प्रतिदिन की घटना है। जब भी प्रधान का क्रोध उमड़ता है, क्या करना चाहिए और क्या नहीं, वे इसका विवेक खो बैठते हैं। एक बार तो उन्होंने एक आदमी को समुद्र में ही फेंक दिया था।''

''तक्षक कहाँ है? मैं उसके पास जाना चाहता हूँ।''

भिक्रु ने नकारात्मक ढंग से अपना मस्तक हिलाया। ''प्रधान ने जिसे दंड दिया हो, उसके पास जाने की किसी को आज्ञा नहीं। उसे अकेले ही पड़े रहने दिया जाता है। जो कोई इस आज्ञा का उल्लंघन करता है, उसे भी कठोर दंड मिलता है।''

''कुक्कुर को मेरे साथ भेजकर यह बताने के लिए कहो कि वह तक्षक कहाँ सोया हुआ है? जो भी दंड मिलेगा, उसे भुगतने की सामर्थ्य मैं रखता हूँ,'' कृष्ण ने कहा।

कुक्कुर भी उन्हें मार्ग दिखाते डर रहा था। उसने बड़ी सशंक दृष्टि से चारों ओर देखा। जब उसे विश्वास हो गया कि कोई देख नहीं रहा है तो बड़ी शीघ्रता से जहाँ तक्षक सोया था, कृष्ण और उद्धव को इंगित कर लौट आया। हुक्कु एवं हुल्लु रातभर जलयान पर सर्वत्र घूमते रहते, ताकि कोई घटना न घटे।

कृष्ण, तक्षक रड्डु के निकट बैठ गया। वह अब भी वेदना से कराह रहा था। कृष्ण ने उसके कन्धे पर धीरे-से हाथ रखा। तक्षक भय से खड़ा हो गया। क्या विकराल राक्षस पुनः यहाँ आ गया। किन्तु चाँद के शीतल एवं स्निग्ध प्रकाश में उसने इन दो किशोरों की भोली सूरत देखी। उसे आश्चर्य हुआ। अपराधी को जिस दिन दंड मिला हो, उसी दिन उससे मिलने का साहस कौन कर सकता है!

कृष्ण ने कुछ भी न कहा। मात्र उसको बड़ी सहृदयता से थपथपाया और बिना कुछ कहे ही अपनी ममतामयी बाँहों में उसे भर लिया। तक्षक ने इसके पूर्व कभी ऐसे करुणामय हाथों के स्पर्श का अनुभव नहीं किया था। वह कृष्ण के विशाल वक्ष पर मस्तक टेक सिसकियाँ भरने लगा। उद्धव ने बड़ी सावधानी से उसकी घायल पीठ में चिपके कूड़े-करकट को साफ किया। किसी का भी ध्यान उनकी ओर न जाए, इसलिए वे बिलकुल मौन थे। जब तक कृष्ण की बाहुओं की स्नेहभरी

ऊष्मा से संतृप्त हो तक्षक निद्रा की गोद में नहीं चला गया, तब तक वे वहाँ बैठे रहे।

जब तक्षक अपनी सारी वेदना भूल निद्रामग्न हो गया, कृष्ण और उद्धव अपने-अपने स्थान पर आकर सो गए।

उद्धव ने कहा, ''कृष्ण! अब हमें भी दंड के लिए तैयार हो जाना चाहिए।''

कृष्ण ने कहा, ''जो आपत्ति की आग में जल रहा हो, उसे बचाना हमारा परम कर्तव्य है।''

पाञ्चजन्य शंख

दूसरे दिन सवेरे भिक्रु ने रड्डु के घाव पर लेप किया। इसके बाद रड्डु काम पर गया तो उसकी आँखें उन अपरिचित सहयात्रियों को खोज रही थीं, जिन्होंने पञ्चजन के दंड की चिन्ता किए बिना उसे सांत्वना दी थी। थोड़ी ही देर में कृष्ण और उद्धव के इस सहानुभूतिपूर्ण कार्य की चर्चा प्रत्येक की जीभ पर थी। उनका जीवन पञ्चजन की दया पर निर्भर था। इन नए मित्रों को पाकर उनके हृदय पुलकित हो उठे।

जलयान आगे बढ़ा। अब भी पञ्चजन और उसके दो भतीजे कृष्ण और उद्धव के प्रति ममता रखने का स्वाँग भरते थे। राक्षस हाथ में कोड़ा लेकर घूमते रहते। खलासी अपना काम खूब परिश्रम से करते। तीसरे दिन वे कुशस्थली के बन्दरगाह पर पहुँचे। पुण्यजन राक्षसों ने राजा कुकुद्मिन से यह प्रदेश जीत लिया था। पञ्चजन और उसके भतीजे दो सेवकों के साथ किनारे पर गए और साँझ को आवश्यक सामग्री लेकर लौट आए।

दूसरे दिन एक सत्रह वर्ष के किशोर को किसी भूल के लिए पञ्चजन के समक्ष उपस्थित किया गया। राक्षस हुल्लु ने उसे छह कोड़े लगाए। किशोर तड़फड़ा उठा। उसे रोता-चिल्लाता छोड़ पञ्चजन हँसता हुआ चल दिया।

रात को कृष्ण और उद्धव जलयान के निचले भाग में अकेले पड़े किशोर के पास गए। उसके मस्तक पर हाथ फेरकर कृष्ण ने उसे अपनी बाँहों में ले लिया। उद्धव ने उसके घाव साफ किए। इन दो अपरिचित सहयात्रियों की इस अपूर्व सेवा को देखने के लिए खलासी एक के बाद एक एकत्रित होने लगे।

इस किशोर को कुछ महीनों पहले किसी बन्दरगाह से साथ में लिया गया था। आज तक किसी ने उसको ममता-भरी दृष्टि से नहीं देखा था। आज जो स्नेह कृष्ण ने उसके प्रति दिखाया उससे उसका हृदय द्रवित हो उठा। कृष्ण से चिपटकर वह

नन्हे बालक की तरह रो पड़ा। जब वह निद्राधीन हो गया तो कृष्ण को लगा कि कोई पीछे खड़ा है। किशोर का मस्तक धीरे-से नीचे रखकर उसने पीछे देखा।

राक्षस हुक्कु हाथ में कोड़ा लिये खड़ा था। कृष्ण ने कहा, ''उद्धव, जहाँ हो वहीं रहना। इसका सामना करना होगा।''

चन्द्र के मद्धिम प्रकाश में राक्षस ने दोनों को पहचाना। वह जानता था कि दोनों पञ्चजन के लाड़ते हैं और अन्य खलासियों की तरह इनके साथ व्यवहार नहीं किया जा सकता। फिर भी आज्ञा-पालन तो करना ही था। अपने हाथ उन दोनों के कन्धे पर रखकर वह किसी अपरिचित भाषा में बड़बड़ाया और उन्हें सीढ़ियों की ओर धकेलने लगा।

कृष्ण ने जब उद्धव को सावधान किया था, तभी घायल किशोर की निद्रा टूट गई थी। उसने देखा कि दोनों भाइयों को राक्षस ले जा रहा है। वह अपनी पीड़ा भूल गया और धीरे-धीरे वृद्ध नाविक के पास गया। भिक्रु यह देखने के लिए कि जलयान ठीक मार्ग पर जा रहा है या नहीं, आकाश के तारों को एकटक देख रहा था।

फटी आँखें और घुँघराले बालोंवाला राक्षस हुक्कु कृष्ण और उद्धव को वहाँ ले गया, जहाँ माल रखा जाता था। वहाँ एक काष्ठपिंजर रखा था। उन्हें पिंजरे में बन्द कर उसने ताला जड़ दिया। वह जगह अत्यन्त अस्वच्छ और दुर्गन्धपूर्ण थी। उद्धव तो बौखला गया। कुछ देर बाद दोनों भाइयों ने सोने का प्रयास किया। एकाएक कृष्ण ने किसी के श्वासोच्छ्वास की ध्वनि सुनी। वह सावधान हो गया।

कृष्ण को भिक्रु का कोमल स्वर सुनाई पड़ा, ''तुम यहाँ हो?''

''हाँ, क्या बात है?'' कृष्ण ने पूछा।

''स्वामी ने मुझे जलयान का मार्ग बदलने की आज्ञा दी है। अब हम वैवस्वतपुर नहीं जा रहे हैं।''

''तो हम कहाँ जा रहे हैं?''

''बहुत दूर—शोषितपुर।''

कृष्ण को अब खयाल आया कि कल जलयान में इतनी अधिक सामग्री क्यों भरी गई थी।

''वह चाहता क्या है?''

''सम्भवतः वह अन्य किसी प्रदेश में तुम्हें और अधिक मूल्य में बेचना चाहता है।''

''काका! हमें तो वैवस्वतपुर ही जाना है। वहाँ से पुनर्दत्त को वापस लाना है।''

''परन्तु वहाँ जाना अब सम्भव नहीं। स्वामी आज्ञा नहीं देंगे।''

“तो हमें उसकी आज्ञा के बिना ही वैवस्वतपुर जाना होगा। क्या तुम यह ताला खोल सकते हो?”

“इसकी चाभी हुक्कु के पास है।”

“क्या यह पिंजरा तोड़ा जा सकता है?”

“यदि यह पिंजरा तोड़ा गया, तो पञ्चजन मृत्युदंड देगा। पहले भी उसने ऐसा ही किया है।”

“यदि मैं काठ की पट्टियाँ तोड़ डालूँ तो, क्या रड्डु बढ़ई सुबह होने से पहले उन्हें फिर ज्यों-की-त्यों बना सकता है?”

“मैं पूछ आता हूँ,” भिक्रु ने कहा और चुपचाप चला गया।

“वह उन्हें ठीक कर सके या नहीं, पर हमें तो यह पिंजरा तोड़कर बाहर निकलना ही है,” कृष्ण ने कहा।

कृष्ण और उद्धव ने फिर कुछ देर आपस में सलाह की और पिंजरे का सभी ओर से निरीक्षण करने पर एक ओर की लकड़ी की पट्टी उन्हें कुछ ढीली लगी। दोनों ने शक्ति लगाकर उसे तोड़ दिया और बाहर निकल आए। जब वे ऊपर जा रहे थे तो रास्ते में रड्डु बढ़ई उन्हें आता दिखाई पड़ा। सवेरा होने पर राक्षस हुक्कु जब बाहर निकला तो यह देखकर उसके आश्चर्य की सीमा नहीं रही कि जिन्हें रात में उसने पिंजरे में बन्द कर दिया था, वे सूर्य को अर्घ्य दे रहे हैं। शीघ्रता से वह नीचे गया। पिंजरे को वैसा का वैसा देखकर उसके हाथ के तोते उड़ गए। उसके मन में हवा में उड़ती और सागर पर चलती आत्माओं का भय समा गया। ये आत्माएँ क्रोधित होने पर घर जला डालती हैं, गाँव उजाड़ देती हैं, पशुओं का नाश करती हैं, मनुष्यों को रोगी बना देती हैं। पता नहीं ये बालक कहाँ से आ टपके! बिना पिंजरा तोड़े कैसे निकल आए? भय और आदर की विचित्र भावनाओं से हुक्कु उद्वेलित हो उठा। ये लड़के कहीं प्रेतात्माओं से तो प्रेरित नहीं? वह काँप उठा। अपने इष्टदेव का स्मरण करते हुए वह पञ्चजन के कक्ष में गया और उसे सारा हाल कहा, फिर सारी बात बताते हुल्लु को वह एकान्त में ले गया।

हाथ में कोड़े लेकर वे ऊपर आए, तो उन्होंने देखा, पञ्चजन कृष्ण के सामने खड़ा था। उसकी आँखें गुस्से से जल रही थीं।

“कल रात तुम कहाँ थे?”

“कौन? हम?” कृष्ण ने मुस्कराते हुए कहा, “हुक्कु ने सब बताया होगा। कल हम दंड पाए किशोर की सेवा-सुश्रूषा कर रहे थे।”

“यह हिम्मत तुमने कैसे की?” पञ्चजन गरज उठा, “यह तुम्हारा काम नहीं।”

“यह हमारा काम नहीं, धर्म था। आपने किसी को कष्ट पहुँचाया, हमने उसे

कम करने का प्रयत्न किया,'' कृष्ण ने इस प्रकार कहा, मानो बालक को समझा रहा हो।

''क्या तुम्हें मेरी आज्ञा मालूम नहीं? यहाँ ऐसा नहीं हो सकता।'' पञ्चजन ने शंका का लाभ देकर दोनों भाइयों को छोड़ने का प्रयत्न किया।

''आपकी आज्ञा हम जानते हैं। पर हमारा धर्म उस असहाय बालक की मदद करने का था।''

''तुम्हारी इतनी हिम्मत! जानते हो, मैं इस जलयान का स्वामी हूँ। और हाँ.. .हुक्कु ने मुझे बताया कि तुम्हें पिंजरे में बन्द कर दिया गया था, सच है न?''

''हाँ।''

''और तुमने पिंजरा तोड़ डाला, क्यों?''

उत्तर में कृष्ण केवल खिलखिला पड़ा। पञ्चजन के क्रोध का पार नहीं था।

''तुम पिंजरे से बाहर कैसे आए?'' पञ्चजन ने स्वस्थ होने का प्रयास करते हुए कहा। उसका क्रोध-भरा स्वर सुनकर उसके भतीजे, हुक्कु और हुल्लु तथा और भी कई खलासी वहाँ आ पहुँचे। इन सबके सामने उसकी आज्ञा का अनादर न हो, इसलिए वह चिल्लाया, ''हुक्कु, यहाँ आओ!''

हुक्कु ने बारी-बारी से अपने स्वामी, कृष्ण और उद्धव की ओर देखा, फिर हिचकते-हिचकते आगे बढ़ा। अचानक पवन डोल उठा, जलयान हिला, सबको अपना सन्तुलन बनाए रखना कठिन हो गया। हुक्कु ने आँखें फाड़कर देखा– तूफान उठने के लक्षण दिखाई दे रहे थे। वह मन-ही-मन काँप उठा। वह जानता था कि जब प्रेतात्माएँ कुपित होती हैं, तब ऐसा होता है।

कृष्ण इस राक्षस के सामने मन्द-मन्द मुस्कराया।

पञ्चजन ने पूछा, ''हुक्कु, कल रात तुमने इन लड़कों को अच्छी तरह बन्द किया था?''

''हाँ, महाराज!''

''तू ऊँघ तो नहीं रहा था?''

''अच्छी तरह जाग रहा था, महाराज! मैंने अपने हाथ से ताला लगाया।'' ऐसा लगता था, मानो उसे स्वयं अपने शब्दों पर विश्वास न हो।

''तो ये ताला तोड़कर बाहर निकले?''

हुक्कु ने शीश झुका लिया। उसके होंठ काँप रहे थे।

''बोल, क्या वे पिंजरा तोड़कर बाहर निकले?''

हुक्कु ने मन-ही-मन अपने इष्टदेव को मनाया। काँपे स्वर में रुकते-रुकते कहा, ''स्वामी, पिंजरा बिलकुल बन्द था। कहीं से भी टूटा नहीं था।''

''क्या?'' पञ्चजन ने आश्चर्य से पूछा। फिर अपने भतीजे की ओर मुड़कर

बोला, "जा, देख आ। हुक्कु क्या कह रहा है?"

सभी चुप थे। पञ्चजन आँखें फाड़े सबको देख रहा था।

पञ्चजन का भतीजा वापस आया। उसने कहा, "चाचा, पिंजरा एकदम बन्द है। ताला भी ज्यों-का-त्यों जड़ा है।"

पञ्चजन ने कृष्ण और उद्धव के सामने शंकापूर्ण दृष्टि से देखा और पूछा, "तुम लोग बाहर कैसे आए?"

कृष्ण ने मुस्कराकर कहा, "आप ही ढूँढ़ निकालिए।"

पञ्चजन ने स्थिति को सँभालने की चेष्टा की, "अच्छा, जो हुआ सो हुआ। इस बार छोड़ देता हूँ, पर फिर किसी दंड पाए व्यक्ति के पास गए तो तुम्हारी कुशल नहीं।"

"आप जिस किसी को कोड़े लगवाएँगे, उसकी सेवा-सुश्रूषा हम अवश्य करेंगे।"

पञ्चजन गरजा, "तुम ऐसा नहीं कर सकते!"

कृष्ण ने दृढ़ता से उत्तर दिया, "हम अवश्य करेंगे।"

अपनी आज्ञा का इस प्रकार खुला निरादर होते देखकर उसने कृष्ण को दंडित करने का निश्चय किया। उसने चिल्लाकर कहा, "नहीं, तुम ऐसा नहीं कर सकते। हुक्कु! इस छोकरे को चार कोड़े लगा।"

हुक्कु हिचकिचाया। उसके चेहरे पर भय की रेखाएँ स्पष्ट झलक रही थीं। कृष्ण की ओर वह शंका और भय से देख रहा था। ऐसा पहले कभी नहीं हुआ था। सभी आश्चर्यचकित थे।

"सोचता क्या है? लगा कोड़े।"

भिक्रु ने अचानक पञ्चजन के पैर पकड़ लिए और कृष्ण पर दया दिखाने के लिए प्रार्थना करने लगा।

"बकवास बन्द कर, बुड्ढे!" पञ्चजन ने वृद्ध नाविक को मारने के लिए हाथ उठाया, फिर अपना विचार बदल दिया और हुक्कु को अपनी आज्ञा का पालन करने का संकेत किया। कृष्ण इस प्रकार प्रसन्नमुख और स्वस्थ खड़ा था, मानो कोई तमाशा देख रहा हो। हुक्कु कृष्ण की ओर बढ़ा, पर उसके हाथ काँप रहे थे। पैर लड़खड़ा रहे थे। पञ्चजन अधीर हो उठा। उसने हुक्कु के हाथ से कोड़ा छीन लिया।

"तू इसी योग्य है, मूर्ख छोकरे!" उसने कहा।

सभी लोग साँस रोककर देखने लगे कि अब क्या होता है! हृदय से वे सभी कृष्ण को चाहने लगे थे। पञ्चजन को पशुओं को हाँकने के चाबुक-जैसे लम्बे कोड़े का उपयोग करने का अभ्यास नहीं था। कृष्ण की पीठ पर ज्यों ही कोड़ा पड़ा,

उसने कोड़ा पकड़ लिया और एक ही झटके में पञ्चजन के हाथ से छीन लिया। पशुओं को हाँकने के चाबुक का प्रयोग करने का वह अभ्यस्त था और यही कला इस समय उसके काम आई। उसने पञ्चजन पर उसी कोड़े का प्रहार किया। अदम्य कहे जानेवाले नायक पर कोड़े पड़ते देख सबके मुँह से चीख निकल पड़ी।

हुल्लु अपने स्वामी की सहायता के लिए आगे बढ़ा, परन्तु हुक्कु इतना घबड़ा गया था कि उसने अपने भाई को पीछे खींच लिया। लम्बा कोड़ा पञ्चजन की स्थूल देह पर इस तेजी से पड़ रहा था कि रक्त बहने लगा। भारी वेदना से चीखते हुए पञ्चजन सहायता के लिए पुकारने लगा। हुक्कु और हुल्लु यथावत् खड़े तमाशा देखते रहे। पञ्चजन ने कई बार उन्हें मार डालने की धमकी दी, पर उसकी यह दशा देखकर वे बहुत घबड़ा गए। पञ्चजन के भतीजे तो वहाँ से भागकर अपने-अपने कक्ष में छिप गए। जब तक पञ्चजन बेहोश होकर गिर न पड़ा, कृष्ण कोड़े मारता रहा। इसके बाद उसने कोड़ा हुक्कु को दे दिया। उसके होंठों पर विजय-स्मित थी।

कृष्ण ने जिस प्रकार कोड़े का उपयोग किया, उसे देखकर दोनों राक्षस दंग रह गए। जीवन-भर कोड़े का उपयोग करने के बाद भी वे यह कल्पना नहीं कर सकते थे कि कोड़ा इस सफाई से काम में लाया जा सकता है। कृष्ण को वे और ही भाव से देखने लगे। हुक्कु को यह विश्वास हो गया कि कृष्ण के पास कोई चामत्कारिक शक्ति है। पञ्चजन बेहोश पड़ा था। उद्धव की ओर मुड़कर कृष्ण ने कहा, ''उद्धव, पञ्चजन को उसके कक्ष में ले जा—मैं आता हूँ।'' और हुक्कु को भी मदद करने के लिए संकेत किया।

''भिक्रु, जलयान की दिशा बदल दो। अब हम वैवस्वतपुर जा रहे हैं,'' कृष्ण ने आज्ञा दी।

खलासियों को बुलाने का पञ्चजन का शंख भूमि पर पड़ा था। कृष्ण ने शंखनाद कर सबको बुलाया और जो कुछ हुआ उसकी सूचना दी।

शंख की मधुर संगीतमय ध्वनि से कृष्ण का हृदय प्रसन्न हो उठा, ''उद्धव, यह शंख मैं रखूँगा। ऐसा सुन्दर और मधुर ध्वनिवाला शंख मैंने पहले नहीं देखा। मैं इसका नाम पाञ्चजन्य रखूँगा। यह पञ्चजन का उपहार है।''

फिर कृष्ण पञ्चजन के कक्ष में गया और उद्धव की सहायता से पञ्चजन के घाव साफ किए। मरहमपट्टी की। पञ्चजन ने आँखें खोलीं। कृष्ण पर दृष्टि पड़ते ही वह गाली-गलौच पर उतर आया। कृष्ण ने उसे सान्त्वना देने का प्रयास किया, परन्तु पञ्चजन जो मुँह में आए, बके जा रहा था। उद्धव ने पञ्चजन के भतीजों को ढूँढ़ निकाला और उन्हें अपने चाचा की सेवा-सुश्रूषा का काम सौंपा।

जलयान निर्विघ्न आगे बढ़ रहा था। सभी खलासी प्रसन्न थे। कृष्ण और

उद्धव पहले की भाँति ही काम पर लग गए। सन्ध्या को सादे भोजन के स्थान पर मुक्ति-उत्सव मनाने के लिए विविध व्यंजनों की व्यवस्था की गई। रात हुई। नाविक रात का चौकीदार तथा दोनों राक्षस, सभी निद्रावश हो गए। नाविक का पौत्र कृष्ण और उद्धव के साथ सोया। मध्यरात्रि के बाद कृष्ण को लगा कि कोई उसके पास आ रहा है। उसने अन्धकार में दृष्टि दौड़ाई। कोई श्याम आकृति उसकी ओर आ रही थी। उसके हाथ में खुली कटार थी। कृष्ण ने खड़े होकर पञ्चजन का कटारवाला हाथ पकड़ लिया। इतने में पीछे से एक और श्याम आकृति प्रकट हुई और उसने पञ्चजन को उठाकर जलयान से नीचे फेंक दिया। सागर में पञ्चजन की डूबती देह को छोड़ जलयान आगे बढ़ गया।

वैवस्वतपुरी

[सांदीपनि के पुत्र को कृष्ण वैवस्वत-सूर्य के पुत्र यम पर विजय प्राप्त कर वैवस्वतपुरी से ले आए थे, ऐसी कथा है। वैवस्वतपुरी का अर्थ प्रकाश का नगर भी होता है। बेबीलोन के पास 'लरसा' नामक एक नगर था, जिसका अर्थ भी 'सूर्य का नगर' होता है।

हरिवंश के अनुसार वैवस्वतपुरी का राजा यम मृत्यु का देवता नहीं; परन्तु जीवित व्यक्ति होना चाहिए। यदि मेरी मान्यता सच है, तो वैवस्वतपुरी सौराष्ट्र के समुद्र के पार किसी द्वीप पर होगी। सिकन्दर के समय तक सिन्ध में हैदराबाद प्रदेश को पाताल कहा जाता था। अरब सागर के एक द्वीप पर नागराज धर्मवर्मा का शासन था और उन्होंने अपनी पुत्री कृष्ण के किसी पूर्वज को ब्याही थी। (हरिवंश विष्णु पर्व-38-29-34) यादवों की शूर-शाखा के स्थापक शूर का विवाह नागराज आर्यक की पुत्री से हुआ था जिससे शूर को दस पुत्र प्राप्त हुए। श्रीकृष्ण के पिता वसुदेव इन सबमें ज्येष्ठ थे। उद्धव के पिता देवभाग भी शूर के पुत्र थे। पाँच पुत्रियों में पाण्डवों की माता पृथा सबसे बड़ी थी और चेदि की रानी तथा शिशुपाल की माता श्रुतश्रवा चौथी। (महाभारत आदि पर्व, अध्याय 128, श्लोक 64; भागवत 9-25 : हरिवंश-1-134)।

आर्यों के भारत में आने से पहले अर्थात् ईसा के चार हजार वर्ष पूर्व एशिया माइनर से जापान तक जनता देवी-पूजक थी। हड़प्पा संस्कृति में भी देवी-पूजा पाई जाती है और कई विद्वानों का मत है कि देवी को माँ के नाम से पुकारा जाता था। ऐसा माना जाता है कि इसी शब्द से 'उमा' और 'अम्बा' शब्द उद्भूत हैं।]

पुण्यजन जलयान का रूप ही बदल गया था। जलयान में प्रचुर अन्न-सामग्री थी और अब सबको यथेष्ट मात्रा में मिलती थी। मूल्यवान पदार्थ, मसाले इत्यादि भी लाए गए। चिथड़े पहननेवाले नाविकों को नए वस्त्र दिए गए।

कृष्ण को जहाज में छुपा शस्त्र-भण्डार भी मिल गया, जिसे उद्धव को सौंप दिया गया। पञ्चजन के भतीजों, कुक्कुर, तक्षक रड्डु तथा अन्य दो युवकों को शस्त्र दिए गए और कृष्ण उन्हें शस्त्रविद्या की शिक्षा देने लगे। पञ्चजन के भतीजे भयभीत हो उठे थे। कृष्ण ने उन्हें सान्त्वना दी। कहा कि आप इस जलयान के स्वामी हैं। नाविक भिक्रु को जहाज का संचालन-भार सौंपा गया। हुक्कु और हुल्लु अब भी जलयान की रखवाली करते थे, पर अब उनके हाथ में कोड़े न थे।

कृष्ण तथा उद्धव ने भी सुन्दर वस्त्रालंकार धारण किए और अपने उपयोग के लिए ताँबे की दो सुन्दर तलवारें चुनीं। अब वैवस्वतपुरी पास ही थी। भिक्रु ने कृष्ण को नगर के बारे में वह सब बताया, जो वह जानता था। वैवस्वतपुरी अथवा सूर्य-नगरी पाताल के पास नागलोक में स्थित थी। वहाँ नाग-कन्याओं का राज्य था। ये नागकन्याएँ पुरुषों के समान रहती थीं। वहाँ की रानी माँ भगवती का अवतार मानी जाती थी और उसके पास चामत्कारिक शक्तियाँ थीं। उसका पति यद्यपि राजा के नाम से पुकारा जाता था, पर वास्तव में था रानी का दास ही। रानी ने पुनर्दत्त को भी किसी एक राजकुमारी के साथ विवाह करने के लिए भारी मूल्य देकर क्रय कर लिया था।

कई दिनों बाद वे उस खाड़ी पर पहुँचे जहाँ नगर स्थित था। अस्तमान रवि के प्रकाश में पत्थर के परकोटेवाला यह नगर सोने से मढ़ा दिख पड़ रहा था। जल में असंख्य छोटी-छोटी नावें खड़ी थीं, जिनका उपयोग मच्छीमार करते थे। रस्सियों से बँधी एक छोटी जेटी भी थी। जेटी के सामने विशाल मैदान था। वहीं से किले को जानेवाली सीढ़ियाँ शुरू होती थीं।

जलयान जब किले के समीप आया उस समय सीढ़ियों पर बहुत-से लोग आ-जा रहे थे। कृष्ण ने उद्धव, रड्डु तथा उस नगर की भाषा जाननेवाले एक पुण्यजन किशोर को नगर में जाकर वहाँ उतरने के लिए रानी की आज्ञा ले आने के लिए भेजा। राज्याधीश के लिए कुछ सौगात लेकर वे नौका में बैठे।

दूसरे दिन सुबह किले के द्वार तक पहुँचती सीढ़ियों पर कृष्ण का स्वागत करने के लिए एक विशिष्ट समूह खड़ा था। उद्धव एक प्रौढ़ स्त्री के साथ राजनौका में बैठकर आया। इस स्त्री ने सोने का कमरबन्द बाँध रखा था। उसके मुकुट पर सोने का साँप बना था। भिक्रु ने कहा, ''यह स्त्री रानी द्वारा नियुक्त उच्च अधिकारी है। इसकी सूचना इस चिह्न से मिलती है।''

कृष्ण को इस पुरुषोचित नागकन्या को देखकर आश्चर्य नहीं हुआ। भिक्रु ने इन लोगों के विचित्र आचारों की सारी बात पहले ही बता दी थी। यहाँ पर स्त्रियाँ पुरुषों पर शासन करती थीं। यहाँ की रानी माँ को अपनी प्रजा के जीवन और मरण पर अधिकार प्राप्त था। शासन का उत्तराधिकार माँ से लड़की को मिलता था। रानी की आज्ञा का पालन करने के लिए सशक्त नागकन्याएँ सदा उपस्थित रहती थीं। राजा यदि रानी की आज्ञा का अनादर करता तो सम्भवतः उसे भी अपनी जान गँवानी पड़ती।

उद्धव ने कहा, "कृष्ण, यह बड़ी भयंकर जगह है। रानी ने तुम्हारे आगमन की भविष्यवाणी थोड़े दिन पहले ही कर दी थी।"

"सच!" कृष्ण को आश्चर्य हुआ।

"हमारे ऋषियों की तरह यह रानी भी भविष्यदर्शन कर सकती है," उद्धव ने कहा, "पर अब देखना है कि आगे क्या होता है। राजकुमारी तुम्हारा स्वागत करने के लिए आई है। यहाँ राजकुमारी की ही महिमा है, उसके पति की नहीं। राजकुमारी को देवी कहकर पुकारना।"

अधिकारियों का संकेत पाकर कृष्ण और उद्धव राजनौका में बैठे। इस नौका को चार नाविक चला रहे थे। पीछे की दो नावों में रानी को देने के लिए सौगातें थीं।

देवी ऐसी सुन्दर थी कि देखते ही आँखों में बस जाए। लगभग 22 वर्ष की इस राजकुमारी के पास उसकी छोटी बहन खड़ी थी। वह कुछ पतली थी, पर थी देवी से भी अधिक सुन्दर। उसके आसपास वैसी ही सुन्दर नागकन्याएँ खड़ी थीं। सबकी पोशाक एक-जैसी थी। केवल देवी (बड़ी राजकुमारी) तथा राजकुमारी के कमरबन्द और मुकुट के फणिधर में मूल्यवान रत्न जड़े थे। इन रत्नों से सूर्य की किरणें गहरा लाल रंग प्रतिबिम्बित करती थीं।

राजकुमारियों के दोनों ओर भालों से लैस नागकन्याएँ खड़ी थीं। देवी के पीछे उसका पति खड़ा था। उसकी पोशाक भी राजकुमारी जैसी ही थी। मात्र मस्तक पर फणिधरवाला देवी चिह्न न था। उसकी कमर से सोने की म्यान में कटार लटक रही थी। कुछ दूरी पर सशस्त्र पुरुष भीड़ को आगे बढ़ने से रोक रहे थे। कृष्ण ने देवी को प्रणाम किया। देवी ने अपने पति को संकेत किया। वह नम्रतापूर्वक आगे आया और देवी को नमस्कार कर देवी का स्वागत-वाक्यों का अनुवाद कर कृष्ण को सुनाया। कृष्ण आश्चर्य में पड़ गए। मथुरा में जिस प्रकार आर्य बोलते थे, उसी प्रकार की देवभाषा शुद्ध उच्चारणसहित वह बोल रहा था।

कृष्ण ने इस स्वागत का विनयपूर्वक उत्तर दिया, "देवी, मैं शूरों के नायक वसुदेव का पुत्र और गुरुओं में श्रेष्ठ सांदीपनि का शिष्य आपको प्रणाम करता हूँ।"

कृष्ण ने सांदीपनि शब्द पर विशेष बल दिया और देवी के पति के चेहरे की ओर देखा। कृष्ण के मुख से सांदीपनि नाम सुनकर उसका चेहरा फीका पड़ गया। आँखों में भय की रेखाएँ खिंच आईं। वह हिचकिचाया। फिर कृष्ण ने जो कुछ कहा उसे देवी को कह सुनाया। कृष्ण को विश्वास हो गया कि यह देवी का पति और कोई नहीं, गुरु सांदीपनि का पुत्र पुनर्दत्त है। भिक्रु का संशय सच्चा साबित हुआ।

देवी ने राजोचित गौरव से उत्तर दिया, ''वासुदेव, इस वैवस्वतपुरी में माँ की ओर से मैं तुम्हारा हार्दिक स्वागत करती हूँ।'' उसकी आँखें कृष्ण पर स्थिर हो गईं। छोटी राजकुमारी की आँखें भी कृष्ण पर गड़ी थीं। कृष्ण के होंठों पर चमक रहे हास्य का दोनों के हृदय पर समान रूप से प्रभाव हुआ। दोनों ने मुस्कराकर कृष्ण की ओर देखा। छोटी राजकुमारी की मुस्कान उमंगभरी और प्रसन्न थी जबकि बड़ी की मुस्कान एक मानिनी की मुस्कान थी। उसे देवी पद प्राप्त जो हो चुका था।

देवी ने फिर संकेत किया और उसका पति पीछे हट गया। छोटी राजकुमारी आगे आ गई। वह कृष्ण को पालकी के पास ले गई और उसके साथ ही पालकी में बैठी। देवी और उसका पति दूसरी पालकी में बैठे। चार बलिष्ठ आदमी पालकी को उठाए हुए थे। पालकी में बैठकर छोटी राजकुमारी मुस्कान द्वारा, संकेतों द्वारा और कृष्ण की समझ में न आए, ऐसी भाषा द्वारा यह बात समझा रही थी कि वह कृष्ण को अपना मित्र मानती है। कृष्ण सुन्दरता के पूजक थे। इस नागकन्या के सुगठित अंग, सुदृढ़ स्तन-मण्डल, लाल कपोल और स्वच्छन्द मुस्कान की तरफ वे आकर्षित हुए, पर बिलकुल अजान अतिथि को रिझाने के उसके प्रयत्न कृष्ण को भाये नहीं। नागभूमि के रीति-रिवाजों से वह अनभिज्ञ था और आर्य मान्यताओं के अनुसार नागकन्या को परखना उन्हें उचित न जान पड़ा।

किले के बीचोंबीच वहाँ के विशाल महल के आगे अब वे रुके। कृष्ण को उसके लिए सुरक्षित कक्ष में ले जाया गया। वहाँ पर पुण्यजन जलयानवाले कृष्ण के आदमी और दो स्थानीय अधिकारी कृष्ण की सेवा में उपस्थित थे। छोटी राजकुमारी ने कृष्ण से विदा लेते समय कहा कि वह फिर आएगी। उसके शब्दों का अनुवाद वहाँ पर उपस्थित पुण्यजन किशोर ने किया।

कृष्ण और उद्धव अब अकेले थे। कृष्ण ने कहा, ''उद्धव, पुनर्दत्त मिला तो सही पर यह नागकन्या उसे जाने देगी, ऐसा नहीं दीखता। पुनर्दत्त का हमें अपहरण करना होगा।''

''हम लोग भारी कठिनाई में पड़ गए हैं।''

''ऐसे विचित्र देश की तो मुझे कल्पना ही नहीं थी। पर मैं सोचता हूँ कि हम लोग यहाँ से भाग जाने का प्रबन्ध कर सकेंगे।''

कुछ देर बाद पुनर्दत्त वहाँ आया। वह अत्यन्त चिन्तित लग रहा था। परस्पर अभिवादन के बाद बातचीत किस प्रकार शुरू की जाए यह उसकी समझ में नहीं आया। वह ज्यों का त्यों खड़ा रहा।

कृष्ण ने कहा, ''पुनर्दत्त, तुम्हें देखकर मुझे वास्तव में बहुत आनन्द हुआ।'' अपना मूल नाम सुनकर पुनर्दत्त फफक पड़ा। कृष्ण ने फिर कहा, ''गुरुदेव ने तुम्हें आशीष भेजा है। वे तुम्हें कभी नहीं भूले। एक क्षण के लिए भी नहीं!''

''आपका यहाँ आना ठीक नहीं हुआ,'' राजकुमार ने कहा और दरवाजे के पास खड़ी प्रहरी नागकन्या की ओर संकेत करते हुए कहा, ''यह स्त्री हमारी भाषा नहीं जानती पर हम पर कड़ी दृष्टि रखती है।''

''तुम क्या यहाँ बन्दी हो? मैं तो समझता था कि तुम देवी के पति हो और कभी इस देश के राजा बनोगे।''

''हाँ, यदि माँ के देहत्याग तक मैं जीवित रहा तो। पर सच कहूँ तो मुझे तुम्हारा यहाँ आना अच्छा नहीं लगा। इससे हम सब पर कठिनाई आ सकती है।''

''क्यों? मैं तो मात्र तुम्हें गुरुदेव के पास वापस ले जाने के लिए आया हूँ। गुरुदेव तुम्हें बहुत चाहते हैं।''

''यदि वे मुझे मृत मान लेते, तो अधिक अच्छा था। अब तक मैं इस विचार से सन्तुष्ट था कि उन्होंने मेरी आशा छोड़ दी होगी। मैं उनके पास वापस जाने की स्थिति में नहीं हूँ और यदि जा सकूँ, तो भी मैं जाना नहीं चाहूँगा।''

''क्यों, क्या हो गया तुम्हें? क्या तुम अपनी पवित्रभूमि को भूल गए?''

''वासुदेव, मैं यहाँ एक बरस से हूँ और यहाँ जिस प्रकार का जीवन बिता रहा हूँ, उसके बाद अपने पिता के आचार-नियमवाले जीवन में फिर जाने की मुझे तनिक भी इच्छा नहीं। जब मैं यहाँ आया था, तब उदास रहता था, पर अब मैं इस जीवन का दास हो गया हूँ,'' पुनर्दत्त ने सहज ही कचोटनेवाले स्वर में कहा, ''मैं यहाँ सुख और विलास में रहता हूँ। मेरे पास सत्ता है। मुझे जो सुख प्राप्त है, वह केवल लारिका (उसकी पत्नी) ही दे सकती है। तुम हमारे देश की नम्र और संयमित स्त्रियों के बीच रहे हो। नागकन्या और वह भी देवी नागकन्या किस आनन्द और उल्लास की प्रतीति करा सकती है, उसकी तुम कल्पना भी नहीं कर सकते।''

कृष्ण असमंजस में पड़ गए। ''पुनर्दत्त, तुम्हें क्या हो गया है? क्या तप का जीवन बिताने की उदात्त वृत्ति का तुमने त्याग कर दिया? हमारे प्रतापी पूर्वजों

के धर्म का तुम्हें लेशमात्र भी मोह नहीं? केवल स्वाद, विलासी जीवन और इन्द्रियभोगों से ही तुम सन्तुष्ट हो?''

कृष्ण क्षण-भर रुके और करुणापूर्ण आँखों से पुनर्दत्त की ओर देखा। फिर स्नेह-भरे स्वर में धीरे-से बोले, ''पुनर्दत्त, अच्छा हुआ तुम्हें इस आसुरी जीवन से मुक्ति दिलाने के लिए देवों ने मुझे शीघ्र ही यहाँ भेज दिया। यहाँ प्रत्येक क्षण तुम अपने पद, सत्ता, विलास और शायद जीवन भी खो देने के भय में चिन्तित रहते हो। फिर भी तुम्हें गुरुदेव के पास लौटने और ऋषियों-जैसा जीवन बिताने में भय लगता है! तुम्हारा यहाँ तक पतन हो चुका?''

पुनर्दत्त ने आँखें झुका लीं। कृष्ण के प्रेम का उसके पास कोई उत्तर न था। कहा, ''यह सही है कि वैवस्वतपुरी को छोड़ने का प्रयास कर अपनी जान जोखम में डालने का मेरा लेशमात्र विचार नहीं। यहाँ पर प्राप्त भोग-विलासों को छोड़ने को मेरा जी नहीं चाहता। प्रारम्भ में मुझे, सांदीपनि के पुत्र को, यह जीवन स्वान-जैसा लगता था, परन्तु फिर मेरी वृत्तियाँ भी स्वान-जैसी हो गईं। अब मैं इसका अभ्यस्त हो गया हूँ। इससे भिन्न जीवन स्वीकार करने की मेरी वृत्ति ही मर गई।''

कृष्ण ने उदास होकर पूछा, ''पुनर्दत्त! इस प्रकार के भय और कुटिलता से पूर्ण, इन्द्रियभोग में लिप्त जीवन बिताते हुए तुम्हारी दशा पालतू पशुओं से भी बदतर हो गई है। क्या तुम्हें स्वयं ऐसा नहीं लगता?''

''तुम ठीक कहते हो। पर यह भी सही है कि मैं कीचड़ में सना हूँ, और अब यह मेरी प्रकृति बन गई है।''

''नागकन्या तुम्हें जो आनन्द देती है, उसके लिए क्या तुम अपने पिता, अपने भगवान को छोड़ दोगे? तुम्हारे पिता एकान्त में केवल तुम्हारी ही चिन्ता में शोकातुर रहते हैं। अपने पिता की ओर, धर्म की शिक्षा देनेवाले पूर्वजों की ओर, क्या तुम्हारा यही कर्तव्य है? जब मनुष्य अपने पिता के प्रति आदर गँवा बैठता है, तो वह पशु-तुल्य बन जाता है।'

पुनर्दत्त ने हाथों से अपनी आँखें ढँक लीं। ''मैं यह भूमि छोड़ सकने में असमर्थ हूँ,'' उसने आर्द्र स्वर में कहा, ''इस पर सोचने से कोई लाभ नहीं। इस जीवन को यदि छोड़ना ही पड़े, तब भी मैं उसे छोड़ न सकूँगा।''

''क्यों नहीं? यदि तुम बन्दी हो तो तुम्हें मेरी बात अधिक ध्यान से सुननी चाहिए। मैं तुम्हें मुक्ति दिलाऊँगा।''

''हाँ, एक प्रकार से मैं बन्दी ही हूँ। इस भूमि में देवी-पद प्राप्त राजकुमारी के पति को या तो मृत्यु का वरण करना होता है या राजपद का। वह अपनी प्रियतमा के प्रति बेवफा नहीं बन सकता। वह उसे छोड़ नहीं सकता। यदि वह

ऐसा प्रयत्न करे तो उसका एकमात्र दण्ड मृत्यु है। माँ की यही आज्ञा है।'' सांदीपनि के पुत्र ने उदास स्वर में कहा।

''तुम देवी के पति किस प्रकार बने!''

''वासुदेव! यह भूमि विचित्र है। यहाँ की माँ के पास चामत्कारिक शक्तियाँ हैं, जैसी कि हमारे यहाँ असुरों के पास थीं। अपनी पुत्री के सम्भावित पति के आगमन के बारे में वह पहले से ही जान जाती है। सम्भवतः अपनी रहस्यमयी शक्तियों द्वारा वह ऐसे युवकों को इस किनारे की ओर आकर्षित करती है। उसे लेशमात्र भी शंका नहीं कि तुम भी उसकी शक्तियों द्वारा आकर्षित होकर यहाँ आए हो।''

''पर मैं तो यहाँ अपनी इच्छा से आया हूँ।''

''कौन जाने? लेकिन मैं अपनी ही बात करता हूँ। पुण्यजन राक्षस मुझे यहाँ ले आए। यहाँ पर माँ ने मेरा खूब प्रेम से स्वागत किया और फिर वर-उत्सव मनाया गया।''

''वर-उत्सव! यह क्या है?'' कृष्ण ने पूछा।

''यह इस नगर का सबसे बड़ा और सबसे उत्तेजक महोत्सव है। इस महोत्सव में मुझे राजकुमारी के पति के साथ लड़ना पड़ा। जब मैंने उसके पति की हत्या कर डाली, तभी राजकुमारी के साथ मेरा विवाह हुआ। वास्तव में मेरे सामने दूसरा कोई रास्ता ही नहीं था। यदि मैं मारा जाता, तो वही व्यक्ति राजकुमारी का पति बना रहता।''

कृष्ण एक क्षण विचार में पड़ गए।

''तो मुझे भी क्या इस छोटी राजकुमारी से विवाह करना होगा?'' उन्होंने पूछा।

''लगता तो ऐसा ही है। वैसे अभी तक मुझे कोई स्पष्ट आदेश नहीं मिला है। पर यदि उनकी आज्ञा हुई तो मुझे उसका पालन करना ही होगा। यदि तुमने इस आज्ञा का अनादर किया तो यहाँ के राजा यम तुम्हारा वध कर डालेंगे। माँ की आज्ञा बिलकुल स्पष्ट है।''

''और यदि मैं उसके साथ विवाह करूँ तो?'' छोटी राजकुमारी की चंचलता का मर्म कृष्ण की समझ में अब आया। वह अपनी माँ की भविष्यवाणी सच ठहराने के लिए तत्पर थी।

''तुम्हें उसके साथ विवाह करना ही होगा। मृत्युपर्यन्त अथवा कोई अन्य उत्तम वर वर-उत्सव में तुम्हारा वध न करे, तब तक तुम्हें यहीं रहना पड़ेगा। क्योंकि माँ की कोई पुत्री कभी भी वैवस्वतपुरी नहीं छोड़ सकती। तुम्हें अच्छा भोजन मिलेगा। सुख से रखा जाएगा। थोड़े-बहुत अधिकार भी मिलेंगे, पर सदा

राजकुमारी का सेवक बनकर रहना पड़ेगा। एक साथ ही राजकुमारी के दास, प्रेमी और पति की भूमिकाएँ तुम्हें निभानी होंगी। वह कभी तुम्हें अकेला नहीं छोड़ेगी। नाग-कन्याओं का पहरा सदा तुम पर रहेगा। और इस भय से तुम्हें सदा त्रस्त रहना होगा कि कहीं माँ तुम्हारी मौत की भविष्यवाणी न करे।'' पुनर्दत्त ने कटुता से कहा।

''ऐसा दासत्व स्वीकार करने से तो मैं मृत्यु को पसन्द करता हूँ। क्या तुम इस दासत्व को अस्वीकार नहीं कर सकते?''

''नहीं,'' पुनर्दत्त ने लाचारी से कहा, ''जब माँ किसी और वर के आगमन की भविष्यवाणी करेगी, तब वर-उत्सव रचा जाएगा और एक अजान आगन्तुक के साथ अन्तिम साँस तक मुझे लड़ाई करनी होगी। जो जीतेगा, वही राजकुमारी का पति होगा। मैं सदा इस वर-उत्सव की प्रतीक्षा करता रहता हूँ। या तो कोई मेरा वध करेगा अथवा मैं किसी का वध करूँगा।''

''तो यह राजा कहाँ से आता है?'' कृष्ण ने पूछा।

''देवी की माता जब देह-त्याग करती है, तब देवी माँ का स्थान पाती है और उसका पति राजा बनता है। फिर वह दैवी पिता अथवा मृत्यु के देवता की तरह पहचाना जाता है। माँ की आज्ञा के अधीन रहकर वह सभी के जीवन पर अधिकार रखता है।''

''मान लो कि हम यहाँ से भाग सकने में सफल हो जाएँ, तो क्या तुम हमारे साथ आओगे?'' कृष्ण ने पुनर्दत्त के कन्धे पर ममतापूर्वक हाथ रखकर पूछा।

''नहीं, मैं यह भूमि छोड़ना नहीं चाहता। और कृष्ण, यदि तुम यह सोचते हो कि तुम यह भूमि छोड़ सकोगे, तो तुम भ्रम में हो।''

कृष्ण ने दृढ़ता से कहा, ''कुछ भी हो, मैं यहाँ से भाग निकलने का कोई मार्ग निकाल लूँगा। और तुम्हें भी अपने साथ ले जाऊँगा।''

पुनर्दत्त के जाने के बाद कृष्ण ने उद्धव से कहा, ''उद्धव! तुम्हारी ही बात सच निकली। हम यहाँ आकर फँस गए हैं।''

नागकन्या

उस दिन दोपहर की महिला प्रतिहारी कृष्ण और उद्धव को बुला ले गई। उन्हें पवित्र माँ के समक्ष उपस्थित होना था। अपने शस्त्र नीचे रखकर वे प्रतिहारी के पीछे चल पड़े। पुण्यजन भाइयों और दूसरों ने जलयान से लाए गए उपहारों के साथ उनका अनुसरण किया। जहाँ से भी होकर गए, वहाँ सर्वत्र सशस्त्र

स्त्रियों का पहरा था।

यज्ञ-खण्ड के नाम से परिचित एक अँधेरे कक्ष में उन्होंने प्रवेश किया। कक्ष में दोनों ओर स्त्री-अधिकारियों की कतारें खड़ी थीं। सामने के छोर पर, वेदी के बीच यज्ञकुण्ड था और उसमें पवित्र अग्नि प्रज्वलित थी। यज्ञ की ज्वालाएँ थोड़ी-थोड़ी देर पर भभक उठती थीं और कक्ष में खड़े व्यक्तियों के चेहरों को आलोकित करती थीं, जिससे एक अपार्थिव वातावरण बन गया था। यज्ञवेदी के पीछे माँ भगवती की पत्थर की विराट प्रतिमा थी।

कृष्ण और उद्धव को वेदी के पास सीढ़ियों तक ले जाया गया। एक ओर दोनों राजकुमारियाँ खड़ी थीं और उनके पीछे पुनर्दत्त खड़ा था। माँ की उपस्थिति में सशस्त्र रहने का एकमात्र अधिकार यम को था। वह वेदी के पीछे, मंच पर खड़ा था। उसकी वय पचास के लगभग थी, फिर भी उसकी देह सुदृढ़ थी और उसके सुहावने मुखमण्डल पर मतवाले स्वभाव की मुद्रा अंकित थी।

तभी घण्टनाद हुआ और उसकी गूँज शान्त भी न हो पाई कि एकाएक यज्ञकुण्ड की ज्वालाएँ छत तक ऊँची भभक उठीं। तभी यज्ञवेदी के पीछे खड़ी माँ के दर्शन हुए। वह मध्यम वय की प्रभावपूर्ण और नितान्त सुन्दर स्त्री थी। उसने एक विशाल कमरबन्द, रत्नहार और नागचिह्न से अंकित मुकुट धारण कर रखा था। यज्ञ की ज्वालाओं में ये रत्नाभूषण जगमगा रहे थे। उसके गले में एक जीवित नाग भी था। सभी ने उसे दण्डवत् प्रणाम किया और तभी उठे जब माँ ने उसके लिए आज्ञा दी। फिर उसके संकेत पर यम ने राजकुमार को आगे आने का इशारा किया। पुनर्दत्त आगे आया। उसने कृष्ण से अपना सन्देश सुनाने के लिए कहा।

''माँ भगवती, मैं कृष्ण, शूरों के राजा वसुदेव का पुत्र, पृथ्वीपति राजा उग्रसेन की ओर से सन्देश लाया हूँ। उन यादवश्रेष्ठ ने आपके लिए उपहार भेजे हैं। मुझे आशा है कि आप उन्हें स्वीकार करने की कृपा करेंगी।''

थोड़ी देर शान्ति छाई रही। फिर माँ ने अपनी स्वर्णिम वाणी में कहा, ''वसुदेव के पुत्र, हम तुम्हारा स्वागत करते हैं। कई दिनों पहले हमें तुम्हारे आगमन का पूर्वाभास हुआ था। माँ जगजननी ने हमें तुम्हारा स्वागत करने की आज्ञा दी है। तुम्हारे उपहारों को मैं स्वीकार करती हूँ और यह आश्वासन देती हूँ कि यहाँ तुम्हारी उचित आवभगत होगी।''

पुनर्दत्त ने माँ के इन शब्दों का अर्थ कृष्ण को समझाया। फिर माँ ने अपना हाथ ऊँचा किया। खण्ड में गहरी शान्ति छा गई।

''वसुदेव के पुत्र, तुम्हें मैं अपने पति यम के संरक्षण में सौंपती हूँ। माँ जगजननी की आज्ञा है कि तुम चिरकाल तक हममें से ही एक होकर रहोगे।''

कृष्ण को जब इस सन्देश का अर्थ समझाया गया, तब वे कुछ कहने जा ही रहे थे कि माँ ने उन्हें हाथ उठाकर रोका और कहा, ''तुम हममें से एक होकर रहोगे। यही माँ जगजननी की आज्ञा है। उसका पालन होकर रहेगा।''

फिर एक बार अग्नि-ज्वालाएँ छत तक ऊँची उठीं। इससे पहले कि कृष्ण एक शब्द भी कहे, माँ अदृश्य हो गई।

राजा मंच पर से नीचे उतरा और कृष्ण के कन्धों पर ममतापूर्वक हाथ रखकर उन्हें यज्ञखण्ड के पीछे के कक्ष में ले गया। वहाँ पत्थर के पलँग पर माँ थककर लेटी थी। सारा शरीर पसीने से तर था। दो स्त्रियाँ उसे पंखा झल रही थीं। माँ भगवती के उसकी देह में से चले जाने के बाद, माँ की स्थिति नित्य की तरह सामान्य बन गई थी। राजा आर्यों की भाषा जानता था। उसकी मदद से रानी ने कृष्ण से उनके विषय में, उनके परिवार के विषय में और देश के विषय में अनेक प्रश्न पूछे।

राजा ने भार्गवश्रेष्ठ परशुराम और उनके शिष्यों के बारे में जिज्ञासा प्रकट की। कृष्ण के आश्चर्य का पार न रहा। उन्होंने कहा, ''ये भृगुश्रेष्ठ इस समय सुपर्क के पास एक अद्रि पर आश्रम बनाकर रह रहे हैं।'' फिर परशुराम के शिष्यों के बारे में भी उन्होंने राजा को सूचना दी।

उसके बाद एक स्त्री-अधिकारी कृष्ण और उद्धव को नगर-दर्शन कराने ले गई। नगर और बन्दरगाह पर घूमने के बाद वे अपने डेरे पर लौटे। कृष्ण ने जलयान से और उपहार लाने के बहाने रड्डु तथा पुण्यजन भाइयों में से एक को जलयान पर भेज दिया और भिक्रु को सन्देश कहलाया।

रात में कृष्ण एकाएक जाग पड़े। उन्होंने देखा कि कोई उनके बिछौने पर बैठकर मृदु स्वर में कुछ कह रहा है। वे तत्काल बैठ गए और अपनी तलवार खोजने लगे, पर दूसरे ही क्षण हँस पड़े। वह तो छोटी राजकुमारी थी। वह यहाँ प्रेमालाप करने आई थी। उसके लम्बे बाल कृष्ण के मुख को ढँक रहे थे। उसकी मृदुल देह जब कृष्ण पर झुकी तब कृष्ण ने एक विचित्र उत्तेजना का अनुभव किया। पर कुछ ही क्षणों में एक स्त्री धीरे-से राजकुमारी के पास आई और उसके कान में कुछ कहा। राजकुमारी तत्काल खड़ी हो गई और भयभीत हिरणी की तरह वहाँ से भाग गई।

उद्धव जग पड़ा और पूछने लगा, ''क्या हुआ कृष्ण?''

कृष्ण ने हँसते-हँसते कहा, ''कुछ नहीं। नागकन्या आई थी।''

थोड़ी देर तक शान्ति छाई रही। फिर धीमे, किन्तु भारी-भरकम पदचाप समीप आते सुनाई पड़े। कृष्ण को लगा, यदि इस समय मेरे हाथ में चक्र होता, तो कितना अच्छा रहता।

एक पुरुष का स्वर सुनाई पड़ा, ''पिता यम आपको बुला रहे हैं।''

उद्धव ने पूछा, ''मैं तुम्हारे साथ आऊँ, कृष्ण?''

''नहीं, तुम्हें नहीं बुलाया गया है। मेरी चिन्ता न करना।''

प्रतिहारी कृष्ण को महल के दूसरे सिरे पर स्थित राजा के कक्ष तक ले गया। तारों के प्रकाश में कृष्ण ने राजा की कद्दावर काया को पहचान लिया।

''डरो नहीं, वत्स! मैं तुम्हारा कोई अनिष्ट नहीं करूँगा।''

कृष्ण ने राजा के सामने जाकर पूछा, ''मेरा प्रणाम स्वीकार करें, पूज्य पिता! पर इतनी रात गए मुझे कैसे याद किया?''

''वासुदेव, माँ को ऐसा जान पड़ा है कि तुममें दैवी शक्ति होनी चाहिए। हमारी आज की बातचीत के बाद मैं तुम्हें पुत्रवत् प्यार करने लगा हूँ, तुम्हें नहीं मालूम इस समय कितना जोखिम उठाकर, मैंने तुम्हें बुलाया है। एक स्पष्ट बात मैं तुमसे कहना चाहता हूँ। तुम्हारे लिए नागलोक में रहना बहुत भयानक है। तुम अपने जलयान में लौट जाओ और सवेरा होने से पहले लंगर उठाकर यहाँ से चल दो।'' राजा ने इतने आहिस्ते से कहा मानो कान में कह रहा हो।

''पिता, आपकी वाणी से आप आर्य लगते हैं। आप यहाँ के राजा हैं। मैं आपके संरक्षण में हूँ, फिर मुझे यहाँ से भागने की क्या आवश्यकता है?''

''यदि तुम यहाँ रहे तो तुम्हें मेरी छोटी पुत्री आशिका के साथ विवाह करना पड़ेगा और जीवन-भर के लिए यहीं बँध जाओगे। फिर तुम कभी मुक्त नहीं हो सकोगे और हर समय माँ के कोप से आतंकित भी रहोगे। यह भी सम्भव है कि कभी कोई अपरिचित वीर आकर तुम्हारा वध कर तुम्हारा स्थान प्राप्त कर ले।''

''पर आप तो बहुत समय से यहाँ के राजा हैं। आपको तो कुछ नहीं हुआ?''

''वत्स, यहाँ से सम्बन्धित भयों का वर्णन मैं किस प्रकार करूँ? वर्षों पहले, अब तो वर्षों की गणना भी मैं भूल गया हूँ, मेरा जलयान इस देश के किनारे के करीब टूट गया था और मैं तैरकर वैवस्वतपुर में आया।''

राजा कुछ देर के लिए रुका। फिर आगे बोला, ''उस समय जो माँ थी, उसने मेरा भव्य स्वागत किया। मुझे वर-उत्सव में भाग लेना पड़ा और अभी जो माँ है, उसके पति के साथ लड़ना पड़ा। सद्भाग्य से मैं महाभार्गव का शिष्य था और राजकुमार की हत्या कर सका। इस प्रकार मेरा विवाह राजकुमारी के साथ हुआ और तभी से यहाँ रहने को विवश हूँ।''

''पर सुपर्क से जब दूसरा कोई जलयान यहाँ आया, तब आप चले जा सकते थे!''

"नागकन्या विवाह तो करती है, पर अपने सर्वस्व का समर्पण पति को नहीं करती। मैं उसका था, पर वह अपनी माँ ही की थी। मैं राजकुमार बना, पर साथ-साथ बन्दी भी। माँ और उसकी पुत्री की इच्छा का पालन करनेवाला गुलाम कहो तो भी कुछ गलत नहीं होगा। मेरी इस गति के लिए मैंने मन-ही-मन कई बार क्षोभ का अनुभव किया है, परन्तु ये नागकन्याएँ हैं। इनके पंजे में एक बार आने के बाद फिर कोई छुटकारा नहीं!" राजा ने दीर्घ निःश्वास ली।

"परन्तु इन सभी वर्षों में आप सर्वशक्तिमान रहे हैं–हाँ, माँ की इच्छा के अवश्य अधीन रहकर!"

"हाँ! पर मैंने कितना सहन किया है, उसका अनुमान तुम नहीं लगा सकते। पहले तो मुझे यही भय सताता रहता था कि इस देश में कोई भी नवीन आगन्तुक युवा मेरा स्थान ग्रहण कर लेगा। चार बार ऐसी स्थिति आई भी।"

कृष्ण ने देखा कि उन वर्षों की स्मृति राजा को कष्ट दे रही है।

"माता ने उन प्रत्येक के आगमन की भविष्यवाणी की थी। प्रत्येक बार वर-उत्सव मनाया गया।

"सौभाग्य से मुझे शस्त्रविद्या की शिक्षा भार्गवश्रेष्ठ ने दी थी। मैंने प्रत्येक निर्दोष युवक की हत्या की, ऐसे भोले और सुन्दर युवकों की, जिन्हें तलवार पकड़ना भी नहीं आता था। इस विचार मात्र से मैं काँप उठता हूँ।" राजा ने दीर्घ निःश्वास लेकर कहा, "फिर माँ का अवसान हुआ। मेरी पत्नी माँ की गद्दी पर आसीन हुई। मैं पिता के, यम के, पद पर प्रतिष्ठित हुआ। माँ की इच्छा होने पर किसी की भी हत्या करना मेरा कर्तव्य है।"

"पर इस समय आप सर्वशक्तिमान हैं। आप इन नियमों को बदल क्यों नहीं देते? मैं स्पष्ट देखता हूँ कि माँ आपके प्रति खूब स्नेह रखती है। आप उससे कुछ भी मनवा सकते हैं।"

राजा कटुतापूर्वक हँसा, "वत्स, तुम्हें अभी यहाँ के रीति-रिवाजों का पता नहीं। मैं बीमार नहीं पड़ सकता, अवकाश नहीं ले सकता, माँ की आज्ञा का अनादर नहीं कर सकता। अकिंचित-सी भूल के लिए भी मुझे प्राण गँवाने पड़ सकते हैं।"

"तब फिर आप मेरे और पुनर्दत्त के साथ क्यों नहीं वापस चले चलते? हम तीनों जलयान पर पहुँचकर यहाँ से भाग सकते हैं।"

"वासुदेव, तुम शूरवीर युवा हो। पर हम इन नागकन्याओं के चंगुल से कभी नहीं निकल सकते।"

"लेकिन क्यों?"

"न तो पुनर्दत्त जा सकता है, न मैं! इन नागकन्याओं का प्रतिकार हो ही

नहीं सकता। वे हमें पंगु और लाचार बना देती हैं। बदले में वे हमें आनन्द भी देती हैं—ऐसा आनन्द जिसका एक बार स्वाद चख लेने पर, उसे छोड़ा नहीं जा सकता!''

''रानी के कारण आपने इतनी यातनाएँ सहीं, फिर भी आप उसे धिक्कारते नहीं?'' कृष्ण ने आश्चर्य से पूछा। आज दिन में दूसरी बार कृष्ण ने नागकन्याओं से प्राप्त होनेवाले आनन्द और उस आनन्द से ऐसे शक्तिशालियों को असहाय बना देनेवाली उनकी शक्ति के बारे में सुना।

''रानी के कारण यातना! रानी में जब माँ का तत्त्व प्रवेशित नहीं होता, तब वह अद्भुत सुन्दरी बन जाती है—ऐसी अद्भुत, जिसके लिए कोई भी पुरुष प्राण देने को भी तैयार हो जाए!'' राजा की वाणी में भावना का समावेश हो गया था। ''यह सही है कि वह कोई भूल बर्दाश्त नहीं कर सकती, पर वह अपने प्यार को कभी संकुचित नहीं होने देती। आनन्द देने में वह कभी कंजूसी नहीं बरतती। नहीं वासुदेव! मैं उसे कभी नहीं छोड़ सकता। मैं उसे चाहता हूँ। मेरा जीवन उससे जुड़ गया है। वह जब मृत्यु को प्राप्त होगी, तब मैं भी मृत्यु का वरण करूँगा। यह माँ की आज्ञा है, पर वैसे भी उसके बिना जीवन जीने योग्य नहीं।''

''पिता! आप अनुभवी और समझदार व्यक्ति हैं। मैं अभी बालक हूँ। पर नागकन्या के पति बनने के पश्चात् जीवन में कुछ ऊर्ध्वमुखी होने के आपके मनोरथ का क्या हुआ? अपने पूर्वजों और प्राचीन महर्षियों के जीवनमार्ग के प्रति आपके कर्तव्य का क्या हुआ?''

''नागकन्याएँ आनन्द का स्रोत हैं। उसमें सबकुछ बह जाता है।''

''पर वशिष्ठ और अरुन्धती, अगस्त्य तथा लोपामुद्रा—हमारे इन महर्षियों ने परस्पर कुछ दिया और पाया। वे अविभक्त आत्माएँ थीं। ज्ञान और तप में वे एक थे। शौर्य और कार्य में भी वे एक थे।''

''नागकन्याएँ सब माँगती हैं, पर अपना सर्वस्व कभी नहीं देतीं। वह केवल पार्थिव आनन्द प्रदान करती हैं और उसके बदले तुम्हें, तुम्हारी आशाओं को, अपने पूर्वजों के प्रति तुम्हारे कर्तव्य को तथा तुम्हारे प्राचीन जीवनमार्ग को खरीद लेती हैं।''

''पिता! आपकी सलाह के लिए मैं आपका ऋणी हूँ। पर मैं यहाँ विशेष काम से आया हूँ। मैंने अपने गुरु को वचन दिया है कि मैं उनके पुत्र, पुनर्दत्त को वापस ले आऊँगा। उसके बिना मैं लौटूँगा नहीं।'' कृष्ण ने दृढ़ता से कहा।

''तो तुम्हारी भी यही दशा होगी।''

''पिता! आपका हृदय कितना विशाल है! क्या आप पुनर्दत्त को ले जाने में

मेरी सहायता नहीं करेंगे?''

''नहीं!''

''अपने कर्तव्य से च्युत होने के स्थान पर मैं मरना अधिक पसन्द करूँगा।'' कृष्ण ने कहा, ''पर पिता! मुझे विश्वास है कि हमें आपकी सहायता मिलेगी।''

ईश्वरप्रदत्त अधिकार से बात करनेवाले इस युवक पर राजा मुग्ध हो गया। उसके गुरु परशुराम ऐसी ही श्रद्धा की वाणी बोलते थे। उसके देश–आर्यावर्त में–महर्षियों की वाणी में प्रभु ने ऐसा ही प्रभाव उत्पन्न किया था।

'आशिका, लौट आ!' (अ)

दूसरे दिन सवेरे कृष्ण तथा उद्धव वैवस्वतपुर में घूमते रहे। रड्डु जहाज से उपहार ले आया था। कृष्ण ने उन्हें राजा, राजकुमारी और पुनर्दत्त के पास भिजवा दिया। कृष्ण के पीछे प्रायः पागल-सी बनी आशिका को जब कृष्ण के विविध उपहार मिले तो वह हर्ष से झूम उठी।

दोपहर को कृष्ण और उद्धव यह सलाह कर रहे थे कि वैवस्वतपुर से कैसे भाग निकला जाए, तभी आशिका वहाँ आ पहुँची। उसके चेहरे पर विषाद की रेखाएँ थीं। वह आते ही कृष्ण से लिपट गई। उसके बाल बिखरे थे और आँखें अश्रुओं से भीगी थीं। आवेश में वह कुछ कह रही थी, लेकिन उसका अर्थ कृष्ण की समझ में नहीं आ रहा था। कृष्ण ने पुण्यजन भाइयों में से एक को उसका अर्थ समझाने के लिए बुला लिया।

''वासुदेव, राजकुमारी कहती है कि जगजननी माँ ने एक नई आज्ञा दी है। वर-उत्सव में राजकुमारी लारिका को पाने के लिए आपको राजकुमार से युद्ध करना होगा।''

कृष्ण को आश्चर्य हुआ। उन्हें स्वप्न में भी कल्पना नहीं थी कि पुनर्दत्त की हत्या और राजकुमारी लारिका के पाणिग्रहण के लिए माँ उन्हें पसन्द करेगी। अब आशिका के रुदन का अर्थ उनकी समझ में आया। आशिका ने तो यही मान रखा था कि उसका विवाह कृष्ण से होगा।

पुनर्दत्त के अपहरण की सारी योजनाएँ धरी रह गईं। इस नई स्थिति पर कृष्ण कुछ सोच सकें, इसके पहले ही माँ ने उन्हें बुला भेजा। वह उस समय थकी हुई लेटी थी। माँ भगवती का देह में प्रवेश हुए बाद उसकी हमेशा ऐसी ही स्थिति हो जाती थी। राजा उसकी बगल में बैठा था और एकाग्र दृष्टि से उसकी ओर देख रहा था। कृष्ण ने जब आकर प्रणाम किया तब उसने अत्यन्त

नम्र स्वर में कृष्ण से कहा, ''वासुदेव! माँ जगजननी की आज्ञा से वर-उत्सव में भाग लेने को तुम्हें चुना गया है। राजकुमार के साथ तुम्हें मरणान्तक युद्ध करना होगा। यदि तुम जीते तो राजकुमारी के साथ विवाह करने का सौभाग्य तुम्हें प्राप्त होगा। हमारे बाद तुम दैवी पिता–यम–बन सकोगे।''

माँ ने थके हुए स्वर में कहा, ''यह माँ जगजननी की आज्ञा है।''

''लेकिन, मुझे राजकुमार के साथ लड़ना ही नहीं है।''

''फिर मुझे तुम्हारा वध करना पड़ेगा।'' राजा ने कहा, ''माँ की आज्ञाएँ इस विषय में बहुत स्पष्ट हैं।''

''माँ की आज्ञाएँ बहुत विचित्र लगती हैं।'' अनादर की सीमा तक पहुँचे कृष्ण के इन शब्दों को सुन माँ की त्यौरियाँ चढ़ गईं। कृष्ण ने फिर कहा, ''राजकुमार ने मेरा कोई अहित नहीं किया। मैं उसका वध क्यों करूँ?''

''परसों वर-उत्सव मनाने की आज्ञा दी जा चुकी है,'' राजा ने दृढ़तापूर्ण शब्दों में बात वहीं खत्म कर दी।

कृष्ण ने प्रणाम कर विदा ली। इस नई स्थिति पर वे विचार करने लगे। उन्हें राजकुमार से मिलना उचित जान पड़ा। राजकुमार इस विषय में सर्वथा उदासीन जान पड़ा।

''कृष्ण! वासुदेव! मैंने तुम्हें नहीं कहा था कि नागलोक में तुम्हारा आना ठीक नहीं हुआ! अब मुझे तुम्हारे साथ लड़ना होगा।'' पुनर्दत्त ने व्यथाभरे शब्दों में कहा, ''माँ की आज्ञाओं में कुछ कहने-सुनने की सम्भावना नहीं रहती। नागकन्याओं का अनादर कोई नहीं कर सकता।''

''तुम क्या करना चाहते हो?''

''तुमने कंस और चाणूर जैसे अजेय योद्धाओं का कैसे हनन किया था, यह मुझे उद्धव ने बताया। शस्त्रविद्या के महान आचार्य सांदीपनि, मेरे पिता के तुम शिष्य हो। तुम निश्चय ही मेरा वध करोगे।'' पुनर्दत्त ने इस प्रकार कहा मानो वह मृत्यु की प्रतीक्षा कर रहा हो।

कुछ देर सोचने के बाद कृष्ण ने कहा, ''यह स्थिति अत्यन्त विकट है। हम गुरुबन्धु हैं, फिर भी स्थिति ऐसी आ पड़ी है कि या तो मुझे तुम्हारा वध करना होगा या तुम्हें मेरा। किसी भी रीति से अधर्म ही होगा।'' कृष्ण ने राजकुमार के कन्धे पर ममतापूर्वक हाथ रखकर कहा।

राजकुमार की आँखों से अश्रु छलक पड़े। उसने अपना मस्तक कृष्ण के कन्धों पर रख दिया और रुँधे गले से कहा, ''वासुदेव! तुम्हारे साथ मैं युद्ध न कर सकूँगा। मेरे पिता के सन्तोष के लिए तुमने अपने प्राण जोखिम में डाले और मुझे लेने यहाँ आए। मैं तुम्हारा वध कैसे कर सकता हूँ!''

"मैं भी तुम्हारा वध नहीं कर सकता, पुनर्दत्त! यों निराश मत हो, मेरे भाई! अब भी कोई रास्ता निकल आएगा। धर्म के पथ पर चलनेवाले को परमेश्वर कभी नहीं तजता।"

"कृष्ण, तुम नागकन्याओं को जानते नहीं, इसीलिए आशावादी बनते हो। लेकिन मैं उन्हें पहचानता हूँ। उनसे बचकर कोई नहीं निकल सकता!"

कृष्ण गहरे विचार में पड़ गए। अपने कक्ष में वापस आकर वे उद्धव से मन्त्रणा करने लगे कि इन विपरीत संयोगों में किस प्रकार कोई मार्ग निकाला जाए। थोड़ी देर बाद राजा ने फिर कृष्ण को बुलाया। इस समय वह स्वस्थ था। उसकी आँखों में वही ममता और सहानुभूति छलक रही थी।

"वासुदेव, मुझे दुख है कि माँ की आज्ञाओं से सारा खेल बिगड़ गया! जब तुम यहाँ आए थे, तब मैंने सोचा था कि आशिका का विवाह तुम्हारे साथ हो सकेगा। वह सुन्दर और प्यारी लड़की है। अपनी बहन और अपनी माँ से वह कई बातों में भिन्न है। कई अंशों में वह अपनी आर्य-कन्याओं के समान है। मैं उसे बहुत चाहता हूँ। पर माँ की इच्छा कुछ और निकली। आशिका अत्यन्त निराश हो गई है। उसका दिल टूट गया है। मुझसे उसका रुदन देखा नहीं जाता। उसके दुख को मैं समझ सकता हूँ और स्वयं दुखी हूँ। यदि तुम वर-उत्सव में जीते तो राजकुमारी के साथ तुम्हारा विवाह होगा। पर उसे तो किसी अन्य पुरुष की प्रतीक्षा करनी ही होगी और वह तुम्हारे पीछे पागल है।"

"मैं स्थिति को अच्छी तरह समझ रहा हूँ, पर इसका उपाय क्या है? इस समय तो आप ही हमारी सहायता कर सकते हैं।"

"माँ की आज्ञा की अवहेलना कर मैं किस प्रकार सहायता कर सकता हूँ?"

"यदि पुनर्दत्त और मैं एक-दूसरे से लड़ने से मना कर दें तो?"

"तो मुझे तुम दोनों का वध करना पड़ेगा। मैं मृत्यु का देव, यम कहलाता हूँ, न!" राजा के स्वर में अब कटुता आ गई थी।

"फिर आपको अपनी दोनों पुत्रियों के लिए नए वरों की राह देखनी होगी।"

राजा ने निःश्वास लेकर कहा, "मेरी तो कुछ भी समझ में नहीं आता। मेरे गुरुदेव, महाभार्गव इस स्थिति में पता नहीं क्या करते!"

"वे धर्म का मार्ग अपनाते, पुनर्दत्त को अपने पिता के यहाँ वापस भेजकर!"

क्षण-भर राजा चुप रहा। फिर एकाएक इस प्रकार बोला मानो कोई नया विचार उसे कौंध गया हो, "यह माँ की आज्ञा है। इसका पालन तो हमें करना ही होगा। पर यह भी मुझे अच्छा नहीं लगता कि आशिका शोक के मारे मर जाए अथवा आत्महत्या कर ले। तुम उसके पास जाओ और उसे सान्त्वना दो

कि माँ योग्य समय पर उसके लिए उचित वर भेज देगी।''

''मैं उसे कैसे सान्त्वना दे सकता हूँ! इससे तो वह बेचारी और अधिक दुखी होगी।'' कृष्ण ने कहा।

''वासुदेव! काश अपना जीवन संकट में डालकर भी तुम्हें बचा सकता!'' राजा ने विनम्र स्वर में कहा और धर्म की रक्षा के लिए मृत्यु का सामना करने को तैयार उस तेजस्वी युवक की ओर एकटक देखने लगा।

''महान धर्माचार्य परशुराम के शिष्य को जो शोभा दे, वही आचरण आप करें।'' कृष्ण ने कहा।

''वासुदेव! इतना काम मेरा भी करो। इस स्थिति में मैं कोई मार्ग निकाल सकूँ, तब तक तुम जाकर उसे सान्त्वना दो, नहीं तो मुझे डर है, कहीं वह आत्महत्या न कर बैठे। तुम्हारे साथ मैं अपना एक विश्वसनीय दूत भेजता हूँ। वह तुम दोनों के बीच दुभाषिए का काम करेगा।''

'आशिका, लौट आ!' (आ)

कृष्ण आशिका के पास गए। उन्हें देखते ही आशिका उनसे लिपट गई और सिसकियाँ भरने लगी।

''वासुदेव, मुझे छोड़कर मत जाना। तुम चले गए तो मैं जी न सकूँगी। सभी मेरे दुश्मन बन बैठे हैं। माँ भी। लारिका माँ की लाड़ली है। नहीं, नहीं, मैं तुम्हें जाने नहीं दूँगी।''

कृष्ण को नागकन्या का इस प्रकार लिपट जाना अच्छा नहीं लगा, पर वे उसकी भावनाएँ समझ गए। उन्होंने उसे सहलाकर उसके बालों में हाथ फेरा और दुभाषिए की सहायता से उससे बातें कीं।

''राजकुमारी, दुखी मत होओ। मैं तो यहाँ आगन्तुक हूँ। माँ की इच्छा यह है कि तुम किसी अन्य पुरुष की प्रतीक्षा करो।''

''नहीं, नहीं, मुझे तुम्हारे सिवा किसी की चाह नहीं। इस संसार में तुम-सा कोई पुरुष है ही नहीं।'' आशिका ने सिसकियाँ भरते हुए कहा।

''पर कल तो मेरा जीवन ही समाप्त हो जाएगा। फिर यह चिन्ता क्यों?''

''नहीं, नहीं, मैं तुम्हें मरने नहीं दूँगी। तुम्हें कुछ हो गया तो मैं भी नहीं जीऊँगी।''

''यह ठीक नहीं, आशिका! कोई नागकन्या पति के पीछे सती नहीं होती। वह दूसरा पति कर लेती है। माँ जगजननी की यही आज्ञा है।'' कृष्ण ने सहज

कटाक्ष में कहा।

"नहीं, मैं उसी क्षण प्राण त्याग दूँगी, जिस क्षण तुम्हारी मृत्यु होगी।" उसकी वाणी में दृढ़ संकल्प था।

कृष्ण के मुख पर एक मधुर हास्य फूट पड़ा। "तुम लोग सचमुच विचित्र हो। मेरी मृत्यु पर तुम प्राण त्याग दोगी, पर मेरे जीवित रहते मेरे साथ मेरे देश नहीं चलोगी!"

आशिका ने असहाय भाव से कहा, "कोई नागकन्या अपना घर नहीं छोड़ सकती। यह माँ की आज्ञा है।"

कृष्ण को हँसी आ गई। "अर्थात् मुझे मरना ही होगा और मेरे पीछे तुम भी प्राण त्यागोगी। पर मैं जहाँ जाऊँ, वहाँ मेरे साथ जाने का प्रयास नहीं करोगी?"

आशिका स्तब्ध रह गई। नागकन्या के रूप में ऐसा विकल्प तो उसने सोचा ही न था। उसने अपना मुख ऊपर किया। अब उसके आँसू सूख गए थे। "तुम मुझे अपने साथ ले जाओगे? अपने देश में?"

कृष्ण को अन्धकार में एक किरण दिखाई दी। राजा ने ठीक ही कहा था। आशिका और ही मिट्टी की बनी हुई थी।

"यदि मैं यहाँ से निकल सकूँ तो!"

"ओह! ओह!..." आशिका ने सुबकते हुए कहा, "तुम्हारे बिना मुझे जीना ही नहीं है।"

"यदि मैं राजकुमार के साथ न लड़ूँ तो पिता मेरा वध कर देंगे। फिर तुम आत्महत्या करोगी और हम कहीं भी नहीं जा सकेंगे।" कृष्ण ने कुछ चिढ़ाते हुए कहा, "हम लोग मृतलोक में साथ रहेंगे। पर जीते-जी तुम मेरे साथ नहीं चलोगी, क्यों?"

"चलूँगी। अवश्य चलूँगी। जहाँ भी तुम ले चलोगे। मैं इस देश को धिक्कारती हूँ, यहाँ के लोगों को धिक्कारती हूँ। एक तुम्हारे सिवाय।"

कृष्ण ने देखा, आशिका की आँखों में आँसू थे और होंठों पर मुस्कान।

दूसरे दिन दोपहर को वैवस्वतपुरी के नगरवासी समुद्र तट के पास विशाल मैदान में एकत्र हुए। बन्दरगाह की ओर जानेवाली सीढ़ियों के दोनों ओर सशस्त्र स्त्रियाँ खड़ी हो गईं। द्वन्द्वयुद्ध के क्षेत्र में पुरुष रक्षक तैनात हो गए। इसी क्षेत्र के समीप भिक्रु तथा पुण्यजन जलयान के अन्य कर्मचारी खड़े थे। उद्धव भी एक ओर खड़ा था। उसके पीछे हुक्कु और हुल्लु खड़े थे।

उचित समय पर माँ का आगमन हुआ। वे दुर्ग के द्वार से बाहर निकलीं। उनकी देह पर रत्न चमक रहे थे। उनके साथ दैवी पिता, राजकुमारियाँ तथा

अन्य दरबारी थे। लोगों ने हर्षनाद कर उनका स्वागत किया। वैवस्वतपुरी में यह श्रेष्ठ उत्सव माना जाता है। इसमें रक्त बहने के कारण लोगों को काफी उत्तेजना अनुभव होती। इसी में राज-परिवार का भविष्य निश्चित होता और माँ की गद्दी पर आनेवाली बड़ी राजकुमारी के गृहजीवन की समस्या भी सुलझती।

तभी शहनाइयाँ गूँज उठीं, दुन्दुभियाँ बज उठीं। कृष्ण और पुनर्दत्त ने आगे आकर माँ को प्रणाम किया। सर्वत्र शान्ति छा गई। माँ तथा राजा ने दोनों को आशीर्वाद दिया और आकाशभेदी नाद के बीच दोनों प्रतिस्पर्धी मैदान में उतर आए।

जब वे मैदान में उतर रहे थे, तब राजकुमार ने मन्द स्वर में कहा, ''वासुदेव! यदि मेरे हाथ से तुम्हारा वध हो जाए, तो क्षमा करना।''

''भाई, हममें से किसी का वध नहीं होगा। अच्छी तरह लड़ना। यह भूल जाना कि मैं तुम्हारे पिता का शिष्य हूँ।''

''पिता तो इस समय अवन्ती में होंगे। हम दोनों की चिन्ता उन्हें सता रही होगी।''

कृष्ण ने मोहक मुस्कान के साथ कहा, ''यह चिन्ता छोड़ो। मैंने उन्हें वचन दिया है कि मैं तुम्हें वापस लाऊँगा। मैं अपने वचन का पालन अवश्य करूँगा।''

मैदान में दोनों आमने-सामने आए। उन्हें तलवारें दी गईं। माँ ने संकेत किया। दुन्दुभियाँ फिर बज उठीं। तलवारें टकराने लगीं। पुनर्दत्त ने देखा कि कृष्ण रक्षणात्मक रीति से ही लड़ रहे हैं, बदले में प्रहार नहीं कर रहे, तो वह शिथिल हो गया।

''बराबर सामना कर। मूर्खता न कर।'' कृष्ण ने कहा और क्रोधित होने का स्वाँग भरते हुए आक्रमण किया। इससे राजकुमार रक्षणात्मक बन गया। अब उसकी समझ में आया कि द्वन्द्वयुद्ध में कृष्ण कितने दक्ष थे। पुनर्दत्त जब अत्यन्त बल से प्रहार करता, कृष्ण चपलता से उससे बच जाते। प्रहार और प्रतिप्रहार में गति आई। लगता था, सामना बराबरी का है। माँ और राजकुमारी आश्चर्य में पड़ गईं। आशिका का हृदय उसकी आँखों में आ गया था, उसकी आँखें कृष्ण पर स्थिर थीं। जब भी कृष्ण हारते दिखाई पड़ते वह यह संकल्प मन-ही-मन दुहरा लेती कि कृष्ण के बिना वह जी नहीं सकती।

द्वन्द्व बहुत देर तक चलता रहा। दोनों प्रतिस्पर्धी बराबर के सिद्ध हो रहे थे। दर्शक ऊब गए। तभी कृष्ण ने एक भरपूर प्रहार किया। पुनर्दत्त की तलवार हवा में उछल गई। साथ ही दोनों तलवारों की टक्कर के बल से कृष्ण की तलवार भी छिटककर दूर जा पड़ी।

प्रेक्षक अधीर हो उठे। उन्होंने कभी ऐसा द्वन्द्वयुद्ध नहीं देखा था। दोनों

प्रतिस्पर्धी बराबर के मालूम पड़ रहे थे और रक्त का एक कतरा भी नहीं बहा था। दोनों ने फिर बाहुयुद्ध शुरू किया। कृष्ण ने देखा कि पुनर्दत्त का अनुभव इस युद्ध में बहुत थोड़ा है। अतः उन्होंने अपनी शक्ति को मर्यादित रखा।

कृष्ण की योजना अब पुनर्दत्त की समझ में आई। वह केवल दिखावे का द्वन्द्वयुद्ध था। पर इसमें कृष्ण का आशय क्या था, वह जान न पाया। और इसका अन्त क्या होगा, यह भी वह सोच न सका। पर अब वह कृष्ण की योजना के अनुसार लड़ने लगा। इस युद्ध में उन्होंने हाथ और पैर का उपयोग किया, एक दूसरे को भूमि पर पछाड़ा और फिर खड़े हो गए।

लोगों को कुछ देर तो इस युद्ध में रस आया, पर वे शीघ्र ही ऊब गए। वे तो यह देखने के लिए अधीर थे कि कब विजेता पराजित का वध करता है। प्रेक्षक रोष में भरकर विरोध प्रकट करने लगे। सूर्य अस्ताचल की ओर बढ़ रहा था। राजा खड़ा हो गया। ऐसा लगता था कि वह अपने कर्तव्यपालन के लिए तैयार हो गया है।

राजा ने कहा, ''दोनों में से कोई भी विजयी नहीं हुआ। माँ की आज्ञा स्पष्ट है।''

माँ का चेहरा रूई की तरह सफेद हो गया था। जनता शान्त हो गई और प्रतीक्षा करने लगी कि आगे क्या होता है। राजा दृढ़ और चिन्तित दिखाई पड़ता था। प्रतिस्पर्धी एक-दूसरे का हनन न कर सके, इसलिए अब वह दोनों का वध करनेवाला था। राजा मैदान में उतरा। लोगों की भीड़ रक्त की प्यासी बनकर हर्ष-चीत्कार करने लगी।

राजा ने मैदान में प्रवेश किया और प्रतिस्पर्धियों की ओर बढ़ा। वे एक-दूसरे को इस तरह जकड़े हुए थे कि कोई आगे-पीछे नहीं खिसक सकता था। राजा नंगी तलवार लेकर उनके पास जा पहुँचा। इसके पहले कि उसकी तलवार उठे, एक चीख गूँज उठी और रत्नजड़ित कमरबन्द पहने तथा बिखरे बालोंवाली आशिका अपने पिता और प्रतिस्पर्धियों के बीच आकर खड़ी हो गई।

लोग स्तब्ध रह गए। आशिका दोनों हाथ फैलाकर प्रतिस्पर्धियों की रक्षा कर रही थी। सैकड़ों कण्ठों से भूखे सिंह की-सी गर्जना फूट पड़ी। लोग रक्त के प्यासे हो रहे थे और यह राजकुमारी, माँ की आज्ञा भंग कर उसमें विघ्न डाल रही थी!

कृष्ण ने तत्काल अपनी पकड़ ढीली कर दी, पुनर्दत्त को पीछे धकेला और पास ही खड़े उद्धव के हाथ से तलवार खींच ली। आशिका को उन्होंने उद्धव की ओर धकेल दिया।

कृष्ण ने कहा, ''उद्धव, इन दोनों को ले जाओ।'' और राजा की ओर बढ़े।

पुण्यजन जहाज के नाविक बन्दरगाह पर खड़े होकर यह दृश्य देख रहे थे। कृष्ण राजा के साथ लड़ते-लड़ते एक-एक पग पीछे हटने लगे। जनता स्तब्ध थी और राजा—यम—के सामने शस्त्र उठाने की हिम्मत करनेवाले इस युवक के विरोध में शोर मचा रही थी। वे उसके वध की माँग कर रहे थे। सशस्त्र रक्षक राजा की सहायता करने दौड़े। राजा ने उनको पीछे रहने का संकेत करते हुए कहा, ''मैं अकेला ही माँ को यह बलि दूँगा।''

कृष्ण पीछे हटते-हटते बन्दरगाह तक पहुँच गए। इतने में लंगर उठा लिए गए। हुल्लु और हुक्कु ने पुनर्दत्त और आशिका को उठा लिया और उन्हें तैयार रखी नौकाओं में ले गए।

अब कृष्ण ने अपनी तलवार फेंक दी और राजा से कहा, ''महाभार्गव के मानसपुत्र, यदि आपको मेरा वध करना ही उचित प्रतीत हो तो मैं उपस्थित हूँ।'' उन्होंने राजा की आँखों में आँखें डालकर कहा, ''परन्तु मुझे विश्वास है, आप मेरा वध नहीं कर सकेंगे।'' उनकी मोहक आँखें राजा पर जादू का-सा असर कर रही थीं। राजा इस प्रकार खड़ा रहा, मानो उसके पैर चिपक गए हों। उसके शिथिल हाथों से तलवार गिर पड़ी और वह मूर्च्छित होकर गिरता दिखाई पड़ा।

कृष्ण पलटे। नीचे नौका तैयार थी। भिक्रु हाथ में चप्पू लिए तैयार खड़ा था। कृष्ण नौका में कूद पड़े और नौका चल दी। नौकाएँ वेग से जलयान की ओर बढ़ने लगीं। कई रक्षकों ने सागर में कूदकर नौकाओं तक पहुँचने का प्रयास किया, पर नौका में कृष्ण नंगी तलवार लिए खड़े थे। एक के बाद एक कई रक्षकों को उन्होंने मौत के घाट उतार दिया।

तब दुन्दुभि से एक अपार्थिव नाद हुआ। माँ जिस सीढ़ी पर खड़ी थी, उसके आगे एक ज्वाला प्रकट हुई। माँ जगजननी उसकी देह में प्रकट हुई। वह सीढ़ियाँ उतरकर बेहोश राजा के पास पहुँची। उसकी आज्ञा पाकर महिला रक्षक राजा को उठाकर महल में ले गईं। माँ सागर की ओर आँखें फाड़-फाड़कर देखने लगी। उसकी दृष्टि पुण्यजन जलयान पर स्थिर थी। उपस्थित जनता उसके दृढ़ और एकाग्र चेहरे का शान्ति से अवलोकन कर रही थी। कृष्ण और उनके साथी अब तक जलयान पर पहुँच चुके थे। उनकी दृष्टि तट पर जमी हुई थी। जलयान ने लंगर उठाया। आशिका भय से कृष्ण से लिपट गई।

जलयान पर सब तीव्रता से दूर हट रहे किनारे को देख रहे थे। माँ को उन्होंने वहाँ खड़ी देखा। लगता था, मानो उसकी दृष्टि उन्हीं पर जमी थी। इतने में माँ की पुकार सुनाई पड़ी, ''आशिका, लौटा आ, मेरी आज्ञा है, लौट आ।''

आशिका ने यह पुकार सुनी। वह स्थिर खड़ी अपनी माँ की ओर ताक रही थी। माँ मानो शक्ति का प्रतीक बनकर समुद्र को आज्ञा दे रही थी।

"आ!" समुद्र पर सवार होकर वह अपार्थिव ध्वनि कह रही थी, "आ लौट आ, आशिका! लौट आ।" आशिका इस प्रकार आगे बढ़ी, मानो समाधिस्थ हो...और सागर में कूद पड़ी। वह तैरकर अपनी माँ की ओर बढ़ रही थी। पुनर्दत्त भयभीत हो शान्त खड़ा था। कृष्ण ने उसकी ओर मुस्कराकर देखा। कहा, "नागकन्या अपनी माँ की ही होती है। पति की नहीं।"

कृष्ण और बलराम का मथुरा से पलायन

सम्राट् जरासन्ध के क्रोध का पार नहीं था। उसके शक्तिशाली मित्र और जामाता का वध हो गया था। उसकी दो पुत्रियाँ अस्ति और आस्ति किशोर अवस्था में ही विधवा हो गईं। उसके कुटुम्ब के एक सरदार, वृत्तघ्न के टुकड़े-टुकड़े कर दिए गए थे। अपने महत्त्वाकांक्षी जामाता के आसपास रचित उसका शक्ति-मण्डल तोड़ दिया गया और यह सब किया दो किशारों ने!

व्यक्तिगत रूप में तो उसकी हानि हुई ही थी, पर इससे भी अधिक आघात लगा उसकी सत्ता और प्रतिष्ठा को। मथुरा से उसके साथी और सामन्त अपमानित होकर लौटे थे। उन्होंने मथुरा का सारा हाल जरासन्ध से कहा। विदर्भ के राजकुमार रुक्मी भी सारा विवरण स्वयं प्रस्तुत करने गिरिव्रज आ पहुँचा।

उसकी पुत्रियाँ—कंस की विधवाएँ—एक वर्ष तक पति का शोक मनाकर पिता के घर आईं। दोनों दारुण विलाप कर रही थीं और अपने पति को समय पर सहायता न दे सकने पर जरासन्ध को दोषी ठहरा रही थीं। सम्राट् ने उसी समय प्रतिज्ञा की, "मैं देवाधिदेव की सौगन्ध खाकर कहता हूँ कि जब तक वसुदेव के पुत्रों को यमलोक न पहुँचा दूँ, चैन न लूँगा।"

अपने शक्तिशाली साथियों को उसने बुला भेजा। चेदि के दामघोष, विदर्भ के राजकुमार रुक्मी, त्रिगर्त के सरदार वरद, राजा शाल्व और अन्य कइयों को मथुरा पर चढ़ाई करने में सहयोग देने के लिए उसने आमन्त्रण दिया। वसुदेव के दोनों पुत्रों को उनके घोर अपराध के लिए दण्ड देना परम आवश्यक था। सन्देशवाहक विभिन्न देशों में गए। तैयारियाँ होने लगीं। चातुर्मास पूर्ण होने पर मगध के सम्राट् ने मथुरा पर चढ़ाई के लिए कूच कर दिया।

जरासन्ध मथुरा से कुछ ही दिनों के फासले पर रह गया तो यादव सरदारों को सूचना मिली कि शक्तिशाली सम्राट् जरासन्ध अपने दलबलसहित मथुरा पर चढ़ा आ रहा है और उसकी एक ही स्पष्ट माँग है, "कृष्ण और बलराम के मस्तक काटकर हमें दो!"

बलराम सांदीपनि के आश्रम से शीघ्र ही वापस आ गए थे। कृष्ण भी पुनर्दत्त को गुरु के सुपुर्द कर अब तक मथुरा पहुँच चुके थे। पाताल में वैवस्वतपुरी से चामत्कारिक संयोगों में वे पुनर्दत्त को वापस लाए थे, इसकी खबर राजधानी में विद्युतवेग से फैल गई। इससे लोग परम उत्तेजना का अनुभव कर रहे थे। नगरवासियों ने कृष्ण का स्वागत किया। राजा उग्रसेन सबसे आगे थे। उत्सव मनाया गया। यादवों ने सर्वानुमति से वसुदेव के इस अठारहवर्षीय पुत्र को अपना सरदार बनने का आमन्त्रण दिया।

अब तक कंस के नेतृत्व में, मगध के सैनिकों की शक्ति से विकसित मथुरा की स्थिति शोचनीय थी। राजा उग्रसेन वृद्ध और निर्बल थे। अक्रूर सन्त थे। वसुदेव आवश्यकता से अधिक भले थे। वृद्ध बाहुक, अन्धक और प्रद्योत दिवंगत हो गए थे। अपने नगर में वापस लौटे यादव बिखरे हुए थे और असन्तोष से भरे थे।

कृष्ण ने सरदार बनने से मना कर दिया और बलराम को यह पद देने की सलाह दी। पर यादवों को यह भाया नहीं। बलराम भी अपने भाई की शक्ति से परिचित थे। उन्होंने नेतृत्व सँभालने से अस्वीकार कर दिया।

इस समाचार से कि जरासन्ध की सेना वायुवेग से मथुरा की ओर आ रही है, नगर में भय छा गया। राजा उग्रसेन ने मुख्य सरदारों से रचित युद्ध-समिति बुलाई। ज्येष्ठों में वसुदेव, अक्रूर, दुर्गपाल, विक्रदु इत्यादि थे–तरुण सरदारों में गड और शंकु मुख्य थे। कृष्ण राजा के दाहिनी ओर बैठे। उनकी बगल में बलराम और उद्धव। उनकी बाईं ओर महर्षि गर्गाचार्य विराजमान थे। महाराज उग्रसेन ने गुप्तचरों से जरासन्ध की सैन्यशक्ति के बारे में समाचार प्राप्त किए। जरासन्ध के साथी सामन्तों में कितने वफादार हैं, सेना कितने समय तक घेराबन्दी करने में समर्थ है और जरासन्ध ने बलराम तथा कृष्ण के वध के लिए कैसी प्रतिज्ञा की है, इत्यादि सारी बातें उन्हें गुप्तचर से ज्ञात हुईं। सुनकर यादव-सरदार चुप हो गए। राजा उग्रसेन ने पूछा, ''विक्रदु! यदि मथुरा पर घेराबन्दी की जाए तो वह कितने समय तक टिक सकते हैं?''

क्षण-भर के लिए विक्रदु विचारमग्न हो गया। फिर बोला, ''स्वामी, सत्य कथन के लिए क्षमा करें, पर ऐसी स्थिति में आत्मवंचना आत्महत्या के समान है।'' फिर कुछ हिचकिचाकर उसने कहा, ''राजा कंस को अपने श्वसुर जरासन्ध की शक्ति पर भरोसा था, इसलिए मथुरा की रक्षा के लिए उन्होंने कुछ नहीं किया। दुर्ग की पूरी मरम्मत भी नहीं हुई है। वर्षों से खाइयों की ओर किसी ने ध्यान तक नहीं दिया। हमारे पास पर्याप्त शस्त्र भी नहीं। घेराबन्दी यदि दीर्घकाल तक रही तो हमें अन्न-संकट का सामना भी करना पड़ सकता है।''

"प्रभु! प्रभु!" राजा उग्रसेन ने कहा।

"इतना ही नहीं, कंस के भय से जो यादव मथुरा छोड़ गए थे और जो अब वापस आ गए हैं, वे हमारे अनेक प्रयत्न करने पर भी असन्तुष्ट ही बने हुए हैं। वे समझते हैं कि दूसरों का चाहे कुछ भी हो, पर हमारा ध्यान सबसे पहले रखा जाना चाहिए। यदि हम जरासन्ध का सामना करेंगे तो सम्भव है नगरवासी इसका विरोध करें। सामान्य लोगों के वीरत्व का अंश अधिक नहीं होता। उन्हें केवल अपनी रक्षा की ही पड़ी रहती है। यदि उन्हें अधिक सहन करना पड़े तो अपने रक्षकों के प्रति उनमें अधिक आदरभाव नहीं रह जाता।"

इसके बाद जब अक्रूर ने हस्तिनापुर के समाचार सुनाए तो सभी गहरे विचार में पड़ गए। अक्रूर ने गम्भीर स्वर में कहा, "आप जानते हैं कि हमारे साथियों ने संकट के समय हमें त्याग दिया है। चेदि के राजा दामघोष की नीति यह है कि गुप्त रीति से वह हमें शस्त्र देते हैं, पर चढ़ाई में जरासन्ध के साथ हैं। हस्तिनापुर से मैं खाली हाथ लौटा हूँ। प्रतापी भीष्म ने हमारी बातें सहानुभूति से सुनीं, पर सहायता देने को वे तत्पर नहीं हुए। राजा धृतराष्ट्र ने टालमटोल की। दुर्योधन को लगता है कि हम पाण्डु-पुत्रों का पक्ष लेते हैं, उन्होंने साफ तो नहीं कहा, पर उनके बर्ताव से स्पष्ट था कि उन्हें इस बात का भय है कि मथुरा की शक्ति बढ़ेगी तो पाण्डवों का प्रभाव भी बढ़ेगा।"

राजा उग्रसेन ने कहा, "इससे तो यह लगता है कि हम अधिक दिन नहीं टिक सकेंगे।"

विक्रदु ने कहा, "मुझे तो लगता है कि मथुरा का घेरा चार-आठ दिन भी टिक जाए तो..."

वसुदेव ने कहा, "कृष्ण ने हमारे युवकों को युद्ध की शिक्षा देना प्रारम्भ किया है, पर अभी वे तैयार नहीं।"

कृष्ण ने हाथ जोड़कर चर्चा में विक्षेप के लिए क्षमा माँगते हुए कहा, "स्वामी, मैं लोगों के बीच घूमता-फिरता हूँ और वस्तुस्थिति से परिचित हूँ। युद्ध शस्त्रों से नहीं, हिम्मत से लड़ा जाता है, और मथुरा में अपनी भूमि की रक्षा के लिए मस्तक देनेवाले वीर कम ही हैं।"

राजा उग्रसेन ने दीर्घ निःश्वास ली।

कृष्ण ने पुनः कहा, "मामा कंस के जीवनकाल में जो प्रभाव यादवों में था, वह द्वेष से उद्‌भूत था। दमन के सामने संगठित होकर लड़ने की दृढ़ इच्छा उनमें न थी।"

"सही है।"

कृष्ण ने कहा, "यह दृढ़ इच्छा अब भी उत्पन्न की जा सकती है, परन्तु उसमें

समय लगेगा। विक्रदु ने जो कहा, वह सच है। जरासन्ध के सामने लड़ने या मथुरा की रक्षा करने में हम असमर्थ हैं।''

''बिलकुल ठीक।'' उग्रसेन ने कहा, ''दुर्भाग्य से यह भी सम्भव नहीं कि मथुरा के आसपास का कोई नरेश हमारी सहायता करे। वासुदेव, अब तो तुम ही हमारे तारणहार हो, तुम ही हमारी सेना के सरदार हो। तुम्हें जो उचित प्रतीत हो, करो!''

वसुदेव ने कहा, ''कृष्ण, हमें तुम पर पूरा भरोसा है, तुम्हारी दूर-दृष्टि और समझदारी में अटूट विश्वास है। तुम्हीं हमारा मार्गदर्शन करो।''

''पिता, कौन-सा मार्ग हम अपनाएँ, इसमें मुझे लेशमात्र भी संशय नहीं। शत्रुओं का प्रतिकार करने में हम असमर्थ हैं। जरासन्ध को केवल हम दो की आवश्यकता है, हम यदि यहाँ न रहें तो वह मथुरा पर आक्रमण नहीं करेगा। इसलिए उत्तम यही है कि बलराम और मैं यह नगर छोड़कर कहीं चले जाएँ। हम यहाँ नहीं हैं, यह जानकर जरासन्ध मथुरा की घेरेबन्दी करने में समय नहीं गँवाएगा। वह हमारा पीछा करेगा।''

अक्रूर ने कहा, ''पर तुम जाओगे कहाँ? उसका साम्राज्य विशाल है और दूर सह्याद्रि तक उसके लोग फैले हुए हैं।''

कृष्ण ने कहा, ''हमारी चिन्ता न करें। हमें कुछ नहीं होगा। जरासन्ध की शक्ति असीम है, पर धर्मरहित सत्ता अधिक दिन नहीं टिक सकती। मैं अपने सामने जरासन्ध का अन्तकाल देख रहा हूँ। पर वह क्षण अभी नहीं आया।''

''पर, जरासन्ध तो कुछ ही दिनों में यहाँ आ पहुँचेगा,'' अक्रूर ने कहा।

''हम लोग तत्काल यहाँ से चल देंगे। विक्रदु तो सभी देशों में घूम आए हैं, हमें कहाँ जाना चाहिए, इसकी सलाह वही हमें दें।''

''वासुदेव, तुम सचमुच ही दूरन्देशी और समझदार हो। तुमने जो बताया यही मार्ग उत्तम है।''

''पर वे सुरक्षित कहाँ जा सकेंगे?'' वसुदेव ने पूछा, ''चेदि का राजा मेरा बहनोई होते हुए भी जरासन्ध का मित्र है। विदर्भ का भीष्मक और विशेषकर उसका पुत्र रुक्मी तो जरासन्ध के आश्रितों-जैसे हैं।''

''इन लोगों के साम्राज्य के उस पार सह्याद्रि की गगनचुम्बी गिरिमाला है, उसके पीछे वेण्या के तट पर करवीरपुर स्थित है। अपने पूर्वज माधव के छोटे भाई पद्यवर्मा ने इस नगर की स्थापना की थी। उनका वंशज राजा शृंगलव अपना सम्बन्धी है। वह तुम्हारा स्वागत करेगा।''

''शृंगलव हमारा क्या लगता है?'' सारी बातचीत में अब तक कुछ भी रस न लेनेवाले बलराम ने पूछा।

''बलराम, अब तुम्हें शृंगलव को पहचान लेना चाहिए। वासुदेव, तुम्हें मालूम

है, हमारे यादवकुल का विस्तार कहाँ-कहाँ तक हुआ है?''

वसुदेव ने कहा, ''हाँ, अन्य देशों में रहनेवाले यादवों की बात तुम्हें इन दोनों को बता देनी चाहिए।''

''मुझे यह बात इन्हें बहुत पहले बता देनी चाहिए थी और अब तो ये वहाँ जा ही रहे हैं। कौन जाने, कब तक वहाँ इन्हें रुकना पड़े! इसीलिए अभी ही बता देना उचित है। कृष्ण! तुम हमारे अग्रज हो। तुममें यादवों की ही नहीं, सारे आर्यों की आशा केन्द्रित है। इस समय जो कुछ मैं कह रहा हूँ, वह सम्भवतः तुम्हारे बहुत काम आएगा।''

कृष्ण ने विनयपूर्वक कहा, ''काका विक्रदु, अन्य देशों में बसनेवाले यादवों के बारे में आप जो कुछ जानते हैं, उसे सुनने के लिए मैं उत्सुक हूँ।''

''तो सुनो,'' विक्रदु ने कहा, ''सम्राट् ययाति के वंशज राजा हर्यशव का विवाह दैत्य मधु की पुत्री मधुमति से हुआ था। उन्हें आनर्त तथा सौराष्ट्र भेंट में मिले। उन्होंने गिरिनगर की स्थापना की। नागराज धुम्रवर्ण की पाँच पुत्रियों से उनके पाँच पुत्र हुए। उनमें से मुचुकुन्द ने विंध्य में महिष्मती तथा पुरिका की स्थापना की। पद्यवर्मा ने वेण्या में करवीरपुर की स्थापना की। सरस ने क्रोंचपुर बसाया। हरि को उसके नाना की ओर से जो द्वीप मिला, उसके सागर-तट पर मोती पाए जाते हैं। पाँचवाँ पुत्र था माधव। तुम्हारे इसी पूर्वज माधव का पुत्र सत्वत था और सत्वत का पुत्र भीम। भीम के समय में मधुवन में मधु दैत्य के पुत्रों का शासन था। रामचन्द्र के छोटे भाई और दशरथ के पुत्र शत्रुघ्न ने मधु के पुत्रों का नाश कर मथुरा की स्थापना की। इसके बाद भीम ने शत्रुघ्न के वंशजों से मथुरा वापस ले ली, और मथुरा यादवों की नगरी बनी।

''इसके बाद तुम्हारे प्रतापी पूर्वज भीम के अन्धक नामक पुत्र हुआ। अन्धक के पुत्र रेवत ने सौराष्ट्र के गिरिनगर में शासन किया, तब से वह रैवतक के नाम से विख्यात है। रेवत का पुत्र था रीक्ष और उसका पुत्र था विश्वगर्भ। विश्वगर्भ शूर और बभ्रु के पिता थे। उनके पुत्र वसुदेव और अक्रूर हैं। इस प्रकार तुम्हारा वंश प्रतापी है, यह कभी न भूलना। आनर्त और सौराष्ट्र में तथा विंध्य और सह्याद्रि में तुम्हारे कुलबन्धु हैं।''

''पर, जरासन्ध मेरे दोनों पुत्रों का पीछा करे और शृंगलव हार जाए, तो इनका क्या होगा?'' वसुदेव ने चिन्तातुर होकर पूछा।

''पिता, आप हमारी चिन्ता न करें। जिनकी धर्म रक्षा करता है, उनका अहित कोई नहीं कर सकता।''

''वहाँ धर्म के साक्षात् अवतार और प्रतापी जमदग्नि के पुत्र महाभार्गव विराजते हैं,'' गर्गाचार्य ने कहा, ''वे रहते तो शुर्परक में हैं, पर सह्यादि के राज्यों

में भी जाते रहते हैं। मैं उनसे मिलूँगा और तुम्हारी देखभाल के लिए कहूँगा।''

बलराम ने कहा, ''महाभार्गव हमारी सहायता किस प्रकार कर सकेंगे? उन्होंने तो शस्त्र-संन्यास ले रखा है।''

''फिर भी उनकी प्रजा राजाओं के कालसमान परशु से अधिक प्रबल है।''

कृष्ण ने निर्णयात्मक स्वर में कहा, ''हमें बातचीत में समय नहीं गँवाना चाहिए। कल सवेरे पहली किरण के फूटते ही हम नगर छोड़ देंगे। हमारे जाने के एक दिन बाद आप जरासन्ध को सन्देश भिजवा दें कि यदि तुम्हें बलराम और कृष्ण से मतलब है, तो वे मथुरा में नहीं हैं। वे पलायन कर गए हैं। जरासन्ध इतना अभिमानी है कि वह हमारा पीछा करेगा और मथुरा उसके क्रोध से बच जाएगी।''

मार्ग में

कृष्ण, माता देवकी से विदा लेने गए। उन्हें दण्डवत् किया। देवकी ने अश्रुपूर्ण आँखों से कृष्ण की ओर देखकर कहा, ''वत्स, क्या मैं कभी तुम्हें अपने पास न रख सकूँगी? क्या तुम्हारी चिन्ता से मुक्त होने का अवसर कभी न मिलेगा?''

देवकी के ये करुणाजनक शब्द सुनकर कृष्ण ने कहा, ''माँ, आज जो कुछ घट रहा है, उसके पीछे कुछ हेतु अवश्य होगा। यदि जरासन्ध को मेरी हत्या करने का शौक न चढ़ा होता तो ऐसी अद्‍भुत यात्रा पर निकलने का अवसर मुझे कहाँ मिलता? आज विक्रदु काका ने सारी बातें बताईं तो विचार आया कि मुझे कितना भगीरथ कार्य करना शेष है।''

''तू भी अद्‍भुत है गोविन्द! तुझे किसी बात से चिन्ता नहीं होती।''

''मैं क्यों चिन्ता करूँ? यह सब इसीलिए तो होता है कि मैं स्वयं आपत्तियों को निमन्त्रण देता हूँ। मैं उनकी राह देखता हुआ नहीं बैठा रहता। और फिर माँ, यह तुम क्यों भूल जाती हो कि जिनकी आज्ञा से सागर ने भी मार्ग दे दिया था, वे महाभार्गव हमारी रक्षा करेंगे।''

''तुम्हारे साथ कोई नहीं जाएगा?''

''नहीं माँ, हम दोनों अकेले ही जाएँगे। इससे किसी का ध्यान हमारी ओर आकर्षित नहीं होगा। उद्धव हमारे साथ कुण्डिनपुर तक जाएगा; फिर आगे बढ़कर करवीरपुर के राजा को हमारे आगमन की सूचना देगा।''

''वत्स, शीघ्र ही लौट आना,'' देवकी ने किसी प्रकार अपने आँसू रोकते हुए कहा, ''और साहस न खोना।''

“माँ, इतना विश्वास रखना कि तुम्हें लज्जित होना पड़े, ऐसा कोई काम मैं नहीं करूँगा। सब मुझे देव कहते हैं। सम्भवतः मैं देव हूँ भी। क्योंकि एक देवी ने मुझे जन्म दिया है,” कृष्ण ने एक प्रेरक मुस्कान के साथ कहा, “यह मैं कभी नहीं भूलूँगा। यही मेरा सबसे बड़ा बल है।”

कृष्ण जब विदा हुए, तब देवकी की सुश्रूषा में रहनेवाली त्रिवक्रा बाहर उद्धव के साथ कुछ बात कर रही थी। उसने कृष्ण का चरण-स्पर्श किया और पुष्पांजलि अर्पित की।

“प्रभु, मुझे भी कभी-कभी याद कर लेना,” त्रिवक्रा ने सजलनेत्र होकर कहा।

“जहाँ भी फूल की सुगन्ध मेरा स्पर्श करेगी, मुझे तुम्हारी स्मृति हुए बिना न रहेगी। त्रिवक्रा! मैं तुम्हें कभी नहीं भूल सकता क्योंकि तू सदा मेरा विचार करती है,” कृष्ण ने कहा और विदा ली।

पौ फटने से पहले ही कृष्ण, बलराम और उद्धव मथुरा के उत्तम अश्वों पर आरूढ़ होकर अपनी विचित्र यात्रा पर निकल पड़े थे।

राजकुमारी रुक्मिणी के रोष का पार न था। उसके भाई रुक्मी को जरासन्ध के यहाँ से आमन्त्रण आया था। जरासन्ध कृष्ण और बलराम के मस्तक की माँग के साथ मथुरा पर चढ़ाई कर रहा था। रुक्मी को इसमें साथ देने के लिए बुलाया गया था।

रुक्मिणी अब अपूर्व सौन्दर्य से पूर्ण युवती बन चुकी थी। उसके व्यक्तित्व में महारानी की छटा थी। उसका मनोबल असाधारण था। अपने दादा कौशिक के प्रति उसके हृदय में अत्यन्त आदर था। उसके पिता भीष्मक आवश्यकता से अधिक भोले और भले थे। यह रुक्मिणी को अच्छा नहीं लगता। शासन का भार अपने हाथ में ले लेनेवाले अपने भाई रुक्मी के लिए उसके मन में भारी तिरस्कार था। वह चाहती थी, राजकुल से सम्बन्धित विषयों में उसकी अपनी बात भी सुनी जाए।

रुक्मी ने परशुराम के पास युद्धकला सीखी थी। वह कुशल योद्धा था। इस बिगड़े दिमाग और महत्त्वाकांक्षी युवक ने अपने पिता की निर्बलता का लाभ उठाकर कंस के साथ हाथ मिलाया था और जरासन्ध का वर्चस्व स्वीकार किया था।

कंस के अवसान से एक बार तो ऐसा लगा था मानो भाग्यदेवी रुक्मी से रूठ गई है, पर फिर उसे इस घटना में अपनी महत्त्वाकांक्षा की पूर्ति का अवसर

दिखाई दिया। वह गिरिव्रज गया और सम्राट् के सामने अपनी सेवाएँ प्रस्तुत कीं। जरासन्ध ने उसे अपने महत्त्वपूर्ण सामन्त के रूप में स्वीकार किया। इससे उसे सम्राट् के सहायक बनने के साथ-साथ कृष्ण से बदला लेने का भी अवसर मिला। रुक्मी अभी तक इस ग्वाले द्वारा किया गया अपमान भूल नहीं पाया था।

रुक्मिणी इससे अपरिचित नहीं थी। वह भी इस ग्वाले को भूल न सकी थी। उसके नादान भाई को उसने जो शिक्षा दी और मथुरा के यादवों को कंस के चंगुल से मुक्त किया, वह उसे अभी तक याद था। कृष्ण कितने स्नेह से अपनी माँ देवकी के आलिंगन में समा गया था! उन्होंने यादवों का राज्य भी अस्वीकार कर दिया। मथुरा में त्रिवक्रा के साथ उसकी मित्रता हो गई थी। उन दोनों को जोड़नेवाली कड़ी कृष्ण ही थे। बहुत बार यज्ञ इत्यादि के लिए जानेवाले ब्राह्मणों के साथ वह अपना सन्देश उनके पास भेजती थी।

रुक्मिणी के भाई और पिता को कृष्ण के विषय में जो समाचार मिलते, इससे उसकी छाती गर्व से फूल जाती। कृष्ण ने पुण्यजन दैत्य का संहार किया, वैवस्वतपुरी से सांदीपनि के पुत्र को लौटा लाए—ये पराक्रम कथाएँ उसकी कृष्ण-भक्ति को दृढ़ बना रही थीं। कृष्ण का विचार जब भी आता, उनकी मोहिनी मूरत आँखों के सामने छा जाती और वह निःश्वास लेने लगती। कभी वे मात्र ग्वाला थे। उनके पिता केवल यादव सरदार थे, जबकि वह स्वयं एक राजकुमारी थी और अपने भाई की सम्राट् बनने की महत्त्वाकांक्षा में यथेष्ट सहायक बन सके, ऐसे किसी शक्तिशाली राजा के अन्तःपुर में ही दिन बिताने को विवश की जानेवाली थी। पर नवीनतम समाचारों से वह अत्यन्त व्याकुल हो उठी। जरासन्ध ने कृष्ण और उसके भाई की हत्या करने का निर्णय किया था। उसका अपना भाई जरासन्ध की सहायता के लिए जानेवाला था। रुक्मिणी अत्यन्त आवेशित हो उठी। वह अपने पिता और भाई के पास तूफान की तरह पहुँची।

रुक्मिणी ने अधीर होकर कहा, ''रुक्मी, तुम कृष्ण के वध के लिए नहीं जाओगे। तुम्हारा उन्होंने क्या बिगाड़ा है? जरासन्ध के इस कुचक्र में तुम क्यों साथ दे रहे हो?''

रुक्मी ने रोषपूर्वक कहा, ''तू अन्तःपुर में ही रह। राज्य की बातों में टाँग अड़ाने की कोशिश मत कर।''

''क्यों नहीं? यह तुम्हारे ही नहीं मेरे पिता का भी राज्य है।'' उसकी सुन्दर आँखें क्रोध से चमक रही थीं। ''पिताजी! आप क्यों इसकी बात सुनते हैं! आप जानते हैं, यह क्या कर रहा है? यह आपको जरासन्ध का सामन्त बनाने जा रहा है!''

''तू राजनीति को क्या समझे,'' रुक्मी ने कहा, ''आज कुण्डिनपुर का प्रभाव इसीलिए बढ़ रहा है कि हमने मगध के सम्राट् से सन्धि की है। मैं तुझे भी किसी दिन सम्राज्ञी बनी देखना चाहता हूँ,'' उसने कहा।

''मुझे तुम्हारे किसी अनुग्रह की आवश्यकता नहीं। पिताजी! आप इस जंगली को कुछ कहते क्यों नहीं?''

''बेटी! आवेश में न आ। जरासन्ध के साथ झगड़ा करना हमारे लिए सम्भव नहीं। यदि हम उसके मित्र न रहें तो वह विदर्भ का नाश कर देगा, जैसा कि पिताजी के काल में हुआ था।''

''कायरो! कायरो!!...'' राजकुमारी ने क्रोधावेश में कहा और बाहर निकलते-निकलते बोली, ''यदि मैं पुरुष होती तो बता देती।'' रुक्मी उत्तर में तिरस्कार से हँसा।

रुक्मिणी पितामह कौशिक के पास गई। कौशिक तथा उनका भाई क्रत, जरासन्ध के विदर्भ पर आक्रमण करने के बाद राज-प्रवृत्तियों से निवृत्त हो गए थे। उनके पास बैठकर रुक्मिणी ने अपने भाई की खूब टीका की और अन्त में रो पड़ी।

''बेटी, ये सब पुरुषों की बातें हैं। तू क्यों चिन्ता करती है! तुझे तो तेरा पाणिग्रहण करने को उत्सुक किसी युवक की प्रतीक्षा करनी चाहिए।''

''मेरे भाग्य में तो वह प्रतीक्षा भी नहीं। रुक्मी किसी सत्ता के सौदे में मोहरे की तरह मेरा उपयोग करेगा। वह जो पति खोजेगा, वह रुक्मी की तरह ही मूर्ख होगा।''

''बेटी, तू सुन्दर है। बुद्धिमान है। मुझे विश्वास है, तेरे लिए स्वयंवर की रचना होगी और तू उसमें अपने लिए श्रेष्ठ वर चुन सकेगी।''

''यदि रुक्मी निमन्त्रण देने बैठा तो वह स्वयंवर में श्रेष्ठ व्यक्तियों को बुलाएगा ही नहीं। मैंने राजकुमारी के रूप में जन्म लिया, यही मेरा दुर्भाग्य है। मैं तो विनिमय की चीज हूँ। पर मैं कहे देती हूँ, मैं रुक्मी के दाव में प्यादा कभी न बनूँगी।''

रुक्मी जरासन्ध की सेना में जा मिला। रुक्मिणी दिन-रात इसी चिन्ता में घुली जा रही थी कि देवकी के उस श्यामवर्ण पुत्र गोविन्द का क्या हुआ होगा? रह-रहकर उसकी मधुर मुस्कान रुक्मिणी की आँखों के सामने छा जाती।

एक दिन पुरोहितजी ने रुक्मिणी को बचपन से पालन करनेवाली वृद्ध दाई के हाथ सन्देश भेजा।

वृद्ध दाई ने कहा, ''राजकुमारी! त्रिवक्रा ने तुझे सन्देश भेजा है।''

''त्रिवक्रा! अरे! बता तो, उसने क्या कहलवाया है?'' रुक्मिणी का हृदय

किसी अनिष्ट की आशंका से धड़कने लगा। कृष्ण तो कुशल है न!

"एक युवक उसका सन्देश लेकर आया है। कहता है, तुम उसे पहचानती हो। उसका नाम उद्धव है।"

"हे भगवान! उद्धव...सच! क्या सन्देश लाया है?" रुक्मिणी अधीर हो गई।

"उसने गुरुदेव को कुछ भी बताने से मना कर दिया। कहता है, तुम्हीं को बताएगा।"

"गुरुदेव से कहो, उसे लेकर पितामह के पास पहुँचे। मैं वहीं मिलूँगी।" वह तत्काल पितामह के पास गई और कहा कि माता देवकी ने सन्देश-वाहक भेजा है। वृद्ध कौशिक देवकी के प्रति रुक्मिणी के भाव को जानते थे। वे सन्देश-वाहक से गुप्त रूप से मिलने के लिए तैयार हो गए। रुक्मिणी जानती थी कि पितामह उसे हृदय से चाहते हैं। वास्तव में अपनी माँ की मृत्यु के बाद किसी भी मुश्किल में अपने पितामह से ही उसे आश्वासन मिलता था। कुछ देर बाद कौशिक और रुक्मिणी के सामने उद्धव उपस्थित हुआ।

"मैं मथुरा से वहाँ के राजा और माता देवकी का सन्देश लेकर आया हूँ। जरासन्ध की सेना मथुरा पर चढ़ी आ रही है। कृष्ण और बलराम को वह पकड़ना चाहता है। इस घेराबन्दी के सामने टिके रहने की शक्ति मथुरा में नहीं। इसलिए कृष्ण और बलराम ने नगर छोड़कर जाने का निश्चय किया है।"

रुक्मिणी ने राहत की साँस ली।

"वे महेन्द्र पर्वतों की ओर जा रहे हैं। वहाँ वे महाभार्गव से मिलेंगे। कुछ दिनों में पैदल चलकर वे यहाँ पहुँचेंगे। मैं घोड़े पर बैठकर माता देवकी का सन्देश राजकुमारी के लिए लाया हूँ।"

पितामह ने देखा कि पौत्री के मुख पर लज्जा की अरुणिमा छा गई है। उन्होंने सोचा, यह लड़की सभी का मन जीतने में चमत्कार दिखाती है।

"माता देवकी ने पुछवाया है कि कृष्ण तथा बलराम विदर्भ से सुरक्षित निकल सकें, ऐसा प्रबन्ध राजकुमारी कर सकेंगी?"

राजकुमार रुक्मी जरासन्ध की सेना के साथ है, यह सब नहीं जानते थे।

"पितामह, माता देवकी के पुत्रों की रक्षा का प्रबन्ध हमें करना ही चाहिए।"

"बेटी, तेरे पिता यह स्वीकार नहीं करेंगे। तेरा भाई तो उन लोगों का वध करने गया है!"

रुक्मिणी ने हँसकर कहा, "पर मेरे पितामह उनकी रक्षा का प्रबन्ध कर सकेंगे। उनकी पौत्री इसमें उनकी सहायता करेगी।"

"नहीं, मुझसे यह नहीं हो सकेगा। रुक्मी को पता चलेगा तो वह बहुत

क्रोधित होगा।''

रुक्मिणी का चेहरा तमतमा गया। उसकी आँखों में आँसू आ गए। करुणार्द्र स्वर में कहा, ''इस दुनिया में मेरा कोई नहीं। न पिता, न भाई, न पितामह। हे माँ, जब तू स्वर्ग सिधारी तो मुझे भी अपने साथ क्यों न ले गई!'' हाथों से उसने अपना मुँह ढँक लिया और सिसकियाँ भरने लगी। वृद्ध पितामह का हृदय अनुकम्पा से द्रवित हो उठा।

''बेटी, रो मत। आँसू पोंछ ले। तू जैसा कहेगी, वैसा ही करूँगा। अब तो ठीक है!'' उन्होंने रुक्मिणी के सिर पर प्यार से हाथ फेरा और उद्धव की ओर मुड़कर कहा, ''उद्धव! अपनी पोशाक बदल डालो और ब्राह्मण का वेष धरकर यहीं रहो। वसुदेव के पुत्र यहाँ आएँ तो उन्हें भी यहीं ले आना। वे जब तक विदर्भ में रहेंगे, उनकी रक्षा का भार मुझ पर रहेगा।''

कुछ दिन बाद दो वल्कलधारी संन्यासी उद्धव के साथ कौशिक के महल में आए। कौशिक ने उनका प्रेम से स्वागत किया। रुक्मिणी उन्हें भोजन परोसने आई। वही मोहक मुस्कान! वही सुन्दर देह! और वही बाँकी छटा! वह गद्‌गद हो गई। उसके हृदय की गति बढ़ गई। रुक्मिणी ने उनकी रक्षा के लिए जो कुछ किया, उससे कृष्ण अजान नहीं थे। कृष्ण ने एक मधुर मुस्कान के साथ रुक्मिणी की ओर देखा। उस मुस्कान में कृतज्ञता थी।

कौशिक ने कृष्ण और बलराम से मथुरा की स्थिति के बारे में प्रश्न पूछे और वैवस्वतपुरी में कृष्ण के पराक्रम के बारे में भी जानकारी प्राप्त की। कृष्ण ने सारी बातें विस्तार से बताईं। रुक्मिणी ने एकलीन होकर इन चामत्कारिक सिद्धियों की कथा सुनी। नाग-कन्याएँ पति से भी अधिक माँ को महत्त्व देती हैं, यह उसे अच्छा नहीं लगा। पर कृष्ण नागकन्या के मोह में न फँसे, इससे उसे कम सन्तोष अनुभव नहीं हुआ।

कौशिक ने पूछा, ''तुमने उस नागकन्या को जाने से रोका क्यों नहीं?''

''मैं नागकन्या को सुखी नहीं रख सकता था। वह तो अपनी माँ के विचारों में ही डूबी रहती है।''

कौशिक ने रुक्मिणी की ओर चोर-दृष्टि से देखते हुए कहा, ''और, यदि उसकी माँ न होती तो?'' उसे चिढ़ाने में उन्हें बड़ा आनन्द आता था।

''तो वह अपने ही विचारों में डूबी रहती। प्रत्येक सुन्दर स्त्री ऐसा ही करती है। क्यों, ठीक है न!''

कृष्ण ने हँसते-हँसते कहा। कौशिक ने भी ठहाका लगाया।

पितामह ने कहा, ''यह इशारा तेरी ओर है रुक्मिणी।''

''कृष्ण भी बस...'' बलराम ने हँसते हुए कहा, ''इसे तो इसी में डूबी रहे,

ऐसी पत्नी चाहिए।''

कौशिक ने कहा, ''तब तो कृष्ण को अच्छी पत्नी मिलेगी ही नहीं।''

''कौन जाने...सम्भवतः...'' कृष्ण ने रुक्मिणी की ओर देखा।

यात्रियों का एक संघ करवीरपुर जा रहा था। उसमें कुण्डिनपुर से भी कई ब्राह्मण सम्मिलित हुए। यह प्रबन्ध कौशिक ने किया था। यह दो युवक साधु भी इस संघ में शरीक हो गए।

भगवान परशुराम

सह्याद्रि के शिखर जब दृष्टिगोचर होने लगे, तब कृष्ण और बलराम यात्रिकसंघ से अलग हो महेन्द्र पर्वत की ओर मुड़ गए। यह यात्रा अत्यन्त आनन्दप्रद रही। मार्ग में वे जहाँ कहीं भी ठहरे, ग्रामवासियों ने बड़े प्रेम से आतिथ्य-सत्कार किया। बलराम को पर्वतीय हवा अच्छी लगती। सूर्य के प्रकाश में स्नान कर रहे उज्ज्वल शिखर उनके मन को बहुत भाए। कृष्ण को वृन्दावन के मुक्त विहार की याद आ गई। हर्षावेश में आकर दोनों बातें करने लगे।

''कृष्ण! तू बड़ा चतुर है। ज़रा यह तो बता,'' बलराम ने पूछा, ''क्यों ये सब विचित्र हमारे ही जीवन में घटता है। दूसरों के जीवन में क्यों नहीं?''

''हमारे जीवन अपने पूर्ण रूप में विकसित होने के लिए निर्मित हुए हैं, इसलिए यदि हमारा लालन-पालन हमारे अन्य कुटुम्बियों की तरह होता तो आज तक हमने जो देखा है, वह कभी न देख पाते।''

''राधा को तो तू हृदय से चाहता था, उसे छोड़ देने पर तुझे कभी दुख नहीं होता।''

कृष्ण ने आश्चर्य से बलराम की ओर देखा। बोले, ''वह तो सदा मेरे पास रहती है। मेरी संगिनी है, सम्भवतः इसीलिए दुख नहीं होता।''

''तुझे समझना बड़ी टेढ़ी खीर है। मथुरा से भाग जाने के तेरे निश्चय से भी मुझे निराशा हुई है। मैं तो वहीं रुक जाता और अन्त तक लड़ता।''

''भाई, हमारा कार्य धर्म-संस्थापन का है। केवल अपने शौर्य का प्रदर्शन कर अहंकार जताना हमें शोभा नहीं देता। प्रायः प्राकृत लोगों को कायरतापूर्ण लगनेवाला कार्य भी धर्म बन जाता है। मैंने स्थिति की वास्तविकता समझकर ही निर्णय लिया था। महाराज उग्रसेन के सामने विक्रदु द्वारा स्थिति प्रस्तुत करने से पहले ही मैंने पिताजी और अक्रूर काका के साथ चर्चा की थी। मेरा निर्णय उन्हें ठीक जान पड़ा।''

बलराम ने अपने छोटे भाई को समझने का प्रयास फिर नहीं किया। महेन्द्र

पर्वत की ढलान पर कृष्ण और बलराम ने एक विशाल आश्रम देखा। एक ग्वाले से पूछने पर मालूम हुआ कि शिव के साक्षात् स्वरूप परशुधारी महात्मा भार्गव कुछ दिन से यहाँ निवास कर रहे हैं। गर्गाचार्य का सन्देश महाभार्गव को मिल चुका होगा, इसकी प्रतीति दोनों भाइयों को हुई।

महाभार्गव के मिलने की घड़ी ज्यों-ज्यों समीप आ रही थी, त्यों-त्यों कृष्ण के हृदय की गति बढ़ रही थी। उनके शिष्य भी अवस्था के कारण जर्जरित होने लगे थे, पर उनकी शक्ति और प्रकाण्ड अक्षुण्ण थी। ऐसे महाभार्गव को वे कुछ ही क्षणों बाद देख सकेंगे। कृष्ण ने सोचा कि महाभार्गव प्राचीन गौरव के जीवन्त प्रतीक हैं। सन्त जिस आदरभाव से प्रतापी पूर्वजों का स्मरण करते थे, उसी आदर से महाभार्गव का भी नाम लेते थे। वीर उनका नाम नम्रता और पूज्य भाव से उच्चारित करते थे। सब उन्हें भगवान के नाम से सम्बोधित करते थे। कृष्ण सोच रहे थे, कैसा विचित्र जीवन रहा होगा इनका! युगान्तरों पूर्व जब पवित्र सरस्वती के तट पर वशिष्ट, विश्वामित्र और जमदग्नि जैसे महर्षियों की वाणी गूँजती थी, तब भी वे थे। आर्य प्रणाली के मूल में आघात और धर्म को ध्वस्त करने को तत्पर राजाओं को निर्मल करने का पुरुषार्थ उन्होंने किया था। जिसके हाथों में सहस्रबाहु जैसा बल था, उस कातवीर्य का भी उन्होंने हनन किया था।

उन्होंने दिग्विजय की थी। हिमालय के हिमाच्छादित शिखरों से नर्मदा तट तक पर्वतीय प्रदेश उसके नाम से काँपता था। जब उनकी कीर्ति का मध्याह्न था, तब जीती हुई पृथ्वी उन्होंने काश्यप के चरणों में रख दी, ताकि धर्मनिष्ठ राजा उसका शासन कर सकें। फिर वे पश्चिम तट पर पधारे और बसने के लिए सागर से नई भूमि माँगी। सागर ने तुरन्त स्थान दे दिया। इस प्रकार शूर्परक का उद्‌भव हुआ। इस बन्दरगाह पर सागर पार के सैकड़ों जलयान लंगर डालने लगे। अब भी महाभार्गव केवल भूतकाल न थे। वे जीवन्त तीर्थ थे। दूर-दूर से लोग सान्त्वना, बल और ज्ञान-प्राप्ति के लिए उनकी सेवा में उपस्थित होते थे। जो कोई उनसे मिलकर जाता, उसे भगवान से मिलने जैसा सन्तोष होता।

कृष्ण और बलराम ने पूज्य भाव से उनके आश्रम में प्रवेश किया। एक किशोर उन्हें उस विराट वृक्ष की ओर ले गया, जिसकी छाया में भार्गव यज्ञवेदी के सम्मुख स्थिर बैठे थे।

वे लम्बे और स्नायुबद्ध शरीर के थे। उनकी त्वचा पर असंख्य झुर्रियाँ पड़ गई थीं। सिर और दाढ़ी के लम्बे घने श्वेत बालों से उनका आधा शरीर ढँका था। उन्होंने व्याघ्र चर्म धारण कर रखा था। उनका विख्यात शस्त्र परशु उनकी बगल में रखा था और दूसरी ओर एक बड़ा कमण्डल।

थोड़ी दूरी पर कुछ शिष्य गायों की रखवाली कर रहे थे। उससे दूर कुटीर थे।

वहाँ कुछ तरुण तपस्वी वेद की ऋचाओं का पाठ कर रहे थे। कृष्ण और बलराम ने महाभार्गव को देखते ही शीघ्रता से चलकर उनके चरणों में दण्डवत् किया।

कृष्ण ने कहा, ''हे भगवान! परम गुरु!! हम वसुदेव के पुत्र आपके आशीष की आकांक्षा करते हैं।'' प्रतापी महर्षि के सामने आते ही उनका हृदय हर्ष से गद्‌गद हो उठा।

भार्गव ने बालक की तरह मुस्कराते हुए कहा, ''कल्याण हो, पुत्रो! मुझे पता था कि तुम अवश्य आओगे। तुम्हारे स्वागत के लिए ही तो यहाँ बैठा हूँ।'' उनके शब्दों में सहृदयता झलक रही थी। जिन आँखों से कभी अंगारे बरसते थे और प्रतापी राजा भी जिनसे काँपते थे, उन्हीं आँखों से आज ममता और स्नेह की धाराएँ बह रही थीं। ''तुम दोनों के बारे में मैंने बहुत-कुछ सुना है, पर पहले जाओ, स्नान, सन्ध्या, भोजन इत्यादि से निवृत्त हो विश्राम करो, फिर बातें करेंगे।''

एक अत्यन्त वृद्ध दिखनेवाला शिष्य आया और उन्हें कुटीर की ओर ले गया।

नित्यकर्म से निवृत्त हो कृष्ण-बलराम गुरु-चरणों में आ बैठे और उन्होंने क्यों मथुरा छोड़ी और कैसे यहाँ पहुँचे, इसकी चर्चा की।

''तुमने ठीक ही किया। धर्म की पुकार पर ही बलिदान देना आवश्यक है। उसके बिना जो बलिदान दिया जाता है, वह अहंकार अथवा धर्म से भागने की कायरता ही कहा जाएगा।''

कृष्ण ने कहा, ''संसार तो यही कहेगा कि हम कायर की तरह भाग गए हैं।''

''संसार बहुधा ठीक नहीं सोचता। कई बार कर्म में वीरता होती है, तो कई बार कर्म से दूर रहने में भी वीरता होती है। तुमने उचित ही निर्णय किया।''

''भगवान, आपके आशीर्वाद से हम करवीरपुर के राजा श्रृंगलव के यहाँ आश्रय पाना चाहते हैं। वे यादव हैं।''

''श्रृंगलव कभी तुम्हारी सहायता नहीं करेगा। वह स्वार्थी, क्रूर और अहंभावी है। वह स्वयं को देवाधिदेव मानता है। पण्डितों और आचार्यों का अनादर करता है। यदि तुम सभी देवों का अनादर कर उसे ही देव-महादेव मान लो, तभी वह तुम्हारी सहायता करेगा और आश्रय देने के बाद भी जरासन्ध के साथ तुम्हारा सौदा करने में नहीं हिचकिचाएगा। फिर वह महान धनुर्धारी भी है और उसे इस बात का गर्व है।''

बलराम ने पूछा, ''परन्तु हम करवीरपुर न जाकर और कहाँ जा सकते हैं?''

''तुम्हारे पलायन की बात सुनकर जरासन्ध क्या करेगा, अनुमान लगा सकते हो?''

कृष्ण बोले, ''मुझे लगता है, वह मथुरा के यादवों को सताएगा नहीं। उसे तो केवल हमारी आवश्यकता थी। अधिक-से-अधिक वह दण्डस्वरूप बहुत बड़ा कर

माँगेगा, फिर भी हमारा पीछा नहीं छोड़ेगा। हमें ढूँढ़ने और पकड़ने की हर सम्भव चेष्टा करेगा।''

''सम्भव है कि तुम्हें खोजने वह यहाँ तक न आ सके!''

''सम्भवतः ऐसा हो, भगवान परन्तु मैंने कंस मामा का वध किया है, इससे उसकी प्रतिष्ठा को भारी धक्का लगा है। मामा उसके सबसे बड़े साथी थे। उनकी मृत्यु से अन्य राजाओं पर जरासन्ध का प्रभाव कम हुआ है। जरासन्ध के कई सामन्तों को यह लगता है कि हमारे नेतृत्व में मथुरा जरासन्ध के सम्राट्-पद के लिए भयजनक है।''

''तुम सचमुच बड़ी कठिनाई में पड़ गए हो। यदि मैं तुम्हारे स्थान पर होता तो किसी राजा के पास आश्रय लेने नहीं जाता। वह तो अपने स्वार्थ के लिए तुम्हारा सौदा करने में किंचित भी लज्जित नहीं होगा। तुम्हें स्वयं अपनी शक्ति बढ़ानी चाहिए।''

''आपके आशीर्वाद से यदि हम ऐसा कर सकें तो अति उत्तम हो।''

थोड़ी देर रुककर भार्गव ने कहा, ''यहाँ से थोड़ी दूर सागर-तट पर गोमन्तक की टेकरी है। तुम्हारे निवास के लिए मुझे वह स्थान उचित प्रतीत होता है।''

कृष्ण ने पूछा, ''जरासन्ध यदि दलबलसहित वहाँ पहुँचे तो क्या वहाँ सुरक्षा हो सकती है?''

''वह पहाड़ी दुर्गम है। अश्वरथ अथवा हाथी उस पर चढ़ नहीं सकते। ऊपर जाने का रास्ता संकीर्ण और विकट है। इसलिए संकट में वहाँ रहकर बचाव किया जा सकता है। वह बहुत सुन्दर पहाड़ी है। वहाँ के निवासी सरस और स्नेही हैं। वे गरुड़ कहलाते हैं। युद्ध में वे गरुड़-व्यूह से आगे बढ़ते हैं, इसलिए उनका यह नाम पड़ा। उनका नायक सहृदय है। वह मेरा भक्त भी है। मैंने एक बार उनको विनाश से बचाया था। वे कभी तुमसे द्रोह नहीं करेंगे। न दुखी होने देंगे।''

जमदग्नि के प्रतापी पुत्र (भार्गव) के साथ वे गोमन्तक गए। करवीरपुर एक ओर रह गया। घने जंगल को पार करने पर उन्होंने अकल्प प्राकृतिक सौन्दर्य से सुशोभित पहाड़ी देखी। वहाँ का वातावरण वन-सौन्दर्य और पक्षियों के कलरव से अत्यन्त मधुर बन गया था। पहाड़ी सीधी, ऊँची और दुर्गम थी। जब वे पहाड़ी पर चढ़ रहे थे, तब बलराम अपनी जिज्ञासा न रोक सके। उन्होंने पूछा, ''भगवन्, आपने इन सब राजाओं पर विजय प्राप्त कर पृथ्वी को फिर उन्हें ही क्यों सौंप दिया? यदि आप ऐसा न करते तो यह अन्यायी राजा फिर से सिर उठाने का साहस न करते और न जरासन्ध का दिग्विजय का स्वप्न ही साकार होता।''

''वत्स! बहुत लोगों को यह एक पहेली-सी जान पड़ती है। वे नहीं जानते कि मैंने कातवीर्य और उसके साथियों के सामने शस्त्र क्यों उठाए! कातवीर्य का बल

इतना बढ़ गया था कि कोई उसके सामने टिक नहीं सकता था। उसने सनातन ऋत की अवहेलना की और दोनों का अनादर किया। हमारी प्राचीन प्रणाली का उपहास किया। वह किसी के प्रति पूज्यभाव नहीं रखता था और स्वयं को ही सर्वोच्च मानता था। अपनी इच्छा वह सब पर लादना चाहता था। वशिष्ठ जैसे महान ऋषि के आश्रम में उसने आग लगा दी। हमारे आश्रम का भी उसने नाश किया और प्रतापी जमदग्नि का वध कर दिया। आर्यों को प्राण से भी अधिक प्रिय जो मूल्य हैं, उनका उच्छेद करने में ही उसे आनन्द मिलता था। उसका वध करना पृथ्वी की पुकार थी।''

कृष्ण ने पूछा, ''ऐसा हुआ कैसे? दूसरे राजा क्या कर रहे थे?''

''वे आन्तरिक कलह में पड़े थे। इसीलिए कातवीर्य का प्रभाव इतना अधिक बढ़ गया। कातवीर्य केवल राजा ही नहीं, दैत्य भी था। छल, बल और अहंकार में वह सबसे बढ़ा-चढ़ा था, अपने अस्तित्व से मनुष्य मात्र के जीवन को विषाक्त बना रहा था।''

''अन्ततः आपने सब पर विजय प्राप्त की ही।''

''जब आसुरी शक्ति बढ़ने लगती है, तब वह किसी की नहीं सुनती, उसका विनाश कर ही देना चाहिए।''

''जिस प्रकार असुर एक बार देवों के विरुद्ध संगठित हुए थे, उसी प्रकार दैत्यों ने मेरे सामने मोर्चा ठाना। मैंने उन सबको पराजित किया; ऋत, सत्य और तप की साधना करनेवालों के लिए सृष्टि को सुरक्षित बनाया। पर मुझे सत्ता या प्रभाव की आवश्यकता नहीं थी। मुझे शासन नहीं करना था। मुझे केवल धर्म का पुनः संस्थापन करना था। उसके पूर्ण होते ही मैंने सब त्याग दिया।''

''आपने जैसे अपार सत्ता का त्याग किया, वह परम आश्चर्य है।''

''इसमें आश्चर्य की कोई बात नहीं। मुझे शस्त्र-सज्जित होना पड़ा क्योंकि अधर्म का जड़-मूल से नाश करना था। क्षत्रियकर्म की आवश्यकता कभी-कभी होती है, पर ऋत के सनातन नियमों के अनुसार जगत का संचालन करने के लिए ब्राह्मतेज सदा रहेगा।''

महर्षि का अनुसरण करते हुए कृष्ण और बलराम दुर्गम पहाड़ी की चोटी पर पहुँचे। वहाँ हरियाली से भरा मैदान था और कलकल निनाद करते झरने थे। पहाड़ी के लोगों को जब पता लगा कि भगवान परशुराम पधारे हैं तो स्त्री-पुरुष-बालक सभी दौड़े आए और उनके चरणों में मस्तक झुकाकर आशीर्वाद माँगा। किसी ने फूल चढ़ाए, तो किसी ने श्रीफल उनके चरणों में रखे। महर्षि ने सबसे ममतापूर्वक बातें कीं। कइयों को उन्होंने नाम लेकर पुकारा।

गरुड़ों का नायक अपने पुत्रों के साथ आया। उन्होंने चेहरों पर गरुड़मुखी

मुखौटे लगा रखे थे। राजकुटुम्ब के प्रतीक मुखौटे वे विशेष अवसर पर ही धारण करते थे। उनकी स्त्रियाँ भी आईं और भगवान के चरणों में दण्डवत् किया। फिर अतिथियों को वृक्षों की छाया में ले जाकर फलों, नारियल के पानी इत्यादि से उनका सत्कार किया गया।

कृष्ण और बलराम को जब वहाँ का वातावरण अनुकूल लगने लगा तो महर्षि ने विदा लेने की तैयारी की। जाने से पहले उन्होंने कृष्ण से कहा, ''वासुदेव, तुमने जो कुछ किया, वह मुझे ज्ञात है। तुम कौन हो, यह भी मैं जानता हूँ। पर यह कभी न भूलना कि तुम्हारा कर्तव्य क्या है! तुम्हें धर्म के लिए जय प्राप्त करनी है। जीवन से जो दूर रहता है, वह धर्म नहीं। परन्तु जो जीवन को स्वीकार करता है, देव की प्रतिष्ठा करता है, वही धर्म है। तुम्हारे देश के लोग तुम्हें देवता कहते हैं, वे ठीक कहते हैं। उन्हें तुममें श्रद्धा होनी चाहिए। पर तुम्हें भी स्वयं में श्रद्धा होनी चाहिए कि तुम देव हो, तभी तुम देव बन सकोगे। मैं अब जाता हूँ। सम्भवतः फिर कभी न मिल सकूँ। पर तुम दोनों को मेरा आशीर्वाद है। तुम्हें मेरी कभी आवश्यकता अनुभव हो तो किसी गरुड़ को भेज देना। मैं जहाँ भी रहूँगा, वह मुझे खोज निकालेगा।''

इतना कहकर भगवान परशुराम ने उनको तथा भक्तिभावी गरुड़ों को आशीर्वाद दिया। एक हाथ में परशु धारण कर वे पहाड़ी से नीचे उतरे। उनमें युवकों-जैसी शक्ति थी। कभी अस्त न होनेवाली शक्ति के वे जीवन्त प्रतीक थे।

बृहद्बाल, राजनीतिज्ञ के रूप में

जरासन्ध ने अपनी विशाल सेना के साथ यमुना-तट पर पड़ाव डाल रखा था। उसके साथ उसके साथी राजाओं की सेनाएँ भी थीं। यहाँ से मथुरा के लिए मात्र दो दिन का मार्ग रह गया था। इस पूरी सेना में दो सौ चुने हुए रथ, पचास हाथी, पाँच सौ अश्वारोही तथा दो सहस्र धनुर्धारी सैनिक सम्मिलित थे।

दोपहर का समय था। अश्वपाल अश्वों को नहला रहे थे। कुछ लोग यमुना में स्नान करने गए थे। कुछ भोजन बनाने में व्यस्त थे। महावत हाथियों को जल पिला रहे थे। सैनिकों की चहल-पहल चालू थी और भगवान भास्कर के तप्त प्रकाश में उनके भाले, तलवार तथा परशु चमक रहे थे।

थोड़ी दूर पर एक विशाल वटवृक्ष के नीचे जरासन्ध स्वयं मध्याह्न भोजन की तैयारी में व्यस्त था। वह लम्बा तथा अत्यन्त हृष्ट-पुष्ट व्यक्तित्ववाला था। मुष्टि-युद्ध में वह निष्णात था। यद्यपि वय का प्रभाव उस पर प्रत्यक्ष प्रकट हो रहा था, तथापि

अभी भी बीस वर्ष पूर्व की स्फूर्ति उसमें जीवन्त परिलक्षित हो रही थी। श्वेत हो चले उसके घुँघराले केश तथा सुन्दर ढंग से सँवारी गई दाढ़ी उसके व्यक्तित्व को प्रभावशाली बना रही थी। उसके जबड़े कठोर थे और चेहरे पर अहंकार की स्पष्ट छाप थी। वह निडर एवं निःसंकोच अपनी इच्छाओं को प्रकट करता। कभी-कभी परिस्थितिवश अपनी भावनाओं को वह अपनी दाढ़ी की ओट में छिपा लेता। यद्यपि उस समय वह अपने हाथ-पाँव धो रहा था, तथापि उसके समस्त शरीर पर जैसे मलिन भाव का लेप लगा हुआ था।

पाञ्चाल के राजा द्रुपद ने जरासन्ध की सेना को अपने राज्य से होकर जाने की अनुमति नहीं दी। जरासन्ध इसे अपने अनादर की अन्तिम सीमा समझ बैठा। दूसरा कोई समय होता तो वह तत्काल काम्पिल्य पर चढ़ाई कर देता और नगर को भस्मसात कर देता, किन्तु अभी जिस कार्य के लिए वह कूच कर चुका था, उसे पूर्ण करना अधिक आवश्यक था।

अहंकारयुक्त मुस्कान उसके गर्वीले मुख पर अंकित हो उठी। द्रुपद को निश्चित रूप से इस अवज्ञा का मूल्य चुकाना पड़ेगा, पर अभी उसके लिए समय नहीं आया। अभी तो वसुदेव-पुत्रों से समझना है।

कृष्ण एवं बलराम का विचार आते ही क्रोध से उसका चेहरा तमतमा गया। इन ग्वालों ने मेरे दामाद का वध कर डाला और मेरी प्रतिष्ठा को भी धूल-धूसरित कर दिया। कुछ और करने के पूर्व इस अपमान का बदला लेना अनिवार्य है। जिस स्थान पर मैंने मथुरा के राजाओं का वध किया है, उसी स्थान पर इन ग्वालों के भी टुकड़े-टुकड़े कर डालूँगा।

थोड़ी दूर पर कदली-पत्र पर भोजन परोसा जा रहा था। भोजन के समय जरासन्ध के साथ बैठनेवाले उसके मित्रगण तथा सेनापति उसकी प्रतीक्षा कर रहे थे। जरासन्ध ने उन पर एक दृष्टि डाली। चेदि के राजा दामघोष अभी तक नहीं पधारे थे। दामघोष तो इस सम्बन्ध में बड़े सतर्क रहते थे। सामान्यतः वे भोजन के समय जरासन्ध का स्वागत करने के लिए उपस्थित रहते थे। लगता है, आज कोई अनहोनी घट गई। नहीं तो उनकी ओर से विलम्ब कभी नहीं होता।

दो सशक्त रक्षकों के साथ सम्राट् भोजन-स्थल पर पहुँचा। सबने उसका स्वागत किया। मध्य में रखे ऊँचे आसन पर वह विराजमान हो गया।

''शाल्व, दामघोष कहाँ हैं?'' अपनी बाईं ओर बैठे शाल्व से उसने पूछा, और मुस्कराकर पुनः बोला, ''उनका स्वास्थ्य तो ठीक है न?''

''सम्राट्, चेदिराज ने सन्देश भेजा है कि उनके आने में विलम्ब होगा,'' शाल्व ने उत्तर दिया। शाल्व जरासन्ध का श्रद्धेय साथी था। वह कपट एवं क्रूरता में कुशाग्र था। उसका शरीर शोभायमान था। उसकी दृष्टि चतुरता से भरी तथा शीघ्र

ही दूसरों को भुलावे में डाल देनेवाली थी।

सामने बैठे जरासन्ध से मगध के एक सेनापति ने करबद्ध होकर कहा, ''मथुरा से शान्ति-दूत आए हैं।''

''शान्ति-दूत!'' जरासन्ध की भंगिमा वक्रिम हो गई। ''मुझे वसुदेव के पुत्रों का मस्तक चाहिए, खाली हाथ आए दूतों का क्या काम।''

सब चुपचाप भोजन में संलग्न हो गए। जरासन्ध का क्रोध बढ़ता गया। इसमें दामघोष कुछ बीच-बचाव करें, यह उसे अच्छा न लगा। दामघोष की रानी श्रुतश्रवा प्रभावशाली महिला थी। वह वसुदेव की बहन थी। यद्यपि दामघोष बिना किसी आनाकानी के जरासन्ध की सेना में सम्मिलित हो गए थे, फिर भी उसे उन पर लेशमात्र भी विश्वास न था।

इसी बीच दामघोष भी आ गए। जरासन्ध की वन्दना कर विलम्ब के लिए उन्होंने क्षमा माँगी। वे शान्त, मधुर-भाषी एवं विनयी स्वभाव के थे।

जरासन्ध ने भृकुटी टेढ़ी करके पूछा, ''मथुरा के दूत तुमसे मिलने आए हैं?''

दामघोष ने मुस्कराकर कहा, ''नहीं महाराज, वे आपसे मिलने आए हैं।'' उनका स्वर स्वच्छ था।

''क्या वे कृष्ण और बलराम का मस्तक लाए हैं?''

जरासन्ध ने यह बात इतने ऊँचे स्वर में कही, ताकि सभी सुन लें।

''वे दोनों किशोर तो मथुरा छोड़कर कहीं चले गए।''

''क्या?'' जरासन्ध को महान आश्चर्य हुआ।

''अक्रूर, राजा के पौत्र बृहद्बाल तथा गद आए हैं। वे आपके प्रताप को स्वीकार करते हैं। अक्रूर तो कभी असत्य बोलते नहीं।''

जरासन्ध क्षण-भर के लिए मौन हो गया। किन्तु उसके मौन का अर्थ उसके साथी कुछ और न लगा लें, इसलिए उसने कहा, ''मैं यह बात स्वीकार करने को तैयार नहीं। भोजनोपरान्त मैं उन लोगों से मिलना चाहूँगा।''

''जैसी महाराज की आज्ञा।''

''शाल्व! रात्रि-शिविर तैयार करने के लिए क्या अपने धनुर्धारी अग्रिम रूप से भेजे जा चुके हैं?''

''हाँ महाराज, उन्हें रात्रि को ही रवाना कर दिया था।''

भोजनोपरान्त जरासन्ध वटवृक्ष-तले अपने विश्राम स्थल पहुँचा। उसने मात्र शाल्व एवं दामघोष को ही अपने साथ रहने की आज्ञा दी। शंखघोष कर उसने एक अधिकारी को बुलाया और मथुरा से आए राजपुरुषों को अपने समक्ष उपस्थित करने का आदेश दिया। बड़ी विकट परिस्थिति उपस्थित हो गई थी। उसने घोषणा की थी कि कंस के वध का बदला लूँगा। उसने प्रतिज्ञा की थी कि जब तक इन

बालकों का शिरच्छेद नहीं कर लूँगा, तब तक शान्त न बैठूँगा। इसी कार्य के लिए तो उसने साथी राजाओं की सहायता माँगी थी और अब दोनों किशोर उसकी मुट्ठी से बाहर हो गए थे।

अक्रूर, वसुदेव के भ्राता देवभाग के पुत्र बृहद्बाल तथा गद ने जब जरासन्ध के समक्ष उपस्थित हो प्रणाम किया तो उसने क्रोधान्ध हो अपमानजनक रीति से पूछा, ''यह कैसी निरर्थक बात तुम लोग कह रहे हो?''

''सम्राट्, इसमें लेशमात्र भी कपट नहीं,'' अक्रूर ने अपनी सहज मृदुता से कहा, ''कृष्ण और बलराम तीन दिन पूर्व मथुरा छोड़कर कहीं चले गए।''

जरासन्ध ने अक्रूर को भयभीत करने के लिए ऊँचे स्वर में कहा, ''मैं यह मानने को तैयार नहीं। तुमने ही कहीं उन्हें छिपाया है।''

अक्रूर करबद्ध खड़े रहे। उनके नेत्रों में धैर्य एवं होंठों पर मुस्कान थी। जरासन्ध चतुर तो था ही। उसने देखा, बृहद्बाल भयग्रस्त हो गया है। ''चेदिराज, शाल्व, तुम लोग मुझे एक क्षण के लिए अकेला छोड़ दो। मैं वृष्णिश्रेष्ठ से एकान्त में बात करूँगा,'' जरासन्ध ने कहा।

इस भेंट का क्या परिणाम निकलेगा, अभी यह निश्चित न था। शिविर में इस सम्बन्ध में चर्चा हो, जरासन्ध यह नहीं चाहता था। अपने अनिश्चित मनोभाव का पता मित्रगण न लगा सकें, ऐसी भी उसकी इच्छा थी। अटल निश्चय कर ले, तभी वह औरों पर उसे प्रकट करेगा।

''जैसी महाराज की आज्ञा,'' दामघोष और शाल्व ने कहा। जब वे प्रस्थान करने लगे तो जरासन्ध ने कहा, ''चेदिराज, बृहद्बाल को अपने साथ ले जाओ। प्रथम तुम इसके साथ बात कर लो फिर मैं करूँगा।'' दामघोष ने बृहद्बाल के स्कन्ध पर हाथ रख उसे अपने साथ आने के लिए इंगित किया।

जरासन्ध ने कठोर स्वर में कहा, ''वृष्णिवर! तुम तो सन्त कहे जाते हो। अगर तुम सत्य नहीं बोलोगे तो मैं मथुरा को जलाकर भस्मीभूत कर डालूँगा।''

''सम्राट् जो चाहें कर सकते हैं। ऐसी सामर्थ्य उनमें है, यह मैं अच्छी तरह जानता हूँ। किन्तु मैं कभी भी असत्य नहीं बोलूँगा।''

''किन्तु ये कायर भाग कहाँ गए?''

''वे कायर नहीं थे। उनके लिए यादवों का संहार हो, यह वे नहीं चाहते थे। इसीलिए उन्होंने यह मार्ग अपनाया। उनके इस शौर्यपूर्ण कार्य को मैं कभी भी कायरता नहीं कहूँगा।''

''यादव उनका साथ देने के लिए तैयार नहीं थे!''

''हम उन दोनों भ्राताओं के लिए प्राणोत्सर्ग कर देना अपना सौभाग्य समझते हैं। किन्तु वे अपने निर्णय पर अडिग रहे।''

"मैं यह मानने के लिए तैयार नहीं," भृकुटि चढ़ाकर जरासन्ध ने कहा, "इन ग्वालों को छोड़ देने के लिए मैं तुम सबको कठोर दण्ड दूँगा।"

"सम्राट् ऐसा ही निर्णय करेंगे, यह हम पहले ही समझते थे।" मधुर मुस्कान के साथ अक्रूर ने कहा, "सर्वशक्तिमान चक्रवर्ती के क्रोध-सागर को आसानीपूर्वक पार नहीं किया जा सकता।"

जरासन्ध ने खिसियाकर कहा, "क्रोध! मैं क्रोध में हूँ, ऐसा कहना चाहते हो? मैं तो उचित दण्ड देना चाहता हूँ। तुम तो सन्त कहे जाते हो। तुम यह भी चाहते हो कि मैं अपने दामाद तथा तुम्हारे राजा के वध का बदला न लूँ।"

"क्षमा करें महाराज," अक्रूर ने स्वस्थ स्वर में कहा, "मैं सन्त नहीं हूँ और न ही मेरी जाति के लोग मुझे सन्त कहते हैं। मैं धर्म का अनुसरण करने का प्रयत्न करता हूँ। वसुदेव के पुत्रों के बदले मथुरा का विनाश किया जाए, यह कहाँ का धर्म है?"

जरासन्ध अक्रूर को तीक्ष्ण दृष्टि से देख रहा था। अक्रूर ने पुनः दृढ़ता के साथ कहना शुरू किया, "वासुदेव के कर्मों का औचित्य समझाने हम यहाँ नहीं आए हैं। किन्तु कंस ने कितने यादवों का वध किया! कितने यादवों को वनवास दिया! कितनी नारियों को उसकी वासना-अग्नि में आहुति देनी पड़ी!" अक्रूर कुछ समय के लिए रुके फिर कहने लगे, "कंस ने वसुदेव के कितने पुत्रों को पैदा होते ही वध कर डाला! महाराज, आप भी तो गत कितने वर्षों से ऐसे अपराधों को क्षमा करते आए हैं!"

जरासन्ध ने संयमपूर्वक कहा, "तुम बड़े चतुर हो। फिर भी मैं मथुरा का विनाश तो करूँगा ही।" राजपुरुषों के साथ अशिष्टता का व्यवहार करना संकट को आमन्त्रित करना है, यह वह समझता था।

"हमें इस सम्बन्ध में लेशमात्र भी चिन्ता नहीं, महाराज! आधे यादव तो मथुरा छोड़कर जा चुके हैं। मेरे निराश लौटने पर शेष भी चले जाएँगे। हम तो अस्त्र उठाए बिना ही मथुरा आपको समर्पित कर देंगे।"

"तुम सब जहाँ कहीं जाओगे, मैं वहीं तुम्हारा पीछा करूँगा।"

"हमें इसका भी पूर्ण विश्वास है, किन्तु प्रतापी भीष्म तथा पाञ्चालराज द्रुपद ने हमें अपने राज्यों में आश्रय देने का वचन दिया है।"

जरासन्ध विचारमग्न हो गया। द्रुपद ने उसे अपने राज्य से होकर जाने की अनुमति न देकर उसे विकट परिस्थिति में डाल दिया था। अक्रूर ने कहा, "सम्राट्! इसी से तो मैं आपके पास आया हूँ। जिन किशोरों की आपको आवश्यकता थी, वे तो चले गए। अगर आप मथुरा का विनाश करते भी हैं, तो आपकी प्रतिज्ञा अपूर्ण ही रह जाएगी। नर-नारी, गाय-अश्व-विहीन मथुरा नगरी लेकर आप क्या

करेंगे। मगध के चक्रवर्ती के परिश्रम का क्या यही परिणाम होगा? क्या संसार आप पर हँसेगा नहीं?''

अपने क्रोध पर नियन्त्रण खोते हुए जरासन्ध ने कहा, ''तुम मुझसे यही कहने आए हो, अक्रूर! तुम्हें ज्ञात होना चाहिए कि तुम्हारे इस अविवेकपूर्ण व्यवहार के लिए मैं तुम्हारी जिह्वा खिंचवा सकता हूँ।''

''मैं तो आपको कह चुका हूँ सम्राट्, आपकी सत्ता की कोई सीमा नहीं। आप ही अपनी सत्ता को सीमा में बाँध सकने में समर्थ हैं। आप इतने शक्तिशाली हैं कि मेरा कोई अमंगल नहीं होगा, यही विश्वास तो मुझे यहाँ तक ले आया है। आप उदार बनें, अहंकार को त्यागें। वीर पुरुष ही क्षमा कर सकता है। निर्बल तो राज ही नहीं कर सकता, सो वह क्षमा कहाँ से करेगा! यदि आप मेरी बात पर किंचित भी ध्यान देंगे तो निश्चित ही आपका अहंकार घटेगा और आपकी प्रतिष्ठा में वृद्धि होगी।''

''तुम्हारी वाणी बहुत मधुर है, किन्तु सीमाहीन एवं भयंकर भी। मुझे बस यह बताओ कि वे दोनों कहाँ भाग गए? तब मैं तुम्हारी सारी बात स्वीकार कर लूँगा।''

''वे कहाँ हैं और कहाँ गए हैं, यह मैं कैसे जान सकता हूँ! आप जहाँ न पहुँच सकें ऐसे ही किसी स्थान पर वे छिपने का प्रयास करेंगे।''

''अक्रूर, तुम बड़े चतुर हो,'' जरासन्ध ने कुछ विचार करके कहा, ''अभी तुम जाओ। मैं कल प्रातःकाल तुमसे पुनः बात करूँगा। इस बीच बृहद्‌बाल को मेरे पास भेज दो।''

''जैसी महाराज की आज्ञा।''

जरासन्ध ने मन-ही-मन विचार किया कि अक्रूर की बात सत्य है। यदि मैं मथुरा का विनाश करता हूँ तो कंस के वध का सही बदला तो नहीं हुआ। निर्जन नगर पर अधिकार करने पर अवश्य ही मित्र और शत्रु दोनों मुझ पर हँसेंगे। क्रोधित यादव यदि कुरु और पाञ्चाल से मिल गए तो उनकी शक्ति बढ़ जाएगी। इसके बाद उसने अपने निजी सलाहकार को बुला भेजा। वह कंस के जीवनकाल में मथुरा में रहता था। उससे अवश्य ही कुछ सही सूचनाएँ मिलेंगी। बृहद्‌बाल शूरों के स्वामी वसुदेव के भ्राता देवभाग का पुत्र था। उसकी माता कंसा, कंस की बहन तथा राजा उग्रसेन की लाड़ली पुत्री थी। उसका छोटा भाई उद्धव, कृष्ण का परमप्रिय मित्र था।

सलाहकार के जाते ही जरासन्ध ने देखा, बृहद्‌बाल कुछ दूरी पर खड़ा उसकी आज्ञा की प्रतीक्षा कर रहा था।

बृहद्‌बाल पर्याप्त रूप से भयग्रस्त हो चुका था। उसने जरासन्ध का नाम सदैव भय के सन्दर्भ में ही सुना था। कंस के वध के बाद उसे विश्वास हो गया था कि

जरासन्ध मथुरा का विनाश तो करेगा ही। उसने नगर त्यागकर चला जाना ही उचित समझा। किन्तु वह राजा उग्रसेन की लाड़ली पुत्री का पुत्र था और वसुदेव का भतीजा था। कुटुम्ब के सूत्र में वह बँधा था। बड़े लोग उसे द्रोही न समझें, इसके लिए वह साहस बटोरकर किसी प्रकार यहाँ टिका रह गया।

बृहद्बाल समझ गया था कि कृष्ण और बलराम के भाग जाने के बाद जरासन्ध मथुरा को भस्मीभूत कर देगा। उस समय उसे ऐसा ही प्रतीत हुआ, मानो वह मृत्यु के मुख में जा रहा हो।

उसे देखकर सम्राट् मुस्कराया। उस समय उसकी भंगिमा टेढ़ी न थी। वह प्रसन्न था। बृहद्बाल भी यह समझ गया। सम्राट् ने स्नेहपूर्वक उसे आगे आने के लिए कहा और उसकी पीठ को स्नेह से थपथपाया।

बृहद्बाल सोचने लगा—सम्राट् तो दयालु स्वभाव का है। क्या यह असत्य नहीं कि मथुरावासी इन्हें क्रूर और दुष्ट कहकर पुकारते हैं?

''बृहद्, मेरा आशीर्वाद स्वीकार करो।'' जरासन्ध ने सस्नेह कहा, ''मैं तुम्हें जानता हूँ। तुम्हारी माँ कैसी है? तुम्हारी माता ने तुम्हारे दादा की बड़ी सेवा की है। कारागार में भी वह उनके साथ थी। सत्य है न? अभी तुम राजा के साथ रहते हो या अपनी माँ के साथ?''

''मैं पितामह के साथ रहता हूँ। मेरी माँ भी अधिक समय पितामह के पास ही रहती हैं।'' उसका हृदय जरासन्ध के स्नेहपूर्ण एवं दयालु स्वभाव की ओर आकर्षित हो गया था। लोग उनके प्रति ऐसा अन्याय क्यों करते हैं, वह समझ न सका।

''तुम राजा के लाड़ले पुत्र हो, यह मैं जानता हूँ। मैं तुम्हें गिरिव्रज आने के लिए निमन्त्रित करता हूँ। इससे मथुरा और हमारे मध्य सम्बन्ध सुदृढ़ होगा।''

बृहद्बाल इस प्रशंसा-भरी बात से आनन्दित हो उठा। उसके परिवार में सब कृष्ण को ही सम्मान देते हैं। उसका लेशमात्र भी महत्त्व नहीं। जरासन्ध की बात से उसके हृदय में मथुरा की गद्दी के लिए सोई महत्त्वाकांक्षा जाग उठी। राजा उग्रसेन के कोई दूसरा पुत्र नहीं है। सम्राट् उसके प्रति इतनी सद्भावना रखते हैं। कृष्ण मथुरा से दूर चला गया है। अतः मेरा स्वप्न साकार हो ही जाए। कौन जानता है! हो सकता है मैं भी मामा कंस जैसा प्रतापी राजा बन जाऊँ। ''महाराज, हम सब आपके प्रति निष्ठावान बने रहने के लिए तैयार हैं।'' पर वह तत्काल रुक गया। उसने सोचा, काका अक्रूर ने जो कुछ कहने के लिए कहा है, उससे विपरीत तो बात मुँह से न निकल गई।

जरासन्ध ने स्नेहिल मुस्कान के साथ कहा, ''उन दो ग्वालों के भाग जाने के बाद सम्भवतः, हम एक-दूसरे के मित्र बन जाएँ।'' वह बड़ी सतर्कता से बृहद् की

ओर देख रहा था।

अपने स्वप्न को सम्राट् की वाणी में साकार होते देख बृहद्बाल गद्गद हो गया। उसने सोचा, यदि मैं जरासन्ध की क्रोधाग्नि से मथुरा को बचाने में सफल हो गया तो यादवों में निश्चित रूप से वीर-स्थान प्राप्त कर लूँगा। कृष्ण तो कायरता दिखाकर भाग चुका है।

"अब तो वसुदेव के पुत्र मथुरा छोड़कर चले गए हैं। यदि आप मथुरा के प्रति दया का भाव अपनाने की कृपा करें तो..." बृहद्बाल सम्राट् को प्रसन्न करने का एक भी अवसर हाथ से नहीं जाने देना चाहता था।

"मेरी इच्छा तो मथुरा का विनाश करने की है, किन्तु तुम-जैसा तरुण यदि मथुरा का नायक बने तो मुझे अपना विचार बदलना पड़ेगा," जरासन्ध ने बृहद्बाल को प्रोत्साहित करने की दृष्टि से मुस्कराकर कहा। जैसे ग्रामीणजन आकाश को देखकर वर्षा का स्पष्ट अनुमान लगाते हैं, वैसे ही जरासन्ध बृहद्बाल के हृदय का भाव समझ रहा था।

बृहद् ने तत्काल अवसर का लाभ उठाया। "सम्राट्, आप मथुरा के प्रति दया का भाव अपनाएँ, यह हमारी प्रार्थना है। मेरे काका अक्रूर ने हमारी प्रार्थना के सम्बन्ध में अवश्य ही आपसे कहा होगा। यदि आप हमारी प्रार्थना को स्वीकार करते हैं तो हम सदैव आपके ऋणी रहेंगे।" बृहद्बाल इस शक्तिशाली सम्राट् के साथ अपने सम्बन्ध सुदृढ़ करने के लिए आतुर था। उसने कहा, "अभी मेरे हाथ में सत्ता नहीं है, किन्तु मेरे काका वसुदेव शूरों के नायक हैं और मेरे पितामह तो मुझ पर अपार प्रेम रखते हैं। उन्हें मुझ पर विश्वास है।"

जरासन्ध ने स्पष्ट रूप से भाँप लिया कि बृहद् का मन यादवों के प्रति निष्ठा एवं उसकी कृपा पाने की महत्त्वाकांक्षा के मध्य मन्थन कर रहा है।

"तुम मुझे बहुत अच्छे लगते हो बृहद्! यदि तुम मथुरा के युवराज होते तो मैं कभी मथुरा का विनाश करने की बात अपने मन में न लाता। पर कौन जानता है..."

जरासन्ध मित्रता का भाव प्रकट कर बृहद् के साथ चर्चा करने में रस ले रहा है, ऐसा समझकर वह प्रसन्न हो उठा और उसे लगा मानो अपनी महत्त्वाकांक्षा का सौदा करने का समय आ गया।

"महाराज! मथुरा को विनाश से बचाने का यश मुझे लेने दीजिए। सम्भवतः आपकी इच्छा भी पूर्ण हो।" उसे ऐसा प्रतीत हुआ, मानो उसके स्वप्न के साकार होने का समय आ पहुँचा है।

सम्राट् विलक्षण रूप से मुस्कराया। उसकी इस मुस्कान में इस तरुण की महत्त्वाकांक्षा का प्रच्छन्न उपहास भी छिपा था। उसने पूछा, "कृष्ण लौटकर आया तो?"

"कृष्ण कभी लौटकर नहीं आ सकता।"

"तुम यह कैसे मानते हो? वह भीष्म की सहायता प्राप्त करने कुरु गया हुआ है।"

"नहीं, नहीं, वह तो दक्षिण की ओर गया है।" बृहद् ने अनजाने ही रहस्य प्रकट कर दिया।

जरासन्ध ने भोलेपन से पूछा, "कहाँ?"

"कहीं दूर, बड़ी दूर," बृहद् ने जरासन्ध के उत्तर को टालने का प्रयत्न करते हुए कहा।

"सम्भवतः नर्मदा-तट के वनों की ओर गया हो?" दयालु सम्राट् के सरल प्रश्न के प्रति किसी प्रकार की दुर्भावना को मन में स्थान देने की इच्छा बृहद्बाल को नहीं हुई। वह जरासन्ध पर उपकार करने का एक भी अवसर नहीं जाने देना चाहता था। उसने स्पष्ट कर दिया, "मुझे तो लगता है, वे वन्या तट की ओर गए हैं।"

"हो सकता है करवीरपुर गए हों! क्यों सत्य है न?" जरासन्ध ने अपनी बात को कोई महत्त्व न देते हुए कहा। बृहद्बाल विकट परिस्थिति में जकड़ गया। जरासन्ध उसके चेहरे के समर्पण-भाव को पढ़ चुका था। उसने पुनः कहा, "बृहद्बाल, अगर मैं तुम सबकी प्रार्थना स्वीकार करता हूँ तो मात्र तुम्हारे कारण। मुझे आशा है कि कभी राजा उग्रसेन तुम्हें युवराज का पद देंगे और उसके बाद तुम राजा बनोगे। उस स्थान पर तो तुम्हारा ही अधिकार है।"

बृहद् नम्रतापूर्वक शान्त रहा।

मानो जरासन्ध स्वयं से ही कह रहा हो, इस प्रकार बोला, "कौन जानता है! हो सकता है तुम्हारे काका और अक्रूर तुम्हारे मार्ग में बाधक बनकर खड़े हों। पर तुम सावधान रहना और आवश्यकता पड़े तो मेरी भी सहायता लेना।"

अपनी वाणी में यथाशक्ति स्नेह एवं ममत्व भरकर जरासन्ध ने इस वाक्य को कहा और बृहद्बाल को जाने की अनुमति दी।

दूसरे दिन जरासन्ध ने अपने मित्रों एवं सेनापतियों की सभा बुलाई। अक्रूर, बृहद्बाल एवं गद भी आमन्त्रित किए गए।

जरासन्ध ने कहा, "मैंने अक्रूर और बृहद्बाल की प्रार्थना पर विचार किया है। मुझे प्रतीत होता है कि उनकी बात सत्य है। दोनों पापी तो भाग खड़े हुए। अब मथुरा का विनाश करना व्यर्थ है।"

चेदिराज दामघोष जरासन्ध के इस परिवर्तन का अर्थ तत्काल समझ गए। मित्रों और शत्रु दोनों के लिए जरासन्ध की आकस्मिक उदारता आश्चर्य में डाल देनेवाली थी, किन्तु चेदिराज को लेशमात्र भी आश्चर्य नहीं हुआ।

जरासन्ध ने आगे कहा, ''अक्रूर! बृहद्बाल! मैं चाहता हूँ, मथुरा के यादव मेरे मित्र बने रहें। राजा उग्रसेन तथा तुम दोनों के लिए मेरे हृदय में भारी सम्मान है। बृहद्बाल जैसा तरुण नायक और अक्रूर जैसा सलाहकार हो तो भला मथुरा कैसे मेरी मित्रता का पात्र नहीं बन सकती?''

जरासन्ध कुछ समय के लिए रुका। चेदिराज ने सोचा, अब वह ऐसा कोई वाक्य बोलेगा, जिससे वस्तुस्थिति स्पष्ट हो जाएगी।

''मैं मथुरा से कोई बड़ा कर नहीं माँगूँगा। मुझे मात्र पच्चीस हाथी, सौ रथ तथा दो मनुष्यों के तौल जितना स्वर्ण चाहिए। आगामी पूर्णिमा के पूर्व, समझो दस दिन के भीतर हमें यह सब मिल जाना चाहिए,'' और मित्रता दर्शाते हुए जैसे कोई साधारण बात हो, उसने आगे कहा, ''कृष्ण और बलराम जब कभी भी मथुरा आएँ, मुझे समर्पित कर जाना।''

अक्रूर क्षण-भर के लिए विचार-विमग्न हो गए। फिर बोले, ''आप जो कुछ भी माँगेंगे, उसकी पूर्ति तो हमें करनी ही है।''

''तुम्हारी यह बात चतुराई से भरी है,'' हँसकर जरासन्ध ने कहा, ''अक्रूर, तुम जा सकते हो। बृहद्बाल, अपने पितामह उग्रसेन से मेरा अभिवादन कहना,'' और फिर अपने मित्रों की ओर मुड़कर कहा, ''शाल्व! अक्रूर के साथ जाओ और राजा उग्रसेन मेरी माँग स्वीकार करते हैं या क्या कहते हैं, यह निश्चित कर आओ।''

अक्रूर और बृहद्बाल जरासन्ध को अभिवादन कर शाल्व के साथ प्रस्थान कर गए।

जरासन्ध दामघोष की ओर मुड़ा। वह तो जरासन्ध की किसी नई चाल की प्रतीक्षा करता ही था। ''चेदिराज, हमें जहाँ कहीं भी हो, इन दो लड़कों को पकड़ना ही है। उनके शिरच्छेद की मेरी प्रतिज्ञा अभी पूर्ण नहीं हुई। अब हमें उनकी खोज में निकल जाना चाहिए।''

विदर्भ के राजकुमार रुक्मी ने कहा, ''हमें उनकी खोज करनी ही है, महाराज।''

दामघोष की स्थिति विचित्र हो गई। वे सम्राट् की इच्छा का अनादर करें, ऐसा सम्भव न था। उन्होंने बड़े विवेक से कहा, ''वे कहाँ गए हैं, इसकी सूचना हमें कैसे हो?''

''यह बहुत सरल है। अपने साथ हम मात्र बीस रथ और पचास अश्वारोही ही ले जाएँगे ताकि मिलने पर वे भाग न सकें। तुम्हारी क्या योजना है चेदिराज?'' जरासन्ध ने पूछा और फिर कहा, ''यदि आप न आ सकें तो अपने पुत्र शिशुपाल को ही भेज दें।''

दामघोष ने तत्काल उत्तर दिया, ''हमें हमारा कर मिलते ही यहाँ से प्रस्थान

कर देना चाहिए।''

जरासन्ध ने कहा, ''मेरा एक सेनापति एक बार करवीरपुर के राजा से मिला था। उस राजा की सहायता से सम्भवतः हम उन ग्वालों को पकड़ने में सफल हो जाएँ।''

दामघोष को यह विश्वास हो गया कि जरासन्ध ने मूर्ख बृहद्बाल से वसुदेव के पुत्रों के सम्बन्ध में समस्त सूचनाएँ प्राप्त कर ली हैं। दामघोष ने देखा, जरासन्ध उन्हें अपने से दूर करना चाहता है। स्वयं वे जरासन्ध के सामन्त मात्र थे फिर भी उनकी दृष्टि इस विराट सत्ता के समक्ष टक्कर ले सके, ऐसी सत्ता के उदय होने पर टिकी थी। मथुरा में जब कृष्ण का उदय हुआ तो इस सम्भावना के साकार होने की आशा भी थी। योग्य समय पर मथुरा को बचा सकने के लिए बीच-बचाव करने की दृष्टि से ही वे इस पक्ष में आ मिले थे। यदि वह जरासन्ध के साथ न जाए तो वसुदेव के पुत्र मात्र जरासन्ध की दया पर ही आश्रित रहेंगे, यह चेदिराज नहीं चाहते थे। इसीलिए वे स्वयं जरासन्ध के साथ रहने की इच्छा रखते थे।

खड़े हो, गरुड़!

वैनतेय कुटिया के एक कोने में पड़ा था। बाहर लोगों की हर्षध्वनि सुनाई पड़ रही थी। कुछ नए अतिथि आए थे और उसके पिता उनका स्वागत करने मैदान में गए थे। उनके हृदय में एक टीस उठी। काश! वह इतना असहाय न पड़ा होता! बाँस की भीत्ति से उसने बाहर झाँकने का प्रयास किया।

वैनतेय नायक का ज्येष्ठ पुत्र था। उसकी माता का नाम विनता था, उसी पर उसका नाम वैनतेय पड़ा। पाँच वर्ष पहले तो वह गरुड़ों का कुलभूषण माना जाता था और अपने पिता की आशाओं का केन्द्र था। वह शूरवीर था, बुद्धिमान था, गोमन्तक पहाड़ी पर आसानी से चढ़-उतरकर वह सबको दंग कर देता था। गरुड़ उसे अपना भावी नायक मानते थे। एक शिखर से दूसरे शिखर तक उड़नेवाला यह गरुड़ एकाएक बीमार पड़ा और कई दिनों तक तीव्र ज्वर से पीड़ित रहा। ज्वर कुछ घटा, तो पता चला कि उसका एक पैर बेकार हो गया है। ऐसे होनहार युवक का अपंग होना एक अत्यन्त करुण घटना थी।

गोमन्तक की ऊँचाई पर रहनेवालों के लिए दौड़ने और कूदने की शक्ति, अचूक तीरंदाजी अथवा पशुओं के साथ दौड़ केवल खेल ही नहीं, एक आवश्यकता थी। जो यह न कर पाता, वह शापित समझा जाता। वैनतेय को यह भी सहन नहीं होता था कि लोग उसकी ओर दया-दृष्टि से देखें। उसके पिता कभी उस पर गर्व करते थे–आज वह उनके लिए लज्जा की बात हो गया था। जो भाई उसमें अपने

भावी नायक का दर्शन करते थे, वे उसे अब एक बोझ मानने लगे थे। किसी को उसकी आवश्यकता नहीं थी। उसका जीवन विषाक्त बन गया था।

वैनतेय को अपने खेलकूद, अपने पराक्रम, चाँदनी रातों का वनविहार सभी कुछ याद आता और उनकी मधुर स्मृति उसे और कचोटती जाती। प्रत्येक सन्ध्या को वह इन स्वप्नों की याद सँजोता और सुबह अपनी असहायता का करुण नाटक खेलने को तैयार हो जाता। किसी की उपेक्षा, किसी की घृणा, किसी का तिरस्कार, किसी की चिड़चिड़ाहट–इन सभी को उसे सहन करना पड़ता। उसे जीवन असह्य हो चला था। कई बार वह सागर-तट पर किसी प्रकार पहुँचकर वहाँ डूब मरने की सोचता, पर प्रत्येक बार उसका मनोबल टूट जाता। तभी उसने सुना कि भगवान परशुराम दो अपरिचित युवकों को लेकर गोमन्तक आए हैं। सब इनके बारे में बड़े उत्साह और प्रेम से बातें कर रहे थे। परशुराम और उनके शिष्यों के अतिरिक्त किसी अन्य गोरे व्यक्ति को उसने नहीं देखा था। पर उसने सुना कि ये दोनों अतिथि राजकुमार हैं और अत्यन्त सुन्दर एवं सरस हैं। ''क्या मैं भी कभी उन्हें देख सकूँगा? वे मुझसे मिलने आएँगे?''

कुटिया के बाहर एकत्र सभी लोग साँस रोककर बातें कर रहे थे। निश्चय ही वे नए अतिथियों के बारे में बात कर रहे होंगे। वह कैसे बाहर जाकर उनसे मिले? यदि पिता से कहकर उन्हें अपने तक आने की प्रार्थना करें, तो भी क्या! वे इस अपंग युवक की ओर दया की दृष्टि से देखेंगे और दया की दृष्टि उसे सहन नहीं होती। एकाएक हर्षनाद सुनाई पड़ा। अतिथि कुटी के पास से जा रहे थे। भित्ति के छिद्रों में से वैनतेय ने उनको देखने का प्रयास किया। उसकी दृष्टि में मात्र चार चरण आए। दो सुपुष्ट और स्नायुबद्ध और दूसरे दो सुडौल एवं मृदु। यदि दैव रुष्ट न हुआ होता तो वह स्वयं भी उन चरणों के साथ चलता! अपने पैरों की ओर देखकर उसका मन ग्लानि से भर गया।

उसकी माँ भोजन ले आई। केवल माँ ही उसका ध्यान रखती थी। पर, वह भी कभी-कभी तंग आ जाती। वह सोचती कि लड़के का यह दुख देखने से पहले वह मर जाती तो अच्छा था। पर आज वह भी प्रसन्न थी। कहा, ''ये अतिथि तो बड़े निराले हैं। इनमें से एक बलराम जो हैं, वह हँसता है तो ऐसा लगता है मानो बादल गरज रहे हों। लम्बा-चौड़ा और हट्टा-कट्टा है वह! और दूसरा, उसके जैसा आदमी तो मैंने देखा ही नहीं। सब उसे वासुदेव कहते हैं। उसका वर्ण नीला है–आकाश-जैसा नीला। ऐसा वर्ण किसी का सम्भव है, यह कल्पना में ही नहीं आता। और हँसी तो उसकी अत्यन्त मधुर है। प्रत्येक बालक के मस्तक पर उसने हाथ रखा। मेरी ओर देखकर भी मुस्कराया। तेरे पिता कहते हैं कि वह भगवान है, नहीं तो वह इतना सुन्दर और स्नेही न होता। कभी तुम्हारे पास भी लाऊँगी। उनके

लिए समुद्र-तट पर तीन सुन्दर कुटियाँ बनाई गई हैं।''

वैनतेय की आँखों में आँसू छलक आए। उसे लगा, ऐसा अवतारी पुरुष उसके पास कभी नहीं आएगा। आया भी तो सहानुभूति के दो शब्द ही कहेगा। ऐसी सहानुभूति से वह तंग आ गया था। ''मुझे उनसे नहीं मिलना।'' उसने कहा और मुँह फेर लिया। उसका कण्ठ अवरुद्ध हो गया। जब उसकी माँ लौटी, तब सूर्यास्त हो चुका था। अब सब कोई निद्राधीन हो जाएँगे। उसने सोने का प्रयत्न किया, पर असफल रहा। उन दो दैवी अतिथियों के दर्शन करने को वह तड़प उठा। सम्भवतः यह कभी सम्भव न हो। वैनतेय ने दीर्घ निःश्वास ली और आँखें मूँद लीं। सम्भवतः एकाध झपकी भी उसे आई हो, परन्तु उसका अधीर मन बार-बार नीलवर्ण के उस सुन्दर युवक की ओर ही दौड़ता था। माँ ने कहा था कि उसने सब बालकों के मस्तक पर हाथ रखा। क्या वह कभी इस कुटिया में आकर सान्त्वना देगा? वैनतेय का हृदय आशा-निराशा के बीच झूलने लगा।

'यह सच है कि मैं अपंग हूँ,' वैनतेय सोच रहा था। 'सभी जिन पर मोहित हैं, उन राजकुमारों से सम्भवतः मैं कभी न मिल सकूँगा। पर वासुदेव नाम के उस स्मितवाले राजकुमार को देखे बिना कैसे रहूँगा!' धीरे-धीरे एक विचार उसके मन में जागृत हुआ, 'मैं अपंग हूँ फिर भी उनसे मिलने जाऊँगा। चाहे कुछ भी हो, मैं उनसे मिलूँगा अवश्य।'

वैनतेय ने सोने का प्रयत्न किया; पर निद्रा किसी प्रकार आ नहीं रही थी। अपनी कल्पना से उसका मन संत्रस्त हो उठा। वासुदेव की मुस्कान के सदृश किसी की मुस्कान नहीं हो सकती। इस देव-पुरुष की कल्पना से वह थक गया। उसने कभी भी भगवान को नहीं देखा था। सम्भवतः कृष्ण भगवान जैसा न होकर स्वयं भगवान हो। मुझे उनके दर्शन करने ही होंगे।

चाँदनी रात थी। वह किसी प्रकार घिसटता हुआ सागर-किनारे पहुँच जाएगा। वह इस प्रकार कभी इतनी दूर न गया था। अधिक से अधिक वह झोंपड़ी के बाहर निकल सकता था और हवा में लहराती वृक्ष की टहनियों को देखा करता। और फिर रात में साँप और जंगली पशुओं का डर होता है। मैं तो अपंग हूँ। किस प्रकार इस राजकुमार के दर्शन कर सकूँगा! परन्तु उसका हृदय चीत्कार कर उठा, 'तुम्हें जाना ही होगा। उनके दर्शन करने ही चाहिए। समय गँवाने से काम नहीं चलेगा। सम्भवतः वे कल चले भी जाएँ। फिर मैं कभी उन्हें नहीं देख सकूँगा।'

वैनतेय ने कुहनी के बल पर खड़े होने का प्रयत्न किया। अधखुले किवाड़ से उसने देखा कि पहाड़ी पर, वन पथ पर, वृक्षों पर, सर्वत्र शीतल चाँदनी छाई थी। उसने होंठ भींचे। कुहनियों के आधार पर वह बाहर खिसका और किसी तरह अपंग पैर को घसीटता हुआ आगे बढ़ा। देहरी तक पहुँचकर वह यह देखने के लिए रुका

कि उसकी माँ जाग तो नहीं पड़ी! पर वह तो बगल के खण्ड में घोर निद्रा में निमग्न थी। वैनतेय ने द्वार से बाहर निकलने का प्रयास किया। ऊपर चन्द्रमा एक प्रोत्साहनपूर्ण मुस्कान बिखेर रहा था। उसके मन में एक शंका ने जन्म लिया। क्या वह ठेठ सागर-तट तक पहुँच सकेगा? उसमें इतनी शक्ति नहीं थी। जो भी हो, वह उस अवतारी पुरुष के दर्शन करेगा ही। मार्ग में यदि मृत्यु का वरण करना पड़े तो भी इस असहाय जीवन से तो अच्छा ही होगा।

वह समुद्र की दिशा में आगे बढ़ा। उसके हाथ कोमल थे और रास्ते में पत्थर और काँटों से वे चिरे जा रहे थे। कुछ देर बाद क्लान्त होकर वह रुक गया। शरीर में चुभे काँटों को निकाला और चन्द्रमा की ओर देखा। चाँद उसी प्रकार मधुर हास्य की वर्षा कर रहा था। चन्द्रमा उसकी सहायता करेगा।

वैनतेय ने अपनी सारी शक्ति एकत्र कर फिर आगे बढ़ने का प्रयास किया। वह आगे बढ़ रहा था कि पीछे से झाड़ी के पीछे एक वन-पशु को उसने देखा। वह काँप उठा। उसे लगा कि अभी वह आक्रमण करेगा। पर वह पूँछ खड़ी कर भाग गया। चन्द्रमा ने उसकी रक्षा की या सम्भवतः वासुदेव ने। पिता कहते थे, वासुदेव स्वयं भगवान हैं। थोड़ी दूर एक सर्प रास्ते पर जा रहा था। वैनतेय फिर डर गया। उसने सोचा, यदि वासुदेव भगवान हैं तो वे अवश्य सहायता करेंगे। वह स्थिर पड़ा रहा और उन नीलवर्ण के भगवान से प्रार्थना की। सर्प किसी भी क्षण उसे डस सकता था। पर वह उसकी ओर मुड़े बिना आगे निकल गया। वह बच गया। वैनतेय के मन में श्रद्धा जागी कि यह राजकुमार सचमुच ही भगवान होगा।

इस चामत्कारिक रूप से बच जाने के बाद वैनतेय ने एक अपूर्व स्फूर्ति का अनुभव किया। एक नई श्रद्धा और शक्ति के साथ वह अपने विषम प्रवास पर आगे बढ़ा। अब रास्ता पथरीला हो चला था। उसकी देह से रक्त झरने लगा। चन्द्रमा सागर के पार डूब गया था। यह अच्छा शकुन था। अरुण सर्वोच्च गरुड़ सुपर्ण का बड़ा भाई था।

अब वैनतेय ने समुद्र की कगार पर चढ़ना प्रारम्भ किया। सागर का शीतल पवन उसे स्पर्श कर रहा था। अब उसे वे तीन कुटीर भी दिखाई देने लगे, जो अतिथियों के लिए बनाए गए थे। वह यह भी जानता था कि तीसरी खाली कुटीर भगवान परशुराम के लिए थी।

कगार पर चढ़कर मैदान में पहुँचने का उसने आखिरी प्रयत्न किया। अपनी सारी शक्ति को एकत्र कर अपनी देह को उठाने की भरसक कोशिश की पर उसका हाथ खिसक गया। उसकी पकड़ छूट गई। वह नीचे खड्डे में जा गिरा। उसके कण्ठ से दयार्द्र चीख निकल पड़ी। वह रो उठा। अब वह भगवान के दर्शन नहीं

कर सकेगा। जब तक दिन न उगे और किसी की दृष्टि उस पर न पड़े तब तक वहीं पड़े रहने के अलावा और कोई चारा न था।

प्रभात की प्रथम किरण फूटी। उसने कगार पर एक विराट परछाईं देखी। उसके हाथ में एक लम्बा बाँस था। वैनतेय अभी पीड़ा से कराह रहा था। सम्भवतः उसके रुदन से आकर्षित हो कोई आ गया था और उसे कोई प्राणी समझकर मार डालेगा। उससे परछाईं ने विचित्र भाषा में कुछ पूछा। वैनतेय की साँस रुक गई। वह विराटकाय मनुष्य किसी भी क्षण कूदकर उसके प्राण हर लेगा। ऐसा भय उसे हुआ। मरने से पहले यदि एक बार भी भगवान के दर्शन हो जाते!

अब आकाश में उषा का आगमन हो चुका था। वैनतेय ने देखा कि एक सशक्त सुदृढ़ युवा हाथ में बाँस लेकर उस घास को टटोल रहा था, जहाँ वह पड़ा था।

बाँस उसे लगा और वह चीत्कार उठा। एकाएक उसने देखा एक अन्य अद्भुत पुरुष ने उस युवक के हाथ रोक लिये। वैनतेय को विश्वास हो गया कि वे स्वयं भगवान थे। ''एक बार भी उनके दर्शन हो जाते तो...'' इसी रट में वह मूर्च्छित हो गया।

जब उसकी सुध लौटी, तब कोई कोमल हाथ उसके घाव साफ कर रहा था। उसके सारे शरीर में अपार वेदना थी। उसने धीरे-से अपनी आँखें खोलीं और उसकी दृष्टि एक युवक की दृष्टि में खो गई। हाँ, वे स्वयं भगवान थे। वही, नीलवर्ण, मधुर मुस्कान और कन्धे तक लहराते घुँघराले केशोंवाले भगवान!

उसने आँखें खोलीं और उस सुन्दर मुख को आतुर नयनों से निहारने लगा। भगवान मुस्कराए। उनकी स्नेहस्निग्ध आँखों की माया उसके अंग-अंग को प्रभावित कर रही थी। अपनी यात्रा का परम लक्ष्य अन्ततः उसे मिला तो! वह ऐसे प्रभु के दर्शन कर सका, जो अपंग की भी सेवा करते हैं! उसने आँखें बन्द कर लीं। अब वह सुख से मर सकेगा। अपने लहूलुहान हाथों को आगे बढ़ाकर उसने प्रभु के चरण पकड़ लिये। ''आप ही मेरी अन्तिम शरण हैं!'' उसने कहा और फिर मूर्च्छित हो गया।

जब उसे दुबारा सुध आई, तब उसे यह ध्यान न था कि वह कितनी देर मूर्च्छित रहा। पर अब कितने ही परिचित स्वर उसे सुनाई पड़ रहे थे। उसके पिता चाचा के साथ उत्साह से बातें कर रहे थे। उसके चाचा उस युवक की भाषा जानते थे। उसकी माता का अश्रुभीगा स्वर भी वह तुरन्त पहचान गया। अजानी भाषा में बात करती एक मधुर ध्वनि भी सुनाई पड़ी। निश्चय ही वह प्रभु की वाणी थी।

वैनतेय ने आँखें खोलकर पिता की ओर देखा। वह काँप उठा, ''तू किसलिए बाहर निकला, मूर्ख! हमें कैसी चिन्ता में डाल दिया तूने?'' वैनतेय जानता था कि पिता उसकी अपंग दशा का तिरस्कार करते थे। नायक के गौरवशाली कुटुम्ब में

उसकी यह दशा कलंक के समान थी।

चाचा ने पूछा, ''पागल! तू यहाँ तक आया कैसे?''

माता ने स्नेहस्निग्ध स्वर में कहा, ''तेरे शरीर पर कितनी खरोंचें आ गई हैं!''

वैनतेय के हृदय का समस्त उल्लास काफूर हो गया। उसे फिर उसी कुटिया के कोने में पटक दिया जाएगा और वहीं उसे अपनी मृत्यु की प्रतीक्षा करनी होगी। उसके पिता ने उसे बिठाने के लिए हाथ आगे बढ़ाया पर उसने मुँह फेर लिया। उसने प्रभु की ओर देखा। वासुदेव मुस्कराए। ऐसी ममताभरी मुस्कान उसने कभी न देखी थी। नहीं, नहीं, वह अब फिर से उस कुटिया में, उस अवहेलना के केन्द्र में नहीं जाएगा। वह यहीं प्रभु के साथ जीएगा अथवा मृत्यु का वरण करेगा।

उसने एक कुहनी पर खड़े हो दूसरे हाथ से श्रीकृष्ण के चरण पकड़ लिये। कृष्ण ने नीचे झुककर उसे बैठने में सहायता दी।

कृष्ण ने पूछा, ''गरुड़! तुम नायक के साथ नहीं जाना चाहते?'' उसके चाचा ने कृष्ण के प्रश्न का भाषान्तर किया।

''नहीं, नहीं, मैं तुम्हारे साथ ही रहूँगा।'' इस पर सभी हँस पड़े। कृष्ण उसे वापस भेज देंगे, इस भय से उनके चरण उसने और कसकर पकड़ लिये।

''वासुदेव! वैनतेय कहता है कि वह आपके साथ रहेगा, पर यह पागल है। यह अपंग आपको कष्ट ही देगा।''

कृष्ण ने नीचे झुककर वैनतेय को अपनी भुजाओं में ले लिया।

''गरुड़! तुम मेरे साथ रहोगे?''

उसके चाचा ने इस प्रश्न का भाषान्तर किया।

''मैं अपंग, आपके साथ कैसे रह सकूँगा?'' वैनतेय ने डरते हुए कहा, ''पर इस संसार में आपके सिवा मेरा कोई आधार नहीं।'' उसके इस विचित्र उत्तर से पिता, माता और दूसरे लोग हँस पड़े। कृष्ण ने गरुड़ की ओर देखा और कहा, ''कौन कहता है कि तू अपंग है? मैं तुम्हारा हूँ।'' चाचा ने इन शब्दों का अर्थ समझाया।

वैनतेय ने उत्तर में अपने अपंग पैर की ओर देखा, उसकी आँखों में अश्रु छलक आए।

बलराम ने पूछा, ''तू, इस अपंग को अपने साथ रखेगा, कृष्ण?''

''हाँ।'' कृष्ण ने कहा और अधिकारपूर्ण स्वर में वैनतेय से बोले, ''तुम अपंग नहीं–खड़े हो, गरुड़! अपने पैरों पर खड़े हो जाओ।''

वैनतेय यह भाषा समझता नहीं था–पर उसकी गूँज उसकी नस-नस में व्याप्त हो गई–उसका अर्थ वह समझ गया–उसने पैर हिलाने का प्रयत्न किया। कृष्ण ने उसका हाथ पकड़कर कहा, ''खड़े हो, गरुड़!''

गरुड़ ने कृष्ण की ओर भक्तिभाव से देखा। शान्त आज्ञा के स्वरों ने उसमें अपार श्रद्धा उत्पन्न की। वह कृष्ण का आसरा लेकर खड़ा हो गया।

"चलो, मेरे साथ-साथ चलो।"

वह क्या कर रहा है, यह समझने की शक्ति उसमें न थी। उसने पैर उठाया। सभी स्तब्ध होकर कृष्ण की ओर देख रहे थे। वर्षों से जिसने कदम नहीं उठाया था, आज खड़ा होकर पैर आगे बढ़ा सका। वैनतेय का चेहरा विजयस्मित से प्रदीप्त हो गया। वैनतेय की माँ आनन्दाश्रु रोक न सकी। वह दौड़कर कृष्ण के चरणों में गिर पड़ी।

गोमन्तक पहाड़ी

परशुराम ने गोमन्तक से विदा ली। बलराम यहाँ अपूर्व स्फूर्ति का अनुभव कर रहे थे। वे स्वभाव से ही मुक्त, सज्जन और जीवन का उपभोग करने में विश्वास करनेवाले थे। उनका बस चलता तो वे संसार की सभी उपाधियाँ त्यागकर निजानन्द में ही जीवन बिता देते। पर बचपन से ही कृष्ण ने दोनों भाइयों के आसपास आदर के वातावरण की रचना कर दी थी और बलराम उससे कभी मुक्त न हो सके। बलराम कृष्ण को बहुत प्रेम करते थे और यह भी जानते थे कि वे कृष्ण के अपार स्नेह-भाजन हैं। कृष्ण की समझदारी, वीरता और सहज सूझ में उन्हें पूर्ण श्रद्धा थी। कृष्ण की शक्ति पर भी उन्हें विश्वास था। पर कोई उन्हें देवतुल्य माने और उस रूप को चरितार्थ करने के लिए उन्हें अथक पुरुषार्थ करना पड़े, यह उन्हें पसन्द न था। मथुरा में उनके पराक्रमों की कथा आदर से कही जाती और पिता, माता, गुरु सांदीपनि तथा मथुरा के समस्त लोग उन्हें अतिमानव मानते थे। कृष्ण में इस देवरूप के योग्य शक्ति थी, पर बलराम को लोगों के आशानुकूल बनने में प्रयास करना पड़ता।

गोमन्तक पहाड़ी पर आकर बलराम फिर अपने मनमौजी स्वभाव में आ गए। गरुड़ भी जीवन के आनन्द में विश्वास करनेवाले लोग थे। वे खाते, पीते, गाते, नाचते और सदा हँसते रहते। संयमहीन स्वेच्छाचार भी वहाँ था। स्त्री-पुरुष वल्कल पहनते, पुष्पों के अलंकार धारण करते और मुक्त जीवन बिताते। वे स्फूर्तिवान थे। उनके पैरों में मानो पाँखें लगी थीं। पहाड़ी के दुर्गम चढ़ावों और उतारों पर वे यथेष्ट विहार करते, विकट रास्तों पर दौड़ते और गहरे गड्ढों को चपलता से फाँद जाते। स्त्रियाँ मात्र चलती नहीं, नाचती थीं। गरुड़ लोगों की कई विशिष्टताएँ बलराम के मौजी स्वभाव को भातीं। वे स्वयं को सुवर्ण के पंखोंवाले विहगराज के

वंशज बतलाते और उत्सवों पर गरुड़ के चेहरे लगाकर उड़ने की मुद्रा से चपलता के साथ कूदते-फिरते।

गरुड़ लोग काम यदा-कदा ही करते थे। नारियल का पेड़ उनका कल्पवृक्ष था; उससे उनको खाना, पीना, वस्त्र, खम्भे, छपरे, ईंधन इत्यादि आवश्यकता की सभी वस्तुएँ मिल जातीं। पहाड़ी पर उगनेवाले फल-फूलों का वे आहार करते और धनुष-बाण से पक्षियों का शिकार भी करते। बलराम उनसे काफी हिल-मिल गए। उन्हीं की तरह पुष्प धारण कर वे उनके नृत्य का आनन्द लेते, दोपहर तक सोए रहते और जब कृष्ण उन्हें दुर्गम रास्तों का पता लगाने के लिए साथ चलने को कहते तो वे हँसकर टाल देते।

कृष्ण ने कहा, ''कभी हमें जरासन्ध से गोमन्तक की रक्षा करनी पड़ेगी। हमें इसके लिए अभी से तैयार रहना चाहिए।''

''कृष्ण! तुम जीवन का आनन्द उठाना नहीं जानते। जरासन्ध कभी यहाँ नहीं पहुँच सकता और यदि किसी तरह आ भी गया तो उसे पहाड़ी से उठाकर नीचे फेंक दूँगा। जैसे कि महाभार्गव कह गए थे, हमें जीवन जीना सीखना चाहिए।''

''हाँ, जीवन जीना अवश्य चाहिए, पर किसी ध्येय के लिए।''

बलराम ने एक वृक्ष के नीचे लम्बी तानकर कहा, ''मैंने तो जीवन को पूर्णतः जीने का निश्चय किया है।''

कृष्ण ने बलराम को अपने रास्ते चलने दिया, पर स्वयं भी गरुड़ों के जीवन में रस लेने से चूके नहीं। वैनतेय अब बिलकुल चंगा हो गया था। कृष्ण के प्रति वह अपार श्रद्धा और भक्तिभाव रखता तथा छाया की तरह उनके पीछे-पीछे रहता। वैनतेय को जब से कृष्ण ने शाप-मुक्त किया तब से नायक और सभी गरुड़ उनको पूज्य-भाव से देखने लगे। वैनतेय की सहायता से कृष्ण ने गोमन्तक की पूरी पहाड़ी छान डाली। प्रत्येक घाटी, चढ़ाव, दुर्गम मार्ग और जरासन्ध के अवरोधक के रूप में काम आनेवाले प्रत्येक खड्ड का निरीक्षण उन्होंने किया। अनाज और जल की दृष्टि से पहाड़ी कितनी समृद्ध है और शस्त्र बनाने के लिए वहाँ कितने खनिज उपलब्ध हैं, इसका पता भी लगाया। विश्रान्ति के पलों में कृष्ण जीवन और संयोग के विषय में विचार करते। मनुष्य को कैसे धर्म के प्रति आकर्षित किया जाए अथवा जीवन को भय, रोष या क्षुद्र आत्मसन्तोष की ग्रन्थियों से संकुचित किए बिना किस प्रकार जिया जाए, ये विचार भी उनके मन में उठते रहते।

कभी-कभी वे नन्द और यशोदा, राधा और उनकी सखियों, वसुदेव और देवकी अथवा पाँच पाण्डवों के विचारों में खो जाते। आशिका का क्या हुआ होगा, उसकी माता ने उसे दण्ड दिया होगा, यह ध्यान भी उन्हें आए बिना न रहता।

कभी-कभी उनके हृदय में विदर्भ की रूपवती राजकन्या का ध्यान भी आ बसता। कई बार जरासन्ध का विचार उन पर छा जाता। इस महत्त्वाकांक्षी सम्राट् ने बल और छल से राजाओं तथा प्रजा का भविष्य अन्धकार में डाल दिया था। उन्हें लगा कि अब एक के बाद एक कदम उन्हें जरासन्ध का सामना करने की दिशा में ले जा रहा है। उनके हृदय में प्रिय, सुहृदय उद्धव की याद भी बनी रहती। यह अल्पभाषी मित्र होंठों से शब्द निकलते ही उन्हें कार्यरूप में परिणित कर देता था। सम्भवतः वह अब भी जरासन्ध द्वारा कृष्ण के आसपास फैलाए जाल को काटने में लगा होगा।

अन्य प्रवृत्तियों के अतिरिक्त कृष्ण गरुड़ों के उत्सवों और नृत्यों में भाग लेते। युवकों को बंसी बजाना और युवतियों को रास सिखाते। कभी कोई झगड़ा होता या कुछ समस्या आ जाती तो सब सुझाव के लिए कृष्ण के पास जाते। गोमन्तक के ये सरल निवासी कृष्ण के प्रति अपार भक्तिभाव रखने लगे।

कृष्ण की सबसे बड़ी समस्या शस्त्र-सज्जित होने की थी। उस युग के युद्ध कुशल योद्धाओं के बीच द्वन्द्व के रूप में लड़े जाते थे। प्रत्येक योद्धा के पास अपने-अपने विशिष्ट शस्त्र रहते। कृष्ण ने विशिष्ट शस्त्रों के निर्माण की कला सांदीपनि के आश्रम में सीखी थी। एक विराट धनुष, लक्ष्य साध सके ऐसी एक गदा और सबसे अधिक अपने को अजय बना सके, ऐसे शस्त्र-निर्माण की आकांक्षा वे रखते थे।

गरुड़ों के नायक का नाम था आर्तेय। अपनी माता आर्ता से उसे यह नाम मिला था। ऐसा माना जाता था कि उसके पास चमत्कारी शक्तियाँ हैं। अग्निदेव की उस पर कृपा थी और कहा जाता था कि जब भी वह अग्निदेव की विधिवत पूजा करता, अग्निदेव पत्थरों को गहरे लाल रंग की धातु में पलट देते। इसी धातु से वह अपने और राजकुटुम्ब के बाणों के फल बनाया करता। अन्य गरुड़ पत्थरों के फलवाले बाण बनाते और युद्ध में पत्थरों की ही गदा का उपयोग करते।

कृष्ण ने आर्तेय के साथ घनिष्ठता बढ़ाई। अग्नि का वह मन्त्र जिससे पत्थर धातु में परिणत हो जाता था, उन्हें भी आता था। नायक की अनुमति से वे गरुड़ किशोरों को, बाण किस प्रकार बनाए जाएँ और निशाना अचूक कैसे हो, इनकी शिक्षा देने लगे। थोड़े ही समय में वैनतेय के नेतृत्व में युवक कूदने, दौड़ने और विषम आरोहण में प्रवीण हो गए। कृष्ण ने नायक से प्रार्थना की कि वैनतेय और उसके साथियों को अग्नि से ताँबा प्राप्त करने की रीति सिखाने की अनुमति दी जाए और नायक उससे सहमत हो गए। पर कृष्ण को इन शस्त्रों से सन्तोष नहीं था, इसलिए वैनतेय की मदद से उन्होंने एक निर्जन स्थल में विशाल वेदी की रचना की। योग्य वेदमन्त्रों द्वारा उन्होंने पत्थर की आहुतियाँ अग्नि को दीं। अग्निदेव ने

प्रसन्न होकर उन्हें धातु में परिवर्तित कर दिया।

इस धातु से कृष्ण ने तलवार, बाण के फल, चक्र, गदा इत्यादि बनाए। पर अनेक प्रयत्न करने पर भी जो कुछ उन्होंने गुरु सांदीपनि के आश्रम में सीखा था, उससे कुछ अधिक नहीं बना सके। कृष्ण इस प्रश्न पर गम्भीर रूप से विचार कर रहे थे। यदि धर्म-संस्थापना ही मेरे जीवन का आदर्श है तो फिर अधर्म के प्रति मुझे सतत संघर्ष करना होगा। यह तभी सम्भव था, जब वे असम्भव को सम्भव कर बताएँ–जहाँ हो सके वहाँ प्रेम से और जहाँ न हो सके वहाँ बल से हिंसा पर अंकुश रख सकें। दिन-रात वे इन्द्र और अग्नि के मन्त्र उच्चार कर इन देवताओं से अधिक शक्तिशाली शस्त्र देने की प्रार्थना करते रहते।

एक रात कृष्ण बैठे-बैठे यज्ञवेदी में प्रज्ज्वलित अग्नि को एकटक देख रहे थे। अग्निदेव ने ताँबे की धातु के तप्त टुकड़े की रचना की। कृष्ण ने उस टुकड़े को पानी में डुबाया। उन्हें इस धातु से सन्तोष नहीं हुआ। दीर्घकाल से वे मानवातीत शस्त्र पाने के लिए प्रभु से प्रार्थना कर रहे थे। अग्नि में घृत और तेल की आहुतियाँ देते रहते। अचानक एक चमत्कार हुआ। एक शिला अन्य शिलाओं की भाँति पिघली नहीं। उसमें मध्याह्न जैसा तेज और उषा जैसी सुनहरी आभा चमक रही थी। वह अनन्य दृश्य था। कृष्ण को लगा कि यह प्रभु का संकेत है। वह शिला सूर्य की तरह चमक रही थी।

कृष्ण ने मन्त्रोच्चार के साथ अग्नि को आहुत दी। वेदी पर ज्वालाएँ भभक उठीं। अन्त में उससे रस पिघला। इस रस को जब कृष्ण ने नाली में बहाया तब 'स...न...न...न' सी ध्वनि हुई और भाप हवा में फैल गई। जब प्रवाही ठण्डा पड़ा तब कृष्ण ने उसे उठाकर देखा। प्रभु ने मेरी प्रार्थना सुन ली है, यह जानकर कृष्ण का हृदय हर्ष से छलक उठा। उन्होंने तलवार की धार से उसे छेदने का प्रयास किया, किन्तु तलवार के दो टुकड़े हो गए। उन्होंने ताँबे के फलवाले तीर उस पर छोड़े, परन्तु तीर की नोक टूट गई। इन्द्र ने कृष्ण की प्रार्थना सुनी और अपने वज्र का अंश ही मानो उन्हें भेज दिया।

कृष्ण को एक नए रहस्य का पता चला। जो छोटे लाल पत्थर नायक आर्तेय निरुपयोगी समझकर फेंक देता था, वही अग्निदेव की प्रिय आहुति थी। जब ये पत्थर अग्नि को समर्पित किए जाते, तो वज्र का रस तैयार होता। कृष्ण तथा गरुड़ ने समूची पहाड़ी पर से ऐसे लाल पत्थर खोजने शुरू किए। ये वहाँ काफी मात्रा में थे। इन शिलाओं को यज्ञवेदी में रखा गया। अग्निदेव को सन्तुष्ट करना आसान नहीं था। तेल और चन्दन-काष्ठ की अपार आहुतियाँ देनी पड़ीं। अन्त में अग्निशिखाएँ खूब ऊँची उठीं और शिलाएँ तपकर जब लाल हो गईं तब उनमें से रस झरा। वह जब ठण्डा हुआ तो उससे जो शस्त्र तैयार हुए वे ताँबे और पत्थर के शस्त्रों को

सरलता से तोड़ सकते थे। यह प्रभु की भेंट थी।

दोपहर की नींद पूरी होने पर बलराम ने आँखें खोलीं। हवा में मधुर गन्ध फैल रही थी। एक दीर्घ श्वास लेकर वे खड़े हुए। आज किसी अनोखी प्रसन्नता का अनुभव उन्हें हो रहा था। सुगन्ध भी ऐसी अपूर्व फैल रही थी वातावरण में कि बलराम उसी सुगन्ध की दिशा में चल पड़े। वहाँ उन्होंने एक चामत्कारिक दृश्य देखा। एक वृक्ष के तने से कुछ दूध-सा रस झर रहा था। वह अनुपम सौरभ इसी रस से आ रही थी। बलराम ने हथेली में थोड़ा रस लेकर उसे चखा। वह अत्यन्त मधुर था। इतना उत्तम स्वाद उन्होंने कभी नहीं चखा! उन्होंने अधिकाधिक रस पिया। उससे उनका मन अत्यन्त हल्का हो गया। आकाश अत्यन्त सुन्दर दीखने लगा। आसपास की दृश्यावली एक नवीन सौन्दर्य से युक्त दिखाई दी। उनका मन नाच उठने को हुआ, धरती पर नहीं, आकाश में। उन्होंने फिर थोड़ा रस चखा और जब तक तृप्ति नहीं हुई तब तक पीते ही रहे। उन्हें लगा कि धरती भी नाच रही है। सभी को अपने आलिंगन में ले लेने का उनका मन हुआ—गरुड़-कन्याओं को भी। छोटे आकार भी अब उन्हें अच्छे लगने लगे।

वे वहाँ पहुँचे जहाँ कृष्ण गदा बना रहे थे। मन में सोच रहे थे, 'बेचारा कितनी मेहनत करता है। जीवन का आनन्द उठाना तो जानता ही नहीं। इसे उस वृक्ष से झरनेवाले रस का पान करना चाहिए। कल ही मैं उसे ले आऊँगा।' फिर कृष्ण से बोले, ''कृष्ण...तू...तू...क्यों...इस तरह समय गँवाता...है?''

बलराम की स्थिति देखकर कृष्ण ने विस्मय प्रकट किया, ''भाई, आप कहाँ थे? क्या कर रहे थे?''

''मैं...अरे मैं...ने तो अमृत खो...ज लिया है। गोमन्तक के पे...ड़ों से वह झ...रता है। चल...तू भी थो...ड़ा पी...ले!'' बलराम ने कहा।

कृष्ण बलराम की स्थिति समझ गए। परन्तु बलराम के अहं पर चोट करना उन्होंने उस समय उचित नहीं समझा।

''मैं अपने लिए गदा बना रहा हूँ। तुम अपने लिए शस्त्र कब बनाओगे?''

''शस्त्र! मुझे शस्त्र की क्या आवश्यकता है?''

''शस्त्रों के बिना जरासन्ध के विरुद्ध कैसे लड़ोगे?''

''कैसे लड़ूँगा? उँहँ!'' बलराम ने उपहास से हँसते हुए कहा, ''मुझे गदा-वदा की क्या आवश्यकता है!''

बलराम ने इधर-उधर देखा। निकट ही एक खेत जोता जा रहा था। बलराम अस्थिर कदमों से वहाँ गए और खेत जोतनेवाले गरुड़ को आश्चर्यचकित करते हुए चार आदमियों से भी न उठे, ऐसे हल को उठाकर कृष्ण के पास ले आए।

''कृष्ण, मुझे गदा की आवश्यकता नहीं। मैं इस हल से जरासन्ध के साथ

लड़ूँगा। उसमें हिम्मत है तो आए मेरे सामने!'' बलराम ने कहा और हल खेत में फेंक दिया। फिर जोर-जोर से हँसने लगे और वहीं धरती पर निढाल होकर खर्राटे भरने लगे।

एक दिन कृष्ण वैनतेय को लेकर पहाड़ी की उस ओर गए, जहाँ सागर चट्टानों से टकराता था। कृष्ण को लगा कि मौका पड़ने पर यहाँ दुर्ग बनाया जा सकता है। युगों पूर्व यहाँ सागर के मध्य एक पहाड़ी थी, पर गरुड़ों के पूर्वजों को ज्वार के समय मुख्य भूमि पर जाते हुए तकलीफ होती थी, इसलिए उन्होंने दोनों ओर सागर के जल को रोक रखने के लिए पत्थर का बड़ा बाँध बनाया था। इसी से पहाड़ी मुख्य भूमि से जुड़ गई थी। अब भी ऐसे चिह्न वहाँ थे, जिससे पता चलता था कि कभी वह भाग सागर की सीमा में था।

कृष्ण और वैनतेय पहाड़ी पर आए, तब उन्होंने बलराम को एक लतामण्डप में तीन गरुड़-कन्याओं से घिरे बैठे देखा। बलराम वृक्ष का सहारा लेकर सोए थे। एक स्त्री 'अमृत रस' का घड़ा रख रही थी, दूसरी उनके लिए माला गूँथ रही थी और तीसरी उनके चरण सहला रही थी। बलराम ने कृष्ण और गरुड़ को देखा और उन्हें अपने पास बुलाते हुए कहा, ''कृष्ण, देख तो, ये तीनों अप्सराएँ मेरा कितना ध्यान रखती हैं। यह जो मुझे अमृत रस पिला रही है, इसका नाम वारुणी है और ये माला गूँथनेवाली कान्ति है, तीसरी श्री है। भाई, तू क्यों युद्ध की तैयारी में अपना समय गँवाता है? जरासन्ध यहाँ क्या आएगा!''

कृष्ण हँस पड़े। ''जरासन्ध यहाँ अवश्य आएगा और तुम यदि ऐसे ही रहोगे तो उसके साथ लड़ने की स्फूर्ति भी तुममें नहीं रहेगी।''

''जब आएगा, तब देख लिया जाएगा!'' बलराम ने कहा और गरुड़-कन्याओं की ओर मुड़े। तीनों युवतियाँ हँस पड़ीं।

वैनतेय कई बार करवीरपुर जाता। अपना गरुड़-मुख पहनकर वह चील-सा झपटता और दो दिनों में ही वापस लौट आता। एक दिन जब वह करवीरपुर से चला तो सीधे घर न जाकर कृष्ण के पास आया।

''भगवन्, आपके लिए मैं समाचार लाया हूँ।'' उसने कहा।

''क्या बात है, गरुड़?'' कृष्ण ने पूछा। अब वे गरुड़-भाषा भी बोलने लगे थे और वैनतेय को भी आर्यभाषा बोलने का अभ्यास हो गया था।

''करवीरपुर के राजा शृंगलव के यहाँ कुछ दिनों में अतिथि आनेवाले हैं, किसी बड़े देश के राजा। उनके स्वागत के लिए भारी तैयारियाँ हो रही हैं।''

''नाम क्या है उस राजा का?''

"मुझे ठीक से याद नहीं।"

"कहीं जरासन्ध तो नहीं है?"

"हाँ-हाँ, वही! उनके साथ और भी कई राजा आ रहे हैं। शृंगलव ने उन्हें निमन्त्रण दिया है!"

"तो अब हमें तैयार हो जाना चाहिए!"

बलराम अपने 'अमृतरस' में चूर थे। जब उन्हें यह समाचार मिला तो उन्होंने अपने कमनीय साथियों को दूर किया और अपने कुटीर की ओर चले।

"कृष्ण! तुमने कौन-से शस्त्र बनाए हैं? सुना है, जरासन्ध आ रहा है?"

कृष्ण बलराम को तीसरी कुटिया में ले गए और वहाँ पर रखे धनुषबाणों का भण्डार दिखाया। वहाँ गदाएँ भी थीं। "ये मेरे शस्त्र हैं," कृष्ण ने कहा।

"हमें इन शस्त्रों की पूजा करनी चाहिए। इनके नाम रखने चाहिए।"

"मैं तो तैयार हूँ, पर तुम्हारे शस्त्र कहाँ हैं?"

"परसों हम शस्त्र पूजा करेंगे, तब तक मेरे शस्त्र भी तैयार हो जाएँगे।"

बलराम वापस लौटे, तब तीनों युवतियाँ उनकी प्रतीक्षा कर रही थीं। उन्होंने गर्जन कर उन्हें भगा दिया। फिर कुल्हाड़ी लेकर एक विशाल वृक्ष को काटने बैठे और उसके तने से एक बड़ा हल बनाया। दो दिन और दो रात काम कर उन्होंने वह विशाल हल तैयार किया।

शस्त्र-पूजा का दिन आ पहुँचा। समस्त गरुड़-जनों को भी इस उत्सव पर आमन्त्रित किया गया।

"कृष्ण, अपने शस्त्रों की पूजा आरम्भ करो!" बलराम ने कहा।

"पर, तुम्हारे शस्त्र कहाँ हैं, भाई?"

"तुम पूजा करो, मैं अपने शस्त्र अभी ले आता हूँ।"

थोड़ी देर में जब बलराम लौटे तब उनके एक कन्धे पर एक विशाल हल था और दूसरे कन्धे पर पाँच फुट का बड़ा मूसल।

"ये रहे मेरे शस्त्र! अन्य शस्त्र तैयार करने के लिए मुझे कई दिन गँवाने पड़ते। चलो, अब पूजन आरम्भ करो।"

कृष्ण ने मुस्कराकर कहा, "बड़े अच्छे हैं आपके शस्त्र! पर एक दृष्टि मेरे शस्त्र पर भी डालो!" फिर पत्तों के आवरण को हटाकर उन्होंने मध्याह्न के सूर्य की भाँति चमकते हुए चक्र को उठाया। फिर और पत्ते हटाकर उन्होंने दूसरे शस्त्र दिखाए। उनमें मुकुट, कवच इत्यादि थे। रत्नजड़ित एक स्वर्ण-मुकुट भी था।

"मैंने प्रभु के लिए यह तैयार किया है।" वैनतेय ने गर्व से कहा।

बलराम विस्मय से यह सब देख रहे थे। उन्होंने कहा, ''चमत्कार! चलो, अब शस्त्रों का नामकरण करें।''

बलराम ने हल को 'समवर्तक' और मूसल को 'सौनन्द' नाम दिया। कृष्ण ने धनुष को 'सारंग' गदा को 'कौमोदकी' और चक्र को 'सुदर्शन' की संज्ञा दी। शस्त्रों की पूजा कर उन्होंने देवताओं को उनमें शक्ति देने की प्रार्थना की।

कृष्ण ने कहा, ''गरुड़ मेरे शस्त्रों का रक्षक रहेगा। वह नहीं हो, तब भी गरुड़ का प्रतीक मेरे शस्त्रों पर रहेगा क्योंकि उसने मेरे शस्त्रों के निर्माण में सहायता की है।''

बलराम ने कहा, ''अब जरासन्ध भले ही आए। उसे देख लेंगे।''

गरुड़मुख-मानव दोनों भाइयों के आसपास नृत्य कर रहे थे। उन्होंने उन पर पुष्प-वर्षा की और शत्रुओं के प्रतिकार की लालसा से युद्ध-दुन्दुभि बजाई।

जरासन्ध को जीवनदान मिला

जरासन्ध आया। उसके मुख्य साथी दामघोष, रुक्मी, अनुविन्द, दन्तवक्र और दारद उसके साथ थे। ये सभी राजा अपने-अपने राज्यों के श्रेष्ठ योद्धा भी साथ लेते आए थे। ऐसा लग रहा था, जैसे वे आखेट पर निकले हों। मार्ग में उसीनारा, चेदि और विदर्भ के राज्य पड़े। वहाँ उनका भव्य स्वागत हुआ। प्रत्येक सन्ध्या को खूब राग-रंग का कार्यक्रम होता और सम्राट् पर महत्त्वाकांक्षा का मद अधिकाधिक चढ़े, ऐसी गोष्ठियाँ भी होतीं। इस अभियान को मगध-सम्राट् की विजय-कूच का रूप दिया गया। सभी गाँवों में मगध-सम्राट् की जय-जयकार से वातावरण गूँज उठता। करवीरपुर के राजा शृंगलव ने सन्देश भिजवाया कि वसुदेव के दोनों पुत्र घोर जंगल में स्थित गोमन्तक पहाड़ी पर छिपे हैं। उन दोनों को पकड़कर सम्राट् की सत्ता का अनादर करनेवालों को पाठ पढ़ाना बहुत सरल है।

विदर्भ से आगे इन लोगों को जंगलों और पर्वतों को लाँघकर जाना पड़ा। मार्ग बहुत दुर्गम था और जल का अभाव भी कई बार हुआ। इस कठिन मार्ग के कारण अनेक राजा अपना धीरज खो बैठे और भीतर-ही-भीतर शिकायत करने लगे कि मात्र दो युवकों को पकड़ने के लिए इतने बड़े अभियान की क्या आवश्यकता है। फिर भी जरासन्ध की इच्छा के आगे वे मौन थे।

गोमन्तक की तलहटी में जरासन्ध और उसके साथियों ने डेरा डाला। उनका विचार था कि दो-एक दिन में दोनों तरुणों को पकड़कर उन्हें दण्ड दिया जा सकेगा। परन्तु जब उन्होंने पहाड़ी के दुर्गम रास्तों पर चढ़ने का प्रयास किया तो

उनकी आशा आशंका में परिवर्तित हो गई। यह घेराबन्दी कब तक चलेगी? यदि पहाड़ी पर जल और फल पर्याप्त मात्रा में हुए तो वहाँ के लोग क्या कभी शरण में आएँगे? पहाड़ी पर पहुँचने के लिए सरल मार्ग ढूँढ़ने का प्रयास किया गया। बड़ी मुश्किल से दो आदमी चल सकें, ऐसा एक विषम और तंग रास्ता उन्हें दिखाई पड़ा। उसके एक ओर ऊँची-ऊँची चट्टानें और दूसरी ओर गहरी खाई थी। कुछ साहसिक योद्धाओं ने इस मार्ग से आगे बढ़ने का निश्चय किया। वे कुछ दूर गए ही थे कि पहाड़ी पर कुछ आकार दिखाई दिए, जिन्होंने बड़े-बड़े गोल पत्थर आरोहियों की ओर ढुलकाने शुरू किए। इससे आरोही घबराकर गहरी खाई में गिर पड़े। यह परिस्थिति ऐसी विषम थी कि केवल दो व्यक्ति पूरी फौज पर देर तक मुकाबला कर सकते थे और ऐसा लगता था कि पहाड़ी पर सैकड़ों लोग थे।

दो दिन तक जरासन्ध ने युद्ध समिति से इस समस्या पर मन्त्रणा की। उसके साथी इस निष्फल प्रयास के लिए उत्साह खो बैठे थे। एक तो वे विकट प्रवास से थके हुए थे, फिर करवीरपुर से सहायता पाना भी कठिन था। इस बात की बहुत कम सम्भावना थी कि पहाड़ी पर विजय पाई जा सकेगी। घेराबन्दी चाहे जितनी दीर्घ क्यों न हो, उन्हें सफलता कभी नहीं मिलेगी। जरासन्ध ने अपने साथियों के निरुत्साह को लक्ष्य किया, पर अपने शत्रुओं को वह छोड़ना भी नहीं चाहता था। यदि दो युवकों से डरकर वह पीछे लौट गया तो दुनिया क्या कहेगी! उसने अपने साथियों को प्रोत्साहित करने का प्रयत्न किया। उनके पराक्रम की सराहना की और अपरोक्ष में धमकियाँ भी दीं। फिर भी राजागण आक्रमण करने को तैयार न हुए। उनमें केवल एक व्यक्ति स्वस्थ और शान्त था। वह था चेदिराज दामघोष। अपने मित्रों की घबराहट से उसे एक प्रकार की प्रसन्नता हो रही थी और इसका कारण यह था कि इस अभियान में वह किसी दूसरे ही उद्देश्य से संयुक्त हुआ था।

जरासन्ध के विजित होने पर दामघोष को उसके एक सामन्त का स्थान स्वीकार करना पड़ा था। यह ठीक था कि मगध सम्राट् ने उसे कई बार विपत्तियों से बचाया था, पर दामघोष दूरंदेशी था। वह यह देख सकता था कि मगध की निरन्तर बढ़ती हुई सत्ता केवल उसके जैसे राजाओं के लिए ही नहीं, बल्कि समग्र आर्य जीवन मार्ग के लिए भयजनक थी। यदि भाग्य जरासन्ध का बराबर साथ देता रहा तो वह पाञ्चाल और हस्तिनापुर के महाराज्यों का भी नाश कर देगा। यदि समस्त आर्यावर्त उसके अधीन हो गया तो फिर कभी किसी नरेश को स्वतन्त्र होने का अवसर नहीं मिलेगा।

दामघोष की प्रबल इच्छा थी कि जरासन्ध पर अंकुश रख सके, ऐसी कोई शक्ति अस्तित्व में आए। तभी कंस का वध हुआ। निरन्तर विकासशील मगध-सत्ता पर यह प्रबल आघात था। दामघोष की आशा बँधी कि मथुरा में कृष्ण और

बलराम के नेतृत्व में सत्ता के सन्तुलन का सृजन हो सकेगा। पर परिस्थिति में परिवर्तन हुआ। दोनों युवकों को मथुरा छोड़कर भागना पड़ा और उनका पीछा करते हुए सम्राट् के दल में दामघोष भी स्वयं सम्मिलित हुआ, केवल इसलिए नहीं कि वह जरासन्ध को प्रसन्न करना चाहता था, बल्कि इस आशा से भी कि उन युवकों के जीवन को किसी प्रकार बचाया जा सके, ऐसी कोई स्थिति वह निकाल सकेगा।

दामघोष को लगा कि वह स्थिति अब आ पहुँची है। जब सबकी बुद्धि को काठ मार गया तब उसने कहा, "मित्रो! हमें अपने लक्ष्य को नहीं छोड़ना चाहिए। यदि हमने ऐसा किया तो संसार हमारा उपहास करेगा और सम्राट् का मान घटेगा। हमें कोई न कोई मार्ग तो निकालना ही होगा।"

जरासन्ध दामघोष को सदा शंका की दृष्टि से देखता था। वह जानता था कि उसने दामघोष को कई बार विपत्ति में से बचाया है, पर दामघोष की निष्ठा पर उसे फिर भी विश्वास नहीं था। चेदिराज के बर्ताव में वैसे कहीं कोई शंका की सम्भावना नहीं रहती थी। वह अत्यन्त चतुर व्यक्ति था। उसका मस्तिष्क किस प्रकार काम करता है, यह कहना बहुत कठिन था। वह वसुदेव का बहनोई था। बलराम और कृष्ण की ओर उसके हृदय में सहानुभूति हो, यह स्वाभाविक ही था। यह आशंका जरासन्ध को हर समय डसा करती थी। जरासन्ध चाहता कि उसकी सेना में दामघोष के बदले उसका पुत्र शिशुपाल सम्मिलित हो, पर दामघोष ने तत्काल इस अभियान में स्वयं साथ देने की जो तत्परता दिखाई, इससे उसके साथ सन्धि को भंग किए बिना उससे छुटकारा पाना कठिन था। अभी जरासन्ध कंस का बदला नहीं ले सकता था। ऐसी स्थिति में यदि दामघोष जैसा प्रतिष्ठित राजा उससे विलग हो जाए, तो उसकी साम्राज्य-सत्ता पर करारी चोट पड़ सकती थी। सभी लोग कौतूहल से दामघोष की ओर देख रहे थे।

जरासन्ध ने पूछा, "पर क्या कोई मार्ग दिखाई देता है आपको?"

"हम लोग आक्रमण करके भी पहाड़ी की चोटी पर नहीं पहुँच सकते। वनचरों से भरे जंगल में घेरा डालकर बहुत समय तक रुका रहना भी हमारे लिए सम्भव नहीं और अपना हेतु सिद्ध किए बिना वापस लौटना भी हमारे लिए अशोभनीय होगा। यदि हम खाली हाथ वापस चले गए तो संसार हम पर हँसेगा और चक्रवर्ती की निष्कलंक कीर्ति को धक्का लगेगा।"

रुक्मी ने पूछा, "आप कौन-सा रास्ता सुझाते हैं?"

दामघोष ने उत्तर दिया, "मेरा एक सुझाव है। यह ग्रीष्म का समय है। पहाड़ी की ढलान ठेठ ऊपर तक सूखी घास से भरी है। आज रात हम लोग चारों ओर से उसमें आग लगा दें। सुबह तक आग ऊपर तक पहुँच जाएगी, तब ऊपर के

वन भी भभक उठेंगे और वहाँ जो भी लोग हैं, उनका विनाश हो जाएगा। इसके बाद हम अपना हेतु सिद्ध हुआ मानकर वापस लौट सकेंगे। वसुदेव के पुत्र यदि इस आग में न भी जले तब भी वे मुँह दिखाने योग्य नहीं रहेंगे।''

जरासन्ध इस सुझाव पर विचार करने लगा। कोई प्रकट क्षति उसमें दिखाई नहीं दे रही थी। दूसरे राजाओं को भी लगा कि इस सम्मति से कोई रास्ता निकल ही आएगा। उन्होंने तत्काल इस सुझाव को स्वीकार कर लिया। जरासन्ध को भी इससे सहमत हुए बिना कोई चारा दिखाई नहीं पड़ा।

वैनतेय की चीख से कृष्ण जाग उठे। ''क्या हुआ?'' उन्होंने उठकर बैठते हुए पूछा।

गरुड़ ने कहा, ''उन्होंने पहाड़ी की ढलान पर की घास को आग लगा दी है। हम लोग जीवित ही जल जाएँगे।''

गरुड़, बलराम और कृष्ण ऊपरी मैदान के छोर पर पहुँचे। इतने में नायक आर्तेय भी वहाँ आ पहुँचा। पवन प्रचण्ड वेग से बह रहा था और उससे प्रज्वलित आग धीरे-धीरे ऊपर उठ रही थी। अमावस की अँधेरी रात चारों ओर फैलती ज्वालाओं से प्रकाशित हो उठी। नायक कृष्ण के चरणों में पड़कर दया की भीख माँगने लगा। वह समझता था कि कृष्ण के पास चामत्कारिक शक्तियाँ हैं। ''कृष्ण, हमें बचाओ! यदि आग ऊपर तक पहुँच गई तो हम सब भस्म हो जाएँगे!''

''तुम सब मेरे साथ चलो। अपनी-अपनी मशालें जला लो और शस्त्रों को धारण कर लो। हम लोग आग को बुझा सकेंगे। मैं तुम्हें रास्ता बताता हूँ,'' कृष्ण ने कहा और बलराम की ओर मुड़कर बोले, ''हम लोग कवच पहन लें और शस्त्र भी साथ ले लें!'' कृष्ण स्वस्थता से सब काम कर रहे थे। उनके स्वर में अधिकार का भाव था। उन्होंने कहा, ''वैनतेय, हम लोग सागर तक गए थे न! वह रास्ता फिर से दिखाओ।''

पहाड़ी के पृष्ठ भाग में सागर की ओर जाते उस अटपटे मार्ग पर सब चल पड़े। सागर में अमावस का ज्वार आया हुआ था। कृष्ण उन्हें किनारे के पास ले गए। वैसे तो किनारा ही लगता था, परन्तु युगों पहले वह मनुष्यों द्वारा बनाया हुआ बाँध था। थोड़ा-सा खोदने पर भीतर पत्थरों की दीवार दिखाई दी। सभी लोग अपने-अपने पास जो भी हथियार थे—हथौड़ा, कुदाली इत्यादि, उनसे बाँध को तोड़ने में लग गए। अन्त में बाँध टूटा और सागर का जल भीतर घुस आया। वे लोग तब पहाड़ी की दूसरी ओर दौड़कर गए। दूसरी ओर भी ऐसा ही एक बाँध था। वह भी तोड़ा गया। कृष्ण, बलराम और गरुड़ बाँध के टूटने से पहले ही उसे

पार कर गए।

जरासन्ध, उसके साथी और सैनिक पहाड़ी पर भीषण अग्नि-ज्वालाओं को देखकर बड़े हर्षित हुए। थोड़ी देर बाद उन्होंने देखा कि हरिण, रीछ इत्यादि वनचर आग से बचने के लिए झाड़ियों से निकल-निकलकर भाग रहे हैं। इस आशा से कि कल इस वनचर-ग्रस्त जंगल से वे लोग लौट सकेंगे, सभी लोग परम तृप्ति का अनुभव करते हुए भोजन कर सो गए।

मध्य रात्रि में किसी भयंकर गर्जना ने उन्हें जगा दिया। लगता था, जल की भीषण बाढ़ आ गई है। वे आँखें फाड़कर देखने लगे। जो दृश्य उस समय उनके सामने था, उस पर किसी को विश्वास नहीं हो रहा था। पहाड़ी के दोनों ओर से सागर-जल का प्रवाह बढ़ा आ रहा था। इस प्रवाह ने आग को बुझा दिया। सभी के हृदय भय से काँप उठे। किसी के मुँह से एक शब्द तक न निकला। उन्हें लगा, यह दैवी शक्ति धारण करनेवाले वसुदेव के पुत्र का चमत्कार है। जरासन्ध की भृकुटी तन गई। लगा, उसका शत्रु कोई महादैत्य है।

शुक्र का तारा क्षितिज पर चमक रहा था। क्रोधित गरुड़ों की कर्णभेदी चीखें जरासन्ध को सुनाई पड़ीं। वस्तुस्थिति को समझने से पहले ही हल जैसा एक विराट शस्त्र लेकर एक प्रचण्ड आकार उन पर टूट पड़ा। उसके आसपास चीखते-चिल्लाते असंख्य आकार थे। उस प्रचण्ड महारथी के विराट हल के प्रहारों से रथों के चूर-चूर होने की ध्वनि आ रही थी। अश्व भयभीत होकर दौड़ने लगे। धनुर्धारी और अन्य सैनिक अपनी-अपनी जान बचाकर भागे। जरासन्ध और उनके मित्र अपने शस्त्र एकत्र कर सकें, इससे पहले ही दूसरी ओर से कुशल हस्त से गदा चलाता हुआ एक वीर आता दिखाई पड़ा। गरुड़ों की चीख-चिल्लाहट अधिकाधिक उत्मत्त होती जा रही थी। अँधेरे का साम्राज्य अभी हटा नहीं था।

जरासन्ध और उसके साथी किंकर्तव्यविमूढ़ हो गए। उसकी सेना में अव्यवस्था फैल गई। पूर्व में क्षितिज पर उषा की किरणों ने जब रंगोली रची, तब इन किंकर्तव्यविमूढ़ राजाओं ने देखा कि प्रचण्डकाय बलराम हल घुमा-घुमाकर विनाश का ताण्डव कर रहे हैं। दूसरी ओर कृष्ण खड़े थे। इस समय उनके हाथ में एक विशाल धनुष था। छूटता हुआ प्रत्येक तीर अपने लक्ष्य पर ठीक बैठता था। रुक्मी ने दूर से ही कृष्ण को पहचान लिया, ''देखो, वह रहा कृष्ण। चलो, हम लोग उसी को पकड़ें।'' अवन्ती के अनुविन्द ने भी धनुष-बाण लिया और दूसरों से कुछ आगे बढ़ा। राजकुमार गोणार्द्र गदा हाथ में लेकर कृष्ण की ओर दौड़ा।

कृष्ण ने अपना धनुष वैनतेय को सौंपा और स्वयं हाथ में सुदर्शन चक्र धारण किया। सहसा, उनकी अँगुली से चक्र छूटा और विद्युत गति से गोणार्द्र का शिरच्छेद करके वापस कृष्ण के हाथ में चला गया। दोनों पक्ष इस अद्भुत शस्त्र को देखकर

दंग रह गए। कृष्ण के साथियों ने भी इस चामत्कारिक शस्त्र को देखा अवश्य था, पर उसका इस प्रकार उपयोग हो सकेगा, इसकी उन्हें कल्पना भी न थी। अनुविन्द ने धनुष पर बाण चढ़ाया ही था, कृष्ण ने उसे स्नेह-भरे स्वर में कहा, "अनुविन्द! हम लोग भाई-भाई हैं। दोनों गुरु सांदीपनि के शिष्य हैं। हमारा आपस में लड़ना ठीक न होगा।" तभी कृष्ण के हाथ से चक्र छूटा और अनुविन्द के मस्तक पर चक्कर काटकर वापस कृष्ण के हाथ में लौट गया। अनुविन्द के काँपते हाथों से धनुष नीचे गिर पड़ा। तब रुक्मी ने आगे बढ़कर निशाना साधा और बाण छोड़ा। तत्काल कृष्ण के हाथ से चक्र छूटा और अधबीच में ही उसने बाण को रोककर उसके टुकड़े-टुकड़े कर उसे नीचे गिरा दिया।

कृष्ण ने कहा, "भीष्मक के पुत्र! पीछे लौट जाओ!" फिर गरुड़ के हाथ से गदा लेकर कृष्ण चट्टान पर से कूद पड़े और उन सभी की ओर दौड़े, जो उन पर प्रहार करना चाहते थे। इतने में कुछ ही कदम दूर शंखध्वनि हुई। पाञ्चजय का स्वर कृष्ण तुरन्त पहचान गए। कृष्ण ने उधर देखा। उन्होंने जिसको यह शंख सौंपा था, उस उद्धव को उन्होंने दामघोष के रथ में खड़ा देखा। वही शंख फूँक रहा था।

भगवान सूर्य के उदय के साथ त्रस्त राजाओं ने देखा कि चीखते-चिल्लाते गरुड़ों के सामने उनके सैनिक हतवीर्य होकर वृक्षों के पीछे अथवा झाड़ियों में छिपने के लिए दौड़ रहे हैं। दामघोष अपने रथ से यह सब देख रहा था। वसुदेव के पुत्रों के चमत्कार को देखकर वह दंग रह गया। जरासन्ध के सैनिक भाग चुके थे। कृष्ण और बलराम चामत्कारिक शक्तिवाले शस्त्रों से शत्रुदल का संहार कर रहे थे। वह रथ से नीचे कूदा और चेदि के अपने सैनिकों को एकत्रित कर रुक्मी और कृष्ण के बीच में जाकर 'जय वासुदेव' की घोषणा कर खड़ा हो गया। उद्धव ने दामघोष का अनुसरण किया और कृष्ण की बगल में जाकर वह भी खड़ा हो गया।

दूसरी ओर बलराम अपने ही बल से उन्मत्त होकर जरासन्ध की सेनाओं के बीचोंबीच फिर पहुँच गए थे। उनके संवर्त्तक हल के प्रहार के सामने कोई नहीं टिक पाता था। राजा दारद गदा लेकर बलराम की ओर बढ़े और उस पर पीछे से वार करने के लिए गदा उठाई। बलराम पलटे। उनका संवर्त्तक बिजली की तरह गिरा और दारद धूल-धूसरित हो गया। उसका सिर चूर-चूर हो गया था।

"जरासन्ध! कहाँ छुपकर बैठा है? देख, तेरा काल तुझे पुकार रहा है। हिम्मत हो तो मैदान में आ।" बलराम ने गर्जना की।

सभी ने उस ललकार को सुना—जरासन्ध ने भी। ऐसा नियम था कि युद्ध का आह्वान पाकर वीर-पुरुष को उसे स्वीकार करना ही चाहिए। जरासन्ध हाथ में

भारी गदा लेकर आगे बढ़ा। बलराम ने पास ही खड़े गरुड़ों को संवर्त्तक सौंपा और उनके पास से अपनी गदा लेकर जरासन्ध के सामने वे आगे बढ़े। दोनों प्रतिस्पर्धी एक-दूसरे की टक्कर के थे। एक का कद ऊँचा था, दूसरा बलिष्ठ था। दोनों में भयंकर युद्ध हुआ। दर्शक साँस रोककर इस असाधारण दृश्य को देख रहे थे। जरासन्ध जैसे यशस्वी योद्धा की सहायता के लिए किसी दूसरे को जाना पड़े, यह लज्जास्पद समझा जाता। परन्तु यदि जरासन्ध की मृत्यु हो जाए तो सारे साम्राज्य के नष्ट होने की सम्भावना थी। ऐसा लगा कि जरासन्ध प्रतिस्पर्धी के हाथों कुचल दिया जाएगा। स्वयं जरासन्ध को भी ऐसे दुस्साहस में स्वयं को फँसाने की अपनी मूर्खता कचोटने लगी। यदि इस युवक के हाथों उसकी मृत्यु हुई तो उसकी समस्त सिद्धियाँ और आशाएँ भूतकाल की कथा में परिवर्तित हो जाएँगी। वह किसी प्रकार बच निकलने का उपाय ढूँढ़ रहा था, पर कोई मार्ग मिले, इससे पहले ही बलराम ने प्रहार किया और उसके हाथ से गदा गिर पड़ी।

अचानक पाञ्चजन्य का विजय-नाद वातावरण में गूँज उठा। प्रेक्षकों ने रास्ता छोड़ा और कृष्ण, दामघोष तथा उद्धव प्रतिस्पर्धियों के पास चले गए।

''भाई! अभी रुक जाओ। इसका समय अभी नहीं आया।'' कृष्ण ने जरासन्ध के मस्तक पर गदा-प्रहार के लिए उठे बलराम के हाथ को रोक लिया। जरासन्ध बलराम के उस उठे हुए हाथ में अपने काल को देख रहा था। उस काल को रोकनेवाले हाथ को भी उसने देखा। जीवन में इतनी कँपकँपी उसे कभी अनुभव न हुई थी। उसने कृष्ण की बात सुनी। उसने उन्हें कभी देखा नहीं था। इस समय उनकी उपस्थिति को वह अनुभव कर रहा था–उनकी प्रभावशाली देह, मोहक चेहरा, चमकती आँखें और वशीकरण करनेवाली मुस्कान–यह सभी उनके व्यक्तित्व के प्रभाव में एकरस हो रहे थे।

''अनुविन्द! चक्रवर्ती को अपने रथ में ले जाओ, उनका स्वास्थ्य ठीक नहीं है!'' कृष्ण ने कहा।

जरासन्ध इतना अपमानित कभी नहीं हुआ था। एक महान विजेता उस ग्वाले से जीवनदान पा रहा था, जिससे वह सबसे अधिक द्वेष करता था। उसके हृदय में क्रोध की ज्वाला भभक उठी। परन्तु वह हतवीर्य हो चुका था। जल्दी से वह अनुविन्द के रथ में चढ़ गया। चारों ओर भटकते हुए घोड़ों में से दो को पकड़कर उसने रथ के साथ जोड़ा और सम्राट् का रथ तेजी से अदृश्य हो गया।

वैनतेय उन्मत्त होकर जोरों से चिल्लाया। इस विजयोल्लास के स्वर गोमन्तक की पहाड़ी पर गूँज उठे।

उद्धव का 'नरक' में जाना

कृष्ण जब कुण्डिनपुर से विदा हुए तब उद्धव को ऐसा लगा, मानो उसका हृदय प्रिय मित्र के साथ ही चला गया है। बचपन से ही पिता देवभाग ने उसे इस आशय से वृन्दावन भेजा था कि वह कृष्ण के साथ ही बड़ा हो। तभी से कृष्ण उसके प्रिय सखा ही नहीं, आराध्य देव भी बन गए थे। उसका जीवन कृष्णार्पण हो गया था। कृष्ण की सेवा ही उराका सर्वोच्च कर्तव्य था। कृष्ण के विचार और आकांक्षा को वह तुरन्त भाँप लेता और उनको पूर्ण करने के लिए तत्काल तन-मन से जुट जाता था। कृष्ण जब सह्याद्रि के लिए रवाना हुए, तभी से उद्धव ने कृष्ण सविजय लौट सकें, इसके लिए प्रयत्न करना आरम्भ कर दिया था। कुछ समय वह विदर्भ के महाराज भीष्मक के वृद्ध पिता कौशिक के अतिथि के रूप में रहा। वहाँ उसे यह अनुभूति हुए बिना न रही कि कृष्ण के वन में चले जाने से राजकुमारी रुक्मिणी का हृदय अत्यन्त व्याकुल हो गया था। उससे सहायता पाने की उद्धव को आशा थी। रुक्मिणी ने अपने पितामह कौशिक से बात की और तीनों ने मिलकर जरासन्ध के कुचक्र को विफल करने की योजना बनाने के लिए कई घंटों मन्त्रणा की। उन्होंने यह भी तय किया कि ऐसी किसी योजना में चेदि के राजा दामघोष को भी सम्मिलित किया जाए।

कृष्ण ने जो अनुमान लगाया था ठीक उसी प्रकार जरासन्ध ने मथुरा को नष्ट करने का विचार त्याग दिया और अपनी प्रतिष्ठा तथा महत्त्वाकांक्षा पर कुठाराघात करनेवाले वसुदेव के पुत्रों को खोजकर परमधाम पहुँचाना ही उसका परम लक्ष्य बन गया। उसका विचार था कि कृष्ण-बलराम की हत्या करने के बाद किसी यादव बालक को मथुरा की गद्दी पर बिठाकर अपनी विधवा पुत्री को राजमाता के रूप में वह प्रतिष्ठित कर सकेगा।

कौशिक का आशीर्वाद प्राप्त कर उद्धव गुप्त वेश में चेदि गया। उस समय जरासन्ध और उसके साथी चेदि में अतिथि थे और सह्यादि की ओर रवाना होनेवाले थे। उद्धव ने दामघोष के समक्ष उपस्थित होकर अपनी योजना की चर्चा की। दामघोष ने शान्तिपूर्वक उस पर विचार किया। यदि जरासन्ध की पकड़ साथियों पर कुछ ढीली पड़े और वसुदेव के पुत्र उतने ही वीर हों, जितनी कि उनकी प्रशंसा होती है, तो एक अच्छा अवसर मिल सकता है, दामघोष ने सोचा। इस अवसर को वह खोना नहीं चाहता था। इसी विचार से उसने स्वयं जरासन्ध के दल में सम्मिलित होने का निश्चय किया। सारथि के रूप में उसने उद्धव को भी साथ ले लिया।

दामघोष को आशातीत स्वर्ण अवसर मिला।

उसने लड़ाई बन्द करने में सहायता की, सम्राट् के प्राण बचाए और सम्राट् की अपकीर्ति को परम सन्तोष के साथ देखा। जरासन्ध के मित्र जब शीघ्रता से पलायन कर गए, तब दामघोष, कृष्ण और बलराम से मिला। उसने उन्हें सभी बातें सविस्तार बताईं।

''गोमन्तक दुर्गम है, यह जानते ही सब राजा हताश हो गए थे, लेकिन जरासन्ध लौटने को तैयार नहीं था,'' चेदिराज ने कहा, ''उसे राजी करने के लिए ही मैंने टेकरी पर आग लगाने को कहा। मैं जानता था कि आग चोटी तक नहीं पहुँच सकती।''

कृष्ण ने सस्मित कहा, ''हमने उसे पहुँचने भी नहीं दिया, न!''

''कृष्ण! सब कहते हैं कि तुम भगवान हो...क्या यह सही है? तुम्हारी आज्ञा सागर को भी शिरोधार्य करनी पड़ी और तुम दोनों ने मिलकर सम्राट् की प्रतिष्ठा को धूल में मिला दिया। अब वह कभी अपना सिर ऊँचा नहीं कर सकता। सैकड़ों युद्धों में विजयी सम्राट् दो किशारों के सामने जान बचाकर भागा, वह भी अकेली नहीं, अपनी शक्तिशाली सेना और साथियों को लेकर! ऐसा सुखी दिन मुझे देखने को मिलेगा, इसकी तो कल्पना भी नहीं की थी मैंने।'' दामघोष ने कहा।

इसी बीच जरासन्ध की सेना के धनुधार्रियों का पीछा करते हुए गरुड़ कुछ बन्दियों को लेकर लौटे। बाकी भाग गए थे। कृष्ण और बलराम की विजय पर हर्षावेश में आकर वे लोग खूब चीख-चिंघाड़ रहे थे। उनकी गर्जना को टेकरी पर उनके कुलबान्धवों ने भी सुना। तब नायक के नेतृत्व में सभी गरुड़ स्त्री-पुरुष हर्षनाद करते हुए नीचे उतरे, मंगलमयता के लिए नारियल फोड़े और सभी को फल, फूल इत्यादि उपहार में दिए। बलराम के लिए तो वे अमृत रस भी ले आए। बलराम ने उसका पान तब तक किया जब तक उनके पैर लड़खड़ाने न लगे। दामघोष भी अमृत रस का सेवन करने में पीछे नहीं रहे। यथेच्छ भोजन के बाद गरुड़ विजयोत्सव के निमित्त नाचने लगे। बलराम और कृष्ण ने भी नृत्य में भाग लिया। दामघोष और उसके सैनिक गरुड़ों का आतिथ्य स्वीकार कर दो दिन वहीं पड़ाव डाले रहे। चेदिराज ने कृष्ण के बारे में बहुत कुछ सुन रखा था, परन्तु कृष्ण की अपूर्व दूरदर्शिता और समझदारी देखकर वे दंग रह गए। अब उनको विश्वास हो गया कि जरासन्ध के प्रभाव को कम करने की उनकी योजना सफल हो सकेगी।

तीसरे दिन कृष्ण ने उद्धव को करवीरपुर भेजा और शृंगलव को सन्देश भेजा कि बलराम और मैं यहाँ तक आए हैं तो आपसे मिलने का सम्मान भी प्राप्त करना चाहते हैं। बलराम को यह बात नहीं भायी। बोले, ''मुझे तो यह

बहुत बुरा आदमी लगता है। जरासन्ध का साथ देकर उसने हमारे साथ द्रोह किया है। तुम्हें जाना हो तो जाओ, मैं तो उससे मिलने नहीं जाने का!''

कृष्ण ने उत्तर दिया, ''हमें अपना विवेक कभी नहीं खोना चाहिए। शृंगलव को मित्र बनाने का अवसर हम क्यों खोएँ? कौन जाने, वह हृदय से सज्जन हो!''

बलराम ने कहा, ''तुम्हें जितने मित्र बनाने हों, बनाओ। मुझे ऐसे दुष्ट व्यक्ति में किंचित रुचि नहीं है। याद है महाभार्गव ने क्या कहा था? शृंगलव धर्म का शत्रु है और करवीरपुर में उसने कई समर्थ आचार्यों को कारावास में डाल रखा है, इसलिए कि ये आचार्य उसे भगवान वासुदेव नहीं मानते।''

''सम्भवतः भगवान हमें इन आचार्यों की मुक्ति का निमित्त बनाना चाहते हैं। ऐसे वेदपरायण आचार्यों को क्या हम ऐसे ही छोड़ दें?'' कृष्ण ने दृढ़ता से कहा।

उद्धव वैनतेय तथा अन्य गरुड़ों के साथ करवीरपुर के लिए रवाना हुआ। उनके पीछे चेदि के चार योद्धा भी पैदल चले। किले के पास रक्षकों ने उसे रोका। रक्षकों के हाथों में चाँदी के कड़े, गले में बड़ी-बड़ी मालाएँ, एक हाथ में गदा और दूसरे में भाले थे। वैनतेय उद्धव के आने की सूचना देने रक्षकों के नायक के पास किले में गया। बहुत देर बाद जब वह लौटा तो उसने कहा, ''उद्धव अकेले ही अन्दर जा सकते हैं।'' उसे ले जाने के लिए एक गोरा अधिकारी भी आया। वह आर्यभाषा बोल सकता था।

किले में प्रवेश करने के बाद उद्धव को घोड़े से उतरने और अपने शस्त्र सौंपने के लिए कहा गया। वे पैदल ही महल की ओर चले। महल भी दुर्ग के समान विशाल था। मार्ग में अनेक श्याम वर्ण के स्त्री-पुरुषों को उसने देखा। पुरुषों ने कमर पर एक छोटा-सा वस्त्र लपेट रखा था और स्त्रियाँ छोटी-छोटी साड़ियाँ पहने थीं। सभी चाँदी-सोने के अलंकारों से सजे थे। बाजारों में भी चाँदी-सोने की असंख्य वस्तुएँ दिखाई पड़ती थीं। मिठाइयाँ भी ठौर-ठौर बिक रही थीं। यदि उद्धव स्वयं न देखता तो कभी न मानता कि करवीरपुर इतना समृद्ध है।

दुर्ग में कोई उत्सव मनाए जाने के चिह्न दिखाई दे रहे थे। अधिकारी ने बताया कि मगध-नरेश जरासन्ध और उनके साथी भगवान वासुदेव का मानांजलि देने के लिए पधारनेवाले हैं, उन्हीं के स्वागत में ये तैयारियाँ हो रही हैं। उद्धव मुस्कराया। करवीरपुर के लोगों को अभी पता न था कि ये तैयारियाँ व्यर्थ हैं और जरासन्ध प्राण बचाकर भाग रहा है। जब उद्धव ने दुर्ग में प्रवेश किया, तब एक विचित्र दृश्य उसे देखने को मिला। विशाल जनसमूह चार पहियों के एक खुले रथ को खींच रहा था। रथ में स्वर्ण के सिंहासन पर एक नाटा–एक बलिष्ठ

व्यक्ति बैठा था। वह स्वर्ण-अलंकारों से लदा था और उसने एक हाथ ऊँचा मुकुट पहन रखा था। मुकुट, हार तथा बाजूबन्द जड़े रत्न सूर्य के प्रकाश में जीवन्त नेत्रों की भाँति चमक रहे थे। उद्धव तुरन्त समझ गया कि यही शृंगलव होना चाहिए। उसके प्रति लोग अपनी भाषा में बड़ी श्रद्धा से बातें कर रहे थे तथा रथ के समीप आने पर दोनों ओर नगर-जन दण्डवत् कर रहे थे।

उद्धव ने पूछा, ''यह तुम्हारे राजा हैं?''

अधिकारी ने श्रद्धा से कहा, ''राजा नहीं, यह तो स्वयं भगवान वासुदेव हैं।''

उसने मुस्कराकर पूछा, ''तो यह वसुदेव के पुत्र नहीं, स्वयं भगवान वासुदेव हैं, क्यों?''

''तुम परदेशी हो न, इसलिए यह सब नहीं जानते। हमारे लिए वासुदेव भगवान हैं। हम सबके स्वामी!'' अधिकारी ने कहा और पूज्यभाव से अग्रांगुलि से नेत्र को स्पर्श किया।

इस बीच रथ समीप आ पहुँचा। अधिकारी ने साष्टांग प्रणाम किया। उद्धव ने भी प्रथम मिलन में ही शृंगलव का अपमान न करने के विचार से प्रणाम किया। शृंगलव ने एक नजर उद्धव पर डाली और रथ आगे बढ़ गया।

बाद में उद्धव को विशिष्ट अतिथियों के लिए सुरक्षित अतिथि-गृह में ले जाया गया। उसकी सेवा में जो अधिकारी रखा गया, वह सभी आवश्यकता पूर्ण करने को तो तत्पर था, परन्तु बोलता बहुत कम था। इसलिए उससे शृंगलव के बारे में उद्धव अधिक कुछ न जान सका।

दूसरे दिन सवेरे राजा ने उद्धव को बुलाया। जब उद्धव ने पत्थर के महालय में प्रवेश किया, तब उसने देखा कि शृंगलव तख्त पर प्रभु की प्रतिमा के समान अचल बैठा था। स्वर्णालंकारों से वह लदा था। उसकी बगल में महारानी सहमी हुई-सी खड़ी थी। ऐसा लगता था मानो वह भयभीत थी और किसी भी बात में उसे रुचि न थी। महारानी की बगल में एक तरुण और अत्यन्त रूपवान युवती खड़ी थी। उसकी दृष्टि अपूर्व आदर के साथ शृंगलव पर टिकी थी। उसके बाद एक किशोर खड़ा था। वह राजकुमार था। उसकी दृष्टि बार-बार माँ पर स्थिर होती थी। लगता था, उसे पिता अथवा पिता के ईश्वरत्व में कोई रुचि न थी। असंख्य स्त्री-पुरुष शतमुख ज्योति से शृंगलव की आरती उतार रहे थे और उसकी स्तुति कर रहे थे। सिंहासन के आसपास शृंगार-सज्जित स्त्रियाँ और गदाधारी योद्धा खड़े थे।

उद्धव को सबसे अधिक आघात यह देखकर लगा कि आचार्य-जैसे दिखाई देनेवाले कई ब्राह्मण भी राजा को अर्घ्य दे रहे थे और उसकी स्तुति कर रहे थे।

गर्गाचार्य अथवा गुरु सांदीपनि-जैसे विद्वानों के प्रति आर्यावर्त के राजा जो आदर रखते थे, यह आचरण उससे बिलकुल विपरीत था। उद्धव ब्राह्मणों की इस दुर्गति से व्याकुल हो गए। आरती पूरी होने के बाद प्रसाद बाँटा गया। इसके बाद एक अधिकारी उद्धव को सिंहासन के समीप ले गया।

उद्धव ने श्रृंगलव को प्रणाम किया। वह उसकी ओर बहुत देर तक ताकता रहा। फिर दाढ़ी सहलाते हुए, विचित्र स्वरभारवाली आर्यभाषा में चिल्लाया, ''तू कौन है परदेसी? क्या नाम है तेरा? भगवान वासुदेव के पास किस कृपा की आशा से आया है?''

''मैं उद्धव हूँ। मथुरा के पराक्रमी सूर देवभाग का पुत्र। मैं किसी कृपा की आशा से नहीं, मात्र अपने चचेरे भाई कृष्ण का सन्देश लेकर आया हूँ।''

''मथुरा का कृष्ण? हम वासुदेव को उससे क्या वास्ता? हमारा उसके साथ कोई सम्बन्ध नहीं। हमें पता है कि इस ग्वाले ने अपने मामा, हमारे मित्र मगधपति के जमाई का वध किया है और गोमन्तक पहाड़ी में कायरों की तरह छुपा है। हमें विश्वास है कि हमारे मित्र पराक्रमी जरासन्ध ने अब तक उसे नरक में पहुँचा दिया होगा।''

''हे महान और उदार महाराज...'' उद्धव ने श्रृंगलव को कुछ चढ़ाना चाहा।

''तुमसे किसने कहा कि हम महाराज हैं?'' श्रृंगलव रोष में भरकर बोला, ''यहाँ हैं केवल भगवान वासुदेव।'' यह कहकर उसने चारों ओर देखा। वहाँ पर उपस्थित सब लोगों ने दोनों हाथ जोड़कर और मस्तक नवाकर उसे प्रणाम किया।

''भगवान! क्षमा करें। करवीरपुर की रीति से मैं परिचित नहीं।''

''तो फिर तुम्हें हमारे राज्य में नहीं आना था। क्या चाहिए तुम्हें?''

''कृष्ण करवीरपुर आकर कृपानाथ को मानांजलि देना चाहते हैं।''

''वह तो अब तक यमलोक पहुँच गया होगा।''

''कृपानाथ! कृष्ण और बलराम ने जरासन्ध को भगा दिया है। रुक्मी को उन्होंने घायल कर दिया है और राजा दारद को मृत्यु के मुख में भेज दिया है।''

श्रृंगलव बहुत देर तक उद्धव की ओर ताकता रहा, मानो उसे विश्वास न हो रहा हो। फिर चिल्लाया, ''तू झूठ बकता है। मगध-नरेश तो हमारे अतिथि बनकर यहाँ पधार रहे हैं।''

''मगध-नरेश अपनी राजधानी मगध की ओर उतनी द्रुत गति से लौट रहे हैं, जितनी द्रुत गति से उनके घोड़े भाग सकते हैं।''

श्रृंगलव क्षण-भर शान्त रहा। फिर बोला, ''उद्धव! जाकर अपने मित्र कृष्ण से कह दे कि यदि वह हमें त्रिभुवन के स्वामी भगवान वासुदेव के रूप में स्वीकार

करने को तैयार हो तो यहाँ आ सकता है।''

उद्धव अपना धैर्य खो बैठा, ''कृष्ण वासुदेव...''

''उसे वासुदेव न कहो। इस जगत में केवल एक ही वासुदेव है और वह यहाँ तुम्हारे सामने उपस्थित है,'' शृंगलव ने कहा और फिर चारों ओर देखा। सबने हाथ जोड़कर मस्तक नवाया।

उद्धव इस विलक्षण अहंकार को देखकर दंग रह गया। उसके सखा कृष्ण कभी भगवान होने का दावा नहीं करते थे, परन्तु उनका बर्ताव भगवान-जैसा ही था। जबकि यह अहंकारी मूर्ख अपने को भगवान समझता था और मनुष्य से भी निम्नतर बर्ताव करता था। उद्धव ने पूछा, ''वह अपना नाम कैसे बदल सकता है? वह मथुरा के शूरों के नायक वसुदेव का पुत्र है। इसीलिए लोग उसे वासुदेव कहते हैं। यादवश्रेष्ठ! वह आप ही के कुल का है।''

''इस संसार में दो वासुदेव नहीं हो सकते,'' शृंगलव ने दृढ़ता से कहा, ''यदि कृष्ण हमें एकमात्र भगवान वासुदेव नहीं मानता तो हम उसे दर्शन नहीं दे सकते।''

उद्धव ने भी उतनी ही दृढ़ता से उत्तर दिया, ''वासुदेव! मुझे डर है कि दो वासुदेव तो रहेंगे ही?''

''यादव! तू हमारा अपमान कर रहा है। तू यदि हमें सर्वोच्च परमात्मा वासुदेव नहीं स्वीकार करता, तो तुझे नरक में जाना पड़ेगा।''

''अब मुझे जाने की आज्ञा दें, कृपानाथ! कृष्ण वासुदेव भगवान होने का प्रदर्शन नहीं करते, पर मेरा मन तो उन्हें भगवान ही मानता है।'' उद्धव ने जाने की जल्दी दिखाते हुए कहा।

''हमारे समक्ष आकर किंवदन्तियाँ कहकर चले जाना सम्भव नहीं!'' उसने गर्जना की–'इसे नरक में डाल दो।' और हाथ से संकेत कर उद्धव को कारागार में डालने की आज्ञा दी। लगभग बीस रक्षक उद्धव पर टूट पड़े और रस्से से बाँधकर उसे ले गए।

उद्धव को दुर्ग के छोर तक ले जाया गया। ऐसे दुष्ट राजा के हाथ में कृष्ण और बलराम आ गए हैं, तो उनका क्या होगा, इस विचार से वह काँप उठा। कृष्ण को किस प्रकार चेतावनी दी जाए, यह चिन्ता उसे सताने लगी। परन्तु वह कुछ भी करने की स्थिति में न था। परशुराम ने कृष्ण को शृंगलव के मिथ्याभिमान से सावधान किया था, परन्तु वह इतना दुष्ट होगा, इसकी तो कल्पना भी नहीं की जा सकती थी।

उद्धव को कुएँ के मुख के समान किसी स्थान पर ले जाया गया और अन्दर धकेल दिया गया। भीतर उसे मालूम हुआ कि यह कुआँ नहीं अपितु किसी

विशाल गुफा का मुख है। वह नीचे उतरा। वहाँ पर बहुत दूर एक कोने में उसे सूर्य का प्रकाश दिखाई पड़ा। वहाँ एक तंग रास्ता था। उससे वह दोनों ओर पत्थर की बड़ी-बड़ी दीवालों से बन्द एक घाटी में जा पहुँचा। वहाँ उसे बहुत से वृद्ध आचार्य दिखाई पड़े। उनके समक्ष आकर उद्धव ने दण्डवत् किया। आचार्यों ने उसे आशीर्वाद दिया। उनके शरीर क्षीण हो गए थे। मात्र उनके मेधावी भाल और नेत्रों में प्रकाश झलकता था।

''उद्धव!'' पीछे से एक परिवित स्वर सुनाई पड़ा। उद्धव ने देखा कि वह गुरु सांदीपनि का पुत्र पुनर्दत्त था। हाथ फैलाकर वह उसकी ओर दौड़ा। दोनों ने एक-दूसरे को आलिंगन में ले लिया।

पुनर्दत्त ने पूछा, ''तुम यहाँ कैसे?''

उद्धव ने बताया कि वह नरक में किस प्रकार आया। पुनर्दत्त ने उसे शृंगलव के बारे में सारी बातें बताईं। ''परमात्मा वासुदेव की भक्ति करनेवाला एक सम्प्रदाय था। यादव विजेताओं के साथ करवीरपुर आए गाल्व ऋषि इस सम्प्रदाय के नायक थे। शासक वर्ग पर उनका प्रबल प्रभाव था। उनके आशीर्वाद से करवीरपुर के युवा राजा के यहाँ पुत्र का जन्म हुआ। उसका नाम शृंगलव रखा गया। यह शृंगलव वासुदेव की पूजा करनेवाले सम्प्रदाय में ही पला। गल्वाचार्य के अवसान के बाद करवीरपुर के राजा शृंगलव ने उनके आश्रम को तोड़ दिया और स्वयं को सम्प्रदाय के नायक वासुदेव के रूप में घोषित किया। समय बीतने के साथ-साथ साम-दाम-दण्ड-भेद इत्यादि उपायों से अधिकांश लोगों को उसने इस सम्प्रदाय में सम्मिलित कर लिया।

''शृंगलव ने आसपास के कबीलों पर विजय प्राप्त की और स्वयं को वासुदेव भगवान के साक्षात् अवतार के रूप में प्रचारित किया। सभी को उसने उसे इस रूप में स्वीकार करने पर बाध्य किया। अपनी इच्छा अनुसार सम्प्रदाय के नियम बदले। पहले उसने सब पर कृपा की वर्षा की और अपनी भक्ति करने के लिए लोगों को प्रोत्साहित किया। बाद में दण्ड और धमकियों से इस प्रथा को चालू रखा। उसकी इस रीति से ही उसका दूसरा नाम 'शृंगाल' पड़ा। नगर के कई विद्वान आचार्यों ने शृंगलव-पूजा का विरोध किया। शास्त्र में राजा को जो सम्मान देने की आज्ञा है, वह देने के लिए वे तैयार थे, पर भगवान के रूप में उसे स्वीकार करने के लिए वे सहमत न हुए। इनमें पुनर्दत्त के नाना रुद्राचार्य मुख्य थे। रुद्राचार्य के नेतृत्व में इन्होंने शृंगलव की अनुचित आज्ञाओं का विरोध किया। स्वतन्त्रता का बलिदान देकर राजा की कृपा प्राप्त करने के बदले राजा के क्रोध को स्वीकार करना उन्होंने अच्छा समझा। रुद्राचार्य इन आचार्यों में सबसे अधिक दृढ़ थे। इसलिए उनको अधिक कड़ा दण्ड देकर एक उदाहरण

प्रस्तुत करने का शृंगलव ने निर्णय किया।

''करीब तीन वर्ष पूर्व शृंगलव ने रुद्राचार्य के आश्रम को तोड़ डाला और उनका साथ देनेवाले सभी व्यक्तियों को सताना शुरू किया। इस पर भी रुद्राचार्य अडिग रहे। उनका निर्णय अटल था। उनका एक पुत्र करवीरपुर से भाग गया। दूसरे ने शृंगलव के साथ समझौता कर लिया। परन्तु रुद्राचार्य ने अपने जीवन-मार्ग को त्यागने की तनिक भी इच्छा प्रकट नहीं की। वे एक भी विधि को त्यागने के लिए तैयार नहीं थे। शृंगलव की सार्वजनिक पूजा में भाग लेने की उनकी कतई इच्छा न थी। उन्होंने तपस्वी के किसी आचार को भंग नहीं किया। शृंगलव ने जब उन्हें अपनी पूजा में उपस्थित होने की आज्ञा की तो उन्होंने इसका अनादर किया।

''इसके बाद शृंगलव ने उसे भगवान न माननेवाले सभी विद्वान आचार्यों को निर्मूल करने का निश्चय किया।'' पुनर्दत्त ने कहा, ''और मेरे नाना को उसने सर्वप्रथम 'नरक' में भेजा। फिर जो कोई आचार्य शृंगलव की पूजा करने से इनकार करता, उसे यहीं भेज दिया जाता। मेरे नानासहित कुल सत्तरह आचार्यों को यहाँ भेजा गया। उनमें से तीन तो यहीं मृत्यु को प्राप्त हुए, बाकी की कैसी दशा है, यह तुम स्वयं ही देख सकते हो।''

''परन्तु तुम यहाँ किस प्रकार आए?''

''मैं जब गुरुदेव के पास पहुँचा, तब उन्हें मेरे नाना की इस दशा का पता चला। इसलिए मैं यहाँ शृंगलव को समझाकर नानाजी को मुक्त करने और उन्हें अपने साथ ले जाने के लिए आया। उसने मुझे भी अपनी भक्ति करने के लिए कहा और जब मैंने उसे अस्वीकार कर दिया तब मुझे भी इस नरक में डाल दिया। एक प्रकार से यह अच्छा ही हुआ। मैं अपने नानाजी से यहाँ मिल सका,'' पुनर्दत्त ने किंचित मुस्कराकर कहा, ''मैं हमेशा विपत्तियों को निमन्त्रण ही देता रहता हूँ। और जब उनमें असहाय हो जाता हूँ, तब कहीं-न-कहीं से तुम टपक पड़ते हो और कोई मार्ग ढूँढ़ निकालते हो।''

''वैवस्वतपुरी की तरह यहाँ से भी मुक्त होने का कोई मार्ग हमें खोजना ही पड़ेगा।''

श्वेतकेतु का पतन (क)

पुनर्दत्त ने रुद्राचार्य और अन्य आचार्यों से उद्धव का परिचय कराया और उद्धव ने गोमन्तक में घटी घटनाएँ और कृष्ण के पराक्रम की कथा सबको सुनाई।

उसने पुनर्दत्त से कहा, ''हमें किसी भी तरह से इस नरक से निकलकर कृष्ण को सचेत करना चाहिए। शृंगलव से उसका मिलना क्या विपत्ति ला सकता है, इसकी सम्भवतः कृष्ण को कल्पना भी न हो।''

''हम लोग बाकी संसार से बिलकुल कट गए हैं,'' पुनर्दत्त ने कहा। फिर कुछ सोचता हुआ बोला, ''नहीं, बिलकुल नहीं। प्रत्येक चौथे दिन एक अधिकारी आकर हमसे पूछ जाता है कि क्या हममें से कोई शृंगलव को भगवान वासुदेव मानने को तैयार है!''

तब उद्धव और पुनर्दत्त ने मिलकर एक योजना तैयार की और दूसरे दिन अधिकारी के आने की प्रतीक्षा में दोनों गुफा के प्रवेश-द्वार के निकट अँधेरे में जाकर खड़े हो गए। कुछ देर खड़े रहने के बाद उन्हें गुफा में एक टोकरी के नीचे सरकने की ध्वनि सुनाई पड़ी। टोकरी में दो आदमी आए, एक अधिकारी और दूसरा उसका सहकारी। उद्धव अधिकारी पर टूट पड़ा और उसे निःशस्त्र कर दिया। इसी प्रकार पुनर्दत्त भी सहकारी के ऊपर टूट पड़ा। सहकारी अनुभव-शून्य था। वह मूर्छित हो गया। पर अधिकारी बाहुयुद्ध में प्रशिक्षित था। उसने उद्धव का प्रबल प्रतिकार किया और दोनों गुँथकर धरती पर गिर पड़े। उद्धव कृष्ण का सखा और सान्दीपनि का शिष्य था। अधिकारी के दाँव को उसने तुरन्त पहचान लिया। जब उद्धव के जीत जाने की सम्भावना प्रबल हो उठी, तब उसने उद्धव को ऐसे जकड़ा कि उद्धव आश्चर्य में पड़ गया। यह तो गुरु सान्दीपनि का सिखाया हुआ गुप्त दाँव था! गुरु ने इसका प्रतिकार भी सिखाया था। इसी से उद्धव अधिकारी की पकड़ से निकल सका। उद्धव से बोले बिना नहीं रहा गया, ''यह गुरु सान्दीपनि का दाँव है न?''

''तू सान्दीपनि का शिष्य है?'' अधिकारी ने आश्चर्य व्यक्त किया, ''मैं भी उन्हीं का शिष्य हूँ।''

''हे भगवान! तुम श्वेतकेतु तो नहीं?''

''कौन? उद्धव?'' उसने कृष्ण, बलराम और उद्धव को वेद पढ़ाया था। उन्होंने एक-दूसरे की पकड़ ढीली की और प्रेम से गले मिले।

''श्वेतकेतु! यह पुनर्दत्त है, गुरुदेव का पुत्र, जिसे कृष्ण वैवस्वतपुरी से छुड़ा लाए थे।'' तीनों हँसते-हँसते एक-दूसरे के आलिंगन में बँध गए। मूर्छित सहकारी को छोड़कर वे घाटी में चले आए।

श्वेतकेतु ने पूछा, ''तुम दोनों इस नरक में कैसे आए?''

''पर, तुम यहाँ कैसे?'' पुनर्दत्त ने पूछा, ''प्रभास में पञ्चजन राक्षस जब मुझे हरकर ले गया था, तब तुम गुरुदेव के पट्ट शिष्य थे। पर कृष्ण जब मुझे छुड़ाकर वापस लाए तब तुम वहाँ नहीं थे। और अब यहाँ शृंगलव की सेवा में

हो। तुम्हें तो मैंने यहाँ पहले कभी नहीं देखा।''

''कल किसी नए आदमी को इस नरक में भेजा गया था, इसलिए आज यह काम मुझे सौंपा गया। तुममें से ही वह होना चाहिए। मुझे बताया गया है कि यहाँ तेरह वृद्ध और दो युवा हैं।''

''कल मैं ही यहाँ लाया गया था,'' उद्धव ने कहा, ''कैसा विचित्र संयोग है! हम, तुम्हारे शिष्य, धर्म के लिए नरकवास कर रहे हैं, आचार्यों की भी यही दशा है, और तुम, गुरुदेव के प्रिय शिष्य, विलास में डूबे श्रृंगलव के सैनिकाधिकारी के रूप में यहाँ आए हो!''

''क्या मैं बहुत बदल गया हूँ?'' श्वेतकेतु ने अपने अलंकार सज्जित शरीर पर संकोचपूर्ण दृष्टि डाली।

उद्धव ने पूछा, ''श्वेतकेतु! भाई! तुम्हें क्या हो गया है? तुम हम सबमें विद्वान थे, कृष्ण के प्रिय मित्र...तुम्हारी यह दशा?''

''क्यों, क्या हुआ? मैं तो वही हूँ।''

''इस मृगतृष्णा में कब तक जियोगे, बन्धु! कहाँ गया वह तुम्हारा सौष्ठवपूर्ण शरीर! कहाँ गया तुम्हारा वह प्रजा से आलोकित प्रतिभाशाली मुख! यदि तुमने गुरुदेव का दाँव प्रयोग नहीं किया होता, तो अलंकारों से सजे हुए स्थूल रूप में तुम्हें पहचान ही नहीं पाता। तुम और भगवान वासुदेव कहलानेवाले दम्भी राजा के सेवक!''

''ऐसी बातें न करो! मेरा सहकारी जाग गया होगा तो सुन लेगा?''

''तुम्हारा पतन यहाँ तक हो चुका है कि सत्य को सुनने की शक्ति भी तुममें न रही?'' संयमी भाषा में बात करनेवाला उद्धव अपने गुरुभाई के पतन को देखकर रोष से भर गया।

''पहले तुम दोनों अपनी बात बताओ, फिर मैं अपनी कहूँगा,'' श्वेतकेतु ने कहा।

''हमारी बात तो बिलकुल सीधी-सादी है। प्रवास में हम लोग सब साथ थे। फिर कृष्ण और मैं पुनर्दत्त को लाने पुण्यजन जलयान में गए। पञ्चजन को सागर के गर्भ में भेजकर हम जलयान वैवस्वतपुर ले गए और वहाँ से पुनर्दत्त को वापस ले आए। नागलोक की रानी, दैवी माँ की चमत्कारी शक्ति का कृष्ण ने प्रतिकार किया, मृत्यु के देव-यम के नाम से परिचित राजा के साथ लड़े और पुनर्दत्त को छुड़ाया।'' उद्धव ने कहा।

''आश्चर्य! कृष्ण चमत्कार भी कर सकता है! फिर क्या हुआ?'' श्वेतकेतु ने पूछा।

''हम लोग मथुरा गए। तभी जरासन्ध ने कृष्ण और बलराम को मार डालने

के लिए मथुरा पर चढ़ाई की। मथुरा में उसको रोकने की शक्ति न थी, इसलिए कृष्ण ने सह्याद्रि में आश्रय लेने का निश्चय किया और हमने मथुरा छोड़ दी।''

''फिर?''

''कृष्ण और बलराम ने गोमन्तक में आश्रय लिया और फिर तुम्हारे इस भगवान वासुदेव ने धोखा दिया। जरासन्ध और उसके साथियों ने आकर गोमन्तक पहाड़ी में आग लगा दी।''

''ओ भगवान वासुदेव!'' श्वेतकेतु के मुख से करवीरपुर में प्रचलित उद्‌गार निकल पड़ा।

''सुन भगवान वासुदेव के भक्त! कृष्ण अजेय रहे। कृष्ण की आज्ञा से सागर ने पहाड़ी की प्रदक्षिणा कर आग को बुझा दिया। दोनों भाई तब नीचे उतरे और जरासन्ध और उसके साथियों को त्राहि-त्राहि बोलना पड़ा। राजा गोनार्द मारा गया। राजा दामघोष के बीच-बचाव करने से जरासन्ध के प्राण बचे और वह इस समय अपने देश की ओर भाग रहा है।''

''पर, तुम करवीरपुर कैसे आए?'' श्वेतकेतु ने पूछा।

''कृष्ण, शृंगलव के साथ मैत्री करना चाहते थे। मुझे उन्होंने दूत के रूप में यहाँ भेजा, पर तुम्हारे वासुदेव ने मैत्री के प्रस्ताव का निरादर किया, कृष्ण को गालियाँ दीं और भगवान के रूप में उसकी पूजा करना जब मैंने अस्वीकार किया, तो मुझे कैद में डाल दिया।''

''और पुनर्दत्त?''

''यह तो मुझे तुमसे ही जानना है, श्वेतकेतु। देखो, ये हैं इसके नाना, आचार्यों में श्रेष्ठ, प्रज्ञा के सागर। यहाँ अन्य तेरह आचार्य हैं। इनमें से कोई धर्म का त्याग करने और शृंगलव को भगवान मानने को तैयार नहीं। इसीलिए ये इस नरक में पड़े हैं और यह वीर पुनर्दत्त, नाना और दूसरे आचार्यों की सेवा करने स्वेच्छा से इस नरक में आया है। जबकि तुम श्वेतकेतु, हम सबके आदर्श गुरुदेव के पट्‌ट शिष्य, शृंगलव के सेवक हो?''

उद्धव आवेश में आ गया। श्वेतकेतु मौन खड़ा था। उसके चेहरे पर लज्जा के भाव थे। एक समय वह आचार्य-पद का उम्मीदवार था। ऋषि बनने के स्वप्न भी वह देखता था और अब वह आचार्यों को कारावास भेजनेवाले शृंगलव का सेवक था। श्वेतकेतु कुछ देर दृष्टि नीची किए खड़ा रहा, फिर क्षीण स्वर में बोला, ''उद्धव, मेरी कथा अधःपतन की कथा है। बिसरे हुए सपनों और जीवन के सौदे की कथा है। मैंने दैवी जीवन का त्याग कर आसुरी जीवन अपनाया है।''

''पर ऐसा हुआ कैसे?'' उद्धव ने पूछा, ''यह पुनर्दत्त भी राजकुमार का

जीवन बिता रहा था, पर कृष्ण ने इसका उद्धार किया।''

''मेरा तो कोई उद्धार भी नहीं कर सकेगा। यह अधःपतन का मार्ग मैंने अपनी इच्छा से स्वीकार किया है,'' उसके स्वर में विषाद था।

पुनर्दत्त ने कहा, ''पर तुमने यह मार्ग स्वीकार क्यों किया? मुझे भी वैवस्वतपुर में ऐसा लगा कि अब मुझे सारा जीवन यों ही व्यतीत करना है, मेरे लिए और कोई आशा नहीं।''

श्वेतकेतु का पतन (ख)

''सुनो,'' श्वेतकेतु ने भावातुर होकर कहा, ''उद्धव और कृष्ण जब पुण्यजन जहाज में रवाना हुए, उसके पहले एक विचित्र घटना मेरे साथ घटी। मैं भगवान सोमनाथ के दर्शन करने गया था। वहाँ से सागर किनारे जा बैठा। एक मनोहर युवती स्नान कर बाहर निकली। भीगे वस्त्रों से झाँकती उसकी सुन्दर देह में एक अपूर्व आकर्षण था। यह जानते हुए भी यह अनुचित है, मैं अपनी दृष्टि उस पर से हटा न सका।'' कुछ देर ठहरकर आगे कहने लगा, ''मैंने उसे पहचान लिया। प्रभास में शस्त्र-शिक्षा और वेदपाठ के समय वह उपस्थित रहती थी। वह ऊँचे कद और छरहरे बदन की अपूर्व सुन्दरी थी। उसकी ओर दृष्टि उठे बिना रह ही नहीं सकती थी और जब भी मैं उसकी ओर देखता, वह एक मनोहर मुस्कान मुझ पर बिखेर देती।

''वह मेरे पास रुकी। उसकी आँखों में जो चमक मैंने देखी, वह पहले कभी किसी स्त्री की आँखों में नहीं देखी थी। उसकी आँखें बड़ी मोहक थीं। उसने मुझसे कहा, 'तुम रसीले जवान हो और विद्वान भी। मैंने तुम्हारे मधुर कण्ठ से मन्त्रोच्चार सुना है। योद्धाओं को शस्त्र-शिक्षा देते भी देखा है। मुझे तुम बहुत अच्छे लगते हो। क्या, तुम मेरे साथ नहीं चलोगे? मैं यहाँ द्राक्षामण्डप में रहती हूँ।' उसके शब्द सुरा की तरह मादक थे। मुझे अपने शिविर में काम था फिर भी इस स्त्री से दूर हटने का मन नहीं हुआ। मुझे गुरु के वचन याद आए, 'पत्नी के अतिरिक्त किसी स्त्री के साथ एकान्त में नहीं रहना चाहिए।' परन्तु मेरा मन घायल हो चुका था। मैं उसके साथ गया। वह करवीरपुर से आई थी। उसका नाम शैव्या था, वह राजकुमारी थी, राजा शृंगलव की भतीजी।''

उद्धव ने पूछा, ''कल शृंगलव के पास जो सुन्दरी खड़ी थी और रानी का साथ दे रही थी, वही शैव्या है न?''

''हाँ, वही। वह हमेशा राजसिंहासन के पास खड़ी रहती है,'' श्वेतकेतु ने कहा, ''शैव्या मुझे द्राक्षामण्डप में ले गई। वर्षों पहले शृंगलव प्रभासतीर्थ आया था तब

इसी द्राक्षामण्डप में वासुदेव ने प्रवेश किया था। वे इस मण्डप को पवित्र मानते हैं।''

श्वेतकेतु ने जरा रुककर फिर कहा, ''जब हम मण्डप में पहुँचे, तब श्रृंगलव की पादुकाओं की सान्ध्य पूजा का समय हो गया था। शैव्या ने आरती की। उसकी विनती पर मैंने मन्त्रोच्चार किया। शैव्या ने मुझे प्रसाद दिया और मैंने ग्रहण किया। उसका स्वाद बड़ा अटपटा था। उसका तत्काल प्रभाव पड़ा। लगा मानो मन का सारा भार हट गया हो। फिर शैव्या मुझे एकान्त में ले गई और मधुर बातें करने लगी। ऐसा प्रतीत हुआ मानो मैं गन्धर्व लोक में विहार कर रहा हूँ और शैव्या कोई अप्सरा है।

''उसने भगवान वासुदेव की चर्चा की और कहा कि करवीरपुर पृथ्वी पर का स्वर्ग है। वासुदेव की भक्ति करनेवाले सभी मनुष्य अस्तित्व के बन्धनों से मुक्ति प्राप्त कर सकते हैं और मैं स्वयं वासुदेव का दाहिना हाथ बनने के लिए रचा गया हूँ।

''आधी रात तक मैं शैव्या के साथ रहा। उसकी मादक प्रशंसा का प्रभाव मुझ पर पड़ा। प्रातःकाल शिविर में पहुँचा तो गुरुदेव ने पूछा कि रात में कहाँ रहे। यदि मैं उस समय सत्य कह देता तो कितना अच्छा होता! पर मेरा साहस न हुआ। मैंने कहा कि मैं मन्दिर में ठहर गया था। गुरुदेव को मेरे शब्दों पर विश्वास नहीं हुआ। इस असत्य कथन के साथ ही मेरा अधःपतन शुरू हुआ।

''दूसरे दिन दोपहर को शैव्या के डेरे के पास न जाने का निश्चय मैंने किया, पर मेरे पैर अपने-आप उस ओर उठ गए। मैं सागर-किनारे पहुँचा और शैव्या को फिर स्नान कर बाहर आते देखा। मैं उसकी ओर न चाहते हुए भी खिंच गया। फिर श्रृंगलव वासुदेव की पूजा हुई। इस पूजा का महत्त्व समझाते हुए शैव्या ने कहा कि उनके सिवाय दूसरा कोई भगवान नहीं। शैव्या के स्वर में जादू था। वह रात भी मैंने उसी के साथ बिताई। मुझे आभास हुआ कि मेरे लिए एक नए ही भविष्य की दिशा खुल रही है।

''उस दिन सवेरे गुरुदेव ने मुझसे पूछा तक नहीं कि मैं रात को कहाँ था। तुम्हारे और कृष्ण के पुण्यजन जलयान पर चले जाने से वे विक्षुब्ध थे। पर गुरुदेव की आँखों और उदास चेहरे पर मैंने स्पष्ट देखा कि वे मेरे पतन को भलीभाँति समझ रहे थे। उन्होंने दृष्टि से भी मुझे उलाहना नहीं दिया। एक ओर ऐसे विशाल हृदय गुरुदेव और दूसरी ओर शैव्या की मोहिनी। इन दोनों के बीच मैं झूल रहा था। चौथे दिन शैव्या ने करवीरपुर आने को कहा। मैं दुखी हो गया। गुरुदेव को कैसे छोड़ा जाए! पर साथ ही शैव्या ही सुघड़ देह भी मेरे मन में बस गई थी। गुरुदेव के प्रति अपना विद्रोह भी मुझे कचोट रहा था। गुरुदेव ने प्रभास से विदा लेने का जब निर्णय किया तो मुझे लगा कि शैव्या से दूर जाने के बाद उसे भूल

जाऊँगा। विदा के दिन मैं खण्डित हृदय उससे मिलने गया। शैव्या की आँखों में आँसू छलक आए। उसके काँपते हाथों ने मेरा हाथ पकड़ लिया और कहा, 'श्वेतकेतु! तुम भगवान वासुदेव से द्रोह कैसे कर सकते हो! भगवान को तुम्हारी आवश्यकता है!' शृंगलव के प्रति शैव्या की भक्ति ने मुझे भी वासुदेव की शक्तियों में श्रद्धावान बना दिया था। शैव्या की हरिणी-जैसी आँखें मुझ पर स्थिर हो गईं। लगा जैसे उसकी सारी देह मेरे लिए लालायित थी।

''उद्धव! मैं अपनी सारी सुधबुध खो बैठा। मैंने उसके हाथ पकड़ लिये। उसने विरोध नहीं किया। मैंने पूछा, 'क्या तुम वास्तव में चाहती हो कि मैं तुम्हारे साथ चलूँ?' उसने अपनी आँखें झुका लीं। फिर एक तीखी दृष्टि मेरे नयनों में डाली। मैं हार गया। गुरुदेव के पास फिर मैं नहीं गया। शैव्या के साथ चला गया।

''शूर्परक लौटते वक्त एक शाम मैं जलयान पर खड़ा मात्र एक स्त्री के लिए अपने वर्षों का तप और अभ्यास, आशा और स्वप्न के त्याग पर विचार कर रहा था। इतने में शैव्या मेरे पास आई। अपनी सुन्दर आँखें मेरी आँखों में डालकर उसने पूछा, 'भगवान के लिए अपना सर्वस्व त्याग करते समय तुम्हें दुख होता है?' मैंने स्वस्थ होने का प्रयत्न किया। उसने अपना हाथ मेरे हाथ पर रखा। उसके सामीप्य से मेरे रोम-रोम में आग भड़क उठी। मैंने कहा, 'शैव्या, तुझे पाने के लिए सबकुछ छोड़ना पड़े, तब भी मुझे कोई दुख नहीं होगा।' मैं क्या कर रहा हूँ, यह सोचे बिना ही मैंने शैव्या को अपनी ओर खींचा और अपने बाहुपाश में ले लिया। क्रुद्ध बाघिन की तरह झटका देकर वह मुझसे अलग हो गई और आँखें लाल करती बोली, 'मुझे स्पर्श मत करना। मैं भगवान की हूँ। मुझसे स्पर्श करने से पहले तुम्हें पात्रता प्राप्त करनी होगी। भगवान सम्मति दें, तभी तुम मुझे प्राप्त कर सकते हो।' मैंने एक गहरा आघात अनुभव किया। वह शृंगलव की थी। मेरी तो उसके मन में कोई गिनती ही न थी। मुझे ग्लानि हुई। मैंने उससे क्षमा माँगी। शैव्या के सान्निध्य का सारा आह्लाद जाता रहा। मुझे प्रतीति हो गई कि मैं जिस मार्ग पर चला आया, उससे लौटने की अब कोई आशा नहीं।

''शृंगलव ने मेरा आदर किया। अपनी सैनिक शिक्षणशाला का उसने मुझे आचार्य नियुक्त किया। करवीरपुर के युवकों को शस्त्रों का उपयोग भी नहीं आता था। चलते हुए रथ में वे स्थिर खड़े भी नहीं हो सकते थे। इन युवकों को मैंने शिक्षित किया। इसके बाद मुझे दूसरा महत्त्व का काम मिला। तुम मेरे अंगों का स्वर्ण और रत्न देखते हो न? इन्हें हम दूर जंगलों में से लाते हैं। इनका रहस्य हमारे सिवा और कोई नहीं जानता। स्वर्ण प्राप्त करने का काम मुझे सौंपा गया था।'' श्वेतकेतु ने अपनी बात पूरी की।

उद्धव ने पूछा, ''शैव्या का क्या हुआ?''

श्वेतकेतु ने निश्वास ली। "वह तो पतंगे के समान चंचल है। वह मुझे आकर्षित करती है, परन्तु पकड़ में कभी नहीं आती। मुझे विश्वास हो चला है कि वह मात्र खेलती है। वह पूर्णतः शृंगलव की भक्ति में रत है। मुझसे कहती है कि वह मेरी विद्वत्ता का सम्मान करती है और उसी से आकर्षित है। पर शृंगलव के प्रति मेरी भक्ति की परीक्षा करती रहती है। उद्धव! मैंने गुरु को भी गँवाया और शैव्या भी हाथ नहीं आई। कई बार अपने पर बहुत क्रोध आता है।"

"और अब तुम हमसे पूछने आए हो कि हम शृंगलव को भगवान मानने के लिए तैयार हैं कि नहीं?" उद्धव ने उदास स्वर में पूछा, "मित्रवर! हमारे गुरुदेव भी जिनको पूज्यनीय मानते हैं, ऐसे आचार्यों को तुम शृंगलव को 'वासुदेव' मानकर उसकी पूजा करने को कहने आए हो?"

श्वेतकेतु कुछ उत्तर न दे सका। उद्धव ने फिर तिरस्कारपूर्वक पूछा, "यदि तुममें साहस हो तो इन तपस्वियों से जाकर पूछो कि वे शृंगलव की पूजा करेंगे या नहीं? बदले में शैव्या अपनी किंचित मुस्कान तुम्हें प्रदान करेगी। भाई, इससे अधिक पतन तुम्हारा क्या होगा?"

श्वेतकेतु अवाक् रह गया। लज्जावश सिर झुकाए, रुँधे कण्ठ से बोला, "उद्धव! मैं पापी हूँ। मेरा पतन हुआ है। जाता हूँ, फिर कभी यहाँ नहीं आऊँगा।"

"पर इससे तुम्हारा या हमारा क्या हित होगा? यदि तुम्हें वास्तव में ही पश्चात्ताप हो तो मुझे यहाँ से निकलने और कृष्ण को सचेत करने में मदद करो, नहीं तो कृष्ण भी इस नरक में फँस जाएँगे।"

"पर, मैं तुम्हारी सहायता कैसे कर सकता हूँ? शृंगलव से द्रोह कैसे कर सकता हूँ?"

"तुम गुरुदेव के प्रति द्रोह कर सकते हो! उनका हृदय विदीर्ण कर सकते हो! धर्म के प्रति द्रोह कर सकते हो! पर अपने प्रिय मित्र कृष्ण के लिए शृंगलव से एक बार भी द्रोह नहीं कर सकते! अरे भाई, यहाँ से निकल जाने में तुमने हमारी सहायता की है, यह शैव्या जान भी नहीं पाएगी।"

वे बातें कर रहे थे कि पुनर्दत्त के नाना आचार्य रुद्र वहाँ आ पहुँचे। मृदुस्वर से उन्होंने पूछा, "वत्स! तुम यही पूछने आए हो न कि शृंगलव की पूजा के लिए हम तैयार हैं अथवा नहीं?" श्वेतकेतु इतना लज्जित हुआ कि धरती यदि मार्ग देती तो वह उसमें समा जाता। वृद्ध आचार्य ने फिर कहा, "वत्स! उससे कहना कि इस जगत में अब भी ऐसे मनुष्य हैं, जो असत्य को स्वीकार करने के बदले मर जाना अधिक पसन्द करते हैं! शृंगलव हलाहल है, असत्य है!" वृद्ध गौरवपूर्वक अपने मार्ग पर चले गए। श्वेतकेतु का कण्ठ अवरुद्ध हो गया। उसने कहा, "उद्धव! मैं तुम्हारी सहायता करूँगा, पर बताओ, कैसे?"

उद्धव ने बेहोश सहकारी के वस्त्र, रूपहरी पट्टा, हार और बाजूबन्द उतारकर स्वयं पहन लिये और श्वेतकेतु के सहकारी के रूप में उसके साथ टोकरी में बैठकर ऊपर आ गए।

कृष्ण से मैं लड़ नहीं सकूँगा

शृंगलव वासुदेव के महल में आज उत्सव मनाए जाने की धूम थी। दरबारी प्रातः ही से सुन्दर-सुन्दर वस्त्रालंकारों से सज्जित हो राजदर्शन के लिए एकत्र होने लगे थे। श्वेतकेतु तथा उसके सहायक अधिकारी के रूप में उद्धव भी वहाँ उपस्थित थे। उद्धव ने इस आशंका से कि कोई पहचान न ले, अपनी दृष्टि नीचे झुका रखी थी। शाम तक तो उसके नगर से बाहर निकल जाने का प्रबन्ध श्वेतकेतु करने ही वाला था, पर तब तक के लिए तो उसे यह स्वाँग रचे बिना चारा नहीं था।

शृंगलव के स्वागत के लिए इत्र, पुष्प, रंग, संगीत आदि का प्रबन्ध हो चुका था। प्रमुख पुजारियों के अंग स्वर्णालंकारों से प्रदीप्त थे।

शृंगलव आ पहुँचा। उसके प्रवेश के साथ ही वातावरण शंखनाद और जय-जयकार से गूँज उठा। रत्नमुकुट, कण्ठहार, बाजूबन्द, कमरबन्द इत्यादि रत्नजड़ित अलंकारों पर पड़ रहे प्रकाश के कारण शृंगलव के चारों ओर एक तेज वर्तुल की रचना हो गई थी। गजराज की-सी मन्थर गति से वह आगे बढ़ा। सबने उसके चरणों में प्रणाम किया। अपने आसन पर बैठने के बाद जब उसने चारों ओर भुजा उठाकर सबको आशीर्वाद दिया तो फिर एक बार शंख-ध्वनि हुई। तब एक सुन्दर स्त्री ने हाथ में आरती लेकर प्रवेश किया। उसके पीछे एक प्रौढ़ स्त्री थी। उद्धव को लगा, वह रानी पद्मावती होनी चाहिए। पहली सुन्दर स्त्री को उसने शैव्या समझा। शैव्या की सुन्दरता की सराहना श्वेतकेतु ने की थी। उसके अपराध के लिए उद्धव ने मन-ही-मन उसे क्षमा प्रदान की। वह अनिन्द्य सुन्दरी थी। कोई भी उसके रूप से मोहित हो सकता था। उसके सामने रानी पद्मावती फीकी पड़ती थी। कभी वह सुन्दर रही होगी, पर अब वह कृषकाय और भीत लगती थी। उद्धव को लगा, रानी सतत भय के वातावरण में जीती होगी। यहाँ तक कि शैव्या से भी वह भयभीत जान पड़ती थी। उद्धव को उससे सहानुभूति हुई।

आरती के बाद एकत्र स्त्री-पुरुषों ने शृंगलव के चरणों में फिर प्रणाम किया और 'देवाधिदेव भगवान वासुदेव की जय' के नारे लगाए। रानीसहित सबने चरणामृत लिया। उद्धव ने देखा कि रानी इस कर्मकाण्ड में यन्त्रवत् भाग ले रही थी, जबकि शैव्या एक प्रेरक और अपूर्व भक्तिभाव से उसमें रस ले रही थी।

भगवान वासुदेव के प्रशस्तिपत्र गाए गए। शैव्या ने वासुदेव के भक्तिस्तोत्र गाए। लोगों ने उसका अनुकरण किया। अनुष्ठान जब पराकाष्ठा पर पहुँचा, तब दुर्गपाल तेजी से महल में आता दिखाई पड़ा। दरबारी और सेवक स्तोत्रगान में लीन थे, पर शृंगलव की दृष्टि तत्काल उस पर गई।

शृंगलव के हाथ उठाने पर सब शान्त हो गए। उसने दुर्गपाल को हाथ के संकेत से पास बुलाया। दुर्गपाल ने आकर, प्रणाम निवेदन किया और हाथ जोड़कर खड़ा हो गया।

शृंगलव ने गौरवपूर्ण स्वर से पूछा, "क्या बात है?"

"भगवान वासुदेव की जय हो! भगवान, कृष्ण वा..." वह हिचकिचाया और शब्द ढूँढ़ने लगा। "मथुरा का यादव, कृष्ण बाहर द्वार पर खड़ा है। कहता है कि भगवान के दर्शनार्थ आया है। वह किले में प्रवेश पाना चाहता है!" उसने कम्पमान स्वर में कहा। शृंगलव का चेहरा विकराल बन गया।

दुर्गपाल के शब्द सुनकर उद्धव का हृदय चंचल हो उठा। कृष्ण आए हैं! उन्हें पता नहीं कि उद्धव का क्या हुआ और यहाँ आने में क्या संकट है!

"हम ऐसे व्यक्ति को दर्शन नहीं देते। श्वेतकेतु! यहाँ आओ।"

श्वेतकेतु भी दुर्गपाल की बात सुनकर चिन्ता में पड़ गया था। शृंगलव के बुलाने पर और भी बौखला गया।

"श्वेतकेतु! तुम कृष्ण की भाषा जानते हो। तुम जाकर उससे पूछो कि उसे हमसे क्या काम है।"

श्वेतकेतु दुविधा में पड़ गया।

"जाओ, जल्दी जाओ और जल्दी वापस आओ। यहाँ हम तब तक पूजनविधि पूरी कर लेते हैं।"

श्वेतकेतु ने देखा कि अब बचने का कोई उपाय नहीं है। उसने प्रणाम कर विदा ली। रानी पद्मावती ने धीमे स्वर में पूछा, "भगवान कोई अतिथि दर्शन के लिए आए, तो उसका आतिथ्य तो करना ही चाहिए न?"

शृंगलव ने रानी को घूरकर देखा। रानी भयभीत होकर चुप हो गई। लज्जा से उसका मुख निस्तेज हो गया। शैव्या उसे सहारा न देती तो सम्भवतः वह गिर पड़ती। उद्धव ने देखा कि शृंगलव रानी का खुला अपमान कर उसे संत्रस्त कर रहा है। सम्भवतः इसमें उसने शैव्या को साधन बनाया होगा। उत्सव चालू रहा, पर उत्सव का वातावरण समाप्त हो गया। फिर प्रसाद बँटा, जिसे सबने चुपचाप ग्रहण किया। जैसे कुछ असाधारण घटित होनेवाला है, इस प्रकार का एक बोझ सबके मन पर था। थोड़ी देर बाद श्वेतकेतु लौटा। उसके चेहरे पर उत्तेजना के भाव स्पष्ट थे। प्रणाम कर वह हाथ जोड़े खड़ा रहा।

श्रृंगलव ने पूछा, "क्या कहता है वह ग्वाला?"

"भगवान वासुदेव!" श्वेतकेतु ने कम्पमान स्वर में कहा, "अतिथि ने भगवान के प्रश्नोत्तर में कहा कि वह मथुरा के शूरों के अधिनायक वसुदेव का पुत्र है। वह अपने भाई तथा चेदिराज को पीछे छोड़कर अकेला आपसे मिलने आया है। करवीरपुर के स्वामी से मैत्री करने की उसकी इच्छा है।" फिर कुछ हिचकिचाहट के साथ श्वेतकेतु बोला, "उसने एक कृपा की याचना की है। वह कहता है कि उसके मित्र उद्धव को लौटा दो और जितने भी आचार्यों को कारावास दे रखा है, उन्हें मुक्त कर दो। वह उन्हें अपने साथ ले जाएगा।"

श्रृंगलव भड़क उठा, "इस दुष्ट ग्वाले को तुमने भगा क्यों न दिया?"

"भगवान! आपकी आज्ञा के बिना मैं क्या कर सकता हूँ! पर जो उद्धव को कहा वही मैंने उससे भी कहा, 'मेरे भगवान को एकमात्र वासुदेव भगवान मान लो, तभी वे तुम्हें दर्शन देंगे।' "

श्वेतकेतु के स्मृतिपट पर कृष्ण से हुई अपनी बातचीत उभर आई। कृष्ण उसे देखते ही पहचान गए थे और उसकी स्थिति का अनुमान लगा लिया। माँ की ममता से कृष्ण ने पूछा था, "श्वेतकेतु! भाई! तुम यहाँ! हम साथ-साथ जिस प्रभु की भक्ति करते थे, उन्हें छोड़कर तुम यहाँ कैसे पहुँच गए?" कृष्ण के इन शब्दों में अपार व्यथा थी। उद्धव के अपमान-भरे शब्दों से अधिक कृष्ण के इन स्नेहपूर्ण शब्दों ने श्वेतकेतु के हृदय में घाव किया। उसका कितना-कितना पतन हुआ है, इसका उसे भान हुआ।

श्रृंगलव ने पूछा, "उसने क्या उत्तर दिया?"

श्वेतकेतु ने अपने मन से कृष्ण के प्रश्न की स्मृति को चेष्टा कर निकाल दिया और सावधान होकर बोला, "कृष्ण यादव मेरा प्रश्न सुनकर हँसा। उसने कहा, 'मैं गिरिवर कैलाश पर जाऊँगा, तब देवाधिदेव महादेव के चरणों में प्रणाम करूँगा। और अभी तक मैं वहाँ गया नहीं।' "

"दुष्ट, अविवेकी, पापी।" श्रृंगलव चीख उठा, "वह अकेला है? सशस्त्र है?"

"वह रथ में आया है। साथ में सारथी है और ध्वजा लेकर चलनेवाला गरुड़मुख सेवक भी है। कृष्ण के पास गदा, धनुष, चक्र और शंख है। उसने बार-बार यही कहा है कि मेरे आने का उद्देश्य करवीरपुर के स्वामी से मैत्री स्थापित करना है।"

"मैत्री करनी है? यह ग्वाला भगवान वासुदेव का मित्र बनना चाहता है?" श्रृंगलव ने तिरस्कार से होंठ बिचकाए।

"भगवान यदि अनुमति दें तो कृष्ण ने जो आगे कहा वह भी निवेदन करूँ?"

"कहो।"

कृष्ण ने कहा, ''मैं थोड़ी देर धैर्य धारण कर प्रवेशद्वार पर खड़ा हूँ। पर, यदि उद्धव और आचार्यों को तुरन्त नहीं भेजा गया, तो द्वार तोड़कर मैं अन्दर चला आऊँगा और अपने हाथों से सबको मुक्ति दिलाऊँगा।''

दरबार में खड़े सब लोग यह बात सुनकर स्तब्ध रह गए। एक अपरिचित युवक द्वार पर खड़ा यह धमकी दे रहा है कि करवीरपुर का द्वार वह तोड़ डालेगा। रानी ने भय से थरथराते स्वर में शृंगलव की ओर देखकर कहा, ''भगवान! कृपा कर आचार्यों को मुक्त करें।''

शृंगलव ने फिर रानी की ओर विकराल दृष्टि से देखा। ''हमें किसी की सलाह नहीं चाहिए।'' आगे के शब्द रानी पद्मावती के होंठों पर जमकर रह गए। वह मूर्छित हो गई। शैव्या ने उसे पकड़ लिया। शैव्या के मुख पर स्पष्टतः भक्ति-भाव उमड़ आया। शृंगलव का बारह वर्ष का पुत्र शुक्र सिसकियाँ भरता हुआ माँ से लिपट गया।

''यादव हमारे तीर्थधाम के पवित्र द्वार का स्पर्श करे, इससे पहले ही वह हमारे क्रोध का भोग बनेगा। श्वेतकेतु, श्रेष्ठ योद्धाओं को लेकर जाओ और अपने मामा का वध करनेवाले उस ग्वाले का सिर ले आओ! बृहद्रथ का पुत्र जरासन्ध भाग गया, वह कायर था, पर हम इस छोकरे को अच्छा पाठ पढ़ाएँगे।''

श्वेतकेतु को लगा, वह मूर्छित हो जाएगा। उसने शृंगलव के कठोर चेहरे की ओर देखा। फिर उसकी दृष्टि शैव्या पर पड़ी। शैव्या गौर से उसकी ओर देख रही थी। उद्धव के चेहरे पर चिन्ता थी। मूर्छित रानी का चेहरा निस्तेज हो गया था। श्वेतकेतु के कर्णपट पर कृष्ण का वह वात्सल्य प्रश्न गूँज रहा था : ''श्वेतकेतु! भाई! तुम यहाँ! हम एकसाथ जिस प्रभु की भक्ति करते थे, उन्हें छोड़कर तुम यहाँ!''

शृंगलव का भय उसे सता रहा था। शैव्या का आकर्षण उसके हृदय को आन्दोलित कर रहा था। पर कृष्ण के शब्द, उज्जयिनी में कृष्ण के साथ की गई भगवान महाकालेश्वर की पूजा, ये स्मरण अधिक शक्तिशाली सिद्ध हुए। श्वेतकेतु के मन का संघर्ष अधिक न टिका। प्रिय सखा के शब्दों की विजय हुई। उसने मस्तक उठाकर कहा, ''भगवान! इसके सिवा कोई और भी आज्ञा कीजिए। कृष्ण से मैं लड़ नहीं सकूँगा।''

शृंगलव के चेहरे पर आश्चर्य और क्रोध देखने योग्य थे। शैव्या को अपने कानों पर विश्वास न हो रहा था। उसके होंठों से चीत्कार फूट पड़ा।

शृंगलव गरजा, ''क्या कहा?''

श्वेतकेतु के कर्णपट पर फिर कृष्ण की वही मधुर वाणी गूँज उठी, ''भाई! तुम यहाँ! जिस प्रभु की भक्ति हम लोग साथ-साथ करते थे, उन्हें छोड़कर तुम

यहाँ!'' उसने निर्भय होकर कहा, ''मैं कृष्ण के साथ नहीं लड़ूँगा, आप चाहें तो मेरी गर्दन उड़ा सकते हैं।''

दरबारी स्तब्ध रह गए। शृंगलव वासुदेव के सामने ऐसा साहस पहले किसी ने नहीं किया था। उद्धव को लगा कि अब उसका वहाँ रुकना अनावश्यक है। शृंगलव के सहकारी का रूप उसने धर रखा था, इसलिए वह स्वयं जाकर कृष्ण के लिए द्वार खोलने की स्थिति में था। सभी बौखलाए हुए थे, इसलिए स्थिति का लाभ उठाकर वह वहाँ से खिसका। फिर भी शैव्या की रोष-भरी दृष्टि से वह छुपा न रह सका। क्रोध से उसका मुख लाल हो गया। कोई स्त्री क्रोध में इतनी सुन्दर दिख सकती है, इसकी उद्धव को कल्पना भी नहीं थी।

श्वेतकेतु की धृष्टता से क्षण-भर तो शृंगलव भी बौखला गया। ''तुम उसे जानते हो?''

''हम दोनों गुरु सान्दीपनि के आश्रम में सहपाठी थे। वह मुझे प्रिय है। अतीव प्रिय है।''

''तो फिर तुम्हें भी यमद्वार जाना पड़ेगा।'' शृंगलव ने कहा और रक्षकों को संकेत कर बोला, ''इस द्रोही को नरक में डाल दो!''

श्वेतकेतु ने शस्त्र उतार दिए। रक्षकों के पीछे-पीछे वह चला। शैव्या ने चीत्कार किया। श्वेतकेतु ने पीछे मुड़कर देखा। उसकी दृष्टि में भयानक अनादर था। शैव्या के आकर्षण का जादू अब उस पर नहीं चढ़ सकता था। शृंगलव ने कहा, ''अब हम स्वयं जाएँगे। अपने हाथ से उस ग्वाले का वध करेंगे। सारथि! हमारा रथ तैयार करो। हमारा विराट धनुष प्रस्तुत करो। यादव को उसका काल पुकार रहा है।''

तत्काल रथ आ गया। चार पहियों के इस रत्नजड़ित रथ में करवीरपुर के चार श्रेष्ठ घोड़े जुते थे। चमचमाते स्वर्ण के बख्तर, कमरबन्द और बाजूबन्द पहने दो सारथी रथ चला रहे थे। रथ में आठ रक्षक भी खड़े थे। एक के हाथ में शृंगलव का ध्वज था और वह हवा में फरफरा रहा था।

शृंगलव ने अपना धनुष उठाया। एक रक्षक उनके रत्नजड़ित तरकश को हाथ में लिये खड़ा था। रथ में कूदकर शृंगलव उच्च सिंहासन पर जा बैठा। रत्नजड़ित स्वर्णालंकारों से सज्जित आसन पर वह सत्ता और समृद्धि का स्वामी प्रतीत होता था।

शैव्या का रोष

शृंगलव वासुदेव का भव्य रथ करवीरपुर के द्वार पर आकर खड़ा हुआ। मार्ग के

दोनों ओर खड़े लोगों ने 'भगवान वासुदेव की जय' के नारों से उसका स्वागत किया। शृंगलव ने अपने उच्च आसन पर से सामने के रथ में खड़े छरहरे, सुन्दर युवक पर दृष्टि डाली। उसकी दृष्टि में भारी तिरस्कार था।

शृंगलव के रथ को सामने देखकर कृष्ण ने अपना रथ आगे बढ़ाया और पाञ्चजन्य शंख से मैत्री का स्वर फूँककर जोर से पुकारकर कहा, ''करवीरपुर के महाराज शृंगलव वासुदेव! मैं मथुरा का कृष्ण वासुदेव आपका अभिवादन करता हूँ और आपके प्रति अपनी शुभेच्छा व्यक्त करता हूँ।''

शृंगलव ने इस विनयपूर्ण वाणी की अवहेलना की और अपने सुनहरे तरकश में से तीर निकालकर निशाना साधा। रथ के पहियों और घोड़ों के पदचाप की ध्वनि को दबाती हुई उसकी भर्राई हुई आवाज सुनाई पड़ी, ''इस त्रिभुवन में एक ही वासुदेव हैं।''

कृष्ण ने अपनी ओर तीर छूटते देखकर अश्वों को पीछे खींचा। शृंगलव का तीर कृष्ण के बाएँ कन्धे का सहज स्पर्श कर निकल गया। गरुड़ के मुख से मनुष्यों और प्राणियों को थर्रा देनेवाली भयानक चीख निकल पड़ी। कृष्ण का रथ हलका और गतिशील था, अश्व संकेत को भलीभाँति समझ जाएँ, इतने प्रशिक्षित थे। कृष्ण ने अश्वों को शृंगलव के रथ पर दौड़ाया। वे शृंगलव के अश्वों से भिड़कर उनसे गुथे बिना वापस आ गए। शृंगलव के अश्व भड़क उठे और मार्ग पर उत्पात मचाने लगे।

कृष्ण अपने आसन पर खड़े हो गए। लगाम सारथी को देकर उन्होंने चक्र को अँगुली पर घुमाया। शृंगलव की समझ में ही नहीं आया कि यह क्या हो रहा है। उसने दूसरा तीर लेकर धनुष पर चढ़ाने का प्रयास किया। अश्वों के भड़क उठने से उसका रथ तूफान में पड़ी नाव की तरह डगमगा रहा था। वह तीर छोड़ सके, इसके पहले ही कृष्ण की अँगुली से सुदर्शन चक्र छूटा और शृंगलव का मस्तक छेदकर वापस उनके हाथ में आ गया।

शृंगलव का शरीर सिंहासन से गिर पड़ा। उसके सारथी अश्वों को नियन्त्रित न कर सके और रथ दिशाहीन हो भागने लगा। कृष्ण ने अपने रथ की लगाम फिर से हाथ में ले ली और करवीरपुर में प्रवेश किया। गरुड़ ने विजयघोष किया। उसके इस आनन्द-गर्जन से आकाश गूँज उठा। बलराम और दामघोष भी कई आदमियों को लेकर पीछे से आ पहुँचे। करवीरपुर के कुछ योद्धाओं ने जब उन्हें भीतर जाने से रोका तो बलराम अपना हल लेकर कूद पड़े और देखते-देखते उन्हें भगा दिया। शृंगलव मृत्यु के मुख में चला गया, सेनापति श्वेतकेतु कारागार में था। अब प्रतिकार करनेवाला कोई न था।

फिर उद्धव ने पुनर्दत्त, श्वेतकेतु तथा आचार्यों को 'नरक' से मुक्त कर दिया।

फिर उद्धव ने कृष्ण को करवीरपुर की सारी बातें बताईं। कृष्ण सबसे पहले रानी पद्मावती से मिले। अपने पति की मृत्यु का समाचार पाकर वह क्रन्दन करने लगी थी। उसे भय था कि अब उसके पुत्र शुक्रदेव को राजगद्दी नहीं मिलेगी। कृष्ण ने उसके पास आकर कहा, "करवीरपुर की राजमाता! मेरे प्रणाम स्वीकारें। करवीरपुर के स्वामी स्वर्ग सिधारे, इसका मुझे बहुत दुख है। उनकी मैत्री प्राप्त करने की मैंने भरसक चेष्टा की, परन्तु उन्होंने मेरी बात नहीं मानी। उन्होंने तो मुझे मार डालने का प्रयत्न किया। विधि की यही इच्छा थी, माता!" कृष्ण ने क्षमायाचना के स्वर में कहा, "अब करवीरपुर के नए राजा के रूप में शुक्रदेव को प्रतिष्ठित करना होगा। आप चिन्ता न करें। करवीरपुर के स्वामी के अन्तिम संस्कार और राजकुमार के राज्यारोहण के समय मैं उपस्थित रहूँगा। इसका प्रबन्ध भी कर दूँगा कि राजकुमार को योग्य शिक्षा मिले।"

श्रृंगलव का अन्तिम संस्कार राजसी ठाट से हुआ। करवीरपुर के सेनापति के रूप में श्वेतकेतु श्मशान भूमि में मृत राजा को सम्मान देने उपस्थित रहा। श्रृंगलव ने वासुदेव-पूजा की जो परम्परा आरम्भ की थी, वह एक ही दिन में भंग हो गई। कुछ चाटुकारों के सिवाय सभी को इससे प्रसन्नता हुई। आचार्यों को उनके आश्रम सौंप दिए गए। राजा के भय से अथवा उसको प्रसन्न करने के लिए जो धार्मिक विधियाँ बन्द कर दी गई थीं, वे पुनः प्रतिष्ठित हो गईं।

रानी पद्मावती ने श्रृंगलव की पूजा में उपयोग होनेवाले स्वर्ण और रत्नों को गरीबों तथा विद्वानों को दे देने की इच्छा व्यक्त की। श्रृंगलव के अन्तिम संस्कार के बाद रानी ने संग्रहित सम्पत्ति का दान के रूप में वितरण प्रारम्भ कर दिया।

श्मशान भूमि से वापस आने के बाद कृष्ण, उद्धव और पुनर्दत्त बैठे ही थे कि शैव्या आ धमकी। उसके बिखरे हुए केश कन्धों पर फैले थे, उसकी सुन्दर आँखें सूजकर लाल हो गई थीं। उसका चेहरा भी गुस्से से लाल हो रहा था। श्रृंगलव की मृत देह, श्मशान भूमि पर ले जाने से पहले जब महल में लाई गई थी तो धार्मिक मान्यताओं का अनादर कर वह उस पर गिर पड़ी थी। शैव्या अपने बाल नोंच रही थी, छाती पीट रही थी और करुण विलाप कर रही थी। इस समय वह कृष्ण को न कहने योग्य वचन भी बोल रही थी।

"खूनी! हत्यारा! तेरा सत्यानाश हो!" वह चीखी और कमर से खंजर निकालकर कृष्ण पर टूट पड़ी। श्वेतकेतु ने तत्काल पीछे से आकर उसके हाथ से खंजर लेने का प्रयास किया। भूखी बाघिन की तरह वह पीछे मुड़ी और श्वेतकेतु की पकड़ से अपना हाथ छुड़ाने लगी।

''कायर! नीच! मैं तुझे यहाँ लाई, तुझे प्रतिष्ठा दिलाई, अपना हृदय दिया। तूने भगवान से द्रोह किया! इस दुष्ट का नाश नहीं किया।'' शैव्या के मुँह पर झाग आने लगे। उसकी आँखें पागलों की-सी हो रही थीं। श्वेतकेतु अपना रोष न दबा सका। उद्धव उसकी सहायता को पहुँचा, पर उसे एक ओर हटाकर, श्वेतकेतु ने शैव्या का हाथ इतने जोर से मरोड़ना शुरू किया कि खंजर शैव्या के हाथ से छूट पड़ा। फिर उसे बलपूर्वक बैठा दिया। शैव्या अब भी क्रोध से काँप रही थी।

श्वेतकेतु ने कहा, ''राक्षसी! तू मुझमें दोष निकालती है? तूने मुझे अपने धर्म से, गुरुदेव के प्रति मेरे कर्तव्य से च्युत किया, मुझे दास बनाया ताकि शृंगलव की सेना को प्रशिक्षित करूँ और उस मिथ्याभिमानी मूर्ख की भक्ति करूँ। मैं तो समझता था कि तू मुझे चाहती है और मुझसे ब्याह करेगी। पर तूने अपना प्रेम मुझे कभी नहीं दिया। तू अपने चाचा की ही बनी रही, उसके अहं को पोषती रही और रानी तथा उसके पुत्र पर अत्याचार कर शासन चलाती रही। तूने मेरे जीवन का सत्यानाश किया है। अब तू चाहती है कि मैं अपने प्रिय मित्र कृष्ण का वध करूँ? राक्षसी! जिस दिन मैं तेरे जाल में पड़ा, वह काला दिन उगता ही नहीं तो कितना अच्छा होता।''

शैव्या नीचे बैठी थी। उसके हाथ को श्वेतकेतु ने मरोड़ रखा था, ताकि वह खड़ी होकर नखों से उसकी आँख न निकाल ले। शैव्या ने नखों और दाँतों से उसे खूब घायल किया। कृष्ण खड़े हुए। उन्होंने श्वेतकेतु की दृढ़ पकड़ से शैव्या को मुक्त किया।

''श्वेतकेतु! तुम इसे दोष क्यों देते हो! इसकी ओर तुम आकर्षित हुए, क्या यह तुम्हारा दोष नहीं था!'' कृष्ण ने अधिकारपूर्वक कहा, ''अपनी निर्बलता से तुम इसके जाल में फँसे। तुमने शृंगलव की भक्ति को स्वीकार किया क्योंकि तुम्हें सत्ता और कीर्ति की चाह थी। इस आशा में कि शैव्या कभी न कभी तुम्हारे साथ विवाह करेगी, तुमने अपने भगवान को, गुरुदेव को तथा आचार्यों को त्याग दिया, उन्हें भुला दिया!''

कृष्ण के स्वर में अनुकम्पा थी। ''और मेरा वचन है कि शैव्या तुम्हारे साथ विवाह करेगी। यह तुम्हारी ही कामना करती है। इसका सबकुछ तो चला गया–इसके चाचा, इसके भगवान, इसकी श्रद्धा, इसका जीवन-स्वप्न। तुम्हारे सिवाय अब इसका है ही कौन!''

''वासुदेव! तुम नहीं जानते कि यह कितनी निर्दयी है! मैं तो इसके खेल में मात्र मोहरा हूँ!'' श्वेतकेतु ने क्रोध से काँपते हुए कहा।

''भाई, तुम इन स्त्रियों को जानते नहीं,'' कृष्ण ने हँसते-हँसते कहा, ''हम सभी इनके मोहरे हैं, पर ये हमें जगत मात्र को मोहरा बनाने की शक्ति भी देती

हैं। शैव्या अभी तुम्हारे साथ किस तरह बात कर रही थी! इसने अपना सारा जीवन तुम्हीं पर केन्द्रित कर रखा था। अब इसे लगता है कि इतनी लगन से तैयार की गई सारी योजना चूर-चूर हो गई है। तुम इसे बलपूर्वक भी यहाँ से ले जाओ, यह इस समय बस तुम्हें ही चाहती है।''

शैव्या दंग रह गई, कृष्ण की बातें सुनकर। जिस शत्रु का वह वध करना चाहती थी, वह उसके हृदय की थाह पा गया था। हाँ, वह अब भी श्वेतकेतु को अपना हृदय समर्पित करना चाहती थी। उसे चाहनेवाला और था भी कौन!

फिर कृष्ण ने शैव्या की ओर मुड़कर कहा, ''शैव्या, मैं श्वेतकेतु को कुण्डिनपुर भेज रहा हूँ। यदि उसके साथ विवाह कर तुम उसके साथ नहीं जाना चाहतीं, तो फिर मेरे साथ मथुरा चलो। तुम शायद अपने चाचा को कभी न भूलोगी, पर रानी पद्मावती भी तुम्हें कभी न भूल सकेगी! उसे तुमने किस स्थिति में रखा, याद है न?''

''दुष्ट! हत्यारा!'' शैव्या ने दाँत किटकिटाए।

''तुम्हारी वाणी में अर्ध सत्य है,'' कृष्ण ने कहा, ''मैंने तुम्हारे चाचा की हत्या की, परन्तु दुष्टता से प्रेरित होकर नहीं। तुम्हारे चाचा को मैं तुम्हें वापस तो नहीं दे सकता, पर तुम्हें एक ऐसी माँ अवश्य दे सकता हूँ, जो तुम्हारी सगी माँ की कमी पूरी कर सके। एक भाई दे सकता हूँ, जो तुम्हारे अपने भाई जैसा ही होगा। शायद वीर श्वेतकेतु भी कभी तुम्हें मिल सकेगा। यद्यपि यह अब भी तुम्हारा ही है।''

शैव्या ने असहाय भाव से कृष्ण की ओर देखा। उनके शब्द उसके विषाद के परदे को भेदकर उसे सान्त्वना दे रहे थे।

कृष्ण ने स्नेहपूर्ण स्वर में कहा, ''शैव्या, खड़ी हो, मुँह धो लो। आँसुओं से तेरा सुन्दर मुख भीग रहा है।''

शैव्या ने दृढ़ता से कहा, ''नहीं, मैं खड़ी नहीं होऊँगी।''

''तू खड़ी अवश्य होगी। होगी न?'' कृष्ण ने उसे खड़ी करने का प्रयास करते हुए कहा।

और कुछ कहना न सूझ पड़ने पर शैव्या ने यही कहा, ''तेरी आँखें निकाल लूँगी!''

कृष्ण ने मुस्कराकर कहा, ''अपने इन नखों का उपयोग तू उस समय करना, जब श्वेतकेतु मथुरा में मिले, भाई पर इनका प्रयोग क्यों करना चाहती है! खड़ी हो। चल। होश में आ। माँ देवकी तेरी प्रतीक्षा कर रही है!''

''झूठा वासुदेव!''

''तू है तो मुझसे बड़ी, पर बोलती है ठीक मेरी छोटी बहन की तरह।'' कृष्ण

ने हँसकर कहा, ''मथुरा आ और मेरे पिता वसुदेव से मिले। वह बताएँगे कि मैं उनका पुत्र हूँ, झूठा वासुदेव नहीं। वे तुझे अपनी पुत्री के रूप में स्वीकार करेंगे।''

''मुझे मथुरा नहीं जाना!''

''तो श्वेतकेतु के साथ विवाह कर उसके साथ विदर्भ चली जा। रानी पद्मावती के साथ तो तू रहना नहीं चाहेगी?''

शैव्या को अब अपनी असहाय स्थिति का बोध हुआ। उसने कातर दृष्टि से कृष्ण की ओर देखा और रोने लगी।

''रो मत। मैं तुझे मथुरा ले जाऊँगा और तेरा भाई बनकर रहूँगा। श्वेतकेतु भी वहाँ पहुँच जाएगा। अपने नाखून तैयार रखना। मैं पहले से ही तुम्हें सचेत किए देता हूँ कि यह बहुत दुष्ट है। जब तक तूने इसके जीवन में प्रवेश नहीं किया था, तब तक यह मुझसे भी अच्छा निशाना साध लेता था।'' कृष्ण ने शरारत-भरी मुस्कराहट के साथ कहा और शैव्या को खड़ी किया। ''उद्धव! शैव्या को अन्तःपुर में ले जा।''

उद्धव ने शैव्या का हाथ इस प्रकार पकड़ा, मानो वह जलती हुई मशाल छू रहा हो।

शोक के तेरह दिन बीत गए। शुक्रदेव का करवीरपुर के राजा के रूप में राज्याभिषेक हुआ। रुद्राचार्य ने राज्य का प्रमुख आचार्य-पद सँभाला। पुनर्दत्त बाल-राजा के शिक्षण के लिए वहीं रह गया। पद्मावती ने कृष्ण का आभार माना।

दामघोष और कृष्ण ने श्वेतकेतु के साथ लम्बी मन्त्रणा की। अवन्ति के राजकुमार, विन्द-अनुविन्द को तो श्वेतकेतु ने शिक्षा दी थी, इसलिए वह इस योजना में ठीक बैठता था। दूसरे दिन सवेरे श्वेतकेतु करवीरपुर के वेगवान अश्व पर बैठकर उसी मार्ग चल पड़ा, जिससे कुछ दिन पहले जरासन्ध गया था।

जरासन्ध का नया व्यूह

अनुविन्द का रथ द्रुत गति से चल रहा था। जरासन्ध उसमें आँखें मूँदे निश्चेष्ट पड़ा था। उसके चक्रवर्ती पद को जहाँ अनन्य पराजय स्वीकार करनी पड़ी, वहाँ से वह शीघ्रातिशीघ्र दूर चले जाना चाहता था। अतीत की स्मृतियाँ उसके मानसपट पर उभर आईं। वह जन्मा तब उसके समस्त अंग पृथक् थे। जरा नाम की दासी ने उसके अंगों को जोड़ा। उसी ने उसका उपचार कर उसे स्वस्थ बनाया। गिरिव्रज की राज्यसत्ता जब उसके हाथ में आई, तब वह युवा था। उस समय गिरिव्रज भयंकर आन्तरविग्रह में जकड़ा हुआ था। परन्तु जरासन्ध कूटनीति में कुशल था,

इसी से वह परिस्थिति पर नियन्त्रण पा सका।

इसके बाद उसने गिरिव्रज की शक्ति को संगठित किया। मगध में त्राहि-त्राहि मचाकर सबको अपने अधीन किया। पक्षपात, चालाकी, द्रोह और विजय का जाल फैलाया। सतर्क, चतुर, धैर्यवान और दुर्दम्य बना। मगध के निकटवर्ती राज्यों ने तो तुरन्त उसकी अधीनता स्वीकार कर ली। दामघोष डटकर लड़ा, पर उसे भी मगध का सामन्त बनने पर विवश होना पड़ा। विदर्भ के कौशिक का घोर पराभव होने के बाद उसके पुत्र भीष्मक ने स्वयं आकर मगध का आधिपत्य स्वीकार कर लिया। और भी कई छोटे-छोटे राज्यों ने मगध के साथ सन्धि कर भय को टालने का प्रयत्न किया।

वर्षों तक जरासन्ध का सितारा बुलन्दी पर रहा। उसकी पुत्री का विवाह कंस से हुआ। बदले में उसे एक शक्तिशाली समर्थक मिला। मथुरा आर्यावर्त का एक महत्त्वपूर्ण केन्द्र था और यादव एक शक्तिशाली जाति थी। कंस के साथ बहुत से छोटे राज्य जरासन्ध के साम्राज्य में आए। उसने अश्वमेध यज्ञ कर चक्रवर्ती पद प्राप्त किया। चेदि के अश्व के साथ चल रही सेना का नायक कंस ही था। उसने जरासन्ध के चक्रवर्ती पद को सर्वत्र स्थापित किया। अश्वमेध यज्ञ की विजयी पूर्णाहुति होने पर जरासन्ध ने परम सन्तोष का अनुभव किया।

अब केवल देश के तीन महान राजा ही उसके चक्रवर्तित्व को स्वीकार नहीं करते थे—पाञ्चाल का द्रुपद, हस्तिनापुर का धृतराष्ट्र और नैऋत्य में बसी भयंकर प्रजा का नायक कालयवन। पाञ्चाल उसके साथियों से घिरा था, इसलिए द्रुपद से भिड़ना इतना कठिन न था। वह इसी दिशा में प्रयत्नशील था कि एकाएक कंस का वध हो गया। उसके साम्राज्य-व्यूह की एक महत्त्वपूर्ण कड़ी टूट गई। पहले तो उसे लगा कि वसुदेव के पुत्रों को पदभ्रष्ट कर वहाँ किसी यादव बालक को बिठाना बाएँ हाथ का खेल होगा और उसकी पुत्रियाँ राजमाता के रूप में शासन चला सकेंगी। पर उसकी योजना विफल हो गई। कृष्ण-बलराम भाग गए और अब मगध का यह दुर्जेय सम्राट् दो छोकरों से पराजित होकर भाग रहा था। उसकी कितनी अपकीर्ति हुई। जिसकी हत्या करने वह निकला, उसी श्रीकृष्ण ने उसे न बचाया होता तो बलराम उसकी खोपड़ी चूर-चूर कर देता। सब उसकी इस अपकीर्ति पर हँसेंगे। बच्चे तक उसकी हँसी उड़ाएँगे।

रथ में लेटे-लेटे जरासन्ध इस अपकीर्ति के घूँट गले उतार रहा था। न वह हिला-डुला, न बैठा, न आँखें ही खोलीं। अनेकों बार जिसे विपत्तियों में से बचाया वही दामघोष द्रोही निकला। पर नहीं, यदि उसने ठीक समय पर बीच-बचाव न किया होता तो वह जीवित न रहता। उसके विचार अबाध गति से चल रहे थे। इस संकट से बच निकलने के लिए कुछ करना चाहिए। जिस सत्ता के जाल को

बुनने में उसकी आयु व्यतीत हो गई, वह तार-तार हो रहा था। उसे फिर बुनना होगा। हताश होकर बैठने या निरर्थक क्रोध करने से कोई लाभ नहीं। अहम् को निगलना होगा। उपहास का सामना कर नए सिरे से सारी योजना बनानी होगी। इस बात में अब कोई शंका नहीं कि वसुदेव के पुत्रों ने महान शक्ति प्राप्त कर ली है। उनका काँटा अब सरलता से नहीं निकाला जा सकेगा। उन्हें धीरज धरकर, उचित अवसर पर ही परास्त किया जा सकेगा। तब तक मित्रों को प्रोत्साहित कर उन्हें संगठित रखना आवश्यक है।

जरासन्ध ने सोचा, मगध के शक्तिशाली साथियों में चेदि का दामघोष और विदर्भ का भीष्मक मुख्य है। वह विचार करता रहा, योजनाएँ गढ़ता रहा। उसने अहंकार दबाकर मित्रों पर फिर से प्रभाव डालने का निश्चय किया। साँझ हो रही थी। उसने अनुविन्द से रथ रोकने के लिए कहा, ''हम यहीं पड़ाव डालें और अन्य राजाओं की प्रतीक्षा करें।''

रात उसने व्याकुलता से काटी। भाँति-भाँति के विचार उसे सता रहे थे। सवेरे उसने कहा, ''रुक्मी और दूसरे राजा जब तक न आ जाएँ, तब तक हम यहीं रुकेंगे।'' शाम तक सभी आ पहुँचे। वे जरासन्ध को उग्र और आवेशित देखने की अपेक्षा रखते थे, पर उसे स्वस्थ और शान्त देखकर सभी अचम्भे में पड़ गए। वे वहाँ दो दिन तक पड़ाव डाले रहे। जो भी खाद्य-सामग्री उनके पास थी उसे शेष कर डाला। सुरापान से सबमें नया उत्साह पैदा हुआ। अपकीर्ति का भार हलका हुआ। अधिकांश नरेश जब दामघोष पर द्रोह का अभियोग थोपने लगे, तब जरासन्ध ने उसका बचाव किया। सभी फिर आश्चर्यचकित रह गए।

जरासन्ध ने कहा, ''नहीं, दामघोष तो बुद्धिमान और निष्ठावान है। उसने समय पर बीच-बचाव न किया होता तो रुक्मी के और मेरे प्राण बचना असम्भव था। वसुदेव के पुत्र यहाँ तक सशक्त होंगे, इसकी किसी को कल्पना न थी और कृष्ण ने तो चमत्कार ही कर दिया। नहीं तो समुद्र आकर गोमन्तक पहाड़ी को कैसे बचाता?''

जरासन्ध कुशल खिलाड़ी था। उसने न्यायी होने का ढोंग किया और सारा दोष अपने मत्थे ले लिया। दामघोष और कृष्ण की उसने प्रशंसा की। उसकी वक्तृत्व कला का जादू फिर सब पर चढ़ने लगा। ऐसी पराजय में भी जिसकी न्यायबुद्धि बनी रहे और घोर निराशा में भी जो खड़ा हो सके, ऐसे नायक के प्रति उनके मन में नया आदर जागा।

दूसरे दिन यह दल एक छोटे राज्य की राजधानी पहुँचा। ये सब महान राजा यहाँ किस उद्देश्य से आए हैं, इसका विचार न कर वहाँ के राजा ने उनकी अच्छी आवभगत की। वे वहाँ तीन दिन रहे, शिकार किया, गोष्ठियाँ कीं और आनन्द

मनाया। चौथे दिन श्वेतकेतु आ पहुँचा। वह दिन-रात, कहीं रुके बिना, रथ दौड़ाता हुआ आया था।

श्वेतकेतु ने अनुविन्द से कहा, ''जब मैं करवीरपुर में था, तब तुम सबकी सूचना मुझे मिली। इन जंगलों में तो निर्दय जातियाँ बसती हैं। मुझे भय था कि कहीं तुम संकट में न पड़ जाओ, मैं शृंगलव का सेनापति हूँ और इन जातियों को अच्छी तरह जानता हूँ। तुम लोग यहाँ तक सकुशल आ पहुँचे, यह देखकर मुझे अत्यन्त प्रसन्नता हुई।''

अनुविन्द ने उसका बहुत आभार माना। उसने जरासन्ध तथा अन्य राजाओं से 'आचार्य' श्वेतकेतु का परिचय कराया, ''ये सान्दीपनि के पट्टशिष्य थे, इन्होंने ही मुझे शस्त्रविद्या सिखाई।''

रुक्मी ने पूछा, ''कृष्ण वासुदेव से मिले तुम?''

''मैंने शृंगलव वासुदेव को कृष्ण वासुदेव से मिलने करवीरपुर के किले से बाहर जाते देखा था!''

रुक्मी तथा अनुविन्द ने श्वेतकेतु से कुण्डिनपुर चलने का आग्रह किया। श्वेतकेतु इसी प्रतीक्षा में था। उसने आमन्त्रण तुरन्त स्वीकार कर लिया। मार्ग में श्वेतकेतु ने सुना कि कृष्ण और बलराम ने इन्हें कैसे खदेड़ा था। उसका मन बार-बार शृंगलव के अवसान के बाद की घटनाओं पर जाता। कृष्ण ने परिस्थिति को कैसे सँभाल लिया! शैव्या कितनी क्रोधित थी, पर कृष्ण की मधुर वाणी ने उसे कैसी सान्त्वना दी! यह चमत्कार ही था। उसके मानस पर शैव्या के विविध चित्र उभरे। शैव्या ने उसका मन हर लिया, उसे करवीरपुर खींच लाई, पर शृंगलव के प्रति उसकी भक्ति अप्रतिम थी। इसी भक्ति के आवेश में उसने रानी पद्मावती को सदा दुखी रखा और श्वेतकेतु को अपना दास बनाए रखा। शृंगलव की मृतदेह पर वह किस तरह विलाप कर रही थी! पर वह चण्डिका का रूप धारण कर कृष्ण को मारने और अपने चाचा का बदला लेने भी आई थी। श्वेतकेतु को उसने द्रोही दास ही माना। पर कृष्ण की ममता के सामने सिसकियाँ भरने लगी। शैव्या की स्मृतियाँ सुखद नहीं थीं, पर अब कृष्ण की छाया में उसे स्नेह और शान्ति दोनों मिलेंगे, यदि कृष्ण को उसने अपना शत्रु न माना तो।

थोड़े दिन बाद वे कुण्डिनपुर पहुँचे। राजा भीष्मक ने उनका भव्य स्वागत किया। जरासन्ध के स्थान पर कोई और होता तो इतना स्वस्थ नहीं रह सकता था, पर यहाँ पर उसने जो बातचीत की उसमें दामघोष के औदार्य का गुणगान था। यदि चेदि नरेश बीच-बचाव नहीं करते तो रक्तपात होता, शायद वसुदेव को अपने दोनों पुत्रों से हाथ धोना पड़ता। जरासन्ध ने कहा, ''मुझे भी दामघोष की यह सलाह उचित जान पड़ी कि एक सम्राट् को दो किशोरों के उपद्रव पर इतना कुपित

नहीं होना चाहिए।'' जरासन्ध ने बार-बार यही बात नई-नई घटनाओं के सन्दर्भ में कही। सुनकर रुक्मी भी इसे सत्य मानने लगा।

जरासन्ध ने कहा, ''भीष्मक! दामघोष सच कहता था। कृष्ण और बलराम राजा नहीं, शूर नायक के पुत्र हैं। उन्हें भुलाकर हमें अपनी दृष्टि राजनीति पर ही केन्द्रित करनी चाहिए।''

भीष्मक ने पूछा, ''अब क्या करना है?''

''उन ग्वालों के पीछे पड़ने के बजाय हमें राजाओं का एक शक्तिशाली संघ स्थापित करना चाहिए।''

जरासन्ध के हठ के कारण ही वे सह्याद्रि में कृष्ण को ढूँढ़ने गए थे। यह बात भूल जाने में ही सबको भलाई दिखी।

''कंस की मृत्यु हुई है और मथुरा चक्रवर्ती के प्रभाव में नहीं रहा, यह देखते हुए अपने साथियों की शक्ति अधिक सुदृढ़ करनी चाहिए।''

''यह स्थिति बहुत समय तक नहीं टिकेगी। इसकी मुझे इतनी चिन्ता नहीं,'' जरासन्ध ने कहा, ''इस बीच मैं अपने कौटुम्बिक सम्बन्ध अधिक दृढ़ करने की इच्छा करता हूँ। रुक्मी को मैं अपनी पौत्री विवाह में देना चाहता हूँ।''

भीष्मक आश्चर्य में पड़ गया। सम्राट् अपनी पौत्री रुक्मी को देंगे, इसकी कल्पना भी उसे न थी। अब तक यही माना जाता था कि जरासन्ध अपनी पौत्री का विवाह दामघोष के पुत्र के साथ करेगा। रुक्मी खुश था कि अब उसे कंस का स्थान मिलेगा, सम्राट् का जँवाई और उसका दाहिना हाथ बनेगा।

भीष्मक ने बात को पक्की करने के लिए पूछा, ''मैंने तो सोचा था कि आप अपनी पौत्री का विवाह अन्यत्र करनेवाले हैं?''

''दामघोष के पुत्र का विवाह तुम्हारी पुत्री रुक्मिणी से हो, यह अधिक अच्छा है। इस प्रकार तीनों घराने अधिक समीप आ जाएँगे।''

राजा शाल्व, सम्राट् की चाल समझ गया। जो कुछ घट गया था, उसे देखते हुए दामघोष जरासन्ध के कुटुम्ब से सम्बन्ध स्थापित करना पसन्द न भी करें। दामघोष की पत्नी श्रुतश्रवा वसुदेव की बहन है। वह जरासन्ध की पौत्री को अपनी पुत्रवधू के रूप में स्वीकार करना पसन्द नहीं करेगी। अपने भाई के पुत्र के प्रति उसकी ममता स्वाभाविक है। रुक्मी का विवाह सम्राट् की पौत्री से हो और जिसके सौन्दर्य का गुणगान सर्वत्र होता है, वह रुक्मिणी चेदि जाए तो जरासन्ध का साम्राज्य अटूट रह सकता है। जरासन्ध ने अद्भुत मार्ग खोज निकाला है, इसकी प्रतीति शाल्व को हुई।

रुक्मी ने उत्साहपूर्वक कहा, ''शिशुपाल जैसा बहनोई मिलना बड़े आनन्द की बात होगी। वह वीर और उदार है। वह रुक्मिणी के लिए आदर्श पति होगा।''

जरासन्ध ने कहा, ''मुझे भी यही लगता है।''

''पर यह बात ऐसे पक्की नहीं हो सकती,'' भीष्मक ने कहा, ''मेरे वृद्ध पिता कौशिक इसका विरोध करेंगे। हमारे कुल में कन्याओं का विवाह स्वयंवर से होता है। रूप, गुण और शौर्य में जिसे सर्वोत्तम समझे, उसी को कन्या वरमाला पहनाती है।''

''देखो भीष्मक!'' जरासन्ध ने कहा, ''स्वयंवर की व्यवस्था मैं कर दूँगा। शिशुपाल समर्थ योद्धा है, शस्त्रविद्या में अद्वितीय है। कन्या को वह पसन्द आ ही जाएगा। यह मुझ पर छोड़ दो। मैं ऐसी व्यवस्था कर दूँगा कि कोई और स्पर्धा में आए ही नहीं और शिशुपाल को ही कन्या वरे!''

''पिताजी! यह व्यवस्था हो सकती है। बहुत से घरानों में स्वयंवर की योजना ऐसे होती है कि कन्या पूर्व निश्चित वर को ही चुने।''

भीष्मक ने कहा, ''ठीक है। फिर सबकुछ तुम्हीं पर छोड़ देता हूँ।''

''पर, अभी यह बात बाहर न फैले।'' जरासन्ध ने कहा, ''मैं पहले शिशुपाल से बात करूँगा। फिर दामघोष को कोई आपत्ति नहीं हो सकेगी। इस बीच हमारी व्यवस्था ठीक हो इस हेतु भीष्मक अपनी पसन्द के राजाओं को निमन्त्रण भेजेंगे।''

''और, रुक्मी के विवाह का क्या होगा?'' भीष्मक ने पूछा।

''हमारे मगध में स्वयंवर का प्रचलन नहीं है। रुक्मिणी का विवाह शिशुपाल से होते ही तुम सब बारात लेकर गिरिव्रत आना।'' जरासन्ध ने हँसकर कहा, ''धूमधाम से विवाह होगा। मेरी इच्छा है कि रुक्मी मेरे साम्राज्य का स्तम्भ बने।''

रुक्मी का हृदय भर आया और आनन्द से छलक पड़ा।

रुक्मिणी का विद्रोह

राजमहल की छत पर राजाओं में मन्त्रणा हो रही थी और छत के पास एक छोटी-सी कोठरी में बैठकर दो युवतियाँ छत पर खुलते चोर द्वार पर कान लगाए इस मन्त्रणा को बड़े ध्यान से सुन रही थीं। इनमें एक थी रुक्मी की पत्नी सुव्रता। पति द्वारा वर्णित गोमन्तक की पराक्रमकथा में उसे विश्वास न था। बड़ी-बड़ी आशाएँ लेकर ग्वालों के पीछे जानेवाले इन महाराजाओं के खाली हाथ वापस आने का क्या रहस्य है, यह जानने के लिए वह उत्कण्ठित थी। दूसरी थी, सुव्रता की ननद, रुक्मिणी। वैसे तो ननद-भौजाई में अधिक पटती नहीं थी, पर यह रहस्य जानने में दोनों को समान रुचि थी। कृष्ण जब से सह्याद्रि के लिए रवाना हुए थे, तब से वह विकल थी और जरासन्ध, रुक्मी तथा अन्य राजाओं के उनका पीछा

करने पर तो वह अत्यन्त चिन्तित हो उठी थी।

रुक्मिणी रात-दिन इसी आशंका से पीड़ित रहती कि उसके स्वप्नों के राजकुमार कृष्ण को कहीं कुछ हो न जाए कि रुक्मी उनका वध कर डाले। उसने कई मनौतियाँ मानी थीं कि रुक्मी और उसके साथियों की योजना निष्फल हो। जब रुक्मी ने गोमन्तक में अपने पराक्रम की कथा कही, तब रुक्मिणी को यह जानकर सन्तोष हुआ कि कृष्ण जीवित हैं। उसका भाई इतना उदार होगा यह बात उसके मानने में नहीं आती थी। उसे लगा कि कुछ ऐसा घटा है, जिसे ये सब छुपाना चाहते हैं। सुव्रता के साथ सन्धि कर वह भेद लेना चाहती थी।

जरासन्ध और भीष्मक की बातचीत सुनकर दोनों के तन में आग लग गई। सुव्रता इसलिए क्रुद्ध थी कि रुक्मी उसके ऊपर एक सौत लाना चाहता था और रुक्मिणी को यह दुख था कि शिशुपाल के साथ उसका विवाह निश्चित हो रहा है। रुक्मिणी ने सुव्रता से इस अवसर पर मेलजोल बढ़ाना ही उचित समझा। उसने हँसकर कहा, "क्यों भाभी! अब तो जरासन्ध की पौत्री तुम्हारी सौत बनकर आ रही है। तुम मेरे साथ रोज झगड़ती थीं न! इसी भाग की हो तुम। वह मेरे साथ झगड़ा तो नहीं करेगी।"

"मुझे छेड़ो मत!" सुव्रता ने क्रोध में आकर कहा। उसकी आँखों में आँसू छलक आए थे, "मैं अभागिन जनमते ही मर क्यों न गई!"

"भाभी! अब तुम युवा नहीं रहीं और मेरे भाई को युवा भाभी चाहिए।"

"चुप रहो जी। तुम्हें और तुम्हारे भाई को मैं कब अच्छी लगती हूँ!"

"मैं तो भाभी! तुमसे कितना प्रेम करती हूँ! तुम ही बेकार मुझ पर गुस्सा होती हो।"

"नहीं। तुम ही मुझे बार-बार छेड़ा करती हो।"

"तो मैं क्या करूँ! मेरे विरुद्ध कोई भी बात हो तो तुम भाई का ही साथ देती हो," रुक्मिणी के स्वर में आत्मीयता थी।

"नहीं बहिन! मैं तो तुम्हारे भाई से कहती रहती हूँ कि अपनी बहन के साथ इतनी कड़ाई न बरतें। पर, तुम तो जानती हो उनका स्वभाव।"

"जानती हूँ, भाभी! जानती हूँ। तुम न होतीं तो रुक्मी मुझे और भी तंग करता। पर कोई बात नहीं। हम दोनों बराबर हैं।"

सुव्रता ने अवरुद्ध कण्ठ से कहा, "मेरे तो दुख का पार नहीं!"

रुक्मिणी ने ममत्व से कहा, "मैं देखती हूँ, रुक्मी मगध की छोकरी को कैसे तुम्हारे ऊपर बिठाता है! मगध की वह उजड्ड लड़की मेरी भाभी नहीं बन सकती। रुक्मी तुम्हारे-जैसी अच्छी भाभी के लायक ही नहीं।"

"अपने भाई को तुम चक्रवर्ती की पौत्री से विवाह करने से नहीं रोक सकतीं।

उनकी महत्त्वाकांक्षाओं का छोर नहीं।''

''हताश न हो भाभी! कोई-न-कोई उपाय हम अवश्य ढूँढ़ लेंगी,'' रुक्मिणी ने सान्त्वना देने के स्वर में कहा। उसके मन में योजना तैयार थी, पर वह उसे प्रस्तुत करने का अवसर ढूँढ़ रही थी।

''कोई उपाय नहीं। तुम्हारे भाई चक्रवर्ती के जमाई बनने का अवसर कभी नहीं खोएँगे।'' सुव्रता ने कटुता से कहा।

''मैं देखती हूँ, कैसे बनता है वह चक्रवर्ती का जमाई! पहले शिशुपाल का ब्याह मुझसे हो, तभी तो वह मगध की राजकुमारी को ला पाएगा। यदि मेरा ब्याह शिशुपाल से हो ही नहीं तो फिर तुम्हारे सौत भी नहीं आएगी।''

''तुम्हें चेदि की महारानी बनना पसन्द नहीं?'' सुव्रता ने आश्चर्य से पूछा।

''भाभी! तुम्हारे सुख के लिए क्या मैं इतना त्याग भी नहीं कर सकती!'' रुक्मिणी ने भाभी का आलिंगन करते हुए कहा, ''चलो, हम कोई योजना बना लें!''

फिर भी रुक्मिणी के मन में एक विचार रह-रहकर टीस पैदा कर रहा था। कृष्ण इस लड़ाई में मारे नहीं गए, इसका उसे आनन्द था, पर रुक्मी तथा उसके साथियों द्वारा उन्हें जीवनदान मिला यह सोचकर वह दुखी हो रही थी। तो कृष्ण भी दूसरों जैसे निकले! उसके मुख से दीर्घ निश्वास निकल गई।

दूसरे दिन सदा की भाँति जब वह कौशिक दादा को प्रणाम करने गई, तब उसने उन्हें एक नवागन्तुक से मन्त्रणा करते देखा। उसे आश्चर्य हुआ। कौशिक ने मुस्कराकर रुक्मिणी को पास बुलाया। उस अपरिचित युवक ने उसे प्रणाम किया।

''रुक्मिणी! तू इस युवक को जानती है?''

रुक्मिणी ने अस्वीकृति में सिर हिलाया।

''ये आचार्य श्वेतकेतु हैं। गुरु सांदीपनि के शिष्य और अवन्ती के राजकुमार अनुविन्द के मित्र।''

''हूँ!'' रुक्मिणी ने बिना ध्यान दिए ही कहा।

''ये उद्धव और कृष्ण वासुदेव के भी मित्र हैं।''

''हूँ!'' रुक्मिणी अब एकाग्र हो उस युवक को देख रही थी।

''ये करवीरपुर से आए हैं। कृष्ण ने इन्हें भेजा है।''

''कृष्ण सकुशल हैं न?'' रुक्मिणी से पूछे बिना नहीं रहा गया।

वृद्ध कौशिक हँस पड़े। बोले, ''विदर्भ की कुँवारी राजकन्या को एक युवा ग्वाले में इतनी रुचि दिखाना उचित नहीं।''

''दादाजी! मुझे चिढ़ाइए मत। मैं कृष्ण के बारे में सबकुछ सुनना चाहती हूँ।''

गोमन्तक में कृष्ण और बलराम ने जो पराक्रम दिखाया था, उसकी कथा श्वेतकेतु ने सविस्तार कही। यह भी बताया कि कृष्ण और दामघोष ने किस प्रकार

जरासन्ध के प्राण बचाए। शृंगलव के वध और आचार्यों की मुक्ति की कथा भी कही और करवीरपुर की घटनाओं की तथा स्वयं वहाँ किस प्रकार आया, उसकी भी चर्चा की।

यह अपूर्व शौर्य और कीर्तिवन्त विजय की कथा थी। रुक्मिणी आँखें बन्द कर बड़े ध्यान से सुन रही थी। उसका हृदय विजय के स्वरों से गूँज उठा। उसके सपनों का राजकुमार सामान्य पुरुष न था। पुरुषोत्तम था, प्रभु था। कृष्ण ने शैव्या के क्रोध को किस प्रकार शान्त किया, यह जानकर उसकी आँखों में आँसू छलक आए।

"कथा या काव्य में भी ऐसा पराक्रम कभी नहीं सुना!" कौशिक ने कहा, "दुर्दम और महान जरासन्ध इन दो ग्वालों से जान बचाकर भागा, यही न? हा... हा...हा...हा...! आर्यावर्त के लिए यह महान दिन है। जरासन्ध को अपना साम्राज्य स्थापित करने में तीस वर्ष लगे और एक ही दिन में वह नष्ट हो गया। रुक्मिणी, तेरा जन्म भी नहीं हुआ था, तब जरासन्ध ने हमारी सेनाओं को नष्ट किया था। हमें अपमानित किया था। इसी से मैंने राजगद्दी तेरे बाप को सौंप दी। आज मुझे शान्ति मिली। उद्धव की तरह अब मुझे भी लगता है कि कृष्ण भगवान हैं।"

श्वेतकेतु ने कहा, "उन्होंने शैव्या के मन को जिस प्रकार जीता, वह कभी भुलाया नहीं जा सकता। वे भगवान हैं। शृंगलव वासुवेद जैसे बनावटी नहीं, सच्चे भगवान!"

"यदि वे राजा या राजकुमार होते तो?" रुक्मिणी के मुख से निकल पड़ा।

"तो उन्हें स्वयंवर में आमन्त्रण मिल जाता, यही न?" कौशिक ने हँसकर कहा, "लड़की! उस ग्वाले का स्वप्न छोड़ दे। तू राजकुमारी है। तुझे किसी राजकुमार से ही विवाह करना होगा।"

रुक्मिणी का चेहरा निस्तेज हो गया। विषय बदलते हुए उसने कहा, "आचार्य, वासुदेव और रुक्मी के बीच क्या हुआ, मुझे बताएँ! मैं रुक्मी के मुँह पर ही उसे दोहराऊँगी।"

रुक्मिणी मानो स्वप्न देख रही थी। उसने देखा कि घनश्याम वर्ण का वह तरुण रुक्मी को पराजित कर रहा है। जरासन्ध के प्राण बचा रहा है। शृंगलव वासुदेव का वध कर रहा है। आचार्यों को मुक्ति दिला रहा है। शैव्या को बहन के रूप में स्वीकार कर रहा है। उसे शैव्या से ईर्ष्या हुई। कृष्ण के साथ बात करने का स्वप्न भी उसे तो नहीं आया था। लोग जिसकी चर्चा करते थकते नहीं, उस कृष्ण की मधुर मुस्कान उसने कहाँ जी-भर पाई है! फिर भी दिन-रात कृष्ण का ही विचार उसके चित्त में समाया रहता है। पल-भर के लिए भी वह उन्हें भूल नहीं पाती!

परन्तु वह एक ग्वाला है। अधिक से अधिक यादव शाखा के नायक का पुत्र। और वह राजकुमारी है। इस घनश्याम वर्ण के युवक के साथ विवाह करने का स्वप्न भी वह कैसे देख सकती है! उसके लिए तो चेदि का राजकुमार शिशुपाल ही है। स्वयंवर की योजना होगी, जरासन्ध एक नाटक की रचना करेगा, शिशुपाल कोई पराक्रम दिखाएगा, स्पर्धा में कोई आएगा नहीं और शिशुपाल वरश्रेष्ठ सिद्ध होगा। स्वयंवर में मात्र राजा ही आमन्त्रित होंगे। बाजार में बिकते पशु की तरह उसे पकड़कर कोई ले जाएगा। राजकुमारी होने के बदले ग्वालिन बनकर जन्म लेती तो! उसने सोचा।

जरासन्ध और अन्य राजा अपने-अपने राज्यों में जाने के लिए विदा हुए। श्वेतकेतु वहीं रुक गया। कौशिक ने घोषणा की कि विदर्भ के युवा सेनापति को आचार्य श्वेतकेतु शस्त्रविद्या सिखाएँगे। भीष्मक और रुक्मी को भी यह विचार पसन्द आया। श्वेतकेतु ने कुण्डिनपुर में आश्रम स्थापित करने का निर्णय किया।

रुक्मिणी ने आचार्य श्वेतकेतु का सुव्रता से परिचय कराया। श्वेतकेतु ने फिर कृष्ण की पराक्रम-कथा कही और बताया कि यदि कृष्ण बीच में न पड़ते तो रुक्मी और जरासन्ध दोनों के प्राण नहीं बचते। सुव्रता का रोष नियन्त्रित न रहा। एक दिन जब रुक्मी गोमन्तक के युद्ध में अपने पराक्रम की डींगें हाँकने लगा तो सुव्रता ने साफ कह दिया, ''यह झूठ है। तुमको कृष्ण ने जीवनदान दिया है। उस वीर के प्रति इतने अकृतज्ञ मत बनो और जरासन्ध की पौत्री के साथ विवाह करने का विचार छोड़ दो।'' घर में कलह छिड़ गया, पति-पत्नी एक-दूसरे से बोले भी नहीं।

प्रवासी, यात्रीगण, भटकते हुए साधु, यज्ञयागादि के निमित्त स्थान-स्थान पर जाते ब्राह्मण, गोमन्तक की लड़ाई में भाग लेनेवाले और वहाँ से लौटे सैनिक–सभी कृष्ण के पराक्रम की कथा गाँव-गाँव, नगर-नगर फैला रहे थे। सच्चे वासुदेव का उदय हुआ है। इस वासुदेव ने जंगली गरुड़ों का संस्कार सम्पन्न किया, दलित यादवों का उद्धार किया, गोमन्तक की रक्षा करने की समुद्र को आज्ञा दी, अपने प्रभाव से जरासन्ध को भगाया, शृंगलव 'वासुदेव' का वध किया और आचार्यों का 'नरक' से उद्धार किया।

आग की तरह ये बातें फैलती गईं और कर्णोपकर्ण प्रसारित बातों में कई चमत्कार जोड़ दिए गए। कुण्डिनपुर में भी ये बातें पहुँचीं। लोगों ने ये बातें बड़े चाव से सुनी-सुनाईं कि राजकुमार रुक्मी किस अपमानित स्थिति में पहुँच गया था और कैसे उसे जीवनदान मिला। कुण्डिनपुर के राजमहल में रुक्मिणी हर्ष से नाच उठी। उसका मन इस भगवान में रम गया। श्वेतकेतु से वह बारम्बार कृष्ण की बातें सुनती। कृष्ण को उनके साथी प्राणपण से चाहते हैं, यह सुनकर उसे परम सन्तोष का अनुभव होता।

रुक्मिणी अपने राजवंश पर शाप बरसाती। उसका जन्म राजकुमारी के रूप में न होता तो कितना अच्छा होता! तो वह त्रिवक्रा की तरह उनके चरणों में गिर पड़ती और उनकी देवी बन जाती। 'मैं ग्वालिन ही क्यों न हुई!' वह सोचती। राजमहल की अटारी में बैठकर वह बाहर चरती गायों को देखती रहती, मानो उनसे पूछ रही हो कि गोपाल की वधू कैसे बना जाए!

रुक्मी शिशुपाल से मिलने चेदि गया। रुक्मिणी समझ गई कि वह उसकी शादी तय करने गया है। जब वह लौटा तो दरबारी विशेष रूप से चुने गए राजाओं को यह सन्देश देने निकल पड़े कि राजा भीष्मक की पुत्री का स्वयंवर मृगशीर्ष की पंचमी–वसन्त-पंचमी–को जिस दिन पूर्ण चन्द्र की प्रतीति होती है, आयोजित किया गया है।

रुक्मिणी के हृदय में कुछ आत्मस्फुरणा हुई। जब उसका भाई कुण्डिनपुर लौटा तो उसने पिता तथा विश्वसनीय अधिकारियों के समक्ष उसकी भर्त्सना की। उसे कायर कहा और जरासन्ध की कूटनीति का प्यादा बताकर बोली, "क्या तू अपनी बहन को चेदि के राजकुमार के साथ सौदा कर चक्रवर्ती की पौत्री प्राप्त करना चाहता है?" उसने आँसू बहाए, बाल बिखेर लिये और प्रतिहारियों पर अकारण गुस्सा किया। यदि रुक्मी ने उसे शिशुपाल के साथ विवाह करने पर विवश किया तो वह आत्महत्या कर लेगी। यह धमकी भी उसने दी।

श्वेतकेतु के साथ उसने महत्त्वपूर्ण मन्त्रणा की और फिर राजमहल के एकान्त कक्ष में जाकर बैठ गई और किसी से मिलने से मना कर दिया। पर, वहाँ भी एक बात का विस्मरण वह न कर सकी। सतत यही विचार उसके मन में उठता, 'मैं एकसाथ ग्वालिन और देवी कैसे बन सकती हूँ?'

थोड़े दिन बाद आचार्य श्वेतकेतु मथुरा गए। करवीरपुर की राजकुमारी से उनका विवाह निश्चित होना था। वह अर्धसत्य था। श्वेतकेतु के मन से शैव्या अभी दूर नहीं हुई थी।

अल्पकाल में राजपरिवार की बातें सब जगह फैल गईं। नगर में चर्चा होने लगी कि रुक्मी को जरासन्ध की पौत्री से विवाह करना है, इसलिए वह अपनी बहन को उसकी इच्छा के विरुद्ध शिशुपाल के हाथ में सौंप रहा है। रुक्मिणी को यह सम्बन्ध स्वीकार नहीं, इसलिए उसे महल में बन्द कर दिया गया है। जरासन्ध के प्रति वैसे ही विदर्भ की जनता में रोष था, रुक्मी के बर्ताव से वह और भड़क उठा। रुक्मी और उसके साथियों ने इन बातों का विरोध यह कहकर किया कि ये सब अफवाहें हैं, इनमें तथ्य नहीं। परन्तु लोगों के मन में जो बात बैठ गई थी, उसे हटाया नहीं जा सकता था।

रेवती

करवीरपुर से कृष्ण के साथ मथुरा जानेवाला दल काफी बड़ा हो गया था। बैलगाड़ियाँ, अनुचर तथा आवश्यक सामग्री के साथ-साथ रानी पद्मावती ने आग्रह कर कृष्ण को जो बहुत बड़ी स्वर्णराशि तथा ताँबे के भालों और तलवारों से सज्जित छब्बीस घुड़सवार भेंटस्वरूप दिए थे, वे भी उसमें थे। कृष्ण, बलराम, दामघोष, शैव्या तथा उसकी दासियों इत्यादि की सवारी के लिए रथ तो थे ही। उद्धव को इस दल का नेतृत्व सौंपा गया। वह घोड़े पर सवार था।

रानी, बाल-राजा शुक्रदेव, नए गुरु तथा सेनाध्यक्ष पुनर्दत्त तथा करवीरपुर के नागरिकों ने अश्रुपूर्ण नयनों से उन्हें विदा दी। पद्मावती ने कृष्ण और बलराम को आशीर्वाद दिए। बाल-राजा ने उनको प्रणाम किया। पुनर्दत्त गले मिला। मात्र शैव्या ही पाषाणवत् खड़ी रही। रानी पद्मावती को उसने हाथ भी नहीं जोड़े। सभी के लिए उसके मन में तिरस्कार और धिक्कार था। वृद्ध दामघोष ने विदा देनेवालों को आशीष दिया।

युवक गरुड़ ने कृष्ण को दण्डवत् किया। वह इस संघ में स्वयं सम्मिलित होना चाहता था, पर उसके पिता बीमार थे, इसलिए गोमन्तक जाना आवश्यक था। अपने पिता के स्थान पर वही गरुड़ों का मुखिया होनेवाला था। सभी उसकी प्रतीक्षा कर रहे थे।

ब्राह्मण वेदमन्त्रों का गान कर रहे थे। योग्य शकुन होते ही संघ की यात्रा प्रारम्भ हो गई।

सन्देशवाहकों ने आगे बढ़कर मार्ग में लोगों को अग्रिम सूचना दी। जरासन्ध की पराजय कैसे हुई, शृंगलव का मस्तक क्यों छेदा गया, गोमन्तक की रक्षा कैसे हुई, आचार्यों को 'नरक' से किस प्रकार उबारा गया और शुक्रदेव का राज्यारोहण किस भाँति हुआ, ये सब जानकर लोगों ने कृष्ण और बलराम, विशेषकर कृष्ण के विषय में भाँति-भाँति की कल्पनाएँ कीं। कृष्ण के बारे में वे वर्षों से अनेक दन्तकथाएँ सुन रहे थे। कृष्ण ने गोवर्धन पर्वत उठाया, कालिया नाग का दमन किया, त्रिवक्रा के विकृतांग ठीक किए, पागल हाथी कुवलयापीड को वश में किया, कंस और चाणूर जैसे वीरों का वध किया और गोमन्तक की रक्षा के लिए समुद्र तक को उन्होंने आज्ञा दी। इन्द्र के वज्र से भी अधिक शक्तिशाली और सूर्य के समान तेजस्वी शस्त्र का उपयोग कर उन्होंने शृंगलव का मस्तक छेदा। यह समाचार आग की तरह चारों ओर फैल गया। इन समाचारों में चमत्कार के अंश जोड़े गए और सभी को लगा कि मानव-जाति का उद्धार करने भगवान ने अवतार लिया है।

अतः कृष्ण और उनके साथियों को देखने के लिए मार्ग में अपार भीड़ का उमड़ना स्वाभाविक था। स्त्री-पुरुष-बालक दूर-दूर से गाड़ियों में या पैदल आ-आकर, जिधर से कृष्ण गुजरनेवाले होते, मार्ग में पहले से ही प्रतीक्षा में बैठ जाते। खाने-पीने की सामग्री वह अपने साथ लाते और वृक्षों के नीचे पकाते। कृष्ण और बलराम अपने दलसहित ज्यों ही आते दिखाई पड़ते, वे उनके दर्शन करने दौड़ पड़ते। घनश्याम वर्ण के कृष्ण को देखकर वे प्रणाम करते। उनकी चरण-रज लेकर जय-जयकार करते।

लोगों ने कृष्ण की बाँकी छवि, मोहक मुस्कान, उनकी ममताभरी आँखें और आशिष देने के लिए उठे कमलहस्त देखे। उनकी सुन्दर देह, पीतवसन, पुष्पमाला, मुकुट पर शोभायमान मोरपंख उनके हृदय में बस गए। बालक पुष्पों की वृष्टि करते और आनन्दित हो जयनाद करते। कृष्ण किसी के मस्तक पर हाथ रखते तो प्यार से किसी का गाल छूते। युवतियाँ, स्मितवदन कृष्ण को प्रशंसा से देखतीं।

संघ अवन्ती की ओर जैसे-जैसे बढ़ा, वैसे-वैसे दामघोष यह देखकर अत्यन्त प्रभावित हुए कि विविध क्षेत्रों में कृष्ण के प्रति कितना उत्साह है। प्रातःकाल कृष्ण आचार्यों के साथ ही जग पड़ते, स्नान कर अग्नि को आहुति देते, आचार्यों के स्वर में स्वर मिलाकर वेद की ऋचाओं का गान करते। चेदिराज मन्त्रमुग्ध हो सुनते। उसके बाद कृष्ण शिकार को जाते अथवा शस्त्राभ्यास में लग जाते। फिर वे आगन्तुकों से मिलते अथवा अश्वपालों को अश्वों की देखभाल करने में सहायता करते। पशुओं से भी उन्हें उतना ही प्रेम था, जितना अन्य प्राणियों से।

सूर्य के मध्याह्न में पहुँचने पर कृष्ण फिर आचार्यों के साथ मध्याह्न संध्याविधि में भाग लेते। फिर सबके साथ भोजन करते और उसके उपरान्त मिलने के लिए आए लोगों से बातचीत करते या कभी-कभी दामघोष और बलराम के साथ रुद्राचार्य से धर्मविषयक व्याख्यान सुनते। नीति और राजनीति के बारे में प्रश्न पूछते।

दोपहर बाद फिर शस्त्राभ्यास होता। सन्ध्यास्नान, प्रार्थना और भोजन के बाद रात्रि में वृक्षों-तले सोने से पहले वे आचार्यों को प्रणाम करते। उनके एक ओर बलराम तथा दूसरी ओर उद्धव सोते थे। दामघोष कृष्ण के अधिकाधिक निकट आते गए और कृष्ण के स्वरूप को अच्छी तरह समझने लगे। उनकी शक्ति अपार थी और उनकी तेजस्वी दृष्टि प्रत्येक परिस्थिति में विशिष्ट रीति से मार्ग ढूँढ़ लेती थी। उनके वर्तन की ऊष्मा अपरिचित को भी अपने साथ कर लेती थी।

उद्धव की देखभाल में संघ धीरे-धीरे उज्जयिनी पहुँचा। गुरु सांदीपनि, राजा जयसेन और उनके पुत्र विन्द-अनुविन्द, कृष्ण-बलराम और राजा दामघोष का स्वागत करने आए। अनुविन्द कुण्डिनपुर से लौटा और वास्तविकता को समझने लगा था। वह जरासन्ध के जादू से मुक्त हो चुका था और पुरानी मित्रता को याद

कर कृष्ण ने उसका वध नहीं किया, इसके लिए कृतज्ञ था।

दूसरे दिन उद्धवसहित दोनों भाइयों ने गुरु के आश्रम में एक दिन बिताने का निश्चय किया। तीन वर्ष पहले जब पुनर्दत्त को लौटा लाए थे, तब वे वहाँ गए थे। उद्धव को आगे के प्रवास की तैयारी करनी थी फिर भी कृष्ण ने उसे अपने साथ चलने का आग्रह किया। गुरुदेव ने अपने शिष्यों की सभी बातों को सुना। उनका हृदय आनन्द और गर्व से छलक उठा। गुरु की और कौन-सी कामना हो सकती है, सिवाय इसके कि उनके शिष्य अपनी आकांक्षा पूर्ण करें। जिस नम्रता से अपनी सिद्धियों को कृष्ण लघु दिखा रहे थे, यह देखते हुए तो इस शिष्य के चरणों में प्रणाम करने का गुरुदेव का मन हुआ।

बलराम ने भी उत्साह से जरासन्ध के साथ अपने द्वन्द्व-युद्ध की चर्चा की। अपने साहस की बात करते समय उनका मन उत्साह से भर जाता। वे मुक्त रूप से हँस रहे थे और विनोद भी कर लेते थे। बलराम को इस प्रसन्नता में एक ही कमी लग रही थी। यहाँ अमृतरस नहीं मिल रहा था।

बलराम जब बातें कर रहे थे, तब दो युवतियाँ जलपान लेकर आईं। उनमें से एक नाजुक और रमणीय थी। दूसरी ऊँचे कद की, कंचनवर्णी और स्नायबद्ध होने पर भी अतीव सुन्दरी लगती थी। उसकी विशाल आँखों में अपूर्व तेज था। गति में मोहकता थी। बलराम आश्चर्यचकित हो उसी की ओर देख रहे थे। उनका वाक्य अधूरा रह गया। सांदीपनि यह देखकर हँस पड़े। उन्होंने कहा, "वसन्तिका को तो तुम पहचानते हो न? यह श्वेतकेतु की बहन है। और यह दूसरी है रेवती। यह मेरी उत्तम शिष्या है। मेरे सभी शिष्यों में इसके जैसा युद्ध करने में कोई प्रवीण नहीं। घुड़सवारी भी यह सबसे अच्छी करती है।"

बलराम ने कोई उत्तर नहीं दिया। जब तक रेवती वहाँ से उठ न गई, उनकी दृष्टि बराबर उस पर लगी रही। अन्ततः कृष्ण, बलराम की सहायता को आए। उन्होंने पूछा, "ये रेवती कौन है? शस्त्रविद्या की शिक्षा यह क्यों ले रही है?"

"कृष्ण! रेवती की कथा बड़ी करुण है। प्रभासतीर्थ के पास कुशस्थली की चर्चा तुमने सुनी है न? वह सागर तट पर है और विदेशों से उसका बहुत बड़ा व्यापार होता है। वर्षों पहले पुण्यजन राक्षसों ने कुशस्थली पर आक्रमण किया था। उन्होंने सारे नगर में आग लगा दी। कुशस्थली का राजा कुकुद्मीन वहाँ से भाग छूटा।

"राजा कुकुद्मीन की दशा अत्यन्त करुण थी। उसके तीस भाई और सात पुत्र रणक्षेत्र में मारे गए। उसके परिवार की स्त्रियों की अपकीर्ति हुई और उनकी बड़ी क्रूरता से हत्या की गई। उस जलते हुए शहर से वह अपनी बालपुत्री और विश्वसनीय अनुचरों को लेकर भागा और पहाड़ियों में जा छिपा।"

बलराम पूरे ध्यान से सुन रहे थे। वे अभी रेवती की सुपुष्ट और सुन्दर देह

को भूल नहीं पाए थे। गुरुदेव ने आगे कहा, "परन्तु कुकुद्मीन दृढ़ निश्चय और मनोबल का आदमी था। उसने सौगन्ध ली कि वह कुशस्थली वापस लेगा। सहायता पाने के लिए वह स्थान-स्थान पर भटका, पर किसी ने उसकी सहायता नहीं की। उसके अनुचर मारे गए। जो बचे, वे वृद्ध होने लगे। उसके पास कुछ भी साधन नहीं थे। वह क्षत्रियों के प्राचीन कुल का है। अभी जो आर्य राजा हैं, उनके साथ उसका कोई सम्बन्ध नहीं।

"कुकुद्मीन हताश हुआ, पर वह अपना सिर झुकाने के लिए तैयार नहीं था। बदला लेने की प्रतिज्ञा की। उसकी एकमात्र सम्पत्ति थी, उसकी पुत्री और उसे सुदृढ़ और पराक्रमी बनाने की उसकी चाह। अच्छे-अच्छे युवक भी थक जाएँ, ऐसा कठोर परिश्रम इस लड़की ने किया। कुकुद्मीन उसे शूर्परक ले गया और वहाँ भगवान परशुराम के पास जाकर उसने प्रार्थना की कि मेरी पुत्री को वैसी ही शस्त्रविद्या सिखाने की कृपा करें, जैसी पुरुषों को दी जाती है। वहाँ शिक्षा प्राप्त कर वह भगवान की आज्ञानुसार शिक्षा के अन्तिम वर्ष बिताने यहाँ चली आई। भगवान ने मेरे प्रति औदार्य दिखाकर शिक्षा के अन्तिम वर्ष यहाँ बिताने की रेवती को आज्ञा दी। रेवती और उसके पिता अब यहाँ रहते हैं। रेवती की शिक्षा अब सम्पूर्ण हुई है। कुकुद्मीन की यही एकमात्र आशा है।"

"यदि ये कुशस्थली फिर से प्राप्त नहीं कर सके तो?"

"तो पिता और पुत्री दोनों ने अग्निदाह का निर्णय किया है।"

"हे भगवान! यह पिता बड़े भयंकर होने चाहिए। अपनी बेटी का इस प्रकार बलिदान वह कैसे कर सकते हैं!"

सांदीपनि ने कहा, "पुत्री ने स्वयं प्रतिज्ञा की है कि या तो वह कुशस्थली विजय करेगी अथवा मृत्यु को प्राप्त होगी। परन्तु मुझे विश्वास है कि ये पराक्रमी पिता-पुत्री दुष्ट पुण्यजनों पर विजय प्राप्त कर सकेंगे।"

"राजा कुकुद्मीन से हम मिल सकते हैं," कृष्ण ने पूछा।

"हाँ, मैं तुम्हें उनके पास ले जाऊँगा। वह शिप्रा-तट पर एकान्त गुफा में रहते हैं। पर एक बात से सावधान किए देता हूँ कि वह अपनी पुत्री के सिवाय और किसी से मिलना-जुलना पसन्द नहीं करते।"

बलराम की प्रतिज्ञा

राजा कुकुद्मीन बलराम से भी लम्बे थे। उनके चेहरे पर विषाद की रेखाएँ स्पष्ट दिखती थीं। गुरु सांदीपनि, बलराम और कृष्ण ने उनकी गुफा में प्रवेश किया, तब

वह रेगिस्तान में युगों की आँधियों से टक्कर लेते किसी पुराने वृक्ष की तरह अचल बैठे थे। सांदीपनि ने अपने दोनों शिष्यों का परिचय कराया, तब भी वह वैसे ही बैठे रहे और एकटक दोनों भाइयों को देखते रहे। लगता था, मानो मानवजाति में उन्हें अब कोई रुचि न रही।

सांदीपनि ने दोनों भाइयों के पराक्रमों की कथा कुकुद्मीन से कही। वृद्ध राजा ने ज़रा भी विक्षेप किए बिना उसे सुना। किसी असाधारण पराक्रम का उल्लेख होने पर उनकी आँखें अग्नि के समान चमक उठतीं।

इतने में कुकुद्मीन की पुत्री रेवती आई और पिता की आज्ञा की प्रतीक्षा करने लगी। उसकी आँखें अनन्य आदर से पिता पर स्थिर थीं। बलराम उसके साथ दृष्टि मिलाने का निष्फल प्रयास कर रहे थे। बलराम में हुए इस परिवर्तन से कृष्ण अपरिचित न थे। अब तक बलराम स्त्रियों के आकर्षण से सर्वथा मुक्त थे। नाजुक रमणियों में उन्हें कोई रस न था। गरुड़ युवतियों के साथ भी वे केवल समय काटने के लिए रहते थे। उनसे कोई स्थायी रस बलराम के हृदय में उत्पन्न न हुआ। कभी-कभी कृष्ण को प्रतीत होता कि उनके बड़े भाई इसीलिए हमेशा उदास रहते हैं। यद्यपि बलराम ने अपनी उदासी प्रकट नहीं की थी। शायद अपनी भावनाओं का इतना सूक्ष्म विवेचन करने की उनकी प्रवृत्ति न थी। पर कृष्ण इस उदासी को लक्ष्य कर सके थे।

बलराम ने पहली बार ऊँचे कद की एक अप्रतिम सुन्दरी देखी थी। उसकी ओर बलराम आकर्षित हुए, यह कृष्ण से छिपा न रहा। इससे पहले बलराम ने कभी किसी युवती से दृष्टि मिलाने का प्रयत्न नहीं किया था। लगता था कि उन्हें भी कामबाण लग गया।

बहुत दिनों से कृष्ण सोच रहे थे कि सारी विजय, पराक्रम, पूजा और लोकप्रियता उन्हें ही मिलती रही है। बलराम का हृदय इतना उदार था कि उन्हें कभी इससे ईर्ष्या नहीं हुई, बल्कि वे तो यही चाहते थे कि सारा यश कृष्ण को ही मिले। फिर भी यह सच था कि कृष्ण के पराक्रमों की कीर्तिप्रभा में बलराम फीके पड़ जाते थे। इसीलिए कृष्ण एक ऐसे अवसर की प्रतीक्षा में थे, जिसमें बलराम महापराक्रमशाली सिद्ध हों और अपना गौरव तथा महत्त्व समझें।

कृष्ण ने कुकुद्मीन से कहा, ''महाराज, कल गुरुदेव के पूर्ण शिक्षा प्राप्त शिष्यों के बीच गदायुद्ध की स्पर्धा का आयोजन हुआ है। मुझे आशा है कि आपकी पुत्री रेवती भी उसमें भाग लेगी। गुरुदेव रेवती की खूब प्रशंसा करते हैं।''

कुकुद्मीन ने दृढ़ता से कहा, ''रेवती स्पर्धा में भाग नहीं लेगी। वह समय आने पर युद्ध में ही अपना कौशल दिखाएगी।'' एक-एक शब्द उनके मुँह से इस प्रकार निकलता था, मानो बोलने की आदत ही उन्हें नहीं रही।

"मेरे बड़े भाई गदायुद्ध में निष्णात हैं। वे शायद रेवती को कुछ नवीन युक्तियाँ सिखा सकेंगे।"

बलराम विचलित हो उठे, परन्तु शान्त रहे और प्रशंसायुक्त दृष्टि से रेवती की ओर देखते रहे।

"रेवती, बेटा, फिर तू भी स्पर्धा में भाग ले। ये युक्तियाँ हमारे लिए उपयोगी हो सकती हैं।"

रेवती ने कहा, "जैसी आज्ञा पिताजी!"

कृष्ण और बलराम अपने डेरे पर लौटे। मार्ग में कृष्ण ने कहा, "बड़े भइया, राजा यदि सर्वस्व गँवा दें तो उनकी स्थिति करुणाजनक ही कही जाएगी। पर यह राजा अद्‌भुत है। इसे कोई आशा नहीं, केवल स्पर्धा है। और इन पिता-पुत्री के बीच जिस मूक और ममतापूर्ण अनुबन्ध की सृष्टि हुई है, वह तो अनुपम है। तुमने उसे लक्ष्य किया? क्यों, है न बहुत सुन्दर?"

"अरे रे!" बलराम ने निःश्वास लेकर कहा, "यह बेचारी नन्ही-सी कोमल लड़की किस प्रकार कुशस्थली पर विजय प्राप्त कर सकेगी!"

कृष्ण ने मुस्कराकर कहा, "मैं सोचता हूँ कि यदि हम इनकी सहायता करें तो ठीक रहेगा। पर, दुर्भाग्यवश हमारा मथुरा जाना भी जरूरी है। वहाँ सारा प्रबन्ध करना है। ऐसा करो न भइया! तुम मथुरा चले जाओ। मैं सौराष्ट्र जाता हूँ!"

बलराम की आँखें उत्साह से भर गईं। वे बोल उठे, "मथुरा में मुझसे अधिक तुम्हारी आवश्यकता है। मैं ही कुकुद्मीन की सहायता करने जाऊँ तो अधिक अच्छा रहेगा।"

"नहीं, नहीं बड़े भइया! तुम्हारे बिना मैं क्या कर सकूँगा! मथुरा में मैं अकेला बेकार ही सिद्ध होऊँगा।"

"अब इतने विनम्र न बनो, कृष्ण! बल्कि मुझे ही यह कहना चाहिए कि तुम्हारे बिना मैं क्या कर सकूँगा!"

कृष्ण ने दीर्घ श्वास लेकर कहा, "आवश्यकता पड़ने पर आश्रय लेने के लिए यदि कुशस्थली जैसा स्थान हो, तो हमें इतनी दूर गोमन्तक जाने की आवश्यकता ही क्यों रहे!"

"ठीक तो है। कुशस्थली राजा कुकुद्मीन के हाथ में हो तो वहाँ निश्चय ही हमारा स्वागत होगा।"

"हाँ, बड़े भइया! यदि आप सहायता कर सकें तो कुकुद्मीन फिर से कुशस्थली प्राप्त करने में अवश्य सफल होगा। पर मैं आपको कैसे जाने दूँ! आपके बिना मेरा क्या होगा!"

बलराम ने कृष्ण की पीठ पर धौल जमाते हुए कहा, "चिन्ता किस बात की,

कृष्ण! अब तुझे मेरे बिना भी काम चला लेना सीखना चाहिए।'' बलराम बड़ी प्रसन्न मुद्रा में थे।

कृष्ण ने कुशस्थली जीतने की योजना पर विचार किया। उनको उद्धव की याद आई। अपने प्रिय सखा का विचित्र बर्ताव आजकल उनके मन में समस्या बन रहा था। इस बर्ताव का क्या रहस्य है, उनकी समझ में न आया। उन्होंने उद्धव से पूछ लेने का निर्णय किया। एक बात तो निश्चित थी कि बलराम की तरह उद्धव को भी वैयक्तिक सिद्धि से प्राप्त श्रद्धा के बल की आवश्यकता थी और यदि उद्धव बलराम के साथ हो तो दोनों कुशस्थली पर अवश्य विजय प्राप्त कर सकेंगे।

कृष्ण ने कहा, ''भइया, यदि तुम जाओ तो बड़ा उत्तम होगा। तुम अवश्य विजयी बनोगे। पर मैं यदि तुम्हारे स्थान पर होता, तो ऐसे अवसर पर उद्धव को अवश्य अपने साथ रखता। वह पञ्चजन जहाज के नाविक भिक्खु तथा दूसरे लोगों से भलीभाँति परिचित है। ये लोग उपयोगी सिद्ध हो सकते हैं। कुशस्थली बन्दरगाह है और उसे प्राप्त करने में जहाज की आवश्यकता पड़ेगी ही!''

दूसरे दिन सांदीपनि के पूर्ण शिक्षित शिष्यों के बीच स्पर्धा हुई। यह स्पर्धा बल की नहीं, कुशलता की थी। कृष्ण प्रथम दौर के बाद स्पर्धा से निवृत्त हो गए। बलराम भारी उत्साहित थे। रेवती का मुकाबला करने की घड़ी आई, तब उनका हृदय जोरों से धड़कने लगा। सुवेष्टित व्याघ्रचर्म में रेवती शक्तिशाली बाघिन लग रही थी।

रेवती ने बड़े साहस से बलराम का सामना किया। उसके पास अशेष आत्मबल था। स्नायु सुदृढ़ थे। बलराम को लगा कि रेवती गदायुद्ध में अत्यन्त कुशल है। प्रारम्भ में तो उन्होंने अपनी गदा सम्हाल-सम्हालकर चलाई, मानो रेवती के बल का अनुमान लगा रहे हों। पर जब उन्होंने देखा कि प्रतिस्पर्धी बराबर टक्कर ले सकती है, तब उन्होंने गदा को अनोखी निपुणता के साथ घुमाना शुरू किया। एक कुशल चाल चलकर उन्होंने रेवती की गदा हवा में उछाल दी।

बलराम के कौशल को देखकर सब ओर से 'साधु-साधु' होने लगी। अभी तक रेवती गुरुदेव के शिष्यों में अग्रस्थान पर रही थी। अपनी इस पराजय पर वह रो पड़ी और हाथों में मुँह छिपाकर भाग गई।

बलराम क्षण-भर शान्त खड़े रहे। उन्होंने रेवती को जाते देखा। इस नवशिक्षित नारी पर अपने को सर्वोपरि बताने में उन्होंने जो शीघ्रता की, इसका उन्हें पश्चात्ताप हुआ। कृष्ण उनके पास आए और बोले, ''भइया, ऐसे जड़ भरत की तरह क्यों खड़े हो! उसके पास जाओ और कहो कि मैं गदायुद्ध की एक नई चाल तुम्हें सिखा रहा था। उसे ढाँढ़स बँधाओ। यह अवसर मत चूको।''

कृष्ण के वचनों से प्रेरित होकर बलराम रेवती के पीछे गए। पर इस विचित्र

परिस्थिति में कैसे व्यवहार करें, यह उनकी समझ में न आया। उन्हें लगा कि कुकुद्मीन की मैत्री प्राप्त करने का अवसर उन्होंने गँवा दिया। वे गुफा में गए। रेवती पिता की गोद में मस्तक रखकर फफक-फफककर रो रही थी। कह रही थी, ''पिताजी! मैं बिलकुल निकम्मी सिद्ध हुई। आपका सारा परिश्रम व्यर्थ गया।'' कुकुद्मीन की आँखों में आँसू नहीं थे। वह रेवती के बालों पर हाथ फेर रहे थे।

बलराम गुफा के द्वार पर जाकर ठिठक गए। इस मायूस वातावरण में किस प्रकार प्रवेश करें, इसी की चिन्ता उन्हें सता रही थी। ''महाराज, मुझे क्षमा करें!'' अन्ततः उन्होंने मौन तोड़ा।

कुकुद्मीन ने भारी स्वर में कहा, ''चले जाओ यहाँ से!''

बलराम ने कहा ''रेवती भली प्रकार लड़ सकती है।''

''मैं कोमल कली नहीं।'' रेवती ने पिता की गोद से मस्तक उठाकर कहा। उसकी अश्रुपूर्ण आँखों से अंगारे बरस रहे थे। बलराम की समझ में न आया कि क्या उत्तर दें! वे अवाक् खड़े रहे।

कुकुद्मीन ने फिर कहा, ''चलो जाओ यहाँ से!''

अचानक बलराम अपना संयम खो बैठे। उनका असली स्वभाव फिर प्रकट हो गया। उन्होंने कुकुद्मीन से भी अधिक भारी स्वर में कहा, ''चिल्लाएँ नहीं! मैं केवल शिष्टाचारवश नहीं आया। आपकी पुत्री युद्ध में कुशल है, पर वह आपके लिए कुशस्थली फिर से प्राप्त करने में अकेली समर्थ नहीं।''

गुस्से में कुकुद्मीन की भौंहें सिकुड़ गईं।

बलराम बोले, ''आप सुन रहे हैं न! युद्ध की आपकी रीति पुरानी पड़ चुकी है। आज उस रीति से नहीं लड़ा जाता, न उससे कुशस्थली पर विजय प्राप्त की जा सकती है। संसार बदल चुका है।''

''चले जाओ यहाँ से!'' कुकुद्मीन ने फिर कहा। रेवती भी घृणापूर्ण नेत्रों से बलराम की ओर देख रही थी। उसका सारा शरीर क्रोध से थर-थर काँप रहा था।

''मैं चले जाने के लिए नहीं आया। मैं आपके साथ चलूँगा और कुशस्थली को आपके लिए फिर से प्राप्त करूँगा। मैं वसुदेव का पुत्र, परमात्मा को साक्षी रखकर प्रतिज्ञा करता हूँ कि कुशस्थली के राजसिंहासन पर फिर से आपको बैठाऊँगा।''

वृद्ध कुकुद्मीन बलराम के रोष-भरे चेहरे की ओर देख रहे थे। रेवती की आँखों में एक नई चमक दिखाई पड़ी।

''मैं आपकी पुत्री को शस्त्रों का कुशल उपयोग करना सिखाऊँगा!'' बलराम ने सच्चे हृदय और साहसपूर्ण स्वर में कहा, ''वह जिस प्रकार लड़ती है, उस प्रकार युद्ध में नहीं लड़ा जाता। मैं उसे लड़ना सिखाऊँगा। कुशस्थली से एक-एक

पुण्यजन राक्षस को मैं निकाल बाहर करूँगा। वर्तमान कुशस्थली को भस्मीभूत कर एक नई कुशस्थली का निर्माण आपके लिए करूँगा। वह इन्द्र की अमरावती जैसा नगर होगा। अब फिर आपने मुझसे चले जाने को कहा तो आपको और आपकी पुत्री दोनों को शिप्रा के जल में फेंक दूँगा और आपके बिना अकेले ही अपने बाहुबल से कुशस्थली जीतकर बता दूँगा। अब कहिए, यहाँ से चला जाऊँ कि आप मेरे और उद्धव के साथ सौराष्ट्र चलते हैं?''

रेवती इस प्रचण्डकाय वीर को मुग्ध नयनों से निहार रही थी और प्रतीक्षा कर रही थी कि उसके पिता क्या उत्तर देते हैं।

''वसुदेव के पुत्र! देवाधिदेव ने ही तुम्हें मेरे पास भेजा है। चलो चलें!'' कुकुद्मीन ने कहा। उनकी आँखों में एक नवीन आशा की किरण चमक रही थी।

प्रेम की वेदी

कृष्ण सारी रात उद्धव की चिन्ता करते रहे। वे उद्धव के साथ ही खेलकर बड़े हुए थे, पर इतना उन्मन उन्होंने उद्धव को कभी नहीं देखा। वह मितभाषी था। साथ ही सीधा, शान्त और स्नेहशील भी।

आगे के रथ में दामघोष, बलराम और कृष्ण बैठे थे। पीछे के रथ में शैव्या और उसकी दासियाँ थीं। उसके पीछे के रथों में आचार्य थे। बहुत से आचार्य पैदल चल रहे थे। उद्धव इस सारे समुदाय का संचालन कर रहा था, इसलिए घोड़े पर सवार था। प्रत्येक रात्रि वह कृष्ण के पास आकर बैठता और उनसे दिनचर्या के विषय में खुलकर बातें करता। प्रवास के आरम्भ में ही कृष्ण को उद्धव में कुछ परिवर्तन दिखाई पड़े, पर स्पष्टतः कुछ समझ में न आया। जैसे-जैसे दिन बीतते गए, वह अधिक गुमसुम रहने लगा। पिछली दो रातों से तो ऐसा लगता था मानो वह कृष्ण से बचने की कोशिश कर रहा है। दिन में भी वह कृष्ण से दूर-दूर रहता।

उस रात कृष्ण ने उद्धव को विशेष रूप से मिलने के लिए बुलाया। कुछ देर बातें करने के बाद कृष्ण, बलराम और उद्धव तीनों सो गए। बलराम तो तुरन्त ही निद्रामग्न हो गए। कृष्ण भी सामान्यतः आँखें मूँदते ही निद्राधीन हो जाते थे, पर आज वे जागते रहे। उन्होंने देखा कि उद्धव बेचैनी से करवटें बदल रहा है। कृष्ण उठ बैठे और उद्धव के पास जाकर बड़े प्यार के साथ उन्होंने अपना हाथ उसके कन्धे पर रखा। उद्धव चौंककर उठ बैठा। कृष्ण ने उसे अपने आलिंगन में ले लिया।

वृक्ष की शाखाओं में से छनकर आती चाँदनी कई मनोहर प्रतिमानों की रचना

कर रही थी।

"उद्धव! मुझे तुमसे कुछ बातें करनी हैं। चलो!"

उद्धव खड़ा हो गया और कृष्ण के पीछे-पीछे चला। कृष्ण एक वृक्ष के नीचे बने मिट्टी के चबूतरे पर जा बैठे। उद्धव को उन्होंने अपनी बगल में बैठाया। और बड़ी देर तक उसके चेहरे की ओर ताकते रहे। उद्धव अस्वस्थ था, यह बात कृष्ण साफ देख रहे थे।

"भाई! तुम आजकल बहुत बदले-बदले लगते हो। क्या बात है?" कृष्ण ने मृदु स्वर में पूछा।

उद्धव चौंका, यह कृष्ण से छिपा न रहा। "मैं बदल गया हूँ! नहीं तो। तुम गलत समझ रहे हो।" उद्धव ने होंठों पर मुस्कराहट लाने का प्रयास किया।

"उद्धव! हमारे बीच कुछ हो गया है। मुझसे कुछ ऐसी-वैसी बात तो नहीं हुई, जिससे तुम्हें बुरा लगा हो?"

"मुझे बुरा लगे! तुम्हारी किसी बात से!" उद्धव डूबते हुए मनुष्य की भाँति कृष्ण से लिपट गया। "तुम्हारे किसी काम से मुझे बुरा नहीं लग सकता। तुम चाहे कुछ करो, मैं बुरा मान ही नहीं सकता। क्या इसमें भी कोई शंका है तुम्हें?" उसने आतुरता से पूछा।

"नहीं उद्धव! पर मैं यह जानना चाहता हूँ कि तुम्हें क्या कष्ट है!" कृष्ण ने देखा कि उद्धव के सारे शरीर में सिहरन दौड़ गई। "मुझे बताओ भाई! निःसंकोच होकर कहो!"

"क्या कहूँ! मेरी कुछ समझ में नहीं आता।" उद्धव ने कृष्ण से मुँह फेरकर कहा।

कृष्ण बोले, "मैं समझने का प्रयत्न करूँगा। करवीरपुर छोड़ने के बाद तुममें कुछ परिवर्तन हुआ है। ऐसा कुछ घटा है, जिससे तुम व्याकुल रहते हो।"

"कुछ भी तो नहीं हुआ। मैं तो सदा तुम्हारे साथ ही रहता हूँ!" उद्धव ने फिर एक बार हँसने का प्रयत्न किया।

कुछ मुस्कराए, "यही तो मैं जानना चाहता हूँ कि हमारे साथ रहते हुए भी तुम्हें यह क्या हो गया है! तुम कभी इतने खोए-खोए दिखाई नहीं पड़े। कहो उद्धव! मुझसे छिपाने की कोशिश मत करो।" उद्धव को सीने से लगाकर उन्होंने कहा।

एक निःश्वास लेकर कम्पित स्वर में उद्धव बोला, "यदि तुम जानना ही चाहते हो तो इतना ही कहूँगा कि मैं जीवन से निराश हो गया हूँ। यह संसार छोड़कर मैं बद्री आश्रम में जाकर रहना चाहता हूँ।" इतना कहकर वह इस प्रकार रुका मानो और कुछ कहने के लिए शब्द ढूँढ़ रहा हो।

"संन्यासी क्यों बनना चाहते हो तुम? हम यहाँ जीवन का समर्थन करने और उसका अतिक्रमण करने के लिए आए हैं। जीवन का तिरस्कार करने नहीं।"

"तुम ऐसा कर सकते हो। तुम भगवान हो। तुम्हारा सृजन ही जीवन के अधिष्ठाता के रूप में हुआ है। पर मेरा नहीं!" उद्धव ने असहाय होकर कहा।

"जीवन जीने के लिए है। भगवान परशुराम ने भी यही कहा था। और, अब तक तो हम दोनों भली प्रकार ही जीते आए हैं।"

"कृष्ण! अब मुझे इस प्रकार जीने में कोई रुचि नहीं रही। मेरे मुँह से अधिक कहलाकर मुझे दुःखी मत करो। मैंने अपना निर्णय कर लिया है।"

हृदय की अधिक गहराई में न उतरने के लिए आर्तस्वर उसकी वाणी में सुनाई पड़ता था।

"भाई! तुम्हारे दुःख में यदि मैं भाग लूँ तो उससे तुम्हारा दुःख बढ़ेगा नहीं।" फिर अचानक खड़े होकर उन्होंने उद्धव के मुख पर अपनी दृष्टि स्थिर कर पूछा, "तुम शैव्या पर मोहित हो गए हो?"

उद्धव ने कृष्ण के वक्ष में मुँह छिपाकर कहा, "यह मत पूछो!"

"हूँ! तो तुम कामदेव के तीर से घायल हुए हो। मैं तुम्हारी वेदना समझ सकता हूँ," कृष्ण ने समभावपूर्वक कहा, "पर शैव्या ने श्वेतकेतु का वरण किया है। मेरे पास से तुम उसे ले जा भी नहीं सकते, न उसके बिना रह सकते हो। इसीलिए संन्यासी बनना चाहते हो, क्यों?"

"नहीं कृष्ण! नहीं।" उद्धव फफक पड़ा। "मैं बौरा गया हूँ। मैं पापी हूँ।"

"इस प्रकार अपने-आपको दुःखी मत करो, मित्र! तुम्हारी वेदना स्वाभाविक है। कामदेव के तीर जब चलते हैं, तब स्त्री अग्नि बन जाती है। वह जिसका स्पर्श करती है, वही सुलग उठता है।"

"मैं भी उसी स्पर्श से सुलग उठा हूँ। अब मुझे भस्मीभूत हो जाना चाहिए। पर तुम मेरी भावना को कभी नहीं समझ सकोगे, कृष्ण! गोपियों से तुम प्रेम भी कर सकते हो और बिना निःश्वास लिये उन्हें त्याग भी सकते हो।"

"उद्धव! तुम भूल कर रहे हो।" कृष्ण ने अस्वस्थ स्वर में कहा।

"कृष्ण! तुम हमसे बहुत अलग हो," उद्धव ने निःश्वास लेकर कहा। उसके संकोच का बाँध टूट गया। "तुमने जब पूछा ही है तो साफ-साफ कह डालना चाहता हूँ। एक दिन तुमसे सबकुछ कहना भी चाहता था। तो आज ही क्यों न कह दूँ! करवीरपुर छोड़ने के बाद मुझ पर क्या बीती, तुम कल्पना भी नहीं कर सकते। सोते-जागते शैव्या की अश्रुपूर्ण, सुन्दर आँखें मेरे सामने सतत तैरती रहती हैं। उसे स्वप्न में भी मैं देखता हूँ। उसका आकर्षण अद्भुत है।" वह कुछ रुका और संकोच से बोला, "जब यह याद आता है कि श्वेतकेतु और शैव्या ने

एक-दूसरे को वचन दे रखा है तो लगता है, मैं चोर हूँ।''

''अचानक ये हुआ कैसे?''

''हम लोग जब रवाना हुए तब शैव्या की खबर लेने मैं उसके पास गया। वह रथ में बैठी थी। उसका मुँह घुटनों में छिपा था। मैंने पूछा, 'तुम्हें कुछ चाहिए?' उसने रोषपूर्ण दृष्टि से मेरी ओर देखा। उसकी आँखें मुझे इतनी अद्भुत लगीं कि मैं स्तब्ध होकर उन आँखों को, चेहरे को और उसकी सुडौल देह को निहारने लगा। मेरी नस-नस में आग सुलग उठी गुझे लगा कि मैं मूर्छित हो जाऊँगा।!''

''कामदेव इसी प्रकार आग भड़काते हैं।''

''अब तुम जो भी कहो...दासी जो दूध लेकर आई थी, मैंने उससे वह पी लेने के लिए कहा। उसने दासी के हाथ से मिट्टी का पात्र लेकर मुझ पर दे मारा!''

उद्धव सहज ही सकुचा गया। उसने निःश्वास लेकर कहा, ''मुझे लगा कि वह किसी प्रकार कुछ खाए या पिए, यह अत्यन्त आवश्यक है। इसलिए मैं हठ कर वहीं खड़ा रहा और दासी को दूसरा पात्र ले आने के लिए कहा। दासी के हाथ से पात्र लेकर मैं स्वयं खड़ा रहा और वह मेरी ओर ताकती रही। मैं हँसता रहा। अन्त में उसने वह पात्र लेकर मुझसे कहा, 'तुम्हारी यही इच्छा है न कि मैं इसे पी जाऊँ?' और वह सारा दूध एक साँस में पी गई। खाली पात्र दासी को लौटाते हुए, उसने मुझसे कहा, 'अब जाओ, ज्यादा तंग मत करो!' मैं चला आया। पर आते वक्त उसने जो दृष्टि मुझ पर डाली, वह मैं भूल नहीं सका। इसके बाद मैं दिन में दो या तीन बार उसे दूध तथा भोजन पहुँचाता। प्रत्येक बार वह मेरी ओर ताकती फिर भोजन स्वीकार करती और हाथ जोड़कर मुझे चले जाने को कहती। प्रतिदिन यही होता, और जाने कैसे मेरे पैरों के नीचे से धरती खिसकती मालूम पड़ती। ऐसा लगता, मैं हवा में उड़ रहा हूँ। सबकुछ धुँधला दिखाई पड़ता। तुम भी!''

कृष्ण समभावपूर्वक हँसे, ''आकाश के सुदूर तारे की तरह ही धुँधला लगा हूँगा मैं, क्यों!''

उद्धव ने मानो सुना ही नहीं। उसने कहा, ''सोते-जागते उसकी रोष-भरी आँखें, क्रोध में तप्त उसका अपूर्व सौन्दर्य मेरी आँखों के सामने तैरता रहता है...''

''अर्थात्, एक आकर्षक बाघिन रोज इस बेचारे, गरीब उद्धव को घुड़की पिलाती रहती है, यही न!'' कृष्ण ने विनोद के स्वर में कहा।

''मुझे चिढ़ाओ मत, कृष्ण! तुम नहीं जानते कि मेरी स्थिति कैसी विषम है?''

''मैं जानता हूँ, तुमने अपनी नींद खो दी है।''

''बहुधा मैं आधी रात के बाद जाग पड़ता हूँ। मेरा सारा शरीर सिहर उठता है। मेरी नसों में मानो अग्नि प्रवाहित हो जाती है। मेरे कानों में सतत कोई स्वर

गूँजता रहता है।'' उद्धव ने कहा। और फिर सहज संकोच के स्वर में बोल पड़ा, ''मैं उसे देखता हूँ। उसे ही देखा करता हूँ कृष्ण! मेरा अधःपतन हुआ है। मुझे कोई नहीं बचा सकता। कभी-कभी तो मुझे ऐसे भयंकर सपने आते हैं कि मैं श्वेतकेतु की हत्या कर शैव्या को भगा ले जा रहा हूँ। मैं जानता हूँ कि तुम स्त्रियों को पशुओं की तरह हर ले जानेवाले क्षत्रिय-मार्ग का विरोध करते हो।''

''हाँ, इसे अधर्म ही कहा जाएगा।''

डूबते हुए मनुष्य की भाँति उद्धव कृष्ण से लिपट गया और बोला, ''मैं अधःपतित हूँ। वासना, मोह, लोभ और ईर्ष्या की आग में जल रहा हूँ। जब मुझे विचार आया कि मेरा पतन हुआ है, तब मैंने तीव्र आघात का अनुभव किया। जो श्वेतकेतु का है, उसे मैं कभी ले नहीं सकता, पर उसे छोड़ सकने की स्थिति में भी मैं नहीं हूँ। इसलिए उत्तम मार्ग यही है कि मैं इस संसार का ही त्याग कर दूँ।''

''उद्धव! बहुत थोड़े लोग इस संसार का त्याग कर तपस्वी का जीवन जी सकते हैं। सभी इतने भाग्यशाली नहीं होते। तुम बद्री आश्रम जाओगे, तब भी किसी-न-किसी रूप में शैव्या तुम्हारा पीछा करेगी। वह तुम्हारे एकान्त को नष्ट कर देगी। तुम तपस्वी नहीं बन सकते। स्त्रियों को भूल भी नहीं सकते हो।''

''मैं स्त्रियों को भूल जाना चाहता हूँ। विशेषकर शैव्या को। नहीं तो मैं पागल हो जाऊँगा। पर यह कैसे सम्भव है?''

''अपने-आप पर संयम रखकर।''

''संयम कैसे रखूँ, यही तो समझ में नहीं आता। ऐसा पहले कभी नहीं हुआ।''

कृष्ण क्षण-भर शान्त रहे। फिर ममतापूर्ण स्वर में बोले, ''मैंने तुमसे कहा कि जब भी कामदेव का बाण लगता है, तब स्त्रियाँ अग्नि के समान लगने लगती हैं। हम इस अग्नि को पड़ाव की धूनी समझ लेते हैं और एक रात की ऊष्मा प्राप्त कर आगे बढ़ जाना चाहते हैं। पर यह आग रुकती नहीं है, वह हमारे पैरों के नीचे की घास और वृक्षों को भी प्रज्वलित कर देती है।''

''मैं इस आग में भस्मीभूत हो जाऊँगा।'' उद्धव ने हताश होकर कहा।

''एक ही रास्ता है, जिससे यह ऊष्मा भी मिलेगी और आग की ज्वालाओं में जलना भी नहीं पड़ेगा।''

''यह कहना ही सरल है। परन्तु ऐसा हो कैसे सकता है। मैं तो निःशेष हो गया हूँ।'' उद्धव ने असहाय स्वर में कहा।

''चेष्टा का त्याग मत करो। क्या तुम सचमुच ही शैव्या की कामना करते हो?''

''हाँ, पर मैं अपने मित्र श्वेतकेतु के साथ विश्वासघात नहीं करना चाहता।''

''तुम किसी भी स्त्री को अपने जीवन से संलग्न कर सकते हो। मात्र इस

रास्ते की धूनी को वेदी की पवित्र अग्नि में बदलना होगा।''

''रास्ते की धूनी कैसे?''

''क्योंकि यह आग कैसे प्रकट हुई, यह देखने के लिए तुम रुकते नहीं। जहाँ तुम ऊष्मा प्राप्त करते हो, वहाँ पहले किसने ऊष्मा प्राप्त की, यह जानने की भी जरूरत नहीं समझते। उसे छोड़ने के बाद उसका क्या होगा, यह चिन्ता भी नहीं करते। मात्र कुछ क्षणों की ऊष्मा के लोभ से उसे तापते हो, यह भी विचार नहीं करते कि इसका प्रभाव बाद में तुम पर क्या होगा और यह भी इच्छा नहीं रखते कि वह तुममें शक्ति प्रेरित करे,'' कृष्ण ने कहा।

''ओह!'' उद्धव बोल उठा।

''रास्ते की धूनी का आकर्षण तो अपने-आप कम हो जाता है, पर वेदी की आजीवन पूजा सदा ऊष्मा देती रहती है,'' कृष्ण ने उद्धव के कन्धे पर हाथ रखकर कहा। उनके स्वर में निश्चय ही झनकार थी।

''कृष्ण! इस प्रकार पहेलियों में बातें मत करो। साफ-साफ समझाओ।''

''तुम शैव्या को चाहते हो न?''

''पर श्वेतकेतु के साथ विश्वासघात करके नहीं?''

''तो तुम अपने निश्चय पर अडिग रहो। उसके आसपास भक्ति की, यज्ञवेदी की रचना करो। जो भी तुम दे सकते हो, उस मूल्यवान वस्तु की यज्ञ में आहुति दो। इस यज्ञवेदी की ऊष्मा और शक्ति तुम्हें सदा मिलती रहेगी।''

''इस प्रकार तो वह कभी मेरी नहीं बन सकेगी, कृष्ण!''

''उद्धव! यज्ञवेदी सर्वस्व त्याग करनेवाले को ही आशिष देती है, सबकुछ माँगनेवाले को नहीं।''

''शैव्या मेरी न हो सकेगी, यह विचार ही मुझे पागल बना देता है,'' उद्धव ने सिर धुनते हुए कहा।

''क्या मैं नहीं जानता कि शैव्या कितनी अद्‍भुत स्त्री है! उसमें वन्य हरिणी की चंचलता है। उसकी शक्ति और भक्ति का पार नहीं। पर इस समय वह सारे संसार से विरक्त है। उसे जब मैंने पहली बार देखा था तब मैं भी उसकी ओर आकर्षित हुआ था। मैंने उसके आसपास यज्ञवेदी की रचना की। मेरे जीवन में प्रवेश करनेवाली प्रत्येक स्त्री के साथ मैं यही करता हूँ। माँ यशोदा, गोपियाँ, विशाखा, राधा, माँ देवकी और त्रिवक्रा–इन सबके आसपास भी मैंने एक पवित्र प्रेम की वेदी की रचना की है।''

''यह सब तुम्हीं कर सकते हो, मैं नहीं। मैंने मात्र तुम्हारे आसपास भक्ति की वेदी रची थी और आज वह भी छिन्न-भिन्न हो गई।''

''मैं तुम्हें वेदी की रचना करना सिखाऊँगा, उद्धव! यह विकट नहीं। शैव्या

के साथ बीते दिनों में जो हजारों शूल गड़े हैं, उन्हें तुम सहन कर सकते हो?''

''ऐसा क्यों पूछते हो, कृष्ण! ये शूल असह्य हैं। प्रतिदिन मेरी कामना आकाश को छूती है। प्रतिदिन मुझे प्रतीति होती है कि मैं उसे कभी प्राप्त न कर सकूँगा।''

''मेरे प्रश्न का उत्तर दो। शैव्या तुम्हारी कुलवधू बने, तुम्हारी सन्तानों की माता हो, तुम्हारे कुल की देवी बने और तुम्हारी सन्तानों का तुम्हारी कुल-परम्परा के अनुसार लालन-पोषण करे, क्या तुम यह चाहते हो?''

''मैंने अभी तक इस पर विचार नहीं किया।''

''तो तुम स्वार्थी हो। तुम्हें उसके प्रति भक्ति या प्रेम नहीं। तुम केवल रास्ते की धूनी की तरह उसका उपयोग करना चाहते हो।''

उद्धव नतमस्तक होकर अवाक् खड़ा रहा।

''विचार करके कहो। तुम उसे ऐसी दैवी शक्ति बनाना चाहते हो कि नहीं, जिसको तुम्हारे बच्चे प्रेम करें और पूजें?''

''हाँ।''

''वह वृद्ध हो, उसकी देह का आकर्षण आज जैसा न रहे, तब भी क्या तुम उसके प्रेम से ऊष्मा प्राप्त करते रहोगे?''

''यह मैं कैसे कह सकता हूँ! तुम्हारे प्रश्न मुझे अवाक् कर देते हैं।''

''यदि तुम इन प्रश्नों का स्पष्ट उत्तर नहीं दे सकते तो शैव्या के आसपास यज्ञवेदी की रचना किस प्रकार कर सकोगे?'' यह कहते समय कृष्ण मानो स्मृति के संसार में खो गए।

''उद्धव! तुम और बलराम कई बार मुझ पर यह लांछन लगाते हो कि मैंने राधा को वृन्दावन में छोड़ दिया। मैंने ऐसा इसलिए किया ताकि मेरा प्रेम पवित्र बना रहे। यदि मुझे पता होता कि मुझे वृन्दावन छोड़ना पड़ेगा तो मैं राधा के प्रेम में नहीं पड़ता। पर विधि का विधान कुछ और था, मथुरा से बुलावा आया। वसुदेव के पुत्र के रूप में जब मैं मथुरा जा रहा था, तब राधा को साथ ले जाना अनुचित ही कहा जाता। वह तो वसन्त के कोमल पुष्प की तरह थी। मेरे जीवन को जो गर्म हवाओं के थपेड़े सहने पड़े हैं, उसमें वह मुरझा जाती। कृष्ण वासुदेव में उसे उसका 'कान्ह' कहीं दिखाई नहीं पड़ता। मुझे एक नए जीवन-कार्य का भार लेना पड़ा। इसे पूर्ण करने में मैं उसका प्रिय ग्वाला कभी नहीं बन सकता था। इसीलिए मुझे उससे विदा लेनी पड़ी। वह सदा के लिए प्रेम की यज्ञवेदी बन गई है। मैं उसके लिए, चिर-प्रेम की पवित्र वेदी बन गया हूँ। हमारे लिए यही एकमात्र उपाय था।'' कृष्ण ने कुछ उदास होकर कहा।

''सभी को तुम जैसा ज्ञान मिला होता तो!''

"तुम इस ज्ञान का रहस्य जानना चाहते हो? उद्धव! पुरुष और स्त्री एक-दूसरे के साथ आजीवन बद्ध रहें, यही धर्म का मूल है। इस आजीवन प्रीति से ही सृजन का विकास होता है। रास्ते की आग से—एक रात की चंचल ऊष्मा पाने के लिए इस धर्म का नाश नहीं करना चाहिए।

"याद है, देवों को भूतकाल में क्या करना पड़ा था? सृजन हो सके, इसलिए उन्हें यज्ञपुरुष की आहुति देनी पड़ी थी। इस प्रकार की पवित्र आहुति दिए बिना कोई सृजन सम्भव नहीं।" कृष्ण इस प्रकार बोल रहे थे, मानो स्वगत कुछ कह रहे हों, "तुम्हें स्त्री चाहिए तो बदले में कुछ तो देना ही पड़ेगा, कुछ भेंट, सौगात, आवास स्थान और आजीवन रक्षण। इस प्रकार तुम्हें स्त्री मिलेगी—उसकी देह और उसकी परिचर्या मिलेगी—परन्तु यह तो स्वर्ग में स्थान पाने के लिए यज्ञ में घी या पशु की आहुति देने जैसा हुआ। यदि तुम चाहते हो कि देवता तुम्हें धर्म की ओर प्रेरित करते रहें, तुम्हारी शक्ति को शत-सहस्र गुणा करते रहें तो तुम्हें कोई अधिक विराट बलिदान देना होगा। देवताओं ने कहा है कि यज्ञ की भावना से ही यज्ञ समृद्ध होता है।"

"कृष्ण! मुझे दुविधा में मत डालो। साफ-साफ कहो कि मुझे क्या करना है। मैंने हमेशा तुम्हारी आज्ञा का पालन किया है। अब भी तुम्हारी आज्ञा का पालन करूँगा। तुम जो देख सकते हो, वहाँ तक मेरी दृष्टि नहीं जाती।"

"तो भाई! तुम यह निश्चय कर लो कि शैव्या के प्रति तुम्हारा आकर्षण क्षणिक है अथवा उसे यज्ञवेदी पर स्थापित करने की तुम इच्छा रखते हो। वह अद्भुत है। जिस भक्ति-भाव से वह अपने चाचा को पूजती थी, उसी प्रकार का भक्तिभाव उसमें प्रेरित न किया जा सके, तब तक उसे पतिपरायण पत्नी अथवा आत्मविलोपन साधनेवाली माता नहीं बनाया जा सकता। इस समय तो वह जंगल की आग है—वह रास्ते पर की धूनी नहीं है, न यज्ञ की वेदी है। श्वेतकेतु या तुम दोनों में से कोई भी इस समय उसे स्वीकार नहीं कर सकता। श्वेतकेतु ने मेरी बात मानी, शैव्या की ये धधकती ज्वालाएँ जब तक शान्त न हों, तब तक वह प्रतीक्षा करने के लिए तैयार है।"

"तो तुम मुझे भी यही सलाह देते हो?"

"हाँ। इस बीच तुम दोनों उसके आसपास यज्ञवेदी की रचना करो। कौन जाने, यह ज्वाला कब शान्त होगी और किसे अपना पथ-प्रदर्शक देव बनाएगी!"

"यह तो बहुत विषम रास्ता है।"

"विषम है, पर उत्तम भी है। यह सत्य मार्ग है। देह और मन की शुद्धि से प्रकट होनेवाली शक्ति का मार्ग है। यदि तप द्वारा वासना को शुद्ध नहीं किया जाए तो स्त्रियों को रास्ते की धूनी बनना अच्छा लगेगा। वे रुद्र की तरह गर्जना कर

धर्म का विनाश करेंगी। पति-पत्नी की एकता का विच्छेद होगा। कुटुम्ब का बन्धन नहीं होगा। हमारे पूर्वजों के ऋत के पन्थ का लोप हो जाएगा। इन सृष्टियों को जोड़नेवाली आकर्षण-शक्ति लोप हो जाएगी। स्त्री और पुरुष वासना में चूर होंगे, अर्थात् उनका तप भंग होगा। तप न रहने से ऋतु भी न रहेगी और अन्ततः धर्म भी शेष हो जाएगा। स्त्री-पुरुष पशुओं से भी तुच्छ हो जाएँगे।''

उद्धव नतमस्तक अपने प्रिय सखा की वाणी सुन रहा था।

''उद्धव! मैंने इतनी स्पष्ट नीति से तुम्हें कभी कुछ कहा नहीं। इसका अवसर भी नहीं आया। पर हम धर्म का त्याग नहीं कर सकते। अभी हमें बहुत आगे बढ़ना है—हम दोनों को क्योंकि तुम्हारे बिना मैं असहाय हूँ। मेरे प्रति तुम्हारी श्रद्धा ही मुझे धर्म के मार्ग पर स्थिर रखती है, यह मत भूलना!''

उद्धव ने कहा, ''भगवन्, मुझे क्षमा करो। मैं ऐसी ममता का पात्र नहीं हूँ। मुझे क्या करना चाहिए, वही बताइए। मैं वही करूँगा।''

''कल या परसों, बलराम राजा कुकुद्मीन के साथ कुशस्थली पर विजय प्राप्त करने जा रहे हैं। तुम भी उनके साथ जाओ। अग्नि से दूर रहकर ही अच्छी यज्ञवेदी की रचना की जा सकती है। तुम वापस आओगे, तब तक शैव्या की भभकती ज्वालाएँ भी शान्त हो जाएँगी। शायद तब तक श्वेतकेतु भी मथुरा आ जाएगा।''

''तुम जो कहते हो, वह बहुत कठिन है, फिर भी मैं उसे करूँगा। अपने प्राण देकर भी उसे करूँगा।''

''उद्धव! महान कार्य सदा प्राणोत्सर्ग करके ही सिद्ध किए जाते हैं।''

विजय-प्रस्थान

बलराम और उद्धव, कुकुद्मीन तथा रेवती के साथ सौराष्ट्र के लिए विदा हुए। दामघोष ने सुन रखा था कि पुण्यजन राक्षस बिलकुल असभ्य हैं। वे गुलामों तथा बालकों के रक्त से अपने किसी विचित्र देवता की पूजा करते हैं। व्यक्तिगत रूप से तो उन्होंने इस विकट अभियान की सलाह नहीं दी पर बलराम के प्रति आदर से प्रेरित होकर उन्होंने अपने दस अनुभवी और वीर योद्धा उनके साथ कर दिए।

बलराम का उत्साह अपार था। वे अपने नए अभियान की बातें करते थकते न थे। दिन-रात व्यूह-रचना के बारे में सोचा करते। सान्दीपनि के पाँच शिष्य भी बलराम के साहस से आकर्षित हो उनके साथ हो लिये। यह संघ एक दिन अच्छा शकुन देखकर भृगुकच्छ की ओर रवाना हुआ। राजा जयसेन ने रथों की पूर्ति की। भृगुकच्छ से वे नाव से प्रभास गए। दूत भेजकर प्रभास के राजा को उन्होंने सन्देश

कहलवाया कि जरासन्ध पर विजय प्राप्त करनेवाले बलराम प्रभासतीर्थ में भगवान सोमनाथ की पूजा करने के लिए पधार रहे हैं। गोमन्तक में हुई विजय का समाचार सौराष्ट्र के सुदूर किनारे तक पहुँच चुका था। चक्रवर्ती जरासन्ध पर विजय प्राप्त करनेवाले वीर का स्वागत करने के लिए लोगों की भीड़ उमड़ पड़ी।

बलराम ने प्रभास के राजा को अपने विश्वास में लिया। वह भी यादव कुल का था और बलराम के पराक्रमों से गौरव अनुभव करता था। प्रभास के राजा ने इस अभियान में सहायता करने का वचन तो दिया परन्तु एक शर्त पर–वह यह कि कुशस्थली पर विजय प्राप्त करने के बाद गिरिनगर पर भी अधिकार कर लिया जाए। बलराम पर इस समय पराक्रम का नशा छा रहा था। उन्होंने यह वचन दे दिया।

मथुरा पर किसी भावी आतंक की स्थिति में सुरक्षित रूप से रहने के लिए नए स्थल की खोज कर रखने की सूझ अब उद्धव की समझ में आई। सौराष्ट्र मध्य भारत के राजाओं के लिए भी दुर्भेद्य था। जरासन्ध के लिए वहाँ पहुँचना किसी प्रकार सम्भव न था।

बलराम पुण्यजन के किले पर कब्जा करने के लिए अधीर थे, परन्तु कुकुद्मीन और उद्धव स्वस्थता से तैयारियाँ करना चाहते थे। गुप्तचरों ने बताया कि कुशस्थली पर थलमार्ग से पहुँचना असम्भव है। थलमार्ग से कुशस्थली को अभेद्य बनाने के लिए उन्होंने तीन परकोटे बाँधे थे। ये लोग नाविक थे, इसलिए समुद्र की ओर से उन्हें कोई भय नहीं था। मात्र थलमार्ग से अपनी सत्ता पर कोई आँच न आए, इसी के लिए सचेष्ट थे।

कुकुद्मीन तथा उद्धव ने काफी सोच-विचार के बाद समुद्र-मार्ग से कुशस्थली पर चढ़ाई करने का निर्णय किया। पुण्यजनों के पास जहाजों का एक बेड़ा था जिसे सरलता से हराया नहीं जा सकता था। गुप्तचरों ने यही बताया। तभी यह समाचार मिला कि 'पञ्चजन' जहाज कुछ ही समय में आनेवाला है। उन्होंने इस जहाज की प्रतीक्षा करने का निर्णय किया। निर्धारित दिन वह जहाज आ पहुँचा।

भिक्रु का पौत्र खरीदारी करने किनारे पर आया हुआ था। उद्धव को देखकर उसके हर्ष का पार न रहा। उसने अपने दादा को बुलाया। वृद्ध भिक्रु ने जब उद्धव को देखा तो तुरन्त पहचान लिया। रस्से डालकर सबको जहाज पर चढ़ा लिया गया। उद्धव ने बलराम का परिचय दिया। बलराम कृष्ण के बड़े भाई हैं, यह जानकर भिक्रु बहुत आनन्दित हुआ। कृष्ण को लोग ईश्वर मानकर पूजते थे। हुक्कु और हुल्लु ने भी मुस्कराकर बलराम की वन्दना करने के लिए दोनों हाथ कपाल पर रखे।

बलराम और उद्धव को भोजन कराया गया। जहाज में सर्वत्र यह समाचार

फैल गया कि कृष्ण के बड़े भाई आए हैं। सभी नाविक ऊपर आ गए और कृष्ण के पराक्रम के स्वरचित गीत गाने लगे। भिक्रु अब जहाज का स्वामी था। उसने अपनी आत्मकथा कही। एक बार पञ्चजन के पुत्र कुशस्थली के किनारे पर उतरे और उन्होंने भिक्रु तथा उसके वफादार नाविकों की हत्या करने के लिए योजना बनाई। बढ़ई रिड्डू को किसी प्रकार इस योजना की भनक मिल गई और उसने भिक्रु को बताया।

भिक्रु ने कहा, ''इसमें असावधान रहना हमारे लिए भयंकर था। इस जहाज से मेरा पचास वर्षों का नाता था। अपने कौशल से मैंने इसे सैकड़ों तूफानों में से बचाया और भगवान कृष्ण ने यह जहाज मुझे दिया।'' फिर मुस्कराकर वह आगे बोला, ''मध्यरात्रि में हम पर आक्रमण करने की योजना थी। पर हमें भ्रम में रखने के लिए पञ्चजन के पुत्र साँझ को ही जहाज पर चढ़ आए। हमने तुरन्त लंगर उठाया और जहाज को रवाना कर दिया। हुक्कु और हुल्लु से मैंने बात की। ये दोनों लड़के सुरा से मदहोश थे। हुक्कु और हुल्लु दोनों ने ही उन्हें समुद्र में फेंककर स्वधाम पहुँचा दिया। इस प्रकार ये भी अपने चाचा से मिलने पहुँच गए!'' भिक्रु खिलखिलाकर हँस पड़ा।

उसने कृष्ण के विषय में प्रश्न किया। उद्धव ने कृष्ण और बलराम के पराक्रमों की कथा कही। बलराम अधीर हो उठे। उन्होंने कहा, ''देखो भिक्रु! हम यहाँ कुशस्थली पर कब्जा करने आए हैं और इसमें हमें तुम्हारी सहायता की आवश्यकता होगी।''

''कुशस्थली! नहीं भगवान! हमारी हिम्मत नहीं।'' भिक्रु ने अपनी दाढ़ी सहलाते हुए कहा। उसके चेहरे पर शिकनें पड़ गईं। ''पुण्यजन हमारे शत्रु हैं। वे जानते हैं कि हमने पञ्चजन और उसके भतीजों का सफाया कर दिया है। समुद्र के बीच भी हम उनके जहाजों से बचकर चलते हैं। दिखाने के लिए हमने एक मूर्ख पुण्यजन को साथ में रखा है। कुछ होने पर जहाज के खलासी के रूप में हम उसे आगे रखते हैं।''

बलराम ने कहा, ''कुछ भी हो, हम थल और जल दोनों मार्गों से पुण्यजन राक्षसों पर आक्रमण कर उनका सफाया कर देना चाहते हैं। मुझे कुशस्थली का नाश करना ही है।'' अपनी सफलता के बारे में उन्हें कोई शंका न थी।

''यह नहीं हो सकता। पुण्यजन बहुत शक्तिशाली हैं।''

''तुम लोग सहायता करो या न करो, मैं उनका नाश अवश्य करूँगा। यदि तुम हमारा साथ दोगे तो कुशस्थली में प्राप्त होनेवाले समस्त जहाज तुम्हारे होंगे। तुम साथ नहीं दोगे तो पहले मैं उनके जहाजों को नष्ट करूँगा, बाद में तुम्हारे जहाजों को!'' बलराम उत्तेजित हो उठे थे।

भिक्रु ने कहा, ''आप शान्त होइए, हम आपका साथ क्यों नहीं देंगे? पर इन पुण्यजनों को छकाना सहज नहीं है।''

बलराम बोले, ''जरासन्ध इस दुनिया का सबसे बड़ा राजा है। जब गोमन्तक आग से धू-धू जल रहा था, तब कृष्ण ने सागर को आग बुझाने की आज्ञा दी। सागर ने आज्ञा का पालन भी किया।'' बलराम ने, गोमन्तक आग में से किस प्रकार बचा, इसकी कथा कही।

भिक्रु ने कहा, ''हाँ, यह मुझे मालूम है। कृष्ण जब तक हमारे साथ रहे, कभी प्रतिकूल पवन नहीं चला।''

''हम तो जाएँगे ही,'' बलराम ने कहा, ''हमारे पास पाँच छोटे-छोटे जहाज हैं। मात्र तुम-जैसा कोई कुशस्थली का जानकार व्यक्ति मिल जाए, तो हमारा काम सरल हो जाए। तुम यदि हमारे साथ चलोगे, तो तुम्हारे जहाज पर हम पचास अतिरिक्त योद्धा ले जा सकते हैं।''

वृद्ध भिक्रु ने अस्वीकृति में सिर हिलाया, ''नहीं, मैं नहीं चलूँगा।''

''तुम यह मत भूलो कि तुम मात्र नाविक थे। पञ्चजन के गुलाम थे। इस जहाज का स्वामी तुम्हें कृष्ण ने बनाया। अब मैं तुम्हें तमाम पुण्यजन जहाजों का स्वामी बना दूँगा।''

वृद्ध की आँखें चमक उठीं। उसके पौत्र कुक्कुर और बढ़ई रिड्डू के चेहरे पर भी उत्साह दिखाई पड़ा।

उद्धव ने बीच में बोलते हुए कहा, ''मैं तुम्हें कृष्ण का एक सन्देश देना भूल गया।''

''कैसा सन्देश?''

''कृष्ण ने कहा था, मेरे चाचा भिक्रु, भाई रिड्डू तथा मित्र हुक्कु और हुल्लु से कहना कि इन पुण्यजन राक्षसों को सौराष्ट्र से निकाल बाहर करना धर्मयुद्ध है। मैं स्वयं अपने बड़े भाई के साथ इस काम के लिए आता, पर मैं जानता हूँ कि जहाँ चाचा भिक्रु हों, वहाँ मुझे जाने की कोई जरूरत नहीं रहती।''

भिक्रु विचारनिमग्न हो गया।

''दादा! कृष्ण के भाई को अकेला नहीं जाने दिया जा सकता। कृष्ण ने जो विश्वास हम पर किया है उसके अनुरूप हमें बनना चाहिए,'' कुक्कुर ने कहा, ''हम पुण्यजनों को नष्ट कर देंगे। भगवान ने हमें आज्ञा दी है।''

रिड्डू ने भी समर्थन में सिर हिलाया। भिक्रु ने बलराम की ओर मुड़कर कहा, ''भगवान्! आपके शब्द हमारे लिए आज्ञा के समान हैं। आप तथा आपके भाई के लिए हम अपने प्राणों का बलिदान देने में भी नहीं हिचकिचाएँगे। यह जहाज भगवान् श्रीकृष्ण का है।''

ऐसे आत्मघातक दिखाई पड़नेवाले अभियान में सम्मिलित होना निरी मूर्खता थी, पर भिक्रु कृष्ण को जहाज का इष्टदेव मानता था। यदि वह कृष्ण की आज्ञा का पालन नहीं करते तो उसका पौत्र और जहाज के नाविक उसे कायर समझ बैठेंगे। फिर उसके अन्तर में भी श्रद्धा का भाव जग रहा था। यदि कृष्ण उसे इस अभियान में सम्मिलित होने की आज्ञा दे रहे हैं तो उनका उद्देश्य निश्चय ही उसे समस्त पुण्यजन जहाज तथा उनकी अपार सम्पत्ति का स्वामी बनाने का होना चाहिए।

''मुझे भय है कि कुशस्थली में पुण्यजनों के युद्धपोत भी होंगे।''

उद्धव ने कहा, ''हमारे साथ भगवान बलराम हैं। ये भगवान अनन्त हैं। इस पृथ्वी को धारण करनेवाले, हजार फनों के शेषनाग के अवतार हैं।''

''हाँ, पिताजी कहते हैं कि मैं अनन्त हूँ। जब मेरा जन्म हुआ था, तब उन्होंने मुझे इसी रूप में देखा था। और मैं कहता हूँ कि इन दुष्ट पुण्यजनों को हमारे समुद्र के बाहर फेंक देना चाहिए!'' उन्हें भगवान अनन्त के रूप में पहचाने जाने में कोई आपत्ति न थी।

इसके बाद भिक्रु ने पञ्चजन के अतिरिक्त बलराम के पाँच जहाजों का उत्तरदायित्व भी सँभाल लिया। जहाजों में उन्होंने जल, अन्न तथा शस्त्रों का पर्याप्त मात्रा में संग्रह किया। प्रभास के राजा ने मेहमानों को भावभीनी विदा दी। अनुकूल शकुन देखकर जहाज रवाना हुए। मन्त्रोच्चार हुए, शंख फूँके गए और नारियल फोड़े गए।

बलराम पञ्चजन जहाज के तूतक पर खड़े थे। उनके होंठों पर विजेता की मुस्कान थी। उनकी एक ओर कुकुद्मीन तथा रेवती खड़े थे, दूसरी ओर उद्धव तथा भिक्रु। किनारे पर खड़े लोगों की जय-जयनाद के साथ जहाज रवाना हुए तब बलराम ने रेवती पर गर्वभरी दृष्टि डाली और आँख से संकेत भी किया, ऐसा करने की हिम्मत शायद उन्हें पहले कभी न होती। रेवती सदा गम्भीर रहती थी, पर इस समय वह हँस पड़ी। अब क्या करना चाहिए यह निर्णय न कर पाने पर, बलराम उद्धव की ओर मुड़े और उसका एक हाथ ऊपर उठा लिया। दूसरे हाथ से उन्होंने भिक्रु के इतनी जोर से धौल जमाया कि वह घबड़ाकर गिरते-गिरते बचा।

बलराम की विजय (क)

मौसम अच्छा था। हवा अनुकूल चल रही थी। बलराम का जहाजी बेड़ा बड़े मजे से किनारे-किनारे आगे बढ़ रहा था। तट पर उन्हें कभी-कभी अपनी ओर ताकते

हुए लोग दिखाई दे जाते थे। परन्तु कुशस्थली के समीप पहुँचते ही उन्हें पुण्यजन के छोटे-छोटे जहाज दिखाई दिए, जो उन्हें देखते ही, पंखे के व्यूह में आयोजित हो, सीधे उन पर चढ़ आए।

दो पुण्यजन जहाजों में युद्धपोतों-जैसी नुकीली फालें लगी थीं, जिनसे टकराकर बलराम के कुछ जहाजों के लकड़ी के शीर्ष भाग टूट गए। सान्दीपनि के शिष्यों और दामघोष के योद्धाओं ने तत्काल तीर छोड़े। पुण्यजनों की चीखों से आसमान गूँज उठा। एक पुण्यजन जहाज से टकराने से भिक्रु के जहाज की दोनों पतवारें टूट गईं। जहाज के खलासी घबड़ाकर चिल्लाने लगे।

बलराम ने क्रोधित हो उस आक्रामक पुण्यजन जहाज पर लोहे का एक बड़ा गोला अचूक निशाने के साथ फेंका। वह जाकर उसके पृष्ठभाग पर लगा। सारा जहाज बड़े जोरों से हिलकर रुक गया। जहाज की लकड़ियाँ चटख गईं। जहाज टूट गया। नाविक घबड़ाकर अपनी जान बचाने समुद्र में कूद गए।

रात पड़ने पर पुण्यजन जहाज कुछ दूरी पर जाकर समुद्र में खड़े हो गए। अपने आसपास प्रकाश करने के लिए उन्होंने मशालें जला लीं, ताकि भिक्रु के जहाज अन्धकार में उन पर हमला न कर बैठें।

सागर शान्त था। भिक्रु का पतवारहीन जहाज निश्चल खड़ा था। भिक्रु ने दाढ़ी पर हाथ फेरते हुए सोचा, 'मैंने स्वप्न में भी कल्पना नहीं की थी कि मेरा जहाज बिना पतवार के रह जाएगा और लट्टूओं की तरह सागर में डोलेगा।' उसने जहाज में प्रकाश करने की आज्ञा दी। रिड्डू ने आधी रात तक जागकर पतवारों को ठीक किया।

बलराम ने सोचा कि पुण्यजन जहाज यहाँ से चलकर कहीं कुशस्थली न पहुँच जाएँ और आक्रामक जहाजी बेड़े का समाचार वहाँ न पहुँचा दें इसलिए सवेरा होने से पहले ही कुशस्थली के बन्दरगाह में पहुँच जाना चाहिए। भिक्रु ने कहा, यह बिलकुल असम्भव है। नाविकों का उत्साह भी अब इतना नहीं रह गया है। पर बलराम इस समय किसी विरोध को सहन करने की स्थिति में नहीं थे। क्रोध से उनका चेहरा तमतमा गया, सारा बदन काँपने लगा। वे भिक्रु के जहाज के अग्रभाग पर खड़े हो गए और निर्निमेष दृष्टि से सागर की ओर ताकने लगे। बलराम अब क्या करेंगे, यह किसी की समझ में नहीं आया, इसलिए सभी भयभीत और चिन्तातुर होकर दूर खड़े थे।

सहसा बलराम ने अपने दोनों हाथ ऊपर उठाए और सागर की शान्त सतह को सम्बोधित करते हुए बोले, "मैं इस पृथ्वी का भार वहन करनेवाला अनन्त, तुम्हारा आह्वान करता हूँ। हे मरुतो! तुम आओ, आँधी फूँको, तूफान उठाओ, और हमें कुशस्थली पहुँचा दो!" फिर जहाज के अग्रभाग पर पैर पटकते हुए उन्होंने

कहा, "हे मरुतो! मैं, सहस्रशीर्ष शेषनाग, तुम्हें आज्ञा देता हूँ कि वेगवान पवन लाओ, आँधी उठाओ। हमें कुशस्थली ले जाओ।"

बलराम की आज्ञा मानो सागर ने शिरोधार्य की। सागर में ऊँची-ऊँची लहरें उठने लगीं। जहाज डोलने लगे। तेज पवन बहने लगा। मशालें हिल उठीं। आकाश बादलों से घिर गया। भिक्रु और उसके नाविक चमत्कारिक रूप से तूफान उठानेवाले इस विराटकाय महामानव को दंग होकर देखने लगे।

पुण्यजन जहाज अप्रत्याशित रूप से आँधी की चपेट में आ गए। मशालें हवा में उछलीं और जहाज सुलग उठे। सागर गर्जना कर रहा था। पवन बड़े वेग से चलने लगा। भिक्रु ने अपने नाविकों को अपने-अपने काम पर लगा दिया। उनका मात्र एक जहाज ही टूटा था। टूटे हुए जहाज के लोगों को दूसरे जहाज पर चढ़ा लिया गया। भिक्रु के जहाज का पाल ऊँचा उठाया गया और मरम्मत की गई, पतवारें भी ठीक काम देने लगीं। इस जहाज के नेतृत्व में सारा बेड़ा सुगमता से आगे बढ़ा।

तूफान एकाएक रुक गया। पौ फटने पर प्रातःकाल का मन्द समीर बहने लगा। भिक्रु का जहाज सीधा कुशस्थली के बन्दरगाह में पहुँच गया था। बलराम अब भी जहाज के अग्रभाग पर खड़े थे और योद्धाओं को आवश्यक निर्देश दे रहे थे। वे स्वयं सोमरस पी रहे थे और योद्धाओं में भी मुक्तरूप से बाँट रहे थे।

ये जहाज आक्रमण की नीयत से आए हैं, यह अन्देशा किसी को नहीं हुआ। भिक्रु का जहाज वहाँ प्रायः आया-जाया करता था। बन्दरगाह के प्रहरी भी निश्चिन्त होकर टहल रहे थे।

बलराम की आज्ञा पाकर, भिक्रु के जहाज ने बन्दरगाह में लंगर डाले और एक व्यापारी जहाज पर आक्रमण किया। उस जहाज का पाल टूट गया और ऊपर बैठे आदमी घबड़ाकर समुद्र में गिर पड़े। तब बलराम के नेतृत्व में 120 आदमी उस पर चढ़े और जो भी सामने आया उसे मार गिराया। बाद में वे किनारे पर आए और कुछ ही देर में नगर के द्वार पर जा पहुँचे। अपने हल के एक ही वार में बलराम ने द्वार तोड़ डाला।

नगर में प्रवेश करने के बाद वे चार टुकड़ियों में विभाजित हो गए। एक टुकड़ी का नेतृत्व स्वयं बलराम ने सँभाला, कुकुद्मीन, उद्धव तथा रेवती ने अन्य तीन टुकड़ियों का नेतृत्व किया। सभी उत्साह से भरे थे। भिक्रु ने भी समझ लिया कि अब उसे क्या करना चाहिए। जहाज की रक्षा के लिए जो थोड़े-से योद्धा रह गए थे, उनकी सहायता से उसने बन्दरगाह में जितने जहाज और नावें खड़ी थीं, उन पर कब्जा कर लिया। अधिकांशतः वे व्यापारी जहाज थे। इस अचीते आक्रमण से उनके आदमी किंकर्तव्यविमूढ़ बन गए। हुक्कु और हुल्लु के कुछ कोड़े पड़ने

पर रहा-सहा विरोध भी जाता रहा।

कुशस्थली के जहाजों के मालिक तट पर बनी बन्द कोठरियों में गुलामों को कैद रखते थे। भिक्रु ने गुलामों को मुक्त कर जहाजों पर पकड़े गए खलासियों को उनकी जगह कैद कर दिया। गुलाम स्वतन्त्रता पाकर बड़े खुश हुए। भिक्रु ने उन्हें रसोई बनाने का काम सौंपा।

बलराम और उनके साथी सारे नगर पर छा गए। जो कोई प्रतिकार करता उसका मस्तक धड़ से विच्छिन्न कर दिया जाता। पुण्यजन नाविक थे—थल-युद्ध से अनभिज्ञ। इस समय उनके अधिकांश जहाज बीच समुद्र में थे, मात्र कारीगर, व्यापारी, दलाल, धर्मगुरु और निशस्त्र गुलाम ही नगर में थे। बलराम और कुकुद्मीन को नगर जीतने में कोई विक्षेप नहीं पड़ा। उन्होंने पुण्यजनों के मन्दिर को भी घेर लिया। पुजारी देवता को नरबलि देने की तैयारी कर रहे थे। बलराम ने उन्हें रोका और कैद कर लिया।

मदिरा की दुकानें लूटी गईं। बलराम इस 'सोमरस' का पान अधिकाधिक करते गए। इसके साथ ही उनके उत्साह की मात्रा बढ़ती गई। विजय-प्रवेश पूर्ण होने के बाद उन्होंने रेवती को भी आग्रह कर 'सोमरस' दिया। रेवती इसकी अभ्यस्त न थी। एक घूँट भी न पी सकी होगी कि वह बाहर निकल आया। मात्र उद्धव ने ही इस 'सोमरस' को हाथ नहीं लगाया। बलराम उद्धव को वैरागी कहते थे, इसलिए उनसे आग्रह भी नहीं किया। उद्धव तत्काल शहर की व्यवस्था में लग गए। साँझ पड़े चन्द्रमा निकलने पर बलराम के सैनिक विजय और मद्य से उन्मत्त हो कुशस्थली के राजमार्गों पर गीत गाते हुए निकल पड़े।

बलराम की विजय (ख)

दूसरे दिन सारे नगर को भव्य भोज दिया गया। भिक्रु और कुक्कुर ने सारे जहाजों पर अधिकार कर लिया था और उन्हें इस प्रकार योजनाबद्ध खड़ा कर दिया था कि पुण्यजन जहाज यदि लौटकर हमला करें तो उनका भली प्रकार प्रतिकार किया जा सके। कुकुद्मीन ने नगर-व्यवस्था का भार अपने ऊपर ले लिया। जब से पुण्यजनों ने कुकुद्मीन को पराजित किया था तब से ही कुछ शेष बचे निष्ठावान लोग भूमिगत हो गए थे। वे अब बाहर निकल आए और कुकुद्मीन की सहायता करने लगे। उद्धव भी कुशस्थली की नवरचना में लग गए।

बलराम इस समय अत्यन्त उत्साहपूर्ण थे। जहाँ भी रेवती जाती वहाँ वे भी पहुँच जाते। भोज में रेवती को सोमरस पीने का आग्रह करते। रेवती की प्रतिज्ञा

पूर्ण हो चुकी थी। उसके होंठों पर भी मुस्कान थिरकने लगी। वह बलराम को आदरपूर्वक नत नयनों से निहारा करती।

तीन दिन तक विजयोत्सव चलता रहा, जिसके अन्त में कुकुद्मीन ने विधिपूर्वक राजा का पद धारण किया। चौथे दिन बलराम ने अपने सैनिकों और अपने साथ आ मिले कुशस्थली के सैनिकों को कूच के लिए तैयार होने की आज्ञा दी।

कुशस्थली के लोग बलराम को दैवी अवतार के रूप में देखने लगे थे। यह कथा सर्वत्र प्रचलित हो गई थी कि वे अनन्त हैं। पृथ्वी को धारण करनेवाले सहस्रों फनवाले शेषनाग हैं। वे जहाँ कहीं भी जाते, लोग उनकी पूजा करते।

प्रभास से कुछ योद्धा आगे बढ़कर गिरिनगर की तलहटी में जंगलों में बसे नाग लोगों को बलराम के आगमन की सूचना दे आए थे। ये नाग भगवान परशुराम की पूजा करते थे। भगवान परशुराम ने उन्हें शार्यातों की गुलामी से मुक्त किया था। तभी से वे उनकी पूजा करते थे। उनके धर्मगुरुओं ने सदा यही कहा था कि क्वचित् राम वापस आएँगे और उन्हें फिर एक बार स्वतन्त्रता दिलाएँगे। उन्होंने जब यह सुना कि भविष्यवाणी सच हुई है और राम आ रहे हैं तो वे खुशी से झूम उठे। ढिंढोरा पीटकर सारी जनता को इकट्ठा किया गया। मृगचर्म, व्याघ्रचर्म इत्यादि धारण किए ये लोग तीर-कमान, गुलेल से सज्जित थे। वे बलराम का स्वागत करने को उत्सुक थे। वे गिरिनगर के राजा और प्रजा को धिक्कारते थे। गिरिनगर के राजा ने कई बार इन्हें गुलाम बनाया था और निर्दयतापूर्वक उनकी हत्या की थी।

बलराम ने गिरिनगर की तलहटी में पड़ाव डाला। आसपास कहीं कोई दृष्टिगोचर नहीं हो रहा था। सब गिरिनगर के किले में सुरक्षा के लिए जा चुके थे। दामघोष का एक सैनिक गिरिनगर के एक दूत को पकड़ लाया। दूत प्रचण्डकाय बलराम को देखकर थरथर काँपने लगा। बलराम ने उससे कहा, ''जा, अपने राजा से कह कि मैं बलराम, यादव-श्रेष्ठ वसुदेव का पुत्र और चक्रवर्ती जरासन्ध का विजेता, भगवान शेष, गिरिनगर से कर वसूल करने आया हूँ। तुम्हारा राजा भी मधु-यादवों के कुल का है। वह हमारा सामन्त कहा जाएगा। अश्वों के साथ पचास रथ, पचास उत्तम अश्व और एक आदमी के वजन का सोना कर के रूप में तुरन्त पहुँचा दे। यदि कल सन्ध्याकाल तक यह सब नहीं पहुँचाया तो मैं किले को भूमिस्थ कर दूँगा और मेरे सामने जो भी आएगा, वह जीवित नहीं बचेगा।''

बलराम जानते थे कि राजा के पास दस अच्छे रथ अथवा एक तलवार बराबर भी सोना नहीं है। दूत नगर में लौटें, इससे पहले ही उद्धव ने ऐसी व्यवस्था कर दी थी कि गिरिनगर में बलराम द्वारा जरासन्ध की पराजय और कुशस्थली में उनकी विजय की कथा घर-घर पहुँच जाए। जब लोगों ने सुना कि बलराम सहस्र फनोंवाले

भगवान शेष का अवतार हैं तो उनके भगवान कूच कर गए। सब अपने घरों के द्वार बन्द कर बैठ गए और राजा को भी सहायता करने से मना कर दिया। फिर राजा और उनके योद्धा रथ में बैठकर लड़ने आए। नगर के द्वार खुल गए और रथ बलराम की सेना की ओर बढ़े। बलराम की आज्ञा स्पष्ट थी। सबको अपनी-अपनी जगह पर स्थिर रहना था और पहला वार अश्वों पर करना था।

बलराम कवच और शिरस्त्राण धारण कर सबसे आगे खड़े थे। उनके हाथ में हल था। उनके पास रेवती हाथ में गदा लिये खड़ी थी। उद्धव के तीर अश्वों की आँखों पर अचूक निशाना साधे थे। और लोग भी अपनी तलवारें इस प्रकार ताने खड़े थे कि वे अश्वों के आरपार हो जाएँ। अश्वों पर ही सर्वप्रथम आक्रमण करने का यह व्यूह रचा गया था।

सबसे पहला रथ समीप आया, तब बलराम अपना हल लेकर उसके अश्वों पर टूट पड़े। बिजली की गति से उन्होंने प्रहार किया। घोड़े अधमरे होकर पीछे मुड़ने लगे। उद्धव के तीर कितने ही अश्वों की आँखों में जा लगे। नाग लोगों के तीर भी अपने निशाने पर अचूक पड़ते थे। रेवती की गदा प्रलय मचा रही थी। गिरिनगर के योद्धाओं के रथ लड़खड़ाने लगे। अपने कमानों पर तीर लगाने योग्य स्थिरता भी उनके रथों में न रही। उनके अश्व इस प्रकार के युद्ध से अपरिचित थे। घायल और भयभीत अश्व रथ की धुरी छुड़ाकर भागने लगे। रथ औंधे पड़ गए और सवार धराशायी हो गए।

बलराम और उनके सैनिकों ने उनका पीछा किया। राजा मारा गया। बलराम के हल के एक ही प्रहार से गिरिनगर के द्वार खुल गए। नागरिकों ने बलराम का उत्साह से स्वागत किया। उनके हर्षनाद से आकाश गूँज उठा। बलराम ने आनन्दातिरेक में रेवती की पीठ पर एक धौल मारा। वे आवेश में आकर कई बार भूल जाते कि रेवती स्त्री है और जब सोमरस के प्रभाव में होते तब तो उसके साथ मित्र की तरह ही व्यवहार करते थे। रेवती भी जब कवच धारण किए रहती तब यह भूल जाती थी कि ऐसी छूट किसी पुरुष को नहीं देनी चाहिए। वास्तव में बलराम के बर्ताव से उसे प्रसन्नता ही होती थी।

चौथे दिन कुकुद्मीन गिरिनगर आ पहुँचा और उसने अपनी भूतपूर्व राजधानी पर अधिकार जमा लिया। एक मास तक बलराम ने वहाँ रंगीन दावतों का ताँता लगा दिया। एक दिन कुकुद्मीन अपने इस तारणहार के सामने हाथ जोड़कर खड़ा हुआ और बोला, ''बलराम! आप भगवान अनन्त हैं। आप शक्ति के देव हैं! अब मैं वृद्ध हो चला। शासन करने की शक्ति मुझमें नहीं रही। आप मेरे राज्य को स्वीकार करें। जिनके चार मुखों से वेद की पवित्र वाणी सतत प्रवाहित होती है, उन भगवान ब्रह्मा का मैं पूजक हूँ। मुझे भगवान ब्रह्मा ने वचन दिया था कि अपनी

मृत्यु के पहले मैं अपना राज्य फिर प्राप्त कर लूँगा। इस वचन के सहारे ही मैंने अपने दुःख के दिन काटे हैं। अब मैं वृद्ध हो गया हूँ। जिस युग में मैं जीता था, वह युग भी अब समाप्त हो गया। नया युग आया है। यह युग तुम्हारा है। मुझे मात्र रेवती की चिन्ता है। यह वीर लड़की है। मेरी प्रार्थना है कि आप इसे स्वीकार करें।''

''अन्ततः यह स्थिति आई तो!'' बलराम हँस पड़े। ''देखो तो यह रेवती पुरुष की पोशाक में है, फिर भी कितनी लजा रही है। मैं कह सकता हूँ कि यह मुझे अच्छी लगती है और मैं भी उसे अच्छा लगता हूँ। पर अब आप वृद्ध हो चले हैं और कुशस्थली तथा गिरिनगर के शासन में आपको रेवती की सहायता आवश्यक होगी।''

कुकुद्मीन ने कहा, ''आप यहीं आकर रहें और हमारे राजा बनें।''

''श्वसुर की छाया में गुलाम ही रह सकते हैं। पत्नी को पति के पास ही रहना चाहिए।'' और बलराम खिलखिलाकर हँस पड़े। फिर गम्भीर होकर बोले, ''राजन्, आपका यह अनुरोध मुझे पसन्द है। परन्तु इस समय तो मुझे मथुरा जाना ही पड़ेगा। किसी समय मैं वापस आऊँगा और अपनी वधू को ले जाऊँगा—यदि तब तक वह मेरी बाट जोहने को तैयार हो! रेवती! तुम मेरी प्रतीक्षा करोगी न! तुम्हारे पिता ने ब्रह्मा के वचन के पूर्ण होने की वर्षों प्रतीक्षा की। क्या तुम कुछ समय तक भी मेरी बाट न जोह सकोगी!''

रेवती का मुख लज्जा से लाल हो गया। उसने हाथों से अपना मुँह ढँक लिया, पर अँगुलियों के बीच से झाँकती उसकी आँखों में उसका उत्तर स्पष्ट पढ़ा जा सकता था।

वे आ रहे हैं (क)

कृष्ण और बलराम जब गोमन्तक में थे, तब मथुरा में अनेक प्रकार के षड्यन्त्र और छलकपट चल रहे थे। यादवगण उन्मुक्त प्रवृत्ति के थे। कंस के वध के बाद जो यादव-सरदार मथुरा लौटे, उन्होंने न्याय अपने हाथ में ले लिया था और मनमानी करने लगे। इस स्थिति को नियन्त्रित करने की सामर्थ्य राजा उग्रसेन में न थी। वसुदेव प्रभावशाली नायक थे, पर वे आवश्यकता से अधिक सज्जन थे। अक्रूर को सबका आदर प्राप्त था, किन्तु वे साधु पुरुष थे। इन उच्छृंखल यादवों को अंकुश में रखना उनके वश में न था।

उग्रसेन के महल में भी अनेक प्रकार के षड्यन्त्र चल रहे थे। किसी भी समय

उनके विरुद्ध विद्रोह भड़क सकता था। कंस की मृत्यु पर जो लड़ाई हुई थी उसमें उग्रसेन के सभी नौ पुत्र मारे गए। उनकी पाँच पुत्रियों का विवाह वसुदेव के पाँच भाइयों के साथ हुआ था। ये पुत्रियाँ अपनी-अपनी महत्त्वाकांक्षा सिद्ध करने के लिए अब अखाड़े में कूद पड़ी थीं। सबसे बड़ी पुत्री कंसा वसुदेव के भाई देवभाग से ब्याही थी। वह अपने पिता की लाड़ली थी। पिता की सेवा भी वह दत्तचित्त हो करती। जब उग्रसेन राजमहल में बन्दी थे, तब भी वह उनकी सेवा में रत रहती थी। कंस की मृत्यु के बाद तो वह अपने वृद्ध पिता की सेवा में दिन-रात लगी रहती और तीज-त्योहार पर ही पति से मिलने जाती।

कंसा के तीन पुत्र थे। ज्येष्ठ पुत्र चित्रकेतु को शूर होने का गर्व था और वह कुलनायक वसुदेव के प्रति अगाध भक्तिभाव रखता था। कंसा को अपने पुत्र की पितृकुल के प्रति इतनी भक्ति अच्छी नहीं लगती थी। चित्रकेतु से वह स्वतः दूर हटती गई। छोटा पुत्र उद्धव तो उसे फूटी आँख नहीं भाता था। जब वह बहुत छोटा था, तब कंसा की मर्जी के खिलाफ कृष्ण के साथ रहने के लिए वृन्दावन भेज दिया गया था। तभी से वह बुरा मान गई थी। उद्धव जब मथुरा लौटा, तब वह पूरा कृष्णभक्त बन गया था। यह देखकर कंसा और भी क्षुब्ध हो गई। शूर कुटुम्ब का एक लड़का गुलाम होकर रहे और ऐसा पुत्र उसकी कोख से पैदा हो, इसके लिए वह अत्यन्त ग्लानि का अनुभव करती।

इसीलिए उसका सारा मातृप्रेम अपने बीच के पुत्र बृहद्बाल पर उमड़ पड़ा था। वह सुन्दर था और माँ का लाड़ला भी। कंसा अपने पिता के पास सब समय रहती थी और बृहद् कंसा के पास, इसलिए उग्रसेन को भी बृहद् से मोह हो गया था। जब कंसा के सभी भाई मौत के घाट उतार दिए गए, तब उसे लगा कि युवराज पद उसके पुत्र बृहद् को ही मिलना चाहिए। पर वृद्ध राजा के मन से अब भी न्याय-भावना निःशेष नहीं हुई थी। वह मानते थे कि मात्र कृष्ण ही मथुरा का शासन करने के योग्य है। उन्होंने कृष्ण को राजा बनाने की घोषणा भी की। यह 'अन्याय' कंसा से नहीं देखा गया। इसीलिए जब कृष्ण और बलराम मथुरा छोड़कर चले गए, तब कंसा के मन से भारी बोझ हट गया। अवसर पाते ही वह कृष्ण और बलराम की कायरता पर व्यंग्य-वाक्य कसे बिना नहीं रहती। उसके पुत्र बृहद् ने विलक्षण कूटनीति दिखाकर मथुरा को सम्राट् के क्रोध से बचा लिया, यह सुनकर उनके हर्ष की सीमा न रहती।

बृहद् ने राजा उग्रसेन और यादव सरदारों के सम्मुख नम्रतापूर्वक, फिर भी अतिशयोक्तिपूर्ण, जरासन्ध के साथ हुई अपनी मन्त्रणा का वर्णन किया। सभी के मन में यह बैठ गया कि बृहद् ही मथुरा का रक्षक है। अक्रूर और गद ने भी इस मान्यता का खण्डन नहीं किया, यद्यपि उन्हें पूरी आशंका थी कि बृहद् जरासन्ध

के जाल में फँस गया है और कृष्ण के बारे में सारी सूचना सम्राट् को दे चुका है।

कंसा को अपनी बहनों पर भी विश्वास न रहा। उसने अपनी बहनों से कहा था कि वे अपने-अपने पति को राजा पर दबाव डालने के लिए विवश करें, पर किसी ने कंसा की बात नहीं मानी। बहनें और बहनोई यही मानते थे कि कृष्ण और बलराम ईश्वर के अवतार हैं और वे अवश्य वापस आएँगे। पर कंस-वध के पश्चात् मथुरा लौटे महत्त्वाकांक्षी यादव सरदारों ने बृहद् को अपना समर्थन दिया। वे कंस को धिक्कारते थे और उससे छुटकारा पाने पर प्रसन्न थे। फिर भी कृष्ण और बलराम के बल में हो रही वृद्धि से वे प्रसन्न नहीं थे। इन यादव सरदारों के अग्रणी थे सत्राजित और सात्यकि युयुधन।

कृष्ण और बलराम जब मथुरा छोड़कर चले गए तब बृहद् और उसके साथियों को स्वर्णिम अवसर मिला। उन्होंने यह कहना शुरू कर दिया कि कृष्ण और बलराम की कायरता यादवकुल के लिए कलंक है। बृहद् का युवराज बनना इन लोगों के लिए सुविधाजनक था क्योंकि निर्बल राजा के शासन में ही वे अपना लाभ देखते थे।

कंसा ने अपने पति देवभाग को बहुत समझाया कि तुम उग्रसेन से मिलकर बृहद् को युवराज पद देने के लिए प्रार्थना करो। पर देवभाग इस चर्चा से ही चिढ़ जाते। वह कुल के अग्रणी वसुदेव की इच्छा के विरुद्ध कुछ नहीं करना चाहते थे। आर्यकुल परम्परा में परिवार के बड़ों की इच्छा ही सर्वोपरि मानी जाती है और इसे भंग करने के लिए देवभाग तैयार न थे।

कंसा इससे दुखी हो गई, पर उसने अपने कष्ट को चेहरे पर प्रकट नहीं होने दिया। जाने क्यों, उसके मन में यह श्रद्धा गहरी बैठ गई थी कि मेरा पुत्र बृहद् ही मथुरा की राजगद्दी पर बैठेगा। उसका युवराज के रूप में अभिषेक क्यों नहीं होगा! कृष्ण ने तो राजगद्दी स्वीकार नहीं की। बृहद् राजा उग्रसेन का नाती है। उसने मथुरा को जरासन्ध के क्रोध से बचाया है। यादवों की कृपा प्राप्त की है। और बृहद् यदि युवराज बनता है तो कंस की नीति के कारण विलग हुए अन्धकों और शूरों के कुल फिर एक हो सकते हैं।

अपने पुत्र की हित-कामना करती हुई कंसा उसके समर्थकों को एकत्र करने लगी। इनमें सात्यकि सबसे अधिक चपल और चतुर था। वह दिग्विजय के सपने देखा करता था। बृहद् राजा हो, वह उसका दाहिना हाथ बने और विश्वविजय को निकले, यह चित्र उसकी कल्पना को झकझोर डालता था। कंसा सात्यकि को प्रशंसा के फूल चढ़ाकर उसकी अधीरता को बढ़ाती रहती।

राजा उग्रसेन तनिक भी राज-काज से अवकाश पाते कि कंसा तत्काल अपने पुत्र की बात छेड़ देती। राजा उग्रसेन का यह दृढ़ विश्वास था कि कृष्ण ही यादवों

की रक्षा कर सकता है, और कृष्ण की सम्मति के बिना बृहद् का युवराज के रूप में अभिषेक करना उनकी दृष्टि में किसी प्रकार सम्भव न था।

महीनों तक कृष्ण का कोई समाचार नहीं मिला। वर्षा प्रारम्भ हो गई। राजा बीमार पड़े। इस स्थिति का लाभ उठाकर कंसा ने फिर अपने पुत्र को युवराज बनाने के लिए उनसे विनती की। बृहद् बड़ा अच्छा लड़का है। वह आपकी सेवा कितनी लगन से करता है! उसने जरासन्ध के क्रोध से मथुरा की रक्षा की। वह सबका प्रिय है। कृष्ण और बलराम का तो कोई रामाचार ही नहीं। साल-भर पूरा हो गया फिर भी...स्वयं वसुदेव को भी बृहद् के युवराज बनने में कोई आपत्ति नहीं। उन्होंने मुझसे कहा था कि यदि ''राजा उग्रसेन इसे युवराज नियुक्त करें तो मैं अपनी स्वीकृति दे दूँगा।''

वे आ रहे हैं (ख)

कंसा ने अश्रुपूर्ण नेत्रों से, ''अब तो न्याय कीजिए,'' की कातर भावना से पिता की ओर देखा। वृद्ध पिता अब किसी भी समय मृत्यु का वरण कर सकते थे। कृष्ण अवश्य लौटेंगे, उनकी यह श्रद्धा भी अब डगमगाने लगी थी। इसलिए उन्होंने कंसा की प्रार्थना पर विचार करना स्वीकार कर लिया।

उन्होंने महर्षि गर्गाचार्य को बुलाया। महर्षि ने कहा, ''इस समय दक्षिणायन चल रहा है। अभी कोई शुभ कार्य नहीं किया जा सकता।''

उग्रसेन ने दयार्द्र स्वर में कहा, ''आचार्यवर! यादवों की दशा बिगड़ती दीखती है। कंस की दुष्टता ने उनका नाश कर दिया। कृष्ण ने कंस का वध किया, तब कुछ शान्ति मिली। मैंने सोचा कि कृष्ण के नेतृत्व में यादव शक्तिशाली बनेंगे। पर मेरी यह श्रद्धा सत्य सिद्ध नहीं होती दिखाई पड़ती।''

''राजन्! कृष्ण में मुझे अटल श्रद्धा है। कोई उसका बालबाँका नहीं कर सकता। वह धर्म-संस्थापन के लिए आया है और धर्म की स्थापना करके ही विश्राम लेगा। मुझे दुःख है कि अपनी यह श्रद्धा मैं आपको नहीं दे सकता।''

''पर वह मेरे पुत्र के मार्ग में क्यों आएगा?'' कंसा ने पिता पर पंखा झलते हुए कहा, ''वह धर्म-संस्थापन में विघ्न उपस्थित तो नहीं करता।''

''कोई कर भी नहीं सकता,'' उग्रसेन ने थके हुए स्वर में कहा, ''पर कृष्ण की अनुपस्थिति में युवराज का अभिषेक करना मुझे ठीक नहीं लगता। कृष्ण के बिना यादवों का उद्धार नहीं हो सकेगा।''

कंसा ने पूछा, ''मान लो, यदि कृष्ण न आए तो?''

गर्गाचार्य ने मस्तक हिलाया। बाहर से कुछ ऐसी आवाजें सुनाई पड़ीं, मानो कंसा के प्रश्न का उत्तर दे रही हों। दुर्गपाल शंकु ने खण्ड में प्रवेश किया।

"महाराज! वे आ रहे हैं, आ रहे हैं।"

"कौन आ रहे हैं?" उग्रसेन भय से शैया पर उठकर बैठ गए। वे बहुत समय से यमदूत की प्रतीक्षा कर रहे थे।

"कृष्ण वासुदेव। उन्होंने जरासन्ध को पराजित कर दिया।" शंकु ने उत्साह में आकर एक ही साँस में कह डाला।

"भगवान! तेरी लीला अपरम्पार है।" उग्रसेन ने कहा और फिर निश्चिन्त हो शैया पर लेट गए। गर्गाचार्य भी आँखें मूँदकर प्रभु की प्रार्थना करने लगे। कंसा अपना सिर धुनकर अश्रुपूर्ण नयनों से बाहर चली गई।

बृहद् अपने साथियों के साथ मद्यपान कर नशे में चूर था। उसे विश्वास हो चला था कि वही युवराज बनेगा और आनेवाली स्वर्णिम घड़ी का उत्सव अभी से मनाने लगा था। इतने में सात्यकि ने प्रवेश किया। उसका सुन्दर मुख क्रोध से तमतमा रहा था। उसने कहा, "मूर्खो! बन्द करो यह रागरंग!"

बृहद् ने कहा, "आओ मित्र! तुम भी सुरापान करो!" वह पूर्ण नशे में था। उसे संसार रंगीन लग रहा था। बोला, "युवराज की आज्ञा है, सात्यकि! पीओ... जी-भर के पीओ!"

"पीना बन्द कर, अभागे! तू अब युवराज बन चुका।" सात्यकि ने कहा और बृहद्बाल के हाथ से पात्र लेकर धरती पर फेंक दिया।

"नीच!" कोई नशे में मतवाला बोला।

"पर, हुआ क्या?" सात्यकि के इस बर्ताव से बृहद् का माथा ठनका।

"वे आ रहे हैं।" सात्यकि ने कहा।

"कौन आ रहे हैं?"

"अभी-अभी दूत सन्देश लेकर आए हैं कि कृष्ण ने जरासन्ध को परास्त कर दिया और चेदिराज के साथ यहाँ आ रहे हैं।"

क्षण-भर सब मौन रहे। फिर विराट ने चुप्पी तोड़ते हुए कहा, "सात्यकि, अब और अधिक विनोद न करो।"

"यह विनोद नहीं। कृष्ण ने जरासन्ध को पराजित किया, करवीरपुर के शृंगलव वासुदेव का हनन किया और अब अवन्ती के मार्ग पर है। कुछ सप्ताह बाद वह यहाँ पहुँच जाएगा।"

सबका नशा हिरन हो गया। बृहद् के मुख पर विषाद की रेखाएँ उभर आईं।

उसने दाँत किटकिटाकर कहा, "मैं तो समझता था कि वह मर-खप गया होगा।"

पास ही खड़ा एक यादव युवक बोला, "हाँ, उसे मर जाना चाहिए था।"

"वह जीवित है," सात्यकि सबको चुप करते हुए चीखा, "आपे में आओ और अब क्या करना चाहिए, इस पर विचार करो।"

कृष्ण के मथुरा छोड़कर चले जाने पर वसुदेव को अपनी बहन कुन्ती का सन्देश मिला कि मेरे पाँचों पुत्रों पर संकट मँडरा रहा है। उन्होंने अक्रूर को वास्तविक स्थिति का पता लगाने के लिए हस्तिनापुर भेजा। भीष्म पितामह और राजा धृतराष्ट्र से भी मिल आने को कहा। लौटते समय अक्रूर कुरुक्षेत्र में रुके। वहाँ पवित्र सरस्वती में स्नान कर उन्होंने महर्षि वेदव्यास के दर्शन किए। मथुरा लौटकर उन्होंने उग्रसेन और वसुदेव से हस्तिनापुर का हाल कहा। उन्होंने बताया कि बड़े-बूढ़े तो पाण्डवों के प्रति आदरभाव रखते हैं, पर धृतराष्ट्र के दुर्योधन आदि पुत्र और सारथीपुत्र कर्ण पाण्डवों को तंग करने में कोई कमी नहीं रखते। फिर भी, महर्षि वेदव्यास ने कहा है कि पाण्डवों पर तत्काल कोई विपत्ति आने की सम्भावना नहीं है।

यादव-वरिष्ठों से मिलने के बाद अक्रूर देवकी से मिलने गए। देवकी अपने पूजागृह में बालकृष्ण की स्वर्ण-प्रतिमा झुला रही थी। देवकी ने अक्रूर को प्रणाम किया।

"देवकी! अब भी बालकृष्ण की पूजा कर रही हो!" उन्होंने हँसते-हँसते कहा, "वह अब बालक कहाँ रहा है! वह तो हमारा तारनहार बन गया है।"

"अक्रूरजी! मैंने कृष्ण को बालक के रूप में ही देखा था। उसके बाद और किसी रूप में उसे देखा नहीं। वह त्रिभुवन का स्वामी बने तब भी मेरा तो लाल ही रहेगा न!"

"सुभद्रा क्या कर रही है?" सुभद्रा देवकी की सबसे छोटी बेटी थी।

"वह खेल-कूद में मगन है...बहुत सुन्दर है।"

"तुम्हारे कृष्ण-प्रेम को देखकर उसे दुःख नहीं होता?"

"अक्रूरजी! सुभद्रा को मैं बहुत चाहती हूँ, पर कृष्ण की बात ही न्यारी है। वह मेरा जीवन है। मेरा ईश्वर लोक और परलोक में वही मेरा सर्वस्व है...कुन्ती और उसके पाँचों पुत्र कैसे हैं?"

अक्रूर ने हस्तिनापुर की बातें संक्षेप में कहीं। फिर बोले, "अभी मैं महर्षि वेदव्यास के दर्शन करने गया था। उन्होंने भक्ति के विषय में व्याख्यान दिया।

उनकी वाणी में दैवी प्रेम का मर्म मुझे मिला और कृष्ण के प्रति तुम्हारी भक्ति का अर्थ मेरी समझ में आया। परन्तु देवकी! तुम बाल-गोपाल में ही रमी रहती हो, फिर सुभद्रा की ममतामयी माँ कैसे बन सकती हो?''

''यह कुछ कठिन नहीं। कारागार में दस वर्ष तक मैंने कितनी यातनाएँ सहीं, यह आप जानते ही हैं। मेरा एकमात्र आश्वासन मेरा होनेवाला आठवाँ पुत्र था। तब कृष्ण का जन्म हुआ। यादवों का भले ही वह तारनहार हो, मेरा तो भगवान है। उसके जन्म के बाद कितने वर्षों तक मैं उसकी एक झलक पाने के लिए तड़पती रही! अपनी तीव्र उत्कण्ठा के आवेग में कई बार इस बालक को मैंने प्रत्यक्ष देखा। मैं उसे झुलाती, लोरियाँ गाकर सुलाती। वह मेरा न था, पर मैं अपने शरीर में प्राण रहते उसकी थी। आज भी वह मेरे साथ है। वह मुझसे बातें करता है। उसकी इच्छा के अनुसार ही मैं चलती हूँ। जीवन कृष्णमय बन गया है। आप भी कृष्ण को अवतार मानते हैं, अक्रूरजी! फिर भी मेरी स्थिति को आप नहीं समझ सकेंगे। कई स्त्रियाँ समझती हैं कि मैं बावली हो गई हूँ। पर मुझमें मेरा कुछ रहा ही नहीं। मैं बालगोपालमय बन गई हूँ। मैं सर्वत्र उसी को देखती हूँ।''

''नहीं देवकी! तुम पागल नहीं। तुममें दैवी अंश प्रकट हुआ है। तुम्हारे इस बर्ताव में मुझे भक्ति का साक्षात्कार होता है। महामुनि नारद जिसको पार पाए थे, उस भक्ति का।''

''कैसी है वह भक्ति?''

''वह है एकान्तिक भक्ति। प्रजापति ने विवस्वान मनु और ईक्ष्वाकु को इसका उपदेश दिया था।''

''मुझे समझाकर कहिए। मैं भी इसका रहस्य जानना चाहती हूँ।''

''अवश्य!'' अक्रूर बोले, ''एक बार महामुनि नारद नारायण के पास गए और बोले, 'हे देवाधिदेव! लोग आपकी भक्ति करते हैं, पर आप किसकी भक्ति करते हैं?' नारायण ने उत्तर दिया, 'तुम मेरे भक्त हो, पर तुम्हारी जिज्ञासा का उत्तर शब्दों में नहीं दिया जा सकता। उस मेरु पर्वत पर जाओ जिसके आसपास ब्रह्माण्ड घूमता है। वहाँ से श्वेतदीप। वहाँ वृहस्पति, एकता, द्विता, त्रिता और वासु उपरिचार मिलेंगे। उनसे वह रहस्य पूछना, जिसकी खोज वे कर रहे हैं।' ''

''महामुनि नारद श्वेतदीप गए?''

''हाँ। पर उन्होंने देखा कि वृहस्पति नारायण को पा न सके थे। वे केवल वेद और कर्मकाण्ड के ज्ञाता थे। एकता, द्विता और त्रिता भी नारायण को न पा सके थे। वे प्रायश्चित करने से ऊपर नहीं उठ पाए थे। मात्र वासु उपरिचार ही उन्हें पा सके थे।''

''कैसे?''

"जैसे तुमने अपना सर्वस्व बाल-कृष्ण को समर्पित कर दिया है, उसी प्रकार उन्होंने अपना सर्वस्व नारायण को समर्पित कर दिया था। उन्होंने जब अपना जीवन भगवान को समर्पित कर दिया, तब भगवान ने उनके जीवन में प्रवेश किया।"

"नारद ने क्या किया?"

"उन्होंने दैवी प्रेम की महिमा जानी। जब वे नारायण के पास वापस गए तो उनका हृदय प्रेम से छलक रहा था। नारायण ने अपना वासुदेव रूप उनके समक्ष प्रकट किया। मैंने यह वृत्तान्त महामुनि से सुना तो मुझे तुम्हारा ध्यान आ गया।"

"आपने जो कहा, वह सब मैं समझ सकती तो कितना अच्छा होता। पर मैं इतनी विद्वान कहाँ!"

"तुम विद्वानों से भी महान हो। तुम्हारा बालकृष्ण के प्रति प्रेम वैसा ही है जैसाकि विद्वान लोग एकान्तिक भक्ति को बताते हैं। इस प्रेम के बदले में कुछ भी पाने की भावना नहीं रहती। न स्वर्ग की कामना ही। यह अहेतु प्रेम है। तुम्हारा प्रेम नारायणीय रूप का है।"

देवकी ने हँसकर कहा, "आप आज मुझे बहुत ऊँचा चढ़ा रहे हैं, अक्रूरजी! यदि बालकृष्ण के प्रति मेरा प्रेम नारायणीय भक्ति हो तो मेरा कृष्ण नारायण है।"

"कौन जाने! वह नारायण हो भी सकता है। जब मैं उसे मथुरा ला रहा था, तब क्षण-भर मुझे भी ऐसा लगा कि मैं नारायण वासुदेव के दर्शन कर रहा हूँ।"

"अक्रूरजी! यह रहस्य किसी पर प्रकट न करें। यह हरएक की समझ में नहीं आएगा और कृष्ण के और अधिक दुश्मन खड़े हो जाएँगे।"

"हाँ। यह रहस्य हम तक ही रहे, देवकी!"

तभी वसुदेव ने खण्ड में शीघ्रता से प्रवेश किया। उनके उत्साह और हर्ष की सीमा न थी।

वसुदेव ने कहा, "वे आ रहे हैं।"

"कौन?" देवकी के चेहरे पर आशा की रेखा प्रकट हुई। वह समझ गई कि कौन आनेवाला है।

"कृष्ण आ रहा है। दामघोष उसके साथ है। उन्होंने जरासन्ध और उसके साथियों को पराजित किया है," अत्यधिक उत्साह के कारण उनके वाक्य भी टूट-टूट जाते थे।

"हे नाथ नारायण! तुम आए।" देवकी आनन्द से पुलकित हो उठी।

अक्रूर ने भक्तिभाव से आँखें मूँदकर कहा, "हे नाथ नारायण वासुदेव!"

विजयकच (क)

कृष्ण और दामघोष वर्षा के कारण जहाँ-तहाँ रुकते हुए धीरे-धीरे मथुरा आ पहुँचे। राजा उग्रसेन, वसुदेव और उनके नेतृत्व में सारी मथुरा कृष्ण के स्वागत में उमड़ पड़ी। स्त्री-बालक-वृद्ध, जिस किसी के पैरों में चलने की शक्ति थी, वे सब अपार उत्साह के साथ कृष्ण के स्वागत को आए। पत्तों के बीच श्रीफल रखे हुए थे। जलकुम्भ सिर पर धरे स्त्रियाँ सबसे आगे चल रही थीं और मंगलगीत गा रही थीं। गर्गाचार्य और अन्य ब्राह्मण, कृष्ण और राजा दामघोष को प्रभु का आशीर्वाद प्राप्त हो, इस आशय की प्रार्थनावाले मन्त्र उच्चार रहे थे।

मथुरा ने ऐसा विजयोल्लास कभी नहीं देखा था। मथुरा के तारणहार अब विजेता बनकर लौटे थे—चक्रवर्ती जरासन्ध को पराजित कर। रानी पद्मावती ने भेंट में जो रथ, अश्व, स्वर्ण से लदी गाड़ियाँ इत्यादि दी थीं, उन्हें देखकर लोग जयघोष के नारों से गगन गुँजाने लगे। कृष्ण ने पीताम्बर पहन रखा था। गले में रेशमी दुपट्टा और सिर पर मोरपंख से सज्जित मुकुट सुशोभित था। उनके रथ पर गरुड़ के चिह्नवाली ध्वजा फहरा रही थी।

राजा उग्रसेन, पिता वसुदेव, गर्गाचार्य, अक्रूर तथा अन्य बड़े-बूढ़ों के कृष्ण ने चरण छुए। फिर अपनी माता तथा अपर माताओं के पैर पड़े। त्रिवक्रा आगे बढ़कर कृष्ण के चरणों में गिर पड़ी। अनेकों स्त्री-बालकों ने उन्हें प्रणाम किया। स्त्री-पुरुष उन पर पुष्पों की वर्षा कर रहे थे। कृष्ण उनके लिए ईश्वर का आशीर्वाद जो लेकर आए थे।

संयोग से उसी समय गुरु सान्दीपनि भी आ गए। उन्होंने कृष्ण को आशीर्वाद दिया। चेदिराज दामघोष का भी भव्य स्वागत हुआ। उग्रसेन और वसुदेव उनसे गले मिले।

दामघोष के रथ में से शैव्या उतरी तो सब आश्चर्यचकित रह गए कि यह अनुपम रूप-सुन्दरी कौन है! उसकी सुन्दर आँखें, गर्वोन्मत्त भंगिमा, अद्‌भुत पोशाक तथा अलंकार के नाम पर मात्र रुद्राक्ष की माला सबकी दृष्टि आकृष्ट कर रहे थे। दामघोष ने उग्रसेन और वसुदेव से शैव्या की चर्चा की तब सबका कौतूहल शान्त हुआ। शैव्या, देवकी के सुपुर्द कर दी गई। कृष्ण ने माता से प्रणाम कर कहा, ''माँ, तेरे लिए एक बेटी ले आया हूँ।'' इन शब्दों को सुनकर देवकी की आशंकाएँ शमित हो गईं।

त्रिवक्रा से मिलते समय भी कृष्ण शैव्या को नहीं भूले। ''त्रिवक्रा। तुम शैव्या का सदा ध्यान रखना! यह राजकुमारी है, पर बहुत दुखी है। इसकी सँभाल ऐसी रखना मानो यह माँ देवकी की ही पुत्री हो।'' त्रिवक्रा के लिए कृष्ण की हर इच्छा

का पालन करना ही परम कर्तव्य था। उसने शैव्या की देखभाल का काम अपने ऊपर ले लिया।

कृष्ण बड़े-बूढ़ों से हाथ जोड़कर और बालकों से मुस्कराकर मिले। वे सबसे एकसमान स्नेह के साथ बात कर रहे थे। सबको ऐसा प्रतीत हुआ कि कृष्ण उन्हें विशेष रूप से याद रखते हैं। कंसा और उसके पुत्र बृहद् का विचित्र और अप्रसन्नतासूचक व्यवहार भी उनसे छिपा न रहा। पर अपने सहज उत्साह में उन्होंने कोई अन्तर नहीं आने दिया।

सभी पैदल चलकर नगर में वापस आए। सबके आगे मन्त्रोच्चार करते ब्राह्मण थे। उनके पीछे मंगलगान करती स्त्रियाँ चल रही थीं। अश्व झूम रहे थे। हाथी आनन्दोन्मत्त हो सूँड़ उछालते थे। मार्ग में स्थान-स्थान पर तोरण सजे थे। लोग भाँति-भाँति की क्रीड़ाएँ करते चल रहे थे। कविगण विजय के गीत गा रहे थे और यादवों की कीर्तिगाथा का स्मरण कर रहे थे।

विजयोत्सव पूर्ण होने के बाद राजा दामघोष ने अपने राज्य में जाने के लिए विदा ली। कलह में फँसी मथुरा ने अन्ततः चैन की साँस ली। सब कृष्ण की बातें करते थे। उनसे मिलने के लिए अधीर रहते थे। कृष्ण ने क्या किया, आगे वे क्या करेंगे, यह जानने के लिए सब आतुर थे। और सब कोई—कंसा, बृहद् और उसके साथी भी—कृष्ण से कैसे मेल किया जाए, इसी दुविधा में थे।

कृष्ण ने आते ही नगर के विषय में रुचि लेना प्रारम्भ कर दिया। इससे बृहद् और उसके साथी चिन्तातुर हो गए। राजा ने सभी युवकों को सैनिक शिक्षा लेने की आज्ञा दी। यमुना तट पर स्थित आम्रकुंज में गुरु सान्दीपनि ने इसके लिए एक आश्रम की स्थापना की। अब तक अश्वपालन का कार्य वृद्ध गउड की देख-रेख में होता था। अब इसका भार यादव सेना के सेनापति शंकु को सौंपा गया।

अश्वों को पालने और शिक्षित करने तथा युद्ध के रथ तैयार करने के लिए आज्ञा दी गई। रानी पद्मावती द्वारा दिए गए स्वर्ण से उत्तम अश्व खरीदने के लिए अन्य देशों में लोग भेजे गए।

यह नई आज्ञा सुनकर लोग दंग रह गए। प्रत्येक यादव सरदार के पास युद्ध के रथ होने चाहिए। कार्तिक मास की पूर्णिमा को रथ-स्पर्धा की योजना होगी। कंस ने वर्षों पहले यादव सरदारों की सत्ता का नाश करने के लिए इस स्पर्धा को बन्द कर दिया था। अब यादव सरदार मात्र अतीत के गौरव का स्मरण कर निरुद्देश्य एकत्रित होने के बदले एक नई चेतना का स्पन्दन अनुभव कर रहे थे। कृष्ण और बलराम के पराक्रमों ने उनमें एक नई आशा का संचार किया। सभी सोच रहे थे कि अब जरासन्ध मथुरा से अपनी पराजय का बदला लेने का प्रयत्न करेगा। पर सबको एक ध्येय मिल गया था। कृष्ण धर्म-रक्षा के प्रतीक बन गए थे।

कृष्ण के जीवन की महान घटनाओं की चर्चा प्रत्येक के मुँह पर थी। गोमन्तक और करवीरपुर की पराक्रम-गाथा बार-बार सुनने से कोई अघाता न था। बलराम और उद्धव ने जिस नए अभियान के लिए प्रस्थान किया था, वह भी उनकी चर्चा का विषय था। मथुरा को अजेय बनाने और जरासन्ध की दुर्जेयता को भंग करने की नई योजनाएँ उनके हृदय में बस गई थीं।

कृष्ण की आज्ञाओं का पालन यादवगण सहर्ष करने लगे। उन्हें प्रतीति हो गई कि मस्तक पर जब तक मगध का भय झूलता रहेगा, तब तक स्वतन्त्रता और सत्ता को स्थायी नहीं माना जा सकता। वसुदेव ने मथुरा के दुर्ग को अधिक दृढ़ बनाने और उसके आसपास की खाइयों को अधिक चौड़ी और गहरी बनाने की आज्ञा दी। कृष्ण ने कहा, ''अब वीर विक्रद्रु को कभी यह नहीं कहना पड़ेगा कि यादव शत्रु का सामना नहीं कर सकते।''

बृहद् के लिए तो यह स्थिति बड़ी विषम थी। उत्साह के इस नए वेग में उसे तथा उसके मित्रों को कोई याद भी न करता था। यह स्थिति हो गई थी कि उन्हें या तो इस प्रवाह में सम्मिलित हो जाना होगा अथवा अलग रहकर उपेक्षणीय बन जाना होगा। बृहद् को सबसे अधिक क्रोध तो कृष्ण पर था। वे जहाँ भी जाते, लोगों की भीड़ उमड़ पड़ती। प्रातःकाल स्नान करने जाते तो नदी-तट पर अनेक लोग उनके दर्शनार्थ एकत्र हो जाते। शिव मन्दिर में दर्शन करने जाते तो वहाँ भी लोगों की भीड़ उमड़ पड़ती। देवकी को प्रणाम करने जब वे घर पहुँचते तो उस समय नगर की अधिकांश नारियाँ देवकी से मिलने चली आतीं। कृष्ण जब व्यायामशाला में होते तो नगर के युवाओं का दल वहाँ उपस्थित रहता। जब कृष्ण गोशाला में जाते, तब कैसे गायें उनके वश में हो जातीं, यह देखकर तो सब दंग रह जाते। स्पर्धा के मैदान में जब कृष्ण अपना रथ चलाते, तब लोग मन्त्रमुग्ध होकर उनकी चपलता और स्फूर्ति देखा करते।

बृहद् बिलकुल शान्त हो गया था। युवा वृष्णी, नायक सात्यकि भी अपना आत्मविश्वास खो बैठे थे। उन्हें अब स्वच्छन्द विहार में रुचि न रही। वे जानते थे कि कृष्ण को वे अच्छे नहीं लगते और कृष्ण के मनचाहे वैसा आचरण करना उनके लिए सुखद न था। बृहद् युवराज बनने के सपने देखता था, पर अब वह सम्भव न था। वह जरासन्ध का साथी बनने की कल्पना करता था, पर कृष्ण ने जरासन्ध को पराजित कर दिया था। अब मथुरा, सम्राट् की हँसी उड़ाती थी और बृहद् भी भयभीत था कि कहीं कृष्ण को यह पता न लग जाए कि उसने जरासन्ध को कृष्ण के बारे में सब बातें बता दी थीं।

बृहद् की माता कंसा ईर्ष्या से बौरा गई। बृहद् को युवराज बनाने की बात तो किसी को याद ही नहीं रही। मथुरा को शक्तिशाली बनाने की महत्त्वाकांक्षा ही

सबके मन में बसी थी। इसमें युवराज पद का कोई महत्त्व ही नहीं रहा। कंसा किसी ऐसे कुकृत्य की कल्पना कर रही थी, जो देखने में तो अकस्मात जान पड़े, पर उसका चिन्त्य, उससे सम्पन्न हो जाए।

इस नई स्थिति के साथ अनुसन्धान साधने में सात्यकि आगे था। उसने अपने मित्रों से चुपचाप इस नए उत्साह में सम्मिलित होने के लिए कहा। बृहद् भी सात्यकि की सलाह मानकर मल्लयुद्ध, रथ-संचालन तथा शस्त्रविद्या की शिक्षा प्राप्त करने में लग गया।

शैव्या अभी तक मथुरा के वातावरण के अनुकूल नहीं हो पाई थी। वह अब भी अपने चाचा की मृत्यु पर विलाप करती। देवकी और त्रिवक्रा ने उसके मन को स्वस्थ करने के अनेक उपाए किए, पर वे निष्फल रहे। मात्र देवकी की बालकृष्ण-पूजा को वह दिलचस्पी से देखती। वह अपने चाचा के स्वर्ण-काल में उसकी नित्य पूजा किया करती थी। उसे उसका स्मरण हो आता। शैव्या का स्वभाव जितना तेज था, उतनी ही तेज उसकी जीभ भी। पर देवकी के साथ झगड़ा करना असम्भव था। शैव्या कई बार देवकी को अविवेकी प्रश्नों से असमंजस में डालने का प्रयास करती, पर वह सदा शान्त और स्नेहिल स्वर में उसके प्रश्नों का उत्तर देती।

त्रिवक्रा कुछ और ढंग की थी। वह बहुत ममतामयी और उदार थी। कभी-कभी जब शैव्या का दिल रुदन करने का होता तो उसे जी भरकर रो लेने देती। शैव्या जब रुष्ट होती, तब वह चुप रहती, पर यदि शैव्या कृष्ण के विषय में कुछ अपमानसूचक शब्द कहती, तब उससे विरोध किए बिना न रहा जाता। वह कृष्ण की उदारता की प्रशंसा करती, कृष्ण के चमत्कारों की बात कहती और कृष्ण ने किस चमत्कारिक रूप से उसे सुन्दर बना दिया था, उसका स्मरण कृतज्ञतापूर्वक करती। वह शैव्या से कहती, "तुम अकृतज्ञ हो, ऐसे पुरुष के गुण भी तुम स्वीकार नहीं करतीं!" दोनों देर तक विवाद करती रहतीं, पर अन्त में शैव्या थक जाती और असहाय होकर आँसू बहाने लगती। तब त्रिवक्रा उसके पास बैठकर उसे सान्त्वना देती।

विजयकच (ख)

त्रिवक्रा अब देवकी के साथ ही रहने लगी थी। दो-चार दिनों में जब कृष्ण वहाँ जाते, तब वे ही उसे बाहरी संसार की जानकारी देते थे। एक दिन कंसासहित अन्तःपुर की अनेक स्त्रियाँ वहाँ उपस्थित थीं। तब शैव्या ने देवकी से पूछा,

“माँ, आप इस स्वर्ण-प्रतिमा के नित्यप्रति भोग किसलिए लगाती हैं? उसे वस्त्र क्यों पहनाती हैं?”

“यह मेरे भगवान हैं, बेटी!” देवकी ने धैर्यपूर्वक कहा। शैव्या के अटपटे सवालों से अब वह बुरा नहीं मानती थीं।

“अच्छा! यह तुम्हारे भगवान हैं! पर ये हैं कौन?” शैव्या के स्वर में तिरस्कार था।

“यह मेरा पुत्र कृष्ण है। तुम तो जानती ही हो।”

“आपका पुत्र! यह नन्हा-सा बालक आपका पुत्र है! आपका पुत्र तो अब बड़ा हो गया है।”

माता देवकी जिस भक्तिभाव और आदर से बालकृष्ण की पूजा करती थीं, उसे देखते हुए अन्तःपुर की स्त्रियाँ शैव्या के इन प्रश्नों से बड़े असमंजस में पड़ गईं।

“मेरे लिए तो यह सदा बालकृष्ण ही रहेगा, तुम जानती हो कि उसके जन्म के बाद सोलह वर्षों तक मैं उसका मुख न देख सकी। उस समय यदि मैं इसकी पूजा न करती तो शोक से मर जाती।”

“पर यह प्रतिमा तो वैसी नहीं है, जैसे कृष्ण इस समय दिखते हैं। वह आपको बचपन की इस प्रतिमा की पूजा कैसे करने देते हैं?”

“उसे सब पता है।”

“नहीं, उन्हें कुछ नहीं पता। करवीरपुर में उन्हें मैंने यह कहते हुए सुना था कि मेरे चाचा वासुदेव नहीं। इसीलिए सबने उनकी पूजा करना छोड़ दिया और यहाँ आप अपने पुत्र को ही भगवान मानकर पूज रही हैं!”

“तुम्हारी दृष्टि में ही चूक है, बेटी! फिर, कृष्ण जब आए तब उसी से पूछ लेना। कोई भी अपनी कल्पना के रूप और प्रिय वस्तु में भगवान देख सकता है। तुम अपने चाचा को भगवान मानकर पूजती थीं, उसमें कुछ अनुचित नहीं था।”

“आपके कृष्ण ने तो मेरे भगवान वासुदेव की हत्या कर डाली।” शैव्या रो पड़ी। कंसा, शैव्या के पास आई और उसे सान्त्वना देकर हृदय से लगा लिया।

“रो मत, बेटी, रो मत। विधि ने जो ललाट पर लिख दिया, वह होकर रहता है। चल मेरे साथ।” यह कह कंसा, शैव्या को अपने कक्ष में ले गई।

दूसरे दिन कृष्ण त्रिवक्रा के साथ आए, तब शैव्या वसुदेव के निवास-स्थान की अटारी पर खड़ी दूरी क्षितिज में देख रही थी। उसकी आँखों के सामने करवीरपुर के सुखी जीवन के चित्र तैर रहे थे।

“शैव्या! देख, मैं तेरे लिए क्या लाया हूँ।”

"क्या है? शैव्या बाघिन की तरह कृष्ण की ओर मुड़ी।

"कल तू माँ से कह रही थी न कि तुझे बालकृष्ण की प्रतिमा अच्छी नहीं लगती। मुझे भी वह अच्छी नहीं लगती। पर, माँ को जाने क्यों मेरा बालरूप ही इतना भाता है। आज मैं तेरे लिए तेरे चाचा की स्वर्ण-प्रतिमा लाया हूँ। शायद तुझे इस प्रतिमा की पूजा करना अच्छा लगे।"

त्रिवक्रा ने रुपहली मंजूषा खोली। उसमें शृंगलव वासुदेव की एक छोटी-सी स्वर्ण-प्रतिमा थी। कृष्ण ने उसे शैव्या को देना चाहा।

शैव्या ने रोष से कहा, "तुम्हीं ने उनकी हत्या की और अब यह खिलौना देकर मेरा मन बहलाना चाहते हो! इस निर्जीव स्वर्ण के टुकड़े को लेकर मैं क्या करूँ!"

"क्यों? जब वह जीवित थे, तब उनकी जैसी पूजा करती थी, वैसी ही पूजा अब नहीं कर सकती? अपने भक्ति-भाव से इसमें प्राण-प्रतिष्ठा कर, यह तुम्हें सुखी कर सकेगी।"

"तुम कपटी हो! चोर हो!"

कृष्ण की आँखें शरारत से चमक उठीं। "मैं जब बालक था, तब सब मुझे चोर कहते थे। मैं माखन चुराकर खाता था न! सच ही कहते थे। और आज तेरी बात भी सम्भवतः सच हो, पर मैं तो तेरे लिए तेरे चाचा की प्रतिमा लाया हूँ। तुझे इस मृत पुरुष की प्रतिमा का आदर करना चाहिए। इन्होंने कितने लाड़-प्यार से तुझे रखा, यह भूल गई।"

"यह बात तुम—तुम उनके हत्यारे मुझसे कहते हो?" शैव्या क्रोधित हो गई। परन्तु कृष्ण की निष्कलुष मधुरता ने उसके रोष को अश्रुओं में बदल दिया।

"रो मत! यह प्रतिमा अपने पास रख। माँ से मैंने कह दिया है। वह इस मूर्ति की प्रतिष्ठा के लिए एक सुन्दर स्थान तुझे दे देगी। यदि अच्छा लगे तो इसकी पूजा करते समय मुझे भी बुला लेना।"

"धूर्त! दम्भी! मैं जानती हूँ, तू मुझे किसलिए यह प्रतिमा दे रहा है! तू चाहता है कि मैं तुझे क्षमा कर दूँ, पर मैं तुझे कभी क्षमा नहीं कर सकती, कभी नहीं।"

"भले ही क्षमा न कर, पर इस प्रतिमा ने तो तेरा कुछ नहीं बिगाड़ा।"

"हाँ, मैं इसे रखूँगी। इसकी रोज पूजा करूँगी। यह मूर्ति मुझे प्रतिदिन याद दिलाएगी कि तूने इनकी हत्या की है। और क्षमा तो मैं तुझे कभी नहीं करूँगी।" शैव्या ने कृष्ण के हाथ से मूर्ति लेकर पूज्यभाव से अपनी आँखों से लगाई।

कृष्ण ने हँसते-हँसते कहा, "एक बात और..."

"मैं जानती हूँ कि तेरा कुछ स्वार्थ होगा। क्या है?"

"त्रिवक्रा तेरे लिए सुन्दर वस्त्र और अलंकार लाई है। योग्य वस्त्रालंकार

धारण किए बिना अपने चाचा की पूजा करना तेरे लिए उचित नहीं होगा।''

शैव्या ने अलंकार लेकर कृष्ण पर फेंक मारे। कृष्ण ने झुककर एक के बाद एक सब अलंकार ले लिये और हँसने लगे।

''तुझे हो क्या गया है, शैव्या! अपने चाचा की पूजा करते समय यह अलंकार धारण नहीं करेगी! भूल गई कि करवीरपुर में तू कैसे शृंगार किया करती थी!''

शैव्या ने कृष्ण की ओर देखा। उनके शब्दों में व्यंग नहीं था, बल्कि गम्भीरता थी। यह देखकर वह कुछ ढीली पड़ी। उसने कहा, ''अच्छा, रहने दो इन अलंकारों को! मैं इनको धारण करूँगी, पर तुम्हारे लिए नहीं, अपने वासुदेव के लिए।''

''यही तो मैं कह रहा था।''

''पर, तुम्हारे मन में कुछ और ही है।''

त्रिवक्रा ने शैव्या से कहा, ''यदि मैं वासुदेव होती तो तुम्हारे गाल पर एक तमाचा जड़ देती।''

''शैव्या! इसकी बात न सुन। यदि यह कृष्ण होती तो त्रिवक्रा नहीं होती। और शैव्या, शैव्या ही है। अच्छा, अब मैं चलता हूँ। वैसे भी मेरी उपस्थिति तुझे बहुत अच्छी नहीं लगती।''

''हाँ जाओ, और मुझे अकेली पड़ी रहने दो।'' वह शोकाकुल हो गई।

इस बीच एक बड़ा अच्छा समाचार मिला। बलराम विजयी हो गए थे। कुशस्थली पर उनका अधिकार हो गया और पुण्यजन राक्षसों का नाश भी हो गया। गिरिनगर का भी पतन हो गया और वृद्ध कुकुद्मीन फिर सिंहासनारूढ़ हुआ।

कुछ दिन के बाद बलराम और उद्धव मथुरा आ गए। उनका भव्य स्वागत हुआ। सारी मथुरा में आनन्द-उल्लास छा गया।

बलराम कन्धे पर हल लिये सर्वत्र घूमते फिरते। उनके 'अमृत रस' पान की मात्रा बढ़ने से अब वे अधिक वाचाल हो गए थे। जो कोई मिलता, उसी से गोमन्तक, कुशस्थली और गिरिनगर की पराक्रम-गाथा कहने बैठ जाते और जब भी रेवती का जिक्र आता, उद्धव की ओर देखकर आँख मारते। कृष्ण ने इस स्थिति को अच्छी तरह समझ लिया। उन्हें इस बात का सन्तोष था कि उनके बड़े भाई को अपना मनपसन्द प्रेमपात्र मिल गया है।

कुछ दिनों बाद तीन कारीगरों को कुशस्थली के नवनिर्माण के लिए भेजा गया। उनके साथ रेवती के लिए बलराम का सन्देश लेकर एक सन्देशवाहक भी गया। उद्धव अब सुदृढ़ और स्नायुबद्ध होने के साथ-साथ शान्त भी बन गए

थे। उन्होंने चुपचाप अपने लिए कृष्ण के प्रिय सखा का स्थान बना लिया। अपनी माता कंसा में हुए परिवर्तन से उन्हें आश्चर्य हुआ। वह शैव्या को सहानुभूति देकर कृष्ण के प्रति उसके असन्तोष को भड़काती थी। एक बार उद्धव ने अपनी माँ से कहा कि वह शैव्या के उद्दण्ड बर्ताव को बढ़ावा न दे। कंसा ऐसे अवसर की प्रतीक्षा में ही थी। वह आँसू बहाने लगी, ''हाँ, मैं ही एक ऐसी अभागी हूँ। भगवान ने मेरी ओर क्यों नहीं देखा! पिताजी ने भी सब सन्तानों में से मेरे साथ ही ऐसा बर्ताव किया। बृहद् अब बड़ा हो गया है। शूरवीर है। उसके साथ न्याय होना चाहिए। पर उसके काम का कोई मान नहीं करता।''

वह अपने भाग्य को कोसती हुई आँसू बहाकर उद्धव की अनुकम्पा जगाने का प्रयास करने लगी। ''एक तू है, सो तू भी कृष्ण का दास बन गया। तुझे तेरा अपना भाई ही अच्छा नहीं लगता। तू देवकी के पुत्र की सेवा करता है। बृहद् के भविष्य की ओर तेरा ध्यान ही नहीं। कृष्ण की कीर्ति कैसे बढ़े, बस यही चिन्ता तुझे है। उद्धव! तू बिलकुल मूर्ख है। कृष्ण कभी तेरा नहीं होगा। उसे तो अपनी महिमा बढ़ानी है। यदि उसकी महिमा बढ़े तो वह मथुरा का बलिदान देने से भी न चूके।''

अन्त में उद्धव का दया-भाव जगाने के लिए अति आर्द्र स्वर में कंसा ने पूछा, ''बेटा! मुझसे साफ-साफ बता। कृष्ण तेरे भाई के भविष्य में रोड़े अटका रहा है। तू चुपचाप देखता रहेगा या फिर उसकी सहायता करेगा?''

''माँ! कृष्ण कभी किसी सच्चे व्यक्ति को हानि नहीं पहुँचाता।''

''तो तू यह मानता है कि बृहद् सच्चा नहीं है?'' कंसा क्रोधित हो गई।

''यदि वह सच्चा होगा तो कृष्ण स्वयं उसे युवराज बनाएगा। और यही क्यों, वह तो इतना भी करेगा कि बृहद् सब प्रकार से एक महान राजा बने। वह क्यों नहीं कृष्ण के पक्ष में हो जाता?''

''दुष्ट! मैंने तुझे जन्म ही क्यों दिया!'' कंसा रो पड़ी, ''तू अपने सगे भाई का शत्रु निकला।''

''माँ! तुम समझती क्यों नहीं! बृहद् राजा बने, यह मैं भी चाहता हूँ, पर राजा बनने से पहले उसे उसके योग्य भी तो बनना चाहिए।''

उद्धव ने इसकी चर्चा कृष्ण से की और कुछ करने के लिए उनसे कहा। कृष्ण बोले, ''कंसा मौसी और बृहद् दोनों ही मुझसे द्वेष रखते हैं, यह तो मैं जानता था। एक प्रकार से यह ठीक भी है। बृहद् को हमने पीछे धकेल दिया है। हम लोग जीवित लौट आए, यह भी उन्हें पसन्द नहीं।''

कृष्ण की मोहिनी (क)

वृन्दावन से यह सन्देश लेकर कई लोग आए कि नन्द और यशोदा कृष्ण और बलराम को मिलने के लिए वृन्दावन बुला रहे हैं। यमुना नदी कुपित हो गई है और किनारे के लोगों और पशुओं को छोड़कर वह दूर चली गई है। क्रुद्ध नदी-देवी को मनाने के लिए कुछ तो करना ही होगा। मात्र कृष्ण-बलराम से ही ऐसे कार्य की आशा की जा सकती है।

बलराम ने कहा, ''चलो, कृष्ण! एक बार वृन्दावन हो आएँ और अतीत की मधुर स्मृतियों को हरा कर फिर अपने बचपन के साथियों से मिल आएँ।''

''तुम ही जाओ भैया! मुझे तो रथ-स्पर्धा की तैयारियाँ करनी हैं।''

''तुम नहीं चलोगे तो मैं भी नहीं जाऊँगा।''

कृष्ण ने मुस्कराते हुए कहा, ''नहीं, नहीं बड़े भैया! तुम्हें जाना ही चाहिए। यमुना मात्र तुम्हारा ही कहा मानेगी। स्त्रियों का हृदय जीतना तुम्हें खूब आता है।''

''यह मत कहो। तुम तो कुछ किए बिना ही स्त्रियों का हृदय जीत लेते हो।''

कृष्ण ने खिलखिलाकर कहा, ''और तुम? सौराष्ट्र के सागरतट पर इस समय एक युवती तुम्हारी राह में आँखें बिछाए बैठी है, क्या भूल गए तुम?''

''पर, तुम्हारे लिए तो घर-घर स्त्रियाँ पलक बिछाए बैठी हैं।'' बलराम अपने ही विनोद पर हँस पड़े फिर बोले, ''दुष्ट, वृन्दावन में राधा तेरे लिए नहीं तड़पती होगी?''

कृष्ण ने गम्भीर होकर कहा, ''इसीलिए तो मैं वहाँ नहीं जा रहा।''

''इतना क्रूर मत बन।''

''नहीं, मैं क्रूर नहीं। यदि मैं वहाँ जाता हूँ तो कुछ देर के लिए तो सब खुश होंगे, पर जब लौटूँगा, तो उनके हृदय चूर-चूर हो जाएँगे।''

''तू हृदयहीन है कृष्ण! जिन्हें तू इतना चाहता था, उनका विरह तुझे कभी व्याकुल नहीं करता?''

''मैं अब भी उन्हें उतना ही प्रेम करता हूँ, बड़े भैया! इसीलिए मैं उनका विचार करता हूँ, अपना नहीं।''

''उनका विचार करता है! इस प्रकार! वर्षों बीत गए और उनसे मिलने नहीं जाता।''

''अब वे अपना दुख, सुखद स्मृति में भूल गए हैं। अपने प्रिय गोविन्द के

रूप में मुझे याद करते हैं। पर यदि वे अब अपने गोविन्द से मिलेंगे तो वे उसे मात्र जरासन्ध पर विजय प्राप्त करनेवाले, शृंगलव वासुदेव का हनन करनेवाले वासुदेव के रूप में ही देखेंगे। वे जिस गोविन्द को चाहते हैं, जिसकी स्मृति को वे हृदय में सँजोए हैं और जिसके गीत गाते हैं, वह गोविन्द उन्हें कहीं दिखाई नहीं पड़ेगा। उनके लिए मैं उनका प्रिय बालगोविन्द ही बना रहूँ, यही उत्तम है।"

"तो फिर मेरे बारे में वे क्या सोचते होंगे?"

"तुम हमेशा बड़े भैया ही रहे हो, दयालु, सहायक और मिलनसार। यदि तुम यमुना को वापस वृन्दावन में ले आते हो तो वे सदा तुम्हें बड़े भैया के रूप में याद करेंगे।"

"कृष्ण! तुम क्या मेरी कोई बात नहीं मानोगे?"

"बड़े भैया, वृन्दावन के लिए इस समय तुम ही सहायक हो सकते हो। अपना हल अवश्य साथ ले जाना। यदि आवश्यकता हो तो यमुना देवी को दण्ड देकर भी वापस वृन्दावन ले आना। वृन्दावन में लोग तुम्हें देवता मानकर पूजेंगे।"

"और तुम उन लोगों को अपने सन्देश में कुछ मीठे बोल भी नहीं कहना चाहते?"

"चाहता हूँ। उनसे कहना कि मैं उन्हीं में जीता हूँ। मैं सदा उनका स्मरण करता हूँ। मैं सदैव उन्हीं का हूँ। उनसे कहना, मैं जहाँ भी रहूँगा, वृन्दावन ही मेरा घर होगा। वहीं मैं सदा रहूँगा।"

वृन्दावन के लोगों को कष्ट देनेवाली यमुना देवी को पाठ पढ़ाने के लिए कृत-निश्चय होकर बलराम ने विदा ली।

इस बीच श्वेतकेतु मथुरा आ पहुँचा और कुण्डिनपुर में जो घटा, उसका सारा विवरण कृष्ण को दिया। उसने बताया कि जरासन्ध और उसके साथियों ने एक नई योजना तैयार की है। रुक्मिणी और शिशुपाल का विवाह कर रुक्मी, चेदि और विदर्भ के सम्बन्ध सुदृढ़ करना चाहता है। और दामघोष उससे बच न सके, इसकी व्यवस्था जरासन्ध करेगा।

शिशुपाल का रुक्मिणी के साथ विवाह होते ही विदर्भ के राजकुमार रुक्मी का विवाह जरासन्ध की पौत्री अप्नवी के साथ कर दिया जाएगा। इस प्रकार रुक्मी सम्राट् का प्रमुख सामन्त बनेगा। इस योजना को सफल बनाने की चेष्टाएँ की जा रही हैं। विदर्भ के राज-परिवार में स्वयंवर की प्रथा है। यह स्वयंवर पूर्वयोजना के अनुसार होगा। उसमें शिशुपाल के साथ अन्य नरेश गम्भीर स्पर्धा

में नहीं उतरेंगे और उसे जीतने देंगे, जिससे रुक्मिणी को शिशुपाल के साथ विवाह करने के लिए बाध्य होना पड़ेगा।

सारी योजना तैयार है। माघ मास की शुक्ल पंचमी अर्थात् बसन्त पंचमी को स्वयंबर रचा जाएगा। उसमें भाग लेने के लिए निमन्त्रण भी भेजे जा चुके हैं।

श्वेतकेतु ने अन्त में कहा, ''मथुरा के किसी राजकुमार को निमन्त्रण पत्र नहीं भेजा गया है। उन्हें भय है कि आप स्वयंवर में भाग लेकर रुक्मिणी को ले जाएँगे।''

''पर इस प्रकार मैं किसी से विवाह नहीं करना चाहता। स्वयंवर में कन्या को अपने पसन्द के वर को वरमाला पहनाने का अधिकार होना चाहिए, क्यों?''

''वासुदेव! रुक्मिणी आपके साथ ही विवाह करना चाहती है।''

उद्धव ने कहा, ''गोमन्तक जाते समय कौशिक के साथ जो कुछ दिन हमने व्यतीत किए थे, तभी इसका अनुमान मुझे लग गया था।''

कृष्ण ने कहा, ''इस समय तो विवाह का विचार करने का ही हमें समय नहीं। गोमन्तक में हुए अपमान को जरासन्ध कभी भूल नहीं सकेगा। हमें उसके आक्रमण का सामना करने के लिए हर समय तैयार रहना चाहिए।''

श्वेतकेतु ने कहा, ''पर राजकुमारी रुक्मिणी अन्य किसी को पति के रूप में स्वीकार नहीं करेगी। वह दृढ़ मनोबलवाली स्त्री है।''

कृष्ण ने हँसते-हँसते कहा, ''दृढ़ मनोबलवाली स्त्रियाँ निकम्मे लोगों के पल्ले पड़ें, यह भी तो उससे नहीं देखा जाएगा।''

उद्धव ने कहा, ''यादव क्या ऐसा खुला अपमान सहन कर लेंगे? मथुरा के किसी यादव सरदार को निमन्त्रण नहीं भेजा गया!''

कृष्ण ने कहा, ''अपने सम्मान को हम इस तरह धक्का नहीं पहुँचने दे सकते। पिताजी से कहूँगा कि वे शीघ्र सरदारों की सभा बुलाएँ।''

बृहद् के मित्र यह विचार करने के लिए एकत्र हुए कि अब उन्हें क्या करना चाहिए। जब से महाराज ने सरदारों और उनके पुत्रों को रथ-स्पर्धा के लिए अनिवार्य रूप से शिक्षा लेने की आज्ञा दी, तभी से वे कृष्ण के प्रति कुपित हो उठे थे। उन्हें विश्वास था कि कृष्ण ही इसके पीछे है। ये लोग अब तक विलास का जीवन बिता रहे थे। परिश्रम से वे बचना चाहते थे। कइयों का अनुमान था कि कृष्ण स्वयं राजा बनना चाहते हैं। कुछ लोग यह मानते थे कि इन तैयारियों से जरासन्ध का क्रोध भड़क उठेगा और वह मथुरा पर आक्रमण कर देगा। जो भी हो, उन्हें कृष्ण खटक रहा था। कृष्ण की लोकप्रियता से वे ईर्ष्यालु हो उठे।

बृहद् कब मथुरा का राजा बने और वे अपनी-अपनी शक्ति बढ़ाएँ, इसी की प्रतीक्षा में सब थे, पर अब इसकी कोई आशा न थी।

बृहद् के साथियों ने लोगों में कृष्ण के प्रति असन्तोष फैलाने का प्रयास किया। पर लोग उनकी बातें सुनकर अन्त में यही कहते, ''भई! जो चाहे सो कहो, पर है कृष्ण कुछ अद्‍भुत व्यक्ति!'' कुछ ने तो सीधे कृष्ण से ही इस असन्तोष की बात कर लेने की सलाह दी। इससे बृहद् के साथी रोष में भर गए।

कंस की हत्या के बाद मथुरा लौटे कई युवा यादवों ने तो हद कर दी। ''अब किसी अत्याचारी का शासन हम सहन नहीं करेंगे।'' सत्राजित ने हाथ में लम्बी तलवार चमकाते हुए कहा। इस सारे समुदाय में सत्राजित बड़ा था, पर वही सबसे उद्‍दण्ड भी था।

दूसरे सरदार ने अपना भाला उछालते हुए कहा, ''भाई, वह तो तारनहार है, तारनहार!'' उसके स्वर में गहरा कटाक्ष था।

तीसरे सरदार ने कहा, ''जो भी हो, हमें कंस से उसी ने बचाया है।''

सत्राजित ने कहा, ''उसने कंस की हत्या इसलिए की कि कंस स्वयं उसे अपने मार्ग से हटाना चाहता था।''

''पर तुम उसे कहना क्या चाहते हो?'' एक लम्बे, कृशकाय युवक ने पूछा। उसका नाम विराट था। उसने कहा, ''जब तुम लोगों ने उसे यहाँ बुलाया है तो यह निश्चय कर लो कि उससे तुम क्या इच्छा रखते हो?''

किसी ने विनोद किया, ''वह भगवान है। उसे तीनों काल का ज्ञान होगा!''

सत्राजित ने तलवार ऊँची कर कहा, ''हम उसे स्पष्ट कह देंगे कि हमारे विषय में वह खोपड़ी न लड़ाया करे।''

''परन्तु हमारे विषय में क्या और उसके विषय में क्या!'' विराट ने पूछा, ''उसकी इच्छा को रोकने में हम कैसे सफल होंगे! अधिकांश अग्रज तो उसके साथ हैं।''

''तू तो निरा बुद्धू है, विराट!'' भद्रक ने तलवार की नोक विराट के सामने करते हुए कहा, ''उसे हमारे रास्ते से हट जाना चाहिए।''

बृहद् ने हाथ ऊँचा किया। सब शान्त हो गए और यह जानने के लिए आतुर हुए कि बृहद् क्या कहना चाहता है। ''विराट की बात सच है। जब तक हम यह निश्चय न कर लें कि हम उससे क्या चाहते हैं, तब तक उसे रोकने में हम असमर्थ होंगे। हमें उसके साथ क्या व्यवहार करना चाहिए?''

सत्राजित ने कहा, ''वह हमारे साथ ऐसा बर्ताव न करे, मानो वह भगवान हो। यही हम उससे कह देंगे।''

विराट ने पूछा, ''तो उससे क्या करने को कहें?'' विराट इन उद्दण्ड युवकों के प्रति तिरस्कार की भावना रखता था।

''उससे कहेंगे कि वापस गोमन्तक चला जाए और चाहे तो उस काली पुतली को भी अपने साथ ले जाए।'' भद्रक की इस बात से कई मित्र खिलखिलाकर हँस पड़े।

विराट ने कहा, ''जैसे मथुरा तुम्हारा घर है, वैसे उसका भी है।''

कृष्ण की मोहिनी (ख)

सत्राजित ने कहा, ''रथ-स्पर्धा को बन्द कर देने के लिए हम कृष्ण से कहेंगे। मुझे तो घोड़ों की गन्ध से ही घिन आती है।''

''तो लोगों में रोष फैल जाएगा।''

''लोग तो तमाशा देखना चाहते हैं।'' विराट ने कहा, ''हम उसे एक ही बात कह सकते हैं—युवराज के रूप में बृहद्बाल के अभिषेक में वह रोड़े न अटकाए।''

बृहद्बाल ने हँसकर कहा, ''हाँ, यह ठीक है। हमें धीरे-धीरे आगे बढ़ना चाहिए।''

''मैं तो उसे तत्काल दण्डित करना चाहता हूँ।'' भद्रक ने अपनी तलवार उठाकर कहा।

कृष्ण सात्यकि के साथ आ पहुँचे। उद्धव ने साथ आने का आग्रह किया था, पर कृष्ण ने आने नहीं दिया। कृष्ण सदा की भाँति प्रसन्न थे। मुख पर मोहक मुस्कान थिरक रही थी। शीश-मुकुट पर मोरपंख और गले में मोगरे की माला लहरा रही थी। वे बिलकुल निःशस्त्र थे। उनकी उपस्थिति में सब शस्त्रधारी संकुचित हो गए। उन्होंने सबको हाथ जोड़कर नमस्कार किया और बड़े भाई बृहद्बाल का चरण-स्पर्श किया। उनके होंठों पर सतत मुस्कान विराज रही थी।

कृष्ण ने कहा, ''भाई बृहद्बाल! अपने मित्रों से मिलने के लिए बुलाकर आपने मेरा बहुत सम्मान किया है।''

सात्यकि ने कहा, ''हाँ, जैसे ही मैंने वासुदेव से कहा कि हम आपसे मिलना चाहते हैं तो ये तुरन्त आने के लिए राजी हो गए।'' सात्यकि ने समझ रखा था कि कृष्ण आने से मना कर देंगे। नहीं तो अपनी अरुचि अवश्य प्रकट करेंगे।

परन्तु कृष्ण जब प्रसन्नतापूर्वक शस्त्र त्यागकर उसके साथ हो लिये तो उसे भी तलवार लेकर आने के लिए ग्लानि हुई।

सात्यकि ने कहा, ''वासुदेव! बैठिए तो सही!'' उसका स्वभाव उग्र था, पर उसका लालन-पालन, वृष्णि-नायक के रूप में हुआ था, इसलिए उसमें संस्कारगत विवेक भी था।

कृष्ण ने आसन पर बैठकर पूछा, ''मैं आपकी क्या सेवा कर सकता हूँ?''

सब शान्त थे। किसी के मुख से उत्तर के लिए बोल नहीं फूटे।

सत्राजित ने कहा, ''रथ की स्पर्धा बन्द करो!''

कृष्ण ने हँसकर कहा, ''मैं कैसे बन्द करूँ! महाराजा की आज्ञा है कि सरदारों को पाँच सौ रथ लेकर उपस्थित रहना होगा। जिनको स्पर्धा में भाग न लेना हो, वे न जाएँ।''

बृहद्बाल ने पूछा, ''कृष्ण! तुम युद्ध की तैयारी कर रहे हो? मुझे साफ-साफ बताओ।''

कृष्ण ने कहा, ''युद्ध का निर्णय हमारे अग्रज ही कर सकते हैं। यदि धर्म-युद्ध हुआ तो मैं उसके लिए सदा तैयार रहूँगा, पर धर्म के विरुद्ध युद्ध होगा तो उसमें मैं कभी भाग न लूँगा।''

एक युवक ने पूछा, ''धर्मयुद्ध और धर्मविरुद्ध युद्ध का अर्थ क्या है?''

सात्यकि ने कहा, ''युद्ध याने युद्ध, और क्या!''

कृष्ण ने कहा, ''तीनों लोकों को धारण करनेवाले धर्म में हम जीते हैं, यह तो तुम सब जानते ही हो।''

सत्राजित ने पूछा, ''जो कुछ तुम चाहते हो वही राजा से कैसे करा लेते हो?'' अन्य उपद्रवी युवक कृष्ण की पूर्ण सत्ता के आगे अवाक् रह गए।

''सत्राजित! यहाँ तुम भूल कर रहे हो। मैं तभी बोलता हूँ, जब मुझसे पूछा जाता है और जब बोलता हूँ तो जो कुछ मुझे उचित लगता है, वही बोलता हूँ। पर मेरी बात स्वीकार करना या न करना राजा तथा अन्य अग्रजों पर निर्भर है।''

सात्यकि ने कहा, ''पर, तुम युद्ध की तैयारी कर रहे हो, इतना तो स्पष्ट ही है।''

''तुम यह बात छिपा किसलिए रहे हो!'' भद्रक ने कहा, ''तुमने हमें दूध-पीता बच्चा समझ रखा है!''

''मैं कभी कुछ नहीं छिपाता,'' कृष्ण ने भद्रक के प्रश्न में जो रोष था, उसे पीकर कहा, ''जरासन्ध अधर्मी है। जीवन-भर उसने आर्यावर्त पर अपना रौब जताना चाहा। मथुरा का नाश करने की उसने प्रतिज्ञा ली है। यदि वह आक्रमण करे तो उसका प्रतिकार करने के लिए हमें तैयार रहना ही चाहिए।''

उद्योत ने पूछा, ''तो फिर जब बलराम उसे मार डाल रहे थे, तब तुमने उन्हें रोका क्यों?''

''उसके कई कारण थे। एक तो यह कि यदि जरासन्ध की हत्या गोमन्तक में हो जाती तो उसके साथी तत्काल मथुरा पर आक्रमण कर बैठते और तब मथुरा में उनका प्रतिकार करने की शक्ति न थी।''

''तुम तो भगवान हो। इन्द्र का वज्र लेकर उसे खत्म क्यों नहीं कर देते?'' एक उद्दण्ड युवक ने पूछा और विनोद-भरे स्वर में हलके से हँसा।

''बस, बहुत हो गया।'' सात्यकि ने सत्तापूर्ण स्वर में कहा। कृष्ण की कार्यवाही का कारण अब उसकी समझ में आ गया था। उसने पूछा, ''वासुदेव! तुम यह गम्भीर रूप से मानते हो कि हमें युद्ध के लिए तैयार रहना चाहिए?''

''हाँ, यदि युद्ध हम पर लादा गया तो!''

सात्यकि ने पूछा, ''तुम इसे जरूरी समझते हो?''

''जरासन्ध को मैं जितना जानता हूँ, उससे लगता है कि यह युद्ध अनिवार्य है। हाँ, हम अपनी स्वतन्त्रता खोकर गुलामी स्वीकार कर लें तो बात और है।''

सात्यकि ने कहा, ''यदि जरासन्ध लड़ने आया तो हम तुम्हारे साथ युद्ध करेंगे, पर तुम्हें सबकुछ खोलकर हमें बताना होगा।''

कृष्ण ने कहा, ''सात्यक के प्रतापी पुत्र, तुमसे क्या कभी मैंने कुछ छिपाया है!''

''तो तुम बृहद्बाल के युवराज बनने में विघ्न क्यों डालते हो?''

''महाराज से इस विषय में मेरी कोई बात हुई ही नहीं, सात्यकि!'' कृष्ण ने कहा। उनके स्वर में जो सचाई थी, उसने सबको स्पर्श किया। ''महाराज ही यह निर्णय ले सकते हैं। मैं भी पसन्द करूँगा कि बृहद्बाल युवराज बने, यदि...''

''यदि क्या?'' बृहद्बाल ने भौंहें सिकोड़कर कहा।

''यदि...'' कृष्ण ने बृहद्बाल की ओर मुड़कर कहा, ''यदि तुम धर्म के पक्ष में रह सको तो!''

विराट ने पूछा, ''तुम समझते हो कि बृहद्बाल यह उत्तरदायित्व निभाने के लिए तैयार नहीं होगा?''

''नहीं, ऐसा बात नहीं है। बृहद्बाल जब भी यह उत्तरदायित्व स्वीकार करने के लिए तैयार होगा, हम सब उसकी एक आज्ञा पर अपने प्राण भी देने के लिए तैयार होंगे।''

सात्यकि ने पूछा, ''बृहद्बाल यदि युवराज बनें तो तुम उसके पक्ष में रहोगे? सौ बात की यही एक बात है।''

कृष्ण क्षण-भर शान्त रहकर सात्यकि की ओर मन्द मुस्कान के साथ देखते

रहे। सभी उपस्थित लोगों की दृष्टि कृष्ण पर टिकी थी कि देखें वे इसका क्या उत्तर देते हैं।

‘‘भाई! यह मेरा वचन है,’’ कृष्ण ने बृहद्बाल की ओर देखकर कहा, ‘‘यदि तुम धर्म के पक्ष में रहे तो मैं सदा तुम्हारा पक्ष लूँगा और मित्रो! तुम सब भी इसके पक्ष में रहो, यही मेरी इच्छा है। अपने शस्त्र तैयार रखो। हम सब मिलकर जरासन्ध का सामना करेंगे!’’ कृष्ण ने उन लोगों की ओर जिनके हाथों में शस्त्र थे, देखते हुए कहा, ‘‘और विजय निश्चित ही हमारी होगी।’’

कृष्ण की वाणी से दिग्मूढ़ बने युवक एकसाथ बोल उठे, ‘‘हाँ, विजय निश्चित ही हमारी होगी।’’

सात्यकि उत्साह में आकर कृष्ण के गले लग गया।

‘‘साधु, कृष्ण साधु,’’ उसने कहा और सभी ‘‘साधु, साधु,’’ कह उठे।

कृष्ण को शंका से देखनेवाला बृहद्बाल इस उत्साह से आश्चर्य में पड़ गया। इससे पहले कि वह सम्हले, कृष्ण ने उसके चरण-स्पर्श का प्रयास किया, दूसरों को हाथ जोड़ नमस्कार किया और सबकी ओर प्रसन्नतापूर्ण मुस्कान बिखेरते हुए वे शान्ति से चले गए।

बृहद्बाल की द्विधा (क)

उस रात यादव सरदारों की बैठक राजा उग्रसेन के महल में हुई। श्वेतकेतु ने जरासन्ध द्वारा अपनी सत्ता दृढ़ करने के लिए रचे गए व्यूह की बात कही और बताया कि स्वयंवर किस कारण और किस प्रकार नियोजित हो रहा है तथा मथुरा के यादवों को निमन्त्रण न देकर उनका अपमान किया गया है।

जरासन्ध के इस व्यूह से उत्पन्न परिस्थिति पर सरदारों ने विचार-विमर्श किया। इतना तो स्पष्ट था कि मथुरा के यादवों को राज-परिवारों से नीचे की श्रेणी में रखकर उनका अपमान किया गया था। साथ ही यह भी स्पष्ट था कि यदि मथुरा के यादव बलपूर्वक वहाँ गए तो उसका परिणाम भयंकर होगा।

विक्रदु भीरु था। उसने अपमान पी जाने की सलाह दी। कहा, ‘‘इस समय मथुरा की शक्ति बढ़ाना ही सबसे अधिक महत्त्व की बात है।’’ शंकु यहाँ तक सहमत हुआ कि प्रतिकार करने के लिए यादव अभी पूर्ण रूप से तैयार नहीं हैं, पर उसे लगता था कि यदि इस अपमान को सह लिया गया तो यादवों की हिम्मत टूट जाएगी। बृहद्बाल और सात्यकि के नेतृत्व में जो तरुण थे, वे यादवों की प्रतिष्ठा पर हुए इस आघात का सचोट उत्तर देने के लिए तत्पर थे। वे आमन्त्रण

बिना ही कुण्डिनपुर जाकर रुक्मिणी को हर लाने के पक्ष में थे। उनकी मान्यता थी कि तीन महीनों में भली-भाँति सशक्त हो जाएँगे। वसुदेव, अक्रूर और अन्य सरदारों को विक्रदु की सलाह ही ठीक लगी। कोई कड़ी कार्रवाई करना उन्हें पसन्द न था।

अन्त में राजा उग्रसेन ने कृष्ण की ओर देखा, कृष्ण ने अब तक इस चर्चा में भाग नहीं लिया था।

''वासुदेव! तुमने कुछ कहा नहीं। तुम्हारा क्या मत है?''

''महाराज! अब तक जो कुछ कहा गया है उससे यदि मैं सहमत नहीं होऊँ तो मुझे क्षमा करें। पर मैं समझता हूँ कि राजा भीष्मक ने हमें निमन्त्रण नहीं भेजा, यह उचित ही है।''

सब आश्चर्य में पड़ गए। बृहद् के दल ने इस कथन के प्रति अपने तिरस्कार को छुपाने का भी प्रयत्न नहीं किया।

बृहद् ने कहा, ''तुम क्या कहना चाहते हो, हम भीष्मक के चरण छुएँ?''

कृष्ण ने स्वस्थता से उत्तर दिया, ''इसमें हमारा अपमान हुआ ही नहीं। स्वयंवर में सामान्यतः राजाओं और राजकुमारों को आमन्त्रित किया जाता है, और महाराज, आपकी वय स्वयंवर में जाने की है नहीं तथा मथुरा के युवराज के रूप में अभी तक किसी का अभिषेक नहीं हुआ है।''

शंकु ने कहा, ''क्या तात्पर्य है तुम्हारा? हममें से कई सरदार अपने-अपने गाँवों के स्वामी हैं।''

''राजा भीष्मक अपनी पुत्री का विवाह किसी सरदार के साथ नहीं, राजा या राजकुमार के साथ करना चाहते हैं। राजन्, हमारे किसी यादव सरदार का स्थान राजा भीष्मक की पुत्री के स्वयंवर में नहीं हो सकता।''

सभागृह में शान्ति छा गई। यह बात सच थी कि स्वयंवर में भाग ले सकने योग्य कोई युवराज मथुरा में न था।

''कृष्ण! तुम तो युवराज से भी विशेष हो,'' राजा ने कहा, ''मैं यह राजगद्दी तुम्हें सौंपने को आतुर हूँ। बस तुम्हारे हाँ भरने की देर है।''

बृहद्बाल ने रोष से कृष्ण की ओर देखा। उसे लगा, कृष्ण फिर राजगद्दी हड़पने की चाल चल रहा है।

''राजगद्दी के बारे में मेरे मत में अब भी कोई परिवर्तन नहीं हुआ, महाराज!'' कृष्ण ने मुस्कराकर कहा, ''आपकी इस कृपा के लिए मैं कृतज्ञ हूँ, पर मैं गोपाल ही बना रहना चाहता हूँ। मेरी बात मानें तो अपनी पसन्द के युवराज को ही आप इस पद पर नियुक्त करें।''

सभी लोग बड़े ध्यान से कृष्ण को सुन रहे थे। उन्होंने आगे कहा, ''राजन्!

गोमन्तक से हमारे लौटने से पहले जब यह शंकास्पद था कि हम आएँगे या नहीं, तब आपने बृहद्बाल को युवराज के पद पर नियुक्त करने का विचार किया था। उत्तरायण प्रारम्भ होते ही आप उनका अभिषेक करें।''

बृहद्बाल और उसके मित्र आश्चर्यचकित हो गए। कई वरिष्ठ लोग कृष्ण की इस उदार उक्ति को मुग्ध-प्रशंसा भाव से सुन रहे थे। कृष्ण अपूर्व समझदारी के साथ राज्य में बढ़ रही आन्तरिक अशान्ति को मिटाने का प्रयास कर रहे थे। एकमात्र अक्रूर ही आँखें फाड़े आश्चर्य से देख रहे थे। उनका विचार था कि यदि बृहद् मथुरा का राजा बना तो सब चौपट हो जाएगा। पर कृष्ण में उन्हें श्रद्धा थी। अपनी शंका प्रकट करना उन्होंने उचित न समझा।

कृष्ण ने कहा, ''राजन्! इसके बाद राजा भीष्मक को आप सन्देश भेज सकेंगे कि हमारे युवराज बृहद्बाल को भी निमन्त्रण भेजा जाना चाहिए। यदि वे निमन्त्रण भेजने से मना करें तो हम इस अपमान का बदला भी ले सकेंगे।''

वसुदेव ने कहा, ''पर इसका अर्थ तो यही हुआ कि कुण्डिनपुर के पास लड़ाई होगी।''

सेनापति शंकु बोले, ''अपमान का बदला लेना हो तो लड़ाई होगी ही!''

''लड़ाई तो होगी ही,'' सत्राजित ने कहा। वह युद्ध के लिए अधीर हो रहा था। ''और आर्यावर्त के लिए यह कोई नई बात नहीं। धर्म के अवतार भीष्म पितामह क्या काशीराज की तीन पुत्रियों का हरण नहीं कर लाए थे!''

उग्रसेन ने कहा, ''परन्तु जरासन्ध की सेना ने हमें हरा दिया तो?''

बृहद्बाल का चेहरा फीका पड़ गया।

कृष्ण ने स्वस्थता से कहा, ''यह तो निश्चित है कि यदि भाई बृहद्बाल कन्या का अपहरण करेंगे तो जरासन्ध और भीष्मक की प्रतिष्ठा को गहरा धक्का लगेगा।''

विक्रदु ने पूछा, ''बृहद्बाल हार जाए तो?''

''हम सब लोग यदि इनके पीछे प्राणपण से लग जाएँ तो यह नहीं हारेंगे,'' कृष्ण ने कहा, ''पर भाई बृहद्बाल और तरुण सरदारों को गुरुदेव सान्दीपनि के पास जाकर शस्त्र-शिक्षा लेनी होगी। हमारी रथ-स्पर्धा भी हमारे रथियों को युद्ध के लिए तैयारी करने का अवसर देगी।''

बृहद्बाल ने पूछा, ''और तुम वहाँ आओगे?''

''उद्धव तो आएगा ही। मेरे बड़े भैया भी आएँगे। रही मेरी बात, सो मैं राजकुमारी या किसी भी स्त्री को उसकी इच्छा के विरुद्ध ले जाना धर्म के विरुद्ध मानता हूँ। फिर भी जब लड़ाई छिड़ेगी तो भाई बृहद् के एक संकेत पर मैं उनकी सहायता को पहुँच जाऊँगा।''

चर्चा समाप्त होने पर, बृहद्बाल अपने समक्ष भावी सम्भावनाओं को सोचकर काँप उठा। विक्रदु ने जिस पराजय की सम्भावना पर जोर दिया था, उसे वह सच लगी। 'मैं हारूँ तो क्या! यह भी कृष्ण की एक चाल है,' वह मन-ही-मन बड़बड़ाया।

घर लौटते समय श्वेतकेतु ने कृष्ण से कहा, ''वासुदेव, बृहद्बाल अपहरण कर लाया तो भी राजकुमारी रुक्मिणी उससे विवाह नहीं करेगी।''

''धीरे-धीरे वह भी मान जाएगी,'' कृष्ण ने हँसी में टालना चाहा, ''कितनी ही राजकुमारियाँ अपहरण किए जाने के बाद अपहरणकर्ता से विवाह कर सुखी हुई हैं।''

''फिर तुम्हारा क्या होगा?''

''मैं किसी से भी इस तरह विवाह नहीं करना चाहता।''

सभा की समाप्ति पर बृहद् अपनी माँ से मिला। कंसा भी यह जानने के लिए अधीर थी कि सभा में क्या हुआ। बृहद् क्रोध से लाल-पीला हो रहा था। ''माँ! इस ग्वाले ने अन्ततः हमें अपने फन्दे में फाँस ही लिया। मुझे तो मार ही डाला इसने।''

''हुआ क्या?''

''मुझे अपने रास्ते से हटाने का उपाय उसने ढूँढ़ लिया है,'' बृहद् ने असहाय भाव से कहा। फिर सभा में जो कुछ हुआ उसका विवरण देते हुए बोला, ''कृष्ण बहुत चतुर है। वह मुझे युवराज पद पर देखना चाहता है। वाह भाई! वाह! कितना उदार है तू! जरासन्ध और उसके साथियों के सम्मुख युद्ध में मुझे धकेल देने की कैसी युक्ति है! वाह री उदारता! यदि आवश्यकता हुई तो वह मेरी सहायता करने भी आएगा और विजय का यश स्वयं ले जाएगा...नीच, स्वार्थी।''

''महाराज ने क्या कहा?''

''महाराज ने युवराज के पद पर मुझे नियुक्त करना स्वीकार किया क्योंकि रुक्मिणी के स्वयंवर में मुझे भेजने के कृष्ण के प्रस्ताव पर उन्होंने सहमति दी।''

''इससे बचना कठिन है। तू युवराज-पद पर बैठता है तो तुझे मौत के मुँह में धकेल दिया जाएगा। और उससे मना करता है तो तेरा सब किया-धिया मिट्टी में मिल जाएगा।''

''और जीवन-भर कायर कहलाऊँगा, यह ऊपर से। सात्यकि यह जानकर प्रसन्न हो उठा है कि मैं युवराज बन जाऊँगा। वह तो युद्ध में पराक्रम दिखाना चाहता है। उसे मृत्यु का भी भय नहीं।''

''हम लोग कुछ उपाय सोच ही लेंगे, बेटे! तू चिन्ता मत कर।''

बृहद्‌बाल की द्विधा (ख)

बृहद्‌बाल को आशा थी कि विशाखा अपने पति पर आई इस विपत्ति को जानकर रोने लगेगी। उसे सान्त्वना देगी। बृहद् ने उसे सारी बात बताकर कहा कि मुझे मिटाने के लिए यह कृष्ण की नई चाल है। विशाखा अन्धक सरदार और कंस के सेनापति प्रद्योत की पुत्री थी। उसका मन इस कल्पना से विभोर हो उठा कि उसका पति जरासन्ध के विरुद्ध लड़नेवाली सेना का नायक होगा। पिता से मिली उसकी वीरता की विरासत जाग उठी। बृहद् की घबड़ाहट देखकर वह क्रोधित हो उठी। बोली, ''अपनी योग्यता दिखाने का आपके लिए यह अपूर्व अवसर है। आपको यादवों की रक्षा करनी होगी। राजनीतिक खेल के प्यादे की तरह राजकुमारियों की इस अदला-बदली को रोकने का आपको अनायास ही सौभाग्य प्राप्त हुआ है। यदि आप सफल हुए तो आपकी कीर्ति दिग्दिगन्त में फैल जाएगी। भगवान महादेव ने आपको ऐसा सुअवसर दिया है जो वीरों को शत-शत जीवन में एकाध बार मिलता है। कृष्ण, बलराम और उद्धव आपके सहायक होंगे तो विजयश्री निश्चित ही आपके चरण चूमेगी।''

''तो तुम भी यही चाहती हो कि मैं मर जाऊँ!''

''आपका कुछ अनिष्ट नहीं होगा। मेरे पिता सदा यही कहा करते थे कि कायर की पत्नी होने से वीर की विधवा होना अधिक श्रेयस्कर है।'' विशाखा ने तिरस्कार से कहा और पति की ओर से मुँह फेरकर रोने लगी।

दूसरे दिन बृहद् अपनी माँ से मिला। वह रो रही थी। कहा, ''इस समय तेरे अनिष्ट ग्रहों का प्रभाव बढ़ता दिखाई देता है।''

बृहद् ने सात्यकि, विराट, सत्राजित और भद्रक को बुलाकर उनकी सलाह ली।

''कृष्ण तो सियार से भी अधिक धूर्त है। मेरे लिए कैसा जाल बिछाया है!''

''इसमें जाल क्या है!'' सात्यकि ने कहा, ''उसने तो अपना वचन निभाया है। हमें ऐसा अवसर दिया है, जिसकी प्रतीक्षा हम इतने दिनों से कर रहे थे। भीष्मक की पुत्री का जरासन्ध की आँखों के सामने अपहरण करना क्या कम साहस का काम है! यह तो महान अवसर है।''

''मैं कायर नहीं,'' बृहद् बोला, ''रणक्षेत्र में मृत्यु का वरण करने को मैं तैयार हूँ, पर जीतने की कोई सम्भावना तो होनी चाहिए! इस युद्ध में मुझे तो कोई वीरता नहीं दिखाई देती, यह तो निरा पागलपन है।''

सात्यकि ने कहा, ''पर कृष्ण ने साथ देने का वचन दिया है।'' वह इस नए अभियान में अपूर्व साहस दिखाने के सपने देख रहा था।

''वह हमारे साथ तो होगा, पर हमारी सहायता करेगा ही यह कहाँ निश्चित है!'' बृहद् ने शंका प्रकट की।

''छीः, हम जरासन्ध से हारें तो क्या वह मुँह ताकता रहेगा?''

बृहद् ने कहा, ''जरासन्ध उसे मारना चाहता है, मुझे नहीं। कृष्ण मेरी ओट में छिपना चाहता है।''

विराट ने कहा, ''पर यदि हम उसकी मदद से भी जीते तो भी विजय तो हमारी ही कही जाएगी न!''

''मानो कि मैं पहले ही वार में खत्म हो गया तो?'' बृहद्बाल ने कहा।

''हूँ!'' सात्यकि ने तिरस्कार से कहा, ''तुम्हें तो घर पर ही बैठे रहना चाहिए।''

''पर यह तो साक्षात् मौत के मुँह में जाना होगा,'' विराट ने कहा, ''मुझे तो बृहद् की बात सच लगती है।''

सात्यकि रोष से भर गया, ''तुम सबको हो क्या गया है! पहले तो हम सबने बृहद् को युवराज-पद दिलाने के लिए कृष्ण से वचन लिया। कृष्ण ने केवल एक शर्त रखी कि बृहद् को धर्म का पक्ष लेना होगा। यादवों की प्रतिष्ठा की रक्षा करना और झूठे स्वयंवर को रोकना हमारा धर्म है। बृहद्बाल! तुम युवराज तो बनना चाहते हो, पर उसके दायित्व से कतराना चाहते हो!''

''परन्तु यह...''

''मुझे तुम्हारी बात समझ में नहीं आती। हम मथुरा पर शासन करना चाहते हैं, पर संकट से भागते हैं—कृष्ण अपना जीवन संकट में डालने को तैयार है तब भी! हम कायर हैं, निरे कायर! हमें धर्म की रक्षा करने जाना ही होगा। बृहद् को युवराज-पद स्वीकार कर यादवों की प्रतिष्ठा की रक्षा करनी ही होगी।''

''मुझे लगता है कि हमारे लिए और कोई चारा नहीं रहा। खूब फँसे हैं, हम लोग।'' विराट ने कहा।

भद्रक ने कहा, ''तुम लोग मुझे कृष्ण को ही समाप्त करने की अनुमति दे देते, यही अच्छा था।''

बृहद्बाल ने कहा, ''मैं कृष्ण की कुटिल चाल का भोग बनने को तैयार नहीं।''

''पर हम भी तुम्हारी कायरता का भोग बनने को तैयार नहीं। तुम युवराज बनना चाहते हो तो हमारी प्रतिष्ठा की रक्षा करो, नहीं तो अपनी महत्त्वाकांक्षा ताक पर रखो।'' सात्यकि ने कहा और चला गया।

बृहद् ने सोचा कि परिस्थिति भयंकर हो चली है। चन्दन और पुष्प से अलंकृत हो बलि का बकरा बनना ही होगा। वह चाहे जो कहे। उसमें विरोध करने की भी

शक्ति कहाँ! उसे तो स्त्री की पोशाक पहननी होगी। जरासन्ध की तलवार उसके गले पर अवश्य पड़ेगी।

क्या यादव मूर्ख नहीं? इसमें अपमान कैसा? भीष्मक की पुत्री का स्वयंवर है, उसमें किसे बुलाए, किसे नहीं, यह उसका काम है। फिर उसकी बात ठीक भी है। उग्रसेन वृद्ध हुए हैं, युवराज कोई है नहीं और यही क्यों, प्राचीन परम्परा के अनुसार तो कोई यादव राजा हो ही नहीं सकता।

भीष्मक ठीक ही तो कर रहे हैं। यादवों के पूर्वज यदु को उनके पिता ययाति का शाप था कि उनके पुत्र कभी राजा नहीं हो सकते। उग्रसेन को सब मानपूर्वक राजा कहते हैं। ऐन्द्र अभिषेक से उन्हें राज्यपद पर कब नियुक्त किया गया था। मथुरा में राजा ही न हो तो फिर युवराज कहाँ से आए! कृष्ण चतुर बनकर राजा होने से इनकार करता है।

यह अनुचित है–नियम के विरुद्ध जाना अनुचित है। कंस ने नियम भंग किया। उसका क्या अन्त हुआ! उसकी माता कंसा भी मूर्ख है–राजमाता बनने की लालसा में वह अपने ही पुत्र का अहित कर बैठी।

मित्र सभी स्वार्थी हैं। उन्हें मेरी ओट में अपनी सत्ता बढ़ानी है। सात्यकि युद्ध पर तुला हुआ है। विशाखा भी मूर्ख है। वह चाहती है कि उसका पति सुख से न जीकर वीरगति प्राप्त करे। बाप के यहाँ शिक्षा ही उलटी मिली न!

सबकी दृष्टि सीमित है। किसी को जरासन्ध की शक्ति का अनुमान नहीं। सब बड़ी उम्र के बच्चे हैं। मेरे मित्र शिक्षित योद्धा भी नहीं। गपशप और मद्यपान में जीवन बिताते हैं, इसलिए तो उन्हें रथ-स्पर्धा पसन्द नहीं। युद्ध में ये पहले ही वार में साफ हो जाएँगे, अथवा कायरों की तरह भाग जाएँगे। कृष्ण की बात सच है। उन्हें शिक्षा लेनी चाहिए। मथुरा को युद्ध के लिए तैयार करने की उसकी योजना अब समझ में आती है। तब तो मुझे इसकी कल्पना ही नहीं थी।

वह कुटिल चाल चला तो उसका उत्तर भी कुटिल चाल से ही देना चाहिए। कृष्ण ने जो जाल फैलाया है, उसमें वह स्वयं ही फँसेगा। वह निश्चित ही मरेगा। यदि मुझे मरना ही हो तो मैं कृष्ण की पसन्द की हुई मौत क्यों मरूँ! अब मैं भी वीर बनने के मोह में चूर सात्यकि जैसे मित्रों को सिद्ध कर दूँगा कि वे कितने मूर्ख हैं।

बृहद्‌बाल उत्साहित हो उठा। उस रात वह राजा उग्रसेन के पास गया और उन्हें नम्रतापूर्वक प्रणाम किया।

''महाराज! इस समय आकर जो मैंने विक्षेप किया, उसके लिए क्षमाप्रार्थी हूँ, पर मुझे आपसे एक अत्यन्त आवश्यक निवेदन करना है।''

''क्या है?'' महाराज ने श्रमित स्वर में पूछा।

“कृष्ण ने अत्यन्त उदारतापूर्वक कहा कि मुझे युवराज-पद स्वीकार करना चाहिए, पर यादवों के सच्चे तारनहार कृष्ण ने बचपन से ही कैसे-कैसे चमत्कार दिखाए हैं। वह भगवान यदि नहीं भी है, फिर भी भगवान जैसा तो है ही। किसी की सहायता के बिना ही उसने तथा बलराम ने जरासन्ध को परास्त कर दिया था। वह हम सबमें महान है और धर्मानुरागी है। मथुरा में, आपके बाद उसका ही स्थान हो सकता है। उसका यह स्थान मैं लूँ, यह मुझे उचित नहीं जान पड़ता।”

“अच्छा!” अपने नाती के मुँह से इतनी समझदारी की बात सुनकर राजा को आश्चर्य हुआ। “तूने भली प्रकार सोच लिया है न?”

“सच कहता हूँ, महाराज! कृष्ण ही हमारे पूर्वजों की कीर्ति को और उज्ज्वल कर सकता है। मैं सदा उसके प्रति निष्ठावान रहूँगा। कभी अन्याय नहीं करूँगा।”

“तो तू युवराज नहीं बनना चाहता?” राजा ने मुक्ति की साँस लेते हुए कहा। उनके मन ने बृहद् को युवराज-पद के लिए स्वीकार नहीं किया था।

“मेरी तो यही इच्छा है महाराज कि कृष्ण कुण्डिनपुर जाकर हमारी प्रतिष्ठा की रक्षा करे। वह वीर है। उसके लिए यह कोई बड़ी बात नहीं।”

“वत्स! तुममें सुबुद्धि जागी, यह देखकर मैं अत्यन्त प्रसन्न हूँ। युवराज-पद पर तुझे बिठाने का निर्णय मैं अवश्य बदल दूँगा।”

“और कृष्ण कुण्डिनपुर जाएगा। मुझे विश्वास है कि वह अवश्य जीतेगा!” बृहद् ने विडम्बनात्मक स्वर में कहा।

“हाँ, वह अवश्य जीतेगा।” राजा ने श्रद्धापूर्वक कहा।

श्वेतकेतु का शैव्या से पुनर्मिलन

उस रात कंसा को नींद नहीं आई। वह इसी चिन्ता में करवटें बदलती रही कि इस नई समस्या का समाधान किस प्रकार निकले। सुबह होते ही वह वसुदेव के महल में गई और माता देवकी से शिष्टाचारवश मिलकर तुरन्त शैव्या के पास जा पहुँची।

कंसा ने कुछ ही दिनों में शैव्या के मन में घर कर लिया था। शैव्या को उस समय किसी की सहानुभूति की आवश्यकता थी। कंसा सदा उस पर दया दिखाती, उसकी विपत्ति पर झूठे आँसू बहाती और इससे उत्साहित हो शैव्या बड़े चाव से अपने चाचा के देवत्व की, करवीरपुर के अपने स्वर्णिम दिनों की और कृष्ण की घात तथा अपने प्रति किए गए उनके दुर्व्यवहार की चर्चा करने लगती। वह बिलख-बिलखकर बताती कि कृष्ण ने कैसे उसका जीवन मटियामेट कर दिया।

कंसा बड़ी सहानुभूति से शैव्या की बातें सुनती और फिर अपना दुखड़ा सुनाने

बैठ जाती कि किस प्रकार कंस ने उसका जीवन भी संकटमय कर दिया है। वह खूब नमक-मिर्च लगाकर कृष्ण की करतूतें बताती–किस प्रकार उन्होंने एक के बाद एक अपने सभी शत्रुओं का सफाया किया, अपने मामा को निर्दयतापूर्वक मारा, कृष्ण के प्रति समान शत्रुभाव रखने से दोनों एक-दूसरे से घुलमिल गईं। कृष्ण-द्वेष ने उन्हें एक बना दिया। कृष्ण की नित्यप्रति निन्दा सुन-सुनकर शैव्या उनसे घोर घृणा करने लगी।

आज भी कंसा ने अपनी नयी समस्या का वर्णन बड़े नाटकीय भंगिमा से किया। स्वर में करुणा भरकर बोली, ''इस कृष्ण ने हम पर विपत्तियों का पहाड़ ढा दिया है। अब मेरा बेटा युवराज तो क्या बनेगा, उलटा बेचारा जाल में फँस जाएगा। उसे मृत्यु के मुख में झोंकने के लिए कृष्ण ने यह खेल खेला है। हे भगवान! इसकी दुष्टता ने हमें किस मुसीबत में डाल दिया है! मेरे पति-पुत्र बेचारे इतने भले हैं कि उन्हें संसार की किसी बात से कोई लेना-देना नहीं। वे कुल के अग्रज वसुदेव को ही अपना सबकुछ माने बैठे हैं। छोटा लड़का उद्धव तो उनसे भी गया-बीता है, वह तो कृष्ण का पूरा दास है।''

शैव्या ने कंसा की बातों का समर्थन किया। कंसा अपनी नाटकीयता को पराकाष्ठा पर ले गई और रोते-रोते शैव्या से लिपटकर विलाप करने लगी, ''हे भगवान! इस गोपाल को कब मौत आएगी! बेचारी शैव्या ने करवीरपुर में ही उसे समाप्त करने का प्रयास किया था, तभी वह मर क्यों न गया।''

शैव्या अपना दुख भूलकर उसे सान्त्वना देने लगी, ''आप मेरी चिन्ता न करें। मुझे पूरा विश्वास है कि मेरे वासुदेव की हत्या करनेवाला जीवित नहीं रह सकता।''

शैव्या रात-भर कृष्ण से प्रतिशोध लेने के बारे में सोचती रही। उसे लगा, शृंगलव वासुदेव की आत्मा को कृष्ण की बलि पाकर ही सन्तोष होगा और किसी प्रकार उन्हें शान्ति नहीं मिलेगी।

दूसरे दिन प्रातःकाल वह नहा-धोकर अपने चाचा की मूर्ति की पूजा करने बैठी। बड़े भक्तिभाव से प्रतिमा के आगे नतमस्तक हो, उसने शक्ति की याचना की–''मेरे वासुदेव! अपने हत्यारे को मृत्यु प्रदान करो!''

बगल के खण्ड में माँ देवकी बालकृष्ण की प्रतिमा की पूजा कर रही थीं। वे बड़े प्रेम से ध्यानमग्न हो, उनकी आरती उतार रही थीं। त्रिवक्रा मंजीरे बजाती कृष्ण-भक्ति के गीत गा रही थी। उनका स्वर सुनकर शैव्या ने नाक-भौं सिकोड़ा, ''ये स्त्रियाँ कितनी मूर्ख हैं! कृष्ण के पीछे बावली हो रही हैं, बल्कि कृष्णमय बन रही हैं। वह कृष्ण जो मेरे चाचा का हत्यारा है!'' तभी वसुदेव का कण्ठ-स्वर सुनाई

पड़ा। शैव्या कान लगाकर सुनने लगी। वसुदेव सारथी को रथ तैयार करने की आज्ञा दे रहे थे। वे कृष्ण को लिवा लाने वहाँ जा रहे थे, जहाँ यादव सरदार रथ-स्पर्धा की तैयारी कर रहे थे।

उसने सोचा, वसुदेव कृष्ण पर कितना स्नेह रखते हैं! कृष्ण लौटेंगे, तभी सब पुरुष भोजन करने बैठेंगे। माँ देवकी अपने हाथ से परोसेंगी। कैसे विचित्र हैं, ये लोग! करवीरपुर में तो ऐसे परिवार कहीं नहीं दिखाई पड़ते। यहाँ सब माता-पिता का आदर करते हैं। अपने से बड़ों के प्रति सबका विनम्र भाव रहता है। कंसा और बृहद्बाल इतने असन्तुष्ट होते हुए भी कभी शिष्टाचार का त्याग नहीं करते।

क्षण-भर के लिए अपने शत्रु कृष्ण की मोहिनी छवि उसकी आँखों के आगे छा गई। उनका सस्मित शरीर, भावपूर्ण नयन, सुन्दर व्यक्तित्व, अपार शक्ति और अनन्त करुणा उन्हें असाधारण बना देती है। वे कितने विनम्र, कितने विवेकपूर्ण हैं! माँ देवकी कहती हैं कि कृष्ण भगवान हैं। मेरे चाचा दिन-रात स्वयं को भगवान घोषित करते रहते थे, पर कृष्ण अपने मुख से भगवान होने का कभी कोई दावा नहीं करते। कहते हैं, जब ये बालक थे, तब वृन्दावन की गोपियाँ इनकी प्रशंसा में गीत गाती थीं। इनके साथ नृत्य करती थीं। यहाँ पर भी ये सबसे समान स्नेह रखते हैं। छोटे-से-छोटे व्यक्ति के लिए भी इनके मन में उपेक्षा नहीं रहती। इस घर के दास-दासी भी कृष्ण को अपना समझते हैं।

ये मेरे भी बड़े भाई बनते हैं—दम्भी कहीं के! मैं इतने-इतने कठोर शब्दों का प्रयोग इनके लिए करती हूँ और एक ये हैं कि इनके चेहरे पर कभी कोई शिकन नहीं! बल्कि उलटे मुझे प्रसन्न रखने की इनकी निरन्तर चेष्टा रहती है। मेरे लिए अमूल्य भेंट भी लाते रहते हैं।

करवीरपुर के राजप्रासाद में सब एक-दूसरे से झगड़ते रहते थे। स्निग्ध व्यवहार तो कोई जानता ही नहीं था। और एक यह वसुदेव का परिवार है। कितना भिन्न! केवल कंसा और बृहद् यह मानते हैं कि कृष्ण दुष्ट है, फिर भी ऐसा किसी के सामने कभी नहीं कहते।

हाँ, मैं कृष्ण को धिक्कारती हूँ। कंसा के खण्ड में जो कटार पड़ी थी, उसे मैंने चुपके से उठा लिया। कंसा का ध्यान उस ओर नहीं गया या वह जानबूझकर अनजान बन गई। अब मैं कृष्ण की प्रतीक्षा करूँगी—वे आज सन्ध्या को या कल सुबह मुझसे मिलने अवश्य आएँगे।

शैव्या माता देवकी के पास गई। वह मध्याह्न भोजन की तैयारी कर रही थीं। शैव्या चुपचाप जाकर उनका हाथ बँटाने लग गई ताकि किसी को कोई सन्देह न हो।

आँगन एकाएक शोरगुल से भर गया। रथों की गड़गड़ाहट, घोड़ों की हिनहिनाहट और पुरुषों की हँसी वातावरण में गूँज उठी। कृष्ण के कोमल और शान्त स्वर को शैव्या ने तुरन्त पहचान लिया। एक और परिचित स्वर भी उसे सुनाई पड़ा।

हाँ, यह श्वेतकेतु का ही स्वर था। श्वेतकेतु के आगमन के समाचार उसे मिल चुके थे। कभी वह श्वेतकेतु को बहुत चाहती थी। पर इसी श्वेतकेतु ने उसके प्रेम की उपेक्षा की। उसके साथ घात किया–उसके और उसके वासुदेव दोनों को धोखा दिया। वह विचित्र उत्तेजना का अनुभव कर रही थी। कभी यह स्वर उसे अत्यन्त प्रिय लगता था। उसने सोच रखा था कि श्वेतकेतु शृंगलव वासुदेव का सम्पूर्ण अनुचर बनकर रहे तो चाचा का आशीर्वाद प्राप्त कर वह उसका वरण करेगी। और श्वेतकेतु ने धोखा दिया–इस दुष्ट कृष्ण के लिए!

पुरुष भोजन करने बैठे। परिवार के प्रमुख के नाते वसुदेव मध्य में बैठे। उनके बाद उनके भाई और फिर कुटुम्ब के सभी बड़े-छोटे। कृष्ण इन सबके बीच उद्धव के साथ बैठे। वे इन बातों में बड़े कुशल थे। श्वेतकेतु अब आचार्य थे, इसलिए वे गर्गाचार्य और अन्य आचार्यों के साथ बैठकर भोजन कर सकते थे। पर वे भी कृष्ण की बगल में ही बैठे।

कई महीनों से शैव्या ने श्वेतकेतु को नहीं देखा था। उनका व्यक्तित्व अधिक आकर्षक बन गया था। उनके गुच्छेदार बाल, काली दाढ़ी, ललाट पर त्रिपुण्ड और व्याघ्रचर्म का कमरबन्ध बहुत सुन्दर लग रहे थे। श्वेतकेतु की आँखें भी शैव्या को ढूँढ़ रही थीं। दोनों की आँखें मिलीं। वह बिलकुल शीत और उदासीन दिखना चाहती थी, पर श्वेतकेतु के देखते ही उसका दिल जोरों से धड़कने लगा। श्वेतकेतु मुस्कराया। शैव्या ने निश्चय किया कि इस धूर्त के सामने कठोर मुखमुद्रा बनाए रखे, परन्तु जाने कैसे उसके बन्द होंठों से मुस्कान फूट ही पड़ी। वह बड़बड़ा उठी, ''हे भगवान! यह श्वेतकेतु कृष्ण का दास न बना होता और मेरे चाचा जीवित रहते तो हम दोनों करवीरपुर में कितने सुखी होते!''

अन्य स्त्रियों की भाँति वह परोसने का काम करने लगी। जब वह वहाँ आई जहाँ कृष्ण और श्वेतकेतु बैठे थे, तो उसका हृदय जोरों से धड़कने लगा। इनमें से एक की वह आज रात हत्या करनेवाली थी। और दूसरा अब उसका कहाँ रहा! उसके हाथ काँपने लगे।

कृष्ण ने धीरे से कहा, ''ऐ छोटी बहन, खा-पीकर जब तुम निपट लोगी तब इस महान आचार्य को तुमसे मिलाने के लिए लाऊँगा।''

शैव्या को बड़ा क्रोध आया। हाथ की थाली कृष्ण के सिर पर पटक देने का मन हुआ। पर कृष्ण हँस रहे थे। श्वेतकेतु का मुख लज्जा से लाल हो गया। 'पहले भी जब मैं कुछ कहती, यह लजा जाता था। दुष्ट! अब भी मुझे प्रेम करता है।'

शैव्या ने मन-ही-मन कहा। बड़ी कठिनाई से वह अपने पर नियन्त्रण रख सकी। उसे लगा कि उसका हृदय कहीं अधिक जोर से धड़कता-धड़कता फट न जाए!

पुरुषों का भोजन हो जाने के बाद स्त्रियाँ खाने बैठीं। शैव्या कठिनाई से दो-चार कौर खा सकी। भोजन के बाद उसने सोने का प्रयत्न किया, पर सो न सकी। अपने शत्रु की प्रतीक्षा उसे विचलित कर रही थी।

बाहर पदचाप सुनाई पड़ी। वह उठ बैठी। एक बार फिर उसका हृदय जोरों से धड़कने लगा। त्रिवक्रा उसे बुलाने के लिए आ रही थी। वह खड़ी हो गई। वस्त्रों और अलंकारों को ठीक किया। पीछे से उद्यान में आम्रवृक्ष के नीचे कृष्ण और श्वेतकेतु उसकी प्रतीक्षा कर रहे थे।

यह आम्रवृक्ष कृष्ण को बहुत प्रिय था। दिन में वे और उद्धव वहाँ बैठते, रात में वहीं सो रहते। अत्यधिक शीत या वर्षा के अतिरिक्त परिवार के अविवाहित युवक मैदान में ही सोते थे। शैव्या को मालूम था कि रात में कृष्ण कहाँ सोते हैं। आज मध्यरात्रि में वह वहीं जानेवाली थी।

"देखो बहन, यह मेरे मित्र गुरु और महाविद्वान आचार्य श्वेतकेतु हैं," कृष्ण ने विनोद के स्वर में कहा, "इन्होंने कुण्डिनपुर के भोज योद्धाओं को शिक्षा देने के लिए वहाँ एक आश्रम की स्थापना की है। ये तुमसे विवाह करने के इच्छुक हैं और तुम्हारा बड़ा भाई होने के नाते मेरी अनुमति लेने आए हैं। कहते हैं, मुझे शैव्या से ही विवाह करना है, और अब प्रतीक्षा करने को तनिक भी तैयार नहीं हैं।"

शैव्या ने कृष्ण को रोषपूर्ण दृष्टि से देखा। एक द्रोही की उपस्थिति में विवाह की बात करना उसे पसन्द न था।

"त्रिवक्रा को और मुझे बहुत से काम हैं। हम जा रहे हैं," कृष्ण उसी तरह विनोद से बोले, "और श्वेतकेतु! कुछ कठिनाई का अनुभव हो तो इसे लेकर भाग जाना। बड़ा भाई होने के नाते मुझे पीछा करना पड़ेगा, परन्तु जा, मैं तुझे वचन देता हूँ कि मैं तेरा पीछा नहीं करूँगा।" हँसते-हँसते कृष्ण चले गए। त्रिवक्रा ने भी उनका अनुसरण किया।

शैव्या वृक्ष के चारों ओर बने चबूतरे के सामने दृढ़ता से खड़ी रही। कुछ देर तक वह या श्वेतकेतु किसी के मुँह से बोल न फूटा।

"शैव्या! कृष्ण की बात सच है कि मैं तुम्हारे बिना जीवित नहीं रह सकता। दिन-रात मैं तुम्हारे लिए तड़पता हूँ। मैं तुम्हें अपनी पत्नी बनाने और कुण्डिनपुर ले जाने के लिए आया हूँ!"

"तुम झूठ बोलते हो!" वह चिल्ला उठी, "तुम अपने प्रिय मित्र को यह समाचार देने आए हो कि राजा भीष्मक ने स्वयंवर की योजना बनाई है और उसमें उसे निमन्त्रित नहीं किया गया।"

‘‘तुम्हारी जानकारी कुछ कम नहीं लगती। हाँ, मैं सम्राट् जरासन्ध द्वारा कृष्ण और मथुरा के यादवों का नाश करने के लिए रचे गए भयंकर षड्यन्त्र का समाचार देने आया हूँ।’’

‘‘वह मर जाए तो अच्छा।’’ शैव्या ने दाँत पीसते हुए कहा, ‘‘तुम्हें इस व्यक्ति में इतनी रुचि क्यों है! इसी के लिए तुमने मेरे साथ घात किया, और इसी के लिए अब भीष्मक के साथ विश्वासघात कर रहे हो। तुम्हारा यह द्रोह तुम्हें कहाँ ले जाएगा!’’

‘‘शैव्या! तुम कैसी बातें कर रही हो! तुम करवीरपुर के नियम यहाँ भी लागू करना चाहती हो।’’

‘‘वे नियम तुम्हारे नियमों से अधिक अच्छे थे।’’

‘‘होंगे। पर, यहाँ और बात है। हम लोग धर्म के लिए जीते हैं। हमारे पूर्वज धर्मप्रवर्तन के लिए जिये और मरे। हमारे राजा कभी धर्म की सेवा से विमुख नहीं होते।’’

‘‘मेरे चाचा का क्या कोई धर्म नहीं था? जरासन्ध क्या किसी धर्म का पालन नहीं करता?’’

‘‘नहीं।’’ श्वेतकेतु ने दृढ़ता से उत्तर दिया, ‘‘वर्षों से जरासन्ध धर्म की अवहेलना करता आया है। वह स्त्रियों का शील भंग करता है, पुरुषों को दास बनाता है, हत्याकाण्ड करता है, आश्रमों को उजाड़ता है। अब हमारा तारनहार हमें मिला है।’’

‘‘यह गोविन्द! यह ग्वाला तुम्हारा तारनहार है! मेरे चाचा और स्वयं अपने मामा का हत्यारा! यही तुम्हारा तारनहार है!’’

‘‘तुम जब तक करवीरपुर के संसार से बाहर नहीं आतीं, तब तक तुम यह न समझ सकोगी। देवों के प्रताप और मनुष्यों के सुख का आधार धर्म है। राजा की इच्छा धर्म नहीं। राजा केवल धर्म का साधन है। कंस और तुम्हारे चाचा दोनों ने धर्म का तिरस्कार किया, अपनी इच्छा को ही उन्होंने शासन बना दिया। जरासन्ध भी यही कर रहा है। धर्म का पुनः संस्थापन होना ही चाहिए।’’ श्वेतकेतु ने अन्तिम वाक्य पर जोर देते हुए कहा।

‘‘अब तुम जरासन्ध का नाश कर अपने मित्र को धर्म की स्थापना करने में सहायता दोगे, यही न?’’

‘‘नहीं, वह जरासन्ध को धर्म की मर्यादा में लाएगा।’’

‘‘मानो कि तुम्हारा मित्र इतना न जिये तो?’’

‘‘यह कभी नहीं हो सकता,’’ श्वेतकेतु ने श्रद्धापूर्वक कहा, ‘‘देवर्षि नारद और महर्षि वेदव्यास ने कहा है कि उसने अधर्म को निर्मूल करने के लिए ही जन्म लिया

है। गुरुदेव और आचार्य गर्ग ने उसके विकास में योग दिया है। धर्मसंस्थापन में उसे सहायता देने का उन्होंने वचन दिया है।''

''अच्छा! यह बात है!'' शैव्या ने वक्र हँसी हँसते हुए कहा, ''तो फिर तुम यह झूठी बात क्यों करते हो कि तुम मुझसे विवाह करने के लिए आए हो?''

''क्या तुमने हर बात को उलटी समझने की सौगन्ध खा रही है! इस समय जो स्थिति है, उसमें मुझे तुम्हारे साथ की बड़ी आवश्यकता है। हम साथ-साथ कुण्डिनपुर जाएँगे।''

''यानि तुम मुझे अपने मित्र की गन्दी चाल की एक गोटी बनाना चाहते हो।''

''शैव्या, तुम अपने हृदय से पूछो कि श्वेतकेतु ऐसी किसी चाल में सम्मिलित हो सकता है?'' श्वेतकेतु ने भावनावश होकर पूछा, ''प्रभास में प्रथम बार तुमसे भेंट होने के बाद मैं तुम्हारे चरण की पूजा करता था। तुम एक बार हाँ कह देतीं तो मैं तुम्हारे साथ विवाह-बन्धन में बँध जाता। मैं अब भी तुम्हें चाहता हूँ, तुम्हारी कामना करता हूँ, तुम्हारे लिए तरसता हूँ, यदि तुम विवाह करने से मना करती हो तो मैं तब तक तुम्हारी प्रतीक्षा करूँगा, जब तक कि यमराज स्वयं आकर तुम्हारे स्नेह-बन्धन से मुझे मुक्त न कर दें और कौन जानता है, यमलोक में भी सम्भवतः मैं तुम्हारी ही प्रतीक्षा करता रहूँगा।''

शैव्या ने तिरस्कारपूर्वक कहा, ''पर, अब प्रतीक्षा मत करो। तुम्हारे मित्र को मेरी आवश्यकता है।''

''मैं अब और बाट जोहने की स्थिति में नहीं हूँ,'' श्वेतकेतु ने दृढ़ता से कहा, ''हम दोनों मिलकर अपने जीवन का एक अनोखा कार्य करनेवाले हैं।''

''वह अनोखा कार्य फिर कौन-सा है?''

''कृष्ण का नाश करने के लिए जरासन्ध ने चेदि के साथ सम्बन्ध स्थापित करने का निश्चय किया है। हम लोग उसकी इस इच्छा को कभी पूरी नहीं होने देंगे। इसके लिए रुक्मिणी और शिशुपाल के विवाह को रोकना होगा।''

''त्रिवक्रा मुझे बता रही थी कि रुक्मिणी तुम्हारे मित्र के प्रेम में पड़ी है।''

''हाँ, वह उसके प्रेम में पागल है। पर, पहले मैं इस झूठे स्वयंवर को विफल बना देना चाहता हूँ। फिर कृष्ण के साथ रुक्मिणी का विवाह करने में मुझे तुम्हारी सहायता की आवश्यकता होगी।''

''परन्तु तब तक रुक्मिणी किसी और से विवाह कर ले तो?''

''रुक्मिणी को मैं अच्छी तरह से जानता हूँ, वह दृढ़ मनोबल की स्त्री है। वह और किसी से विवाह करने की अपेक्षा मरना पसन्द करेगी।''

शैव्या ने मुँह बिगाड़कर कहा, ''सभी स्त्रियाँ ऐसा ही कहती हैं और फिर जहाँ भी माता-पिता सम्बन्ध तय करते हैं, चली जाती हैं।''

"तुम तो मेरे सिवा और किसी से विवाह नहीं करोगी न?" श्वेतकेतु ने कम्पित स्वर में पूछा, "शैव्या, हम भूतकाल को भूल जाएँ और भविष्य पर दृष्टि रखें। मुझे तुम्हारी आवश्यकता है। मुझे तुम्हारी सदा आवश्यकता रहेगी। अब तो मेरे कार्य में भी तुम्हारे सहयोग की आवश्यकता है।"

"कृष्ण रुक्मिणी के साथ विवाह करना स्वीकार करेगा?" शैव्या को अब इस बात में रस आने लगा था।

"तुम उसकी बहन हो, तुम्हीं मना लेना न!" श्वेतकेतु हँस पड़ा।

"देखो श्वेतकेतु! मैं तुम्हारे कृष्ण को धिक्कारती हूँ। मैं उसकी सहायता नहीं करूँगी। मेरा वश चले तो अपने चाचा के हत्यारे को मैं मृत ही देखूँ। तुम्हारे साथ विवाह करने की भी मेरी कोई इच्छा नहीं। तुमने मेरे चाचा और मेरे साथ विश्वासघात किया है। मैं तुमसे ब्याह नहीं करूँगी—कृष्ण के खेल में मोहरा मैं कभी नहीं बनूँगी। अब तुम जा सकते हो।"

"शैव्या! कृष्ण ने तुम्हें अन्धा बना दिया है।" श्वेतकेतु चबूतरे पर से उठ खड़ा हुआ और शैव्या की ओर देखते हुए बोला, "मैं तुम्हारी ना तो सुननेवाला ही नहीं हूँ। कुछ दिन और मैं यहीं हूँ और तुम्हें लेकर ही कुण्डिनपुर लौटूँगा, यदि तुम्हें बलपूर्वक उठा ले जाना पड़ा तो भी!"

"इस समय तो तुम चले जाओ!" शैव्या चीत्कार कर उठी।

"इस समय तो मैं चला जाता हूँ, पर वापस आऊँगा—अवश्य आऊँगा और तुम्हारा हृदय-परिवर्तन न हो तब तक आता रहूँगा!"

शैव्या का वैर

श्वेतकेतु के जाने के बाद शैव्या बहुत देर तक विमूढ़ बनी चबूतरे पर बैठी रही। जहाँ वह जन्मी और पली वहाँ के लोगों की रुचि संकुचित थी। वहाँ का जीवन-स्तर भिन्न था। उसे कल्पना भी न थी कि राजा की इच्छा के परे इस प्रकार नीति-शासन में लोग जीवित रह सकते हैं। उसके चाचा की प्रसन्नता प्राप्त कर धर्म की उपेक्षा करने के बजाय नर्क में रहना पसन्द करनेवाले आचार्यों की याद उसे आई। उसने सोचा—यह देश निराला है। यहाँ कृष्ण जैसा हत्यारा तारनहार माना जाता है।

कृष्ण के विषय में कुछ ऐसी बातें थीं जो उसकी समझ में नहीं आती थीं। करवीरपुर जीतकर उसने शुक्रदेव को सौंप दिया। करवीरपुरवासी ऐसे औदार्य की कल्पना भी नहीं कर सकते थे। कृष्ण ने रानी पद्मावती को भी अपनी सेवा करने के अपमान से बचा लिया था। वे ऐसा नहीं करते तो रानी के लिए आत्महत्या के

सिवा कोई उपाय न था।

त्रिवक्रा थाली लेकर आई। उसमें मिष्ठान्न और अलंकार थे। उसने कहा, ''माता देवकी ने यह सौगात भेजी है। उन्हें अभी-अभी पता चला है कि तुम्हारी सगाई श्वेतकेतु से हुई है। वे बहुत प्रसन्न हुईं।''

शैव्या ने रोष से पूछा, ''कौन कहता है कि मेरा विवाह श्वेतकेतु से होनेवाला है?''

''कृष्ण ने...''

''कृष्ण! कृष्ण! सारा दिन कृष्ण! मैं श्वेतकेतु से विवाह नहीं करूँगी। कृष्ण क्या मुझे निकालना चाहता है? मैं उसे धिक्कारती हूँ।''

त्रिवक्रा अपना सन्तुलन खो बैठी। तिरस्कार और क्रोध के स्वर में उसने कहा, ''तेरी इस धिक्कार की बात सुनते-सुनते मेरे कान पक गए हैं। अब साफ-साफ यह कहे देती हूँ, उद्दण्ड बालक जैसा तेरा बर्ताव असहनीय होता जा रहा है। बहुत सह लिया सबने। तू स्त्री है। तुझे सत्य की प्रतीति जितनी जल्दी हो उतना ही अच्छा है। सत्य तो यह है कि तू कृष्ण से विवाह करना चाहती है!''

शैव्या ने चौंककर कहा, ''मैं और कृष्ण से विवाह करूँ! पागल हो गई क्या त्रिवक्रा!''

''नहीं, तू भी इस सत्य को जानती है। कृष्ण पर तेरी दृष्टि कभी की लगी है।'' त्रिवक्रा ने शैव्या पर रोषपूर्ण दृष्टि डालते हुए कहा, ''तू जानती है कि कृष्ण तुझसे कभी विवाह नहीं करेगा। इसलिए तू उसे धिक्कारती है।''

''तू दुष्ट है त्रिवक्रा! मेरे मन में ऐसा विचार तक नहीं उठा।'' शैव्या त्रिवक्रा के कोप के उद्रेक से काँप रही थी।

''शैव्या, मैं बचपन से इसी महल में रह रही हूँ। ये दिन मैंने यों ही नहीं गँवाए!'' त्रिवक्रा ने तिरस्कार से कहा, ''मैंने तुझे यह विष दिया है। उसे एक ही घूँट में पी जाने या पचा जाने का निर्णय तुझे ही करना है। या तो उसकी बहन रहकर ही सन्तोष मान अथवा उसे सदा के लिए खो बैठ।''

त्रिवक्रा का कण्ठ क्रोध से अवरुद्ध हो गया। वह एक शब्द भी आगे नहीं बोल सकी। फिर कुछ देर बाद स्वस्थ होकर बोली, ''तू बार-बार कंसा बुआ से कृष्ण की निन्दा करती है और उसकी सुनती है। वह तेरे मन में बूँद-बूँद विष डालती है। मेरी बात मान, वह बोले तब अपने कान बन्द कर लिया कर। सुन रही है न? मेरी सलाह तेरे हित में है।'' कहकर त्रिवक्रा ने उसके सामने थाली पटक दी।

त्रिवक्रा का क्रोध अब सीमा पार कर चुका था। उसने जाते-जाते कहा, ''अपनी प्यारी बुआ से कहना कि वह अपने लाडले को मथुरा का युवराज बनाना चाहती है, तो कृष्ण जैसा कहे वैसा करे। माँ के आँचल में सिर छुपाए बैठा रहेगा तो यादवों का युवराज नहीं बन सकेगा।''

त्रिवक्रा ने जिस प्रकार उसके अन्तर्मन की बात जान ली थी उससे शैव्या को आश्चर्य हुआ। पहले तो उसे लगा कि वह श्वेतकेतु से ही विवाह करना चाहती है, फिर सोचा कि यदि मेरे चाचा स्वेच्छा से कृष्ण को पसन्द करते तो क्या वह उन्हें पति के रूप में अस्वीकार करती?

''नहीं...नहीं, हे भगवान! मैं कभी तुमसे द्रोह नहीं करूँगी। कृष्ण को मर जाना होगा।'' अपने कपड़ों की तह में छिपी कटार उसने उठा ली। उसकी ओर कुछ देर तक देखा और फिर उसे वहीं वापस रखते हुए मन-ही-मन बोली, 'आज, आधी रात को।'

त्रिवक्रा ने उसे बुरी तरह चौंका दिया था। देवकी उस पर स्नेह करती थीं। त्रिवक्रा निष्ठापूर्वक उनकी सेवा करती थी। वसुदेव उस पर ममता रखते थे। ये सभी कृष्ण को चाहते थे, इसलिए इसे भी चाहते थे। वह स्वयं विचित्र दुनिया में थी। इस ग्वाले की इच्छा पर ही सब उसकी सँभाल रखते थे।

वह विचारमग्न हो गई। धीरे-धीरे वह भान खोती गई। अर्द्ध-जागृत और अर्द्ध-स्वप्नावस्था में वह बाहरी संसार से कट गई। दिन बीत गया, रात्रि हुई, फिर मध्यरात्रि आ पहुँची। वह विचार कर रही थी–अपने चाचा की आत्मा की शान्ति के लिए मुझे यह बलि देनी ही होगी। उनके हत्यारे को मारकर मुझे वैर लेना है। जीवन में मुझे अब किसी चीज में रुचि न रही–मात्र अपने मृत चाचा की आत्मा को शान्ति देनी है और उन्हें शान्ति कृष्ण की बलि से ही मिलेगी।

शैव्या ने कटार अपने हाथ में ली, साड़ी में उसे छिपाया और पीछे के आँगन में चली गई। वहाँ वह कैसे पहुँची, इसका ध्यान उसे न रहा। रात अँधेरी थी। धीरे-धीरे वह वहाँ पहुँची जहाँ कृष्ण सो रहे थे।

ताराओं के प्रकाश में उसने देखा कि उसका शत्रु बाहु पर मस्तक टिकाकर सोया है। उसके होंठों पर मुस्कान थिरक रही थी। वह सदा ही मुस्कराता रहेगा–मृत्यु के मुख में भी मुस्कराता रहेगा। पर अन्त में वह हँसता हुआ मुख अग्नि के अर्पित कर दिया जाएगा।

अब प्रतीक्षा करने का कोई अर्थ न था। उसकी ओर देखना भी निरर्थक था। इसकी मनोहर मुखछवि शायद उसके निश्चय को डिगा दे। शैव्या का चित्त एक विचित्र स्मृति से झंकृत हो उठा। त्रिवक्रा कह रही थी कि मैं इसके साथ विवाह करना चाहती हूँ। मैं अपने चाचा की हत्या करनेवाले व्यक्ति से कभी विवाह नहीं करूँगी। संयोग कुछ भिन्न होते तो...ओह! चाचाजी इस समय दूसरी दुनिया में हैं। वे इस तर्पण की प्रतीक्षा कर रहे होंगे।

उसने कटार उठा ली और सामने लेटी काया पर वार किया—एक, दो, तीन। कोई प्रतिकार नहीं हुआ। एक भी चीख सुनाई नहीं पड़ी। न खून ही दिखा। वह यह देखने के लिए रुकी नहीं कि अन्ततः हुआ क्या। वह कटार फेंककर भाग गई।

अन्धकार हटने लगा। वह घर में गई। माता देवकी बालकृष्ण की स्वर्ण-प्रतिमा छाती से लगाए धरती पर पड़ी थीं। वह तो मृत्यु के मुख में चला गया। स्वयं उसने—शैव्या ने—यह जघन्य कर्म किया था।

शैव्या ने वसुदेव को देखा। वे सारे घर में बावरे-से घूम रहे थे और पल-पल 'हे कृष्ण! हे कृष्ण!' की रट लगा रहे थे। वह फिर भागी। वह जानती थी कि वही उनके दुःख का कारण है।

उसे एक तीक्ष्ण शिशु-स्वर सुनाई पड़ा, ''भैय्या! गोविन्द! भैय्या!'' उस स्वर को उसने पहचाना। यह उस हँसमुख बालिका सुभद्रा का स्वर है। सदा कृष्ण के हाथों में खेला करती थी। उसका हृदय टूट गया था। ''भैय्या! भैय्या!'' पुकारकर वह रो रही थी। शैव्या इस रुदन को और न सुन सकी। कानों पर हाथ रख भागी।

उसे चारों ओर मृत देहें ही दिखाई पड़ीं। उसने देखा, उद्धव मृत पड़ा है। उद्धव का हृदय आघात से निस्पन्द हो गया था। श्वेतकेतु ने कटार खाकर आत्महत्या कर ली थी। वह जब उस पर झुकी तो वह मानो खड़ा होकर उसकी आँखों में आँखें डालकर देखने लगा। श्वेतकेतु की आँखों में अभी भी वह स्नेह था। ''शैव्या! तुमने...तुमने ऐसा किया! मेरे प्रिय कृष्ण की तुमने हत्या की! यह मेरी ही हत्या थी, शैव्या!''

वह उन सबसे दूर भागी। उसके हृदय में असह्य पीड़ा हो रही थी। उसे लगा, मानो शतसहस्रों दैत्य उसका पीछा कर रहे हैं। वह महल की ओर दौड़ी। उसे लगा, शायद उसे वहाँ संरक्षण मिले। पर वहाँ भी शान्ति नहीं थी। द्वार पर महाराज और कितने ही अन्य लोग खड़े थे।

वह यमुना-तट की ओर दौड़ी। कृष्ण प्रतिदिन इस नदी में स्नान करते थे। नदी के तीर पर भारी कोलाहल था। स्त्रियाँ और पुरुष रो रहे थे। छाती पीट रहे थे और शैव्या पर शाप बरसा रहे थे। वहाँ से भी वह लौट आई।

मात्र कंसा ही हँस रही थी। पर, वह भी क्या सचमुच प्रसन्न थी? वह तो इस प्रकार अट्टहास कर रही थी मानो पागल हो गई हो।

वृक्ष के नीचे बलराम हल टिकाकर खड़े थे। वे अकेले ही खड़े थे। उन्होंने रोषपूर्वक शैव्या की ओर देखा। उनकी दृष्टि आग उगल रही थी।

जब वह दौड़ रही थी तब उसे बालकों का आक्रन्द सुनाई पड़ा, ''कृष्ण, कहाँ हो?'' दूर-दूर से लोगों का विलाप सुनाई दे रहा था, ''हा कृष्ण, गोविन्द, हा नाथ!''

चारों ओर इनकी प्रतिध्वनियाँ गूँज रही थीं। इनमें से एक स्वर तो स्पष्ट सुनाई पड़ा। वह अक्रूर थे। लोगों का कहना था कि अक्रूर ने कृष्ण का भगवतस्वरूप देखा था।

वह भाग रही थी, परन्तु कहीं भी ठहरने का स्थान दिखाई नहीं पड़ता था। उसके पैर अब थक चले थे, वाणी अवरुद्ध हो गई थी। आकाश लाल-लाल हो रहा था। मकान जल रहे थे। उसे लगा कि भगवान शंकर का तीसरा नेत्र खुल गया है और त्रिभुवन में आग लग गई है।

वह उस नगर से बाहर निकलना चाहती थी। उसने देखा कि नगर की दीवारें टूटकर गिर रही हैं। दीवारों के पार से एक कठोर वाणी कह रही थी, 'कृष्ण की मृत्यु हो गई है।' शैव्या को जाने क्यों, यह स्वर जरासन्ध का लगा। 'धर्म की मृत्यु हो गई है' दशों दिशाओं में यही ध्वनि गूँज रही थी।

वह अब किसी ऊँचे स्थान पर खड़ी थी और वहाँ से मथुरा के खण्डहरों को देख रही थी। गर्गाचार्य और सान्दीपनि को हाथों में जंजीरें बाँधकर ले जाया जा रहा था। उनकी गति धीमी थी। उनकी आँखें निष्प्रभ हो गई थीं।

हाँ, यह सच था। उसके चाचा शृंगलव वासुदेव की यह आज्ञा थी। उन्हें उनके हत्यारे के रक्त से तर्पण दिया गया था। उनकी आत्मा अब प्रसन्न थी।

शैव्या का कण्ठ अवरुद्ध हो गया। कृष्ण कहाँ है? उसे मात्र एक ही बात का स्मरण था। एक जघन्य कार्य उसने किया है, पर वह कार्य क्या था, यह भी वह भूल गई।

उसने एक प्रज्ज्वलित चिता देखी, जिसकी अग्निशिखाएँ आकाश तक पहुँचती थीं। कपाल पर कुंकुम लगाए एक रूपवती राजकन्या चिता पर चढ़ रही थी। वह कौन थी? शैव्या ने उसे कभी देखा न था। फिर भी वह परिचित-सी जान पड़ती थी। हाँ, उसका नाम तो याद नहीं आ रहा, पर श्वेतकेतु उसी की बात कर रहा था। उसने कृष्ण के अलावा और किसी से विवाह न करने का निश्चय किया था। अब यह राजकुमारी चिता पर आरोहण कर रही थी क्योंकि शैव्या ने यह जघन्य कर्म किया था।

शैव्या सोच रही थी—सबको कृष्ण की आवश्यकता थी। कोई भी कृष्ण के बिना जीवित नहीं रह सकता। कृष्ण नहीं रहा। अब मैं भी जीकर क्या करूँगी! श्वेतकेतु भी उनके साथ चला गया। मेरे तो भाई भी न रहा और प्रेमी भी न रहा। मैंने ही यह नीच कर्म किया और त्रिभुवन रक्तरंजित हो गया। मैं दुष्ट हूँ। मैंने धर्म की हत्या की है।

उसने अपने हाथों की ओर देखा—उनसे रक्त चू रहा था। वह चीख पड़ना चाह रही थी, पर स्वर उसके कंठ से फूट नहीं रहे थे। उसका अंग-अंग थर-थर काँप

रहा था।

हवा में ये शब्द गूँजते सुनाई पड़े–"हा नाथ! नारायण! वासुदेव!" यह माँ देवकी का स्वर था। आश्चर्य है! यह उन्हीं का स्वर है! अभी मैंने उनको मृत देखा था।

हाँ, माँ अपने बालकृष्ण की पूजा करते समय सदा यही स्तुति करती हैं, पर अब वासुदेव कहाँ!

उसके हृदय में भय का संचार हुआ। उसने चीत्कार करने का प्रयास किया, पर स्वर गले में ही अटक गया। वह बैठ गई और आँखें मूँद लीं। उसके हाथ काँप रहे थे। उसके मुख से एक ही शब्द बाहर आने को मचल रहा था : 'वासुदेव'।

"डर गई क्या, शैव्या?" एक परिचित स्वर उसे सुनाई पड़ा। अरे, यह तो वही ध्वनि है। पर यह कहाँ से आई? उसने आँखें खोलीं, उसकी समझ में न आया कि वह कहाँ है!

द्वार में से अस्तमान सूर्य की किरणें आ रही थीं। उनके सुनहरे प्रकाश में उसने पीत वस्त्र देखा, पुष्पहार देखा, मोरपंख देखा, लावण्य से छलकता शरीर देखा, सदा विलसती मुस्कान को देखा, अपूर्व ममत्व से पूर्ण नयन देखे। उनके हाथों में सदा प्रसन्न रहनेवाली सुभद्रा थी।

उनके पीछे श्वेतकेतु खड़ा था।

"कृष्ण!" शैव्या ने किंचित् भय और कुछ सान्त्वना के साथ कहा। उसने अपने मस्तक पर हाथ रखा। ऐसा लगता था कि वह फट जाएगा।

"हाँ बहन! क्या हुआ तुम्हें?"

इस स्नेह स्निग्ध वाणी को सुनकर भी वह उनसे आँख न मिला सकी। वह किसी भ्रम में तो नहीं? उसे अब किसी बात पर श्रद्धा न थी। उसके पैर काँप रहे थे। 'मैंने ही यह दुष्ट कर्म किया है' यही शब्द उसे सर्वत्र सुनाई पड़ रहे थे।

इस समय तो वे जीते-जागते उसके सामने खड़े थे।

"शैव्या! उठ! मैं कृष्ण हूँ। उठ!" यह आवाज सुनाई पड़ी।

वह बावरी बनकर जागी और एकाएक अपना मस्तक कृष्ण के चरणों पर रख दिया।

"शैव्या! रो मत। मैं यहीं हूँ।" उनके शब्दों में सान्त्वना थी।

कृष्ण ने सुभद्रा को भूमि पर रखा। शैव्या के पास बैठाकर उन्होंने उसका हाथ अपने हाथ में लिया, उसकी आँखों पर आई लटों को हटाया और अपना दाहिना हाथ उसके मस्तक पर रखा।

"शैव्या! रो मत। हँस! यह मेरी आज्ञा है।" उन्होंने स्नेह-सिक्त मृदु स्वर में कहा, "तू कब विवाह करना चाहती है?"

सुभद्रा धीरे-धीरे डग रखती हुई आई और पीछे से उस पर झुककर उसके बाल

खींचकर बोली, ''शैव्या बहन!''

''गोविन्द, गोविन्द,'' शैव्या ने कहा। अब भी उसकी सुबकियाँ थम नहीं रही थीं। उसने अपना मस्तक कृष्ण के कन्धों पर रखकर कहा, ''गोविन्द, अभी मुझसे यह मत पूछो, कृपा कर अभी नहीं। आप जैसा कहेंगे वैसा ही मैं करूँगी।''

''कोई बात नहीं, शैव्या! तुम जब विवाह करना चाहोगी, तभी विवाह होगा।''

''भगवान! भगवान!'' उसके स्वर में रुदन और हास्य का मिश्रण था। वह फिर कृष्ण के चरणों में गिर पड़ी।

शरणागति

त्रिवक्रा बचपन से ही राजमहल के षड्यन्त्रों से परिचित थी। वह काफी सतर्क रहती थी। कुछ भी उसकी दृष्टि से छिपा न रहता। रहस्यों की गन्ध उसे तुरन्त आ जाती थी। अवसर आने पर प्रशंसा करने, चुटकी लेने और सामनेवाले को चुप कराने से भी वह कभी चूकती नहीं थी। वह माँ देवकी का दाहिना हाथ थी। वसुदेव के पाँच भाइयों, उनकी पत्नियों, पुत्रों, पौत्रों इत्यादि के विशाल परिवार की सारी देख-रेख उसके जिम्मे थी।

इतना होने पर भी त्रिवक्रा की रुचि कृष्ण पर केन्द्रित थी। शैव्या आई तब से उसे अच्छी नहीं लगती थी। शैव्या अत्यन्त सुन्दर थी। परिवार में अनेक युवक थे, इसलिए भी उसका आना उसे पसन्द न आया। फिर शैव्या के उग्र स्वभाव से भी वह तंग आ गई थी। उसके विचार से देवकी के शान्त निवास स्थान में ऐसी उश्रृंखल स्त्री को स्थान नहीं मिलना चाहिए। इस पर कृष्ण के प्रति शैव्या का तिरस्कार और द्वेष उसे फूटी आँख न भाता था। उसे विश्वास हो गया कि यह श्याम रंग की सुन्दरी भली स्त्री नहीं। मन-ही-मन वह उसे बहुत धिक्कारती थी।

त्रिवक्रा को कृष्ण के बारे में भी चिन्ता रहती। कृष्ण ने जब कंस का वध किया तब त्रिवक्रा ने रुक्मिणी को देखा था। तब से कृष्ण की वधू के रूप में वह उसके मन में बस गई थी। उसने रुक्मिणी के हृदय में कृष्ण के प्रति आदर की भावना में वृद्धि कर दी थी। कृष्ण की सिद्धियों की सूचना रुक्मिणी तक पहुँचाने का कोई भी अवसर उसने नहीं खोया। यही कारण था कि करवीरपुर की इस राजकुमारी का आगमन उसे अधिक भाया नहीं। यह सच था कि शैव्या कृष्ण से असीम द्वेष करती थी, परन्तु वह यह भी जानती थी कि स्त्रियों के इस प्रकार के द्वेष को आकर्षण का आवरण बनते देर नहीं लगती। उसे कृष्ण का व्यवहार भी अच्छा नहीं लगता था। वे शैव्या को आवश्यकता से अधिक महत्त्व देते थे। वे

प्रतिदिन उससे मिलने जाते, उसकी उश्रृंखलता को मधुर मुस्कान के साथ सहते और उस पागल लड़की के साथ बड़े स्नेह से बातें करते। त्रिवक्रा हर पल यही सोचती रहती कि इससे पहले कि इस आकर्षण का कोई और परिणाम सामने आए, उसे कुछ करना चाहिए।

उद्धव मथुरा आया तब से शैव्या के साथ कैसा बर्ताव कर रहा है, यह भी त्रिवक्रा ताड़ गई थी। उद्धव शैव्या से दूर रहता, पर दूर रहने के लिए उसे जो प्रयास करना पड़ता वह त्रिवक्रा की तीव्र दृष्टि से छिपा न रहा। वह शैव्या से आँख भी न मिलाता। सामने पड़ जाने पर आँखें चुरा लेता। एक बार कृष्ण ने उद्धव की जो टीका की थी, उससे त्रिवक्रा सब भाँप गई। उसने एक दिन बातों ही बातों में ऐसे पूछा, मानो कुछ हुआ ही नहीं, ''भगवान! उद्धव कुछ बदला हुआ-सा दीखता है!''

''इसकी चिन्ता न कर, त्रिवक्रा! उसके रोग की दवा बहुत दूर नहीं!'' कृष्ण के कथन का आशय त्रिवक्रा समझ गई।

उसने बिलकुल अनजान बनकर उद्धव से कई प्रश्न पूछे। शैव्या के बारे में प्रश्नों का उत्तर न देने अथवा उसका नाम भी न उच्चारने के उद्धव के प्रयत्न को वह स्पष्ट देख सकी। त्रिवक्रा ने शैव्या और उद्धव को एकत्रित करने का प्रयास किया। परन्तु जब भी वह शैव्या के रूप की प्रशंसा करती तो उद्धव चुप हो जाता और चला जाता।

त्रिवक्रा ने निश्चय किया कि कृष्ण को बचाने के लिए भी उद्धव को शैव्या से विवाह कर लेना चाहिए। परिवार में उद्धव के विवाह की चर्चा चल रही थी। पर कृष्ण के साथ उसके परिभ्रमण पर निकल जाने के बाद यह बात भुला दी गई थी।

शैव्या का स्वभाव जब ठीक होता, तब त्रिवक्रा उद्धव के बारे में उससे बात करती। शैव्या ने एक बार कहा था, ''यह उद्धव भला है। यह न होता तो मथुरा पहुँचते-पहुँचते मैं भूखी-प्यासी मर जाती। जब वह कुकुद्मीन के साथ चला गया तो मैं दुःखी हो गई। अब भी देखो, वह कृष्ण के पीछे रात-दिन फिरता रहता है, पर मेरे साथ बात करने का उसे पल-भर अवकाश नहीं।'' त्रिवक्रा के लिए यह उत्साहवर्धक था—पर स्वयं उद्धव उदासीन था। वह किसी-न-किसी काम का बहाना कर हर समय बाहर ही रहता।

स्थिति नियन्त्रण के बाहर हो रही थी। त्रिवक्रा को, जो कुछ हो रहा था, तनिक भी अच्छा न लगता। तभी श्वेतकेतु रुक्मिणी का सन्देश लेकर आया। वह शैव्या से विवाह करना चाहता है, यह जानकर त्रिवक्रा ने उसके बारे में सब पता लगा लिया। उसने बात-ही-बात में एक दिन उद्धव से कहा, ''श्वेतकेतु शैव्या से

विवाह करने आया जान पड़ता है।" उद्धव ने कोई उत्तर न दिया। परन्तु त्रिवक्रा को यह समझते देर न लगी कि तीर निशाने पर लगा है।

इसके बाद वह श्वेतकेतु से मिली और उसे भी बातों-ही-बातों में बता दिया कि उद्धव शैव्या से विवाह करने के लिए इच्छुक है। शैव्या को भी उससे सहानुभूति है। परन्तु दोनों में से कोई श्वेतकेतु का हृदय दुखाना नहीं चाहता, इसलिए दोनों दुखी हैं।

श्वेतकेतु के लिए यह सूचना आघात पहुँचानेवाली थी। वह शैव्या को एकनिष्ठा से चाहता था। उसे देवी मानकर पूजता था। शैव्या के साथ विवाह करने के सपने वह वर्षों से सँजोता आया था। शैव्या की सहायता लेकर ही तो वह कृष्ण का रुक्मिणी से ब्याह रचाने और इस प्रकार जरासन्ध के मथुरा के विरुद्ध रचे षड्यन्त्र को निष्फल करने की सोचता था। उसे लगा कि वह छिन्न-भिन्न हो रहा है।

श्वेतकेतु का हृदय ईर्ष्या से सुलग उठा। क्या उद्धव उसे हटाकर शैव्या से विवाह करेगा? यह अतिक्रूर प्रहार होगा। उसे जीवन के प्रति कोई आकर्षण न रहा। महत्त्वाकांक्षा का अब क्या अर्थ था! उसने व्यथित हृदय से सारी स्थिति पर उदारतापूर्वक दृष्टि डाली। कामदेव की लीला न्यारी है। वह स्त्री और पुरुषों को पागल कर सकता है। शैव्या सुन्दर और सरस स्त्री थी, पर जब से करवीरपुर में उसने द्रोह किया, तब से वह उसे धिक्कारने लगी थी। उद्धव संयमी और निष्ठावान हैं। वे दोनों एक-दूसरे की ओर आकर्षित हुए तो इसमें कामदेव का ही दोष है।

श्वेतकेतु शैव्या को हृदय से चाहता था। उसे यही सोचना था कि शैव्या कैसे सुखी हो। उसका अपना जीवन समाप्तप्राय था। उसे आजीवन ब्रह्मचारी रहना होगा। उसे तो बस यही देखना है कि शैव्या इससे सुखी हो। शैव्या को उद्धव से अच्छा पति कौन मिलेगा! उद्धव मुझसे अच्छा है। वह कितना उदास रहता है! अब इसका रहस्य समझ में आया। वह अलग-अलग रहता है। यदा-कदा स्नेह भी दिखाने की चेष्टा करता है, पर पहले जिस सहजता से मिलता था, वैसे अब नहीं।

उद्धव सचमुच महान है। उसने मित्र के लिए शैव्या से अपने प्रेम का बलिदान करने का निश्चय किया। यदि उद्धव और शैव्या एक-दूसरे की कामना करते हैं तो वह बीच में क्यों आए! उसे तो दूर रहकर उन्हें सुखी करना चाहिए। उद्धव उसके छोटे भाई जैसा ही तो है!

श्वेतकेतु अपने जीवन के अवशेषों पर करुणा-भरी दृष्टि डाल रहा था—वह आचार्य बनने के सपने देखता था, पर शैव्या के आकर्षण के कारण गुरु का त्याग किया। उसमें अपार महत्त्वाकांक्षा थी, पर जब उसने शृंगलव वासुदेव की आज्ञा का अनादर कर कृष्ण के साथ लड़ना अस्वीकार किया, तब से वह चूर-चूर हो गई। वह राजनीति में धँसता गया। वह शैव्या की सहायता लेकर जरासन्ध को छकाना

चाहता था, पर अब तो शैव्या ही उसकी न रही। उसके भाग्य में जीवन की भस्म ही शेष रह गई थी।

वह ब्राह्मण था। विद्या का उसने वरण किया था। आयुधकला में भी वह कुशल था। यदि वह ब्राह्मण का गौरव पुनः प्राप्त कर सके तो जीवन के भग्न खण्डहरों में भी वह अडिग रह सकता है। वह ब्राह्मणत्व तप-इन्द्रियों के आकर्षण और सिद्धि की आशा से परे होने में था। करवीरपुर में शृंगलव वासुदेव की कृपादृष्टि और शैव्या की प्रेमदृष्टि प्राप्त करने के प्रयत्नों ने उसे पामर बना दिया। उसके पास न ब्रह्मतेज रहा, न क्षात्रतेज। उसे शृंगलव से सत्ता और शैव्या से विलास पाने की इच्छा थी, पर आज कुछ भी न रहा।

पर अब श्वेतकेतु को अपना स्वत्व प्रकट करने का अवसर मिला था। उसे शैव्या को लेकर अपनी निर्बलता का त्याग कर देना चाहिए और उद्धव तथा शैव्या को सुखी बनाना चाहिए। कृष्ण के साथ रहकर उसे धर्म के लिए लड़ना चाहिए। अहं को जीतकर उसे गुरु सान्दीपनि जैसा बनना होगा। निर्भय और निर्मम बनकर उसे धर्ममय जीवन बिताना चाहिए।

श्वेतकेतु ने निर्णय कर लिया कि उसे क्या करना है। वह उद्धव को लेकर शूरों के निवास-स्थान के पीछेवाले छोटे-से वन में गया।

श्वेतकेतु ने बड़ी कठिनाई के साथ अवरुद्ध कण्ठ से कहा, "उद्धव! प्रिय सखा! मेरा एक काम करो।"

"काम! मैं तो सदा तुम्हारी सेवा के लिए उपस्थित हूँ। जब चाहो, परीक्षा कर लो।" उद्धव को श्वेतकेतु की बात से आश्चर्य के साथ-साथ कौतूहल भी हुआ।

"तुम जैसे थे वैसे ही बने रहो। जैसे कि हम करवीरपुर में मिले तब थे।"

"क्यों, मुझे क्या हुआ है?" उद्धव ने स्वस्थ दिखने का प्रयत्न करते हुए कहा, पर उसके हृदय की बात मित्र से छुपी न रही।

"हमारे बीच कोई भेद नहीं रहना चाहिए," श्वेतकेतु ने सिर हिलाते हुए कहा, "तुम बदल गए हो, और...और उसका कारण शैव्या है।"

"शैव्या?" उद्धव ने कृत्रिम आश्चर्य से पूछा।

"मैं सब जानता हूँ, उद्धव! तुम दोनों को एक-दूसरे से प्रेम है। मात्र आर्य पुरुष होने के नाते तुम अपने मित्र के साथ द्रोह नहीं कर सकते। इसी से प्रिय का त्याग करने को तत्पर हो। शैव्या भी मुझको दिए अपने वचन का भंग करना नहीं चाहती।"

"परन्तु तुम्हें किसने कहा?" उसकी मान्यता थी कि उसके हृदय का घाव भर गया है, पर श्वेतकेतु के इन शब्दों से घाव फिरा हरा हो गया।

"मैं जानता हूँ, तुम दोनों संयमी हो, पर कामदेव बड़ा निर्दयी है। मैं तुम लोगों

के बीच में नहीं आना चाहता। मैं तुम्हारे लिए शैव्या का परित्याग करता हूँ, भाई!'' श्वेतकेतु ने कहा। उसका अवरुद्ध कण्ठ कहीं उसकी निर्बलता न प्रकट कर दे, उसने होंठ भींच लिये।

उद्धव आश्चर्य से सुन रहा था। अपने हृदय की गति तक उसे सुनाई पड़ रही थी। क्या वह शैव्या को प्राप्त कर सकेगा? पर दूसरे ही क्षण उसे लगा कि श्वेतकेतु शैव्या को सम्पूर्ण हृदय से चाहता था। उसका यह बलिदान वह कैसे स्वीकार करे!

''किस सोच में पड़ गए उद्धव? तुम सम्भवतः मेरी निराशा का विचार कर रहे हो। यह सच है कि मैं शैव्या को चाहता था। उसे अपनी पत्नी बनाने के सपने सँजोता था। पर तुम शैव्या के लिए अच्छे पति बन सकोगे। वह तुम्हारे साथ विवाह कर शूरकुल की कुलवधू बनेगी। इस गरीब ब्राह्मण की कुटीर में यह राजकन्या सुखी नहीं हो सकेगी। हाँ, देवभाग की पुत्रवधू के रूप में वह अवश्य सुखी होगी।''

''फिर तुम्हारा क्या होगा? तुम्हारी आशाओं का मन्दिर भग्न नहीं हो जाएगा? क्या इस प्रकार तुम अपने जीवन का बलिदान नहीं दे रहे हो?''

''अपने सुख का महल मैं अपने दो अति प्रिय स्वजनों के दुख पर खड़ा नहीं कर सकता। इसके लिए जो भी त्याग मुझे करना पड़ेगा उसके लिए मैं तैयार हूँ।''

उद्धव ने हँसकर कहा, ''श्वेतकेतु! मैं स्पष्ट कहूँ! तुम्हें जिसकी सर्वाधिक कामना है, उसका त्याग तुम कर रहे हो–केवल मेरे लिए–पर जो कुछ तुम मुझे अर्पित कर रहे हो उसका त्याग मैं कभी का कर चुका। तुम्हारा हृदय किस तरह तड़फ रहा है, यह मुझसे छिपा नहीं। मेरा हृदय भी भग्न हुआ था, पर उसका घाव अब भर गया। मैं भी अपने सुख का महल तुम्हारी निराशा की नींव पर नहीं बनाना चाहता। इस चंचल भावी की निरर्थकता कृष्ण ने मुझे समझाई थी। कृष्ण के शब्द अब भी मुझे याद हैं, ''श्रेष्ठ मानव कभी विचलित नहीं होता। अपना दुखड़ा रोए बिना सहन करते जाने की शक्ति उसमें होती है।''

''हमें एक-दूसरे के योग्य बनना चाहिए। पर उद्धव! तुम क्षत्रिय हो। कृष्ण के श्रेष्ठ मित्र हो। मैं तुम्हारे हृदय को विदीर्ण कर जीवित नहीं रह सकता। मैं ब्राह्मण हूँ, इस जगत के आकर्षण का त्याग करना मेरा धर्म है।''

अचानक पीछे से त्रिवक्रा ने प्रवेश किया। वह रोषपूर्वक बोली, ''मूर्खो! तुम शैव्या का सौदा कर रहे हो!'' दोनों मित्र आश्चर्य से खड़े हो गए। ''परन्तु शैव्या तुम्हारे बारे में क्या सोचती है, तुम्हें पता है! उसने कृष्ण को पसन्द किया है और कृष्ण ने भी उसे स्वीकार कर लिया है...''

उद्धव और श्वेतकेतु एक-दूसरे का मुख देखते रह गए।

"स्त्री! विधाता की सृष्टि का अनोखा जीव है!"

उद्धव ने आश्चर्य से कहा, "और कृष्ण! मुझे तो वह भी विचित्र लगता है!"

"बहन, मैं खुश हूँ कि तुम्हें नया जन्म मिला," कृष्ण ने आसन लेते हुए कहा। उनकी गोद में सुभद्रा बैठी थी।

"भगवान! मुझे बहन न कहें। मैं आपकी दासी हूँ। चरण की रज हूँ। मैंने अब तक आपकी कितनी निन्दा की। कैसे-कैसे अपशब्द आपको कहे! आपकी हत्या तक का विचार किया!" शैव्या के स्वर में प्रायश्चित था।

"मुझे इसी क्षण की प्रतीक्षा थी। मुझे विश्वास था कि यह घड़ी आएगी। हाँ, मेरे अनुमान से कुछ पहले अवश्य आई।" कृष्ण ने कोमल स्वर में आगे कहा, "तुम्हारा निर्माण विजयिनी होने के लिए हुआ है। तुमने रोष और द्वेष पर विजय प्राप्त की है। अपनी आत्मा से तुमने हिंसा को निकाल दिया। बहुत कम सन्त ऐसा कर सकते हैं।"

"मैंने कुछ नहीं किया प्रभु! सब आपकी ही कृपा है।"

"नहीं, तुमने ही अपने आत्मबल से वासनाओं पर विजय प्राप्त की है। अपनी भावी के विषय में तुम्हें स्वयं निर्णय करना है।"

"भगवान! आपकी इच्छा ही मेरा निर्णय होगा।"

"नहीं, अपनी इच्छा के अनुसार ही निर्णय लो।"

"मेरा मार्गदर्शन कीजिए प्रभु! मुझे पति के रूप में किसे वरण करना होगा?"

कृष्ण ने मुस्कराकर पूछा, "तुम किसके साथ विवाह करना चाहती हो? उद्धव के साथ या श्वेतकेतु के साथ!"

"श्वेतकेतु ने मेरे साथ विश्वासघात किया।" शैव्या में फिर कटुता भड़क उठी। पर, स्वयं को नियन्त्रित करते हुए उसने हँसकर पूछा, "भगवान! मुझे किसी तीसरे व्यक्ति को चुनने का अवसर नहीं देंगे?"

"यदि उस तीसरे व्यक्ति को तुम सुखी कर सको तो अवश्य यह अवसर तुम्हें दे सकता हूँ।"

शैव्या ने आकर्षक मुस्कान बिखेरते हुए कहा, "यदि आपको ऐसा विश्वास हो जाए तो मुझे यह अवसर देंगे न? मुझे वचन दीजिए!"

"जब तक कि तुम्हारी पसन्द का पात्र मैं न होऊँ।"

शैव्या भड़क उठी, "आप क्यों नहीं? मैंने वरण कर लिया है। मैं आपकी दासी हूँ!"

"मैं जानता हूँ कि मैं तुमको एक ही प्रकार से सुखी कर सकता हूँ–तुम्हारा

भाई रहकर।''

''आप मुझे पत्नी के रूप में स्वीकार नहीं कर सकते?''

''शैव्या! मैं यह भी नहीं जानता कि मैं किसी भी पत्नी को सुखी कर सकूँगा या नहीं। करवीरपुर की राजकुमारी जैसी गर्वीली स्त्री को सुखी करना मेरे सामर्थ्य के बाहर है। मैं बहुतेरों का हूँ और इनसे भी अधिक धर्म का हूँ। इस घड़ी—और यह स्थिति कब तक बनी रहेगी, यह मैं खुद नहीं जानता—मैं विवाह करने को प्रस्तुत नहीं।'' फिर क्षण-भर रुककर गम्भीर वाणी में बोले, ''शैव्या! तुम्हारे रक्त में राजधर्म बहता है। मेरी बात तुम्हारी समझ में आएगी। इस समय एक-एक क्षण मेरे लिए संकट से भरा है। मथुरा पर और यादवों पर घोर विपत्ति के बादल मँडरा रहे हैं। अधर्म अपना हिंसक मुख प्रसारित कर सबको—विशेषकर मुझे—ग्रसने को तत्पर है। विराट सत्ताधारी मेरा विनाश करना चाहते हैं। और सबका स्नेह पाकर भी मुझे अकेले उनसे लड़ना है, क्योंकि द्वेष की शक्तियों को एकत्रित करने का काम मेरा नहीं।''

''मैं जानती हूँ। मैं भी आपके शत्रुओं के हाथ में निमित्त बन गई थी।''

''मेरे इस संघर्ष में तुम उद्धव या श्वेतकेतु किसी की पत्नी बनकर सहायता कर सकती हो। दोनों व्यक्ति अच्छे हैं। वीर पुरुष हैं।''

''इन दोनों में से किसी के साथ मैं विवाह नहीं कर सकूँगी।'' उसकी आँखों में एक चमक आ गई। ''क्या आप भी मेरा उपयोग एक निमित्त के रूप में करना चाहते हैं?''

''सभी महापुरुष धर्म के निमित्त बनकर जिये हैं। मैं भी धर्म के लिए ही जीवित हूँ।''

''इन दो पुरुषों में से आपके लिए कौन अधिक उपयोगी हो सकता है? यह मत भूलिए कि मैं आपकी दासी हूँ और आपके शब्द मेरे लिए आज्ञा के समान हैं।''

कृष्ण ने हँसकर कहा, ''तुम जिसे पसन्द करो, उसी से विवाह कर सकती हो। एक मेरे सिवाय।''

''यह सच है कि श्वेतकेतु जरासन्ध के षड्यन्त्र को निष्फल बनाने का प्रयत्न कर रहा है। आप क्या यह समझते हैं, कुण्डिनपुर में मैं आपकी अधिक सहायता कर सकूँगी?''

''यदि तुम जरासन्ध के षड्यन्त्र को निष्फल बनाने में सहायता करो, तो मथुरा के यादवों को तुम भय से मुक्त कर सकोगी। तुम उनकी मुक्तिदाता बन जाओगी।''

करवीरपुर के सत्ता और प्रभाव के दिनों में जैसी दिखाई पड़ती थी, वैसी ही चमक शैव्या की आँखों में दिखाई पड़ी।

अचानक द्वार पर माँ देवकी आकर खड़ी हो गईं। उनकी आँखें सजल थीं। उनके पीछे त्रिवक्रा खड़ी थी। उसकी आँखें रो-रोकर फूल गई थीं। उसने देखा कि कृष्ण शैव्या की ओर देखकर मुस्करा रहे हैं और शैव्या की आँखों में एक अद्‌भुत चमक है। माँ देवकी ने खम्भे का सहारा ले लिया।

माँ ने पूछा, "कृष्ण! कृष्ण! मैं यह क्या सुन रही हूँ?"

कृष्ण और शैव्या दोनों खड़े हो गए। शैव्या ने माँ का चरण-स्पर्श किया।

कृष्ण माँ की क्षुब्धता का कारण समझ गए। उन्होंने शैव्या से कहा, "बहन शैव्या, माँ को अपना निर्णय सुनाओ।"

"तुम किससे विवाह करना चाहती हो?" माँ ने पूछा। कृष्ण ने शैव्या को बहन कहा, इसलिए वे असमंजस में पड़ गईं।

"माँ, मैं अभी विवाह करना ही नहीं चाहती!" शैव्या ने स्वस्थता से कहा, "मैं पहले करवीरपुर जाकर अपने चाचा की ओर से क्षमा माँगूँगी। सर्वप्रथम मुझे हृदय-शुद्धि की साधना करनी है। आचार्य श्वेतकेतु के साथ कुण्डिनपुर जानेवाले संघ में मैं शामिल हो जाऊँगी।"

माँ हँस पड़ीं। त्रिवक्रा की ओर विजय की मुस्कान फेंककर वे बोलीं, "झूठी कहीं की! क्या मैं अपने पुत्र को नहीं पहचानती!"

कृष्ण ने प्रसन्नमुख मुस्कराते हुए कहा, "माँ! तुम्हारे पुत्र के भाग्य में अभी लड़की लिखी ही नहीं है।"

रुक्मिणी को धर्म का रहस्यबोध

रुक्मिणी के क्रोध का पार न था। सारी बातें उलटी हो रही थीं। उसके स्वयंवर की तैयारियाँ जोरों से चल रही थीं। दादा कौशिक ने कुछ भी सहायता करने में अपनी असमर्थता प्रकट कर दी थी। भीष्मक स्वभाव से ही निर्बल थे। रुक्मिणी का क्रोध या उसके आँसू रुक्मी के विरुद्ध कुछ भी कहने के लिए उन्हें प्रेरित न कर सके।

रुक्मी ने अपनी बहन का विवाह चेदिराज दामघोष के पुत्र शिशुपाल से करने का निश्चय कर लिया था। बदले में उसे सम्राट् जरासन्ध की पौत्री अप्नवी से विवाह करने का अवसर मिल रहा था। योजना सुनियोजित थी। भली प्रकार कार्यान्वित की जानेवाली थी। राजाओं को निमन्त्रण भेजे जा चुके थे। राजप्रतिनिधि अपने-अपने राजाओं के लिए पूर्व तैयारियाँ करने नगर में आ चुके थे।

रुक्मिणी ने एक बार तो कुएँ में गिर जाने की सोची, पर दूसरे की क्षण उसे

कृष्ण का स्मरण हुआ। कृष्ण के साथ जीवन बिताने को मिले तो वह धन्य हो जाए। उसने अभी आशा नहीं छोड़ी। कृष्ण की चमत्कारिक शक्तियों की अनेक कथाएँ उसने सुनी थीं। उसे विश्वास था कि कृष्ण अवश्य आएँगे और उसे उबार लेंगे। इसीलिए तो उसने त्रिवक्रा और त्रिवक्रा के जरिए माता देवकी के साथ सतत सम्पर्क बनाए रखा। इसीलिए उसने आचार्य श्वेतकेतु का आश्रय स्थापित करने के लिए पिता और दादा पर जोर डाला। अन्तिम उपाय के रूप में, उसने तरुण आचार्य को मथुरा भेजकर कृष्ण को शीघ्र आने के लिए कहलाया। पर श्वेतकेतु कोई स्पष्ट आश्वासन लिये बिना ही लौट आए। एकमात्र आश्वासन वे यही लाए कि कृष्ण इस मिथ्या स्वयंवर और राजकुमारी के उसकी इच्छा के विरुद्ध सौदा किए जाने का विरोध करेंगे। पर मथुरा में ही कृष्ण के लिए स्थिति विषम बन गई थी और रुक्मिणी को बचाने के लिए कृष्ण युद्ध छेड़ेंगे, इसकी सम्भावना बहुत कम थी।

पर श्वेतकेतु के साथ आई राजकुमारी शैव्या रुक्मिणी के लिए प्रेरणा का स्रोत बन गई। वह करवीरपुर जा रही थी, पर मार्ग में वह कुछ दिन के लिए कुण्डिनपुर में रुकी। रुक्मिणी शैव्या को देखते ही उसकी ओर आकर्षित हो गई थी। कुछ ईर्ष्या भी उसके मन में जागी। यह रमणीय और चित्ताकर्षक युवती कृष्ण के संसर्ग में रही है। सम्भवतः उसने कृष्ण का चित्त हर लिया हो। पर जब उसने शैव्या के समक्ष अपना हृदय खोला, तब वह तत्काल रुक्मिणी की सहायता करने को तत्पर हो गई।

''रुक्मिणी! तुम्हारी निराशा मिथ्या है।'' शैव्या रुक्मिणी से कोई चार वर्ष ही बड़ी होगी, पर उसने बड़ी बहन की भंगिमा से कहा, ''एक बात अच्छी तरह समझ ले। यदि तुम्हारी इच्छा अडिग है तो तुम्हें कोई आँच नहीं आएगी।'' शैव्या के शब्दों में सत्य की करुणा-मिश्रित झंकार थी।

''पर तुम्हें मालूम है कि यहाँ क्या हो रहा है!'' रुक्मिणी ने अधीरता से कहा, ''यहाँ सबकुछ तैयार है। एकाध महीने में सब राजकुमार आ जाएँगे। स्वयंवर की तिथि निश्चित हो गई है और उसी दिन मेरे भाई और जरासन्ध के दुष्ट व्यूह की वेदी पर मेरा बलिदान दे दिया जाएगा।''

''तुम बलि बनने से मना कर सकोगी?''

''यदि कृष्ण मेरी सहायता को नहीं आए तो मेरे लिए नदी या कुएँ का ही आश्रय बच रहेगा!''

''तुममें गोविन्द के प्रति इतना अनुराग कैसे हुआ?''

रुक्मिणी ने सच्चे हृदय से कहा, ''उन्हें देखने के बाद मैं यही भूल गई कि मैं क्या हूँ।''

''हाँ, उनकी मोहिनी ही ऐसी है,'' शैव्या ने हँसकर कहा, पर इस हास्य में करुणा का पुट था। रुक्मिणी इसका कारण न समझ सकी।

रुक्मिणी ने कहा, ''उन्होंने जब कंस और चाणूर का वध किया, तब मैंने उन्हें देखा था। वे आँधी के बीच मरुतों को आज्ञा देते हुए इन्द्र के समान प्रतापी लग रहे थे। माता देवकी की बाँहों में जब वे स्नेहपूर्वक समा गए तब भी मैंने उनको देखा था। उसी क्षण मैं उनकी हो गई। तब से प्रत्येक रात को उनके सपने देखती हूँ। हवा में लहराता उनका मोरपंख मेरे हृदय में बस गया है। उनके पीछे मैं कितनी पागल हो गई हूँ, तुम सोच भी नहीं सकतीं।''

उत्तर में शैव्या ने फिर एक बार करुणा-भरा स्मित किया। उसके मुँह से एक हलकी-सी निःश्वास भी निकल गई। उसने प्रयत्नपूर्वक हँसते हुए कहा, ''पर वे इस समय किसी से विवाह करेंगे नहीं।''

''क्यों? उनके और मेरे बीच क्या बाधा है? मेरे लिए तो गोपाल ही एक वर है। बाकी सब अवर हैं।''

''उन्हें अपनी ही कोई समस्या है। मुझसे तो वे ऐसा ही कह रहे थे।''

रुक्मिणी का गौर अंग ईर्ष्या से रक्तिम हो गया। बोली, ''सुना है कि कृष्ण स्त्रियों से बहुत शीघ्र फँस जाते हैं।''

''ईर्ष्या न करो, राजकुमारी! मैं तो मात्र उनकी दासी हूँ।'' शैव्या ने उदास होकर आँखें मूँद लीं।

''ऐसा कहो न कि तुमने उन्हें जीत लिया है!'' रुक्मिणी का स्वर रूखा था।

''राजकुमारी! यह तुम्हारी भूल है। उन्हें जीतना ही मेरा लक्ष्य हो तो अभी मेरे सामने बहुत लम्बा मार्ग है।''

''तुमने ऐसा कैसे कहा कि वे इस समय विवाह नहीं करना चाहते?'' रुक्मिणी ने शैव्या का रहस्य जान लेने के लिए सीधा प्रश्न किया।

''उन्होंने मुझसे कहा कि अधर्म अपना मुँह खोले उन्हें निगल जाने को तत्पर है। फिर तुम राजकुमारी हो, वह मात्र ग्वाला है। वे किसी स्त्री का जीवन नष्ट करने को तैयार नहीं।''

''मुझे तो विश्वास था कि वे अभय हैं। उन्हें किसका भय है!'' रुक्मिणी ने पूछा, ''क्या ही अच्छा होता यदि मैं मात्र ग्वालिन होती। मैं उनके साथ खेतों में जा सकती, उनके लिए घी, दूध, मक्खन लेती। कहते हैं, वृन्दावन की गोपियों ने यही किया था। वे कितनी भाग्यवान थीं! पर, मैंने तो राजकुमारी बनकर जन्म लिया। अपनी राजकीय प्रतिष्ठा की बन्दिनी बनकर, जरासन्ध की शतरंज का एक प्यादा बनकर...''

''उत्तेजित न हो, रुक्मिणी! उन्हें जीतने के लिए तुम्हें स्वस्थ बनना होगा।''

“जिस पर मैंने अपनी सभी आशाएँ केन्द्रित कर रखी हैं, क्या वे मुझे बचाने नहीं आएँगे?” रुक्मिणी एकाएक असहाय, निराधार बन गई।

शैव्या हँस पड़ी। “राजकुमारी! तुमने उनके योग्य बनने के लिए क्या किया?”

“योग्य बनने के लिए? क्यों, कुण्डिनपुर की राजकुमारी उनके योग्य नहीं?”

“एक ग्वाले के लिए?”

“क्षमा करो!” रुक्मिणी ने नम्रतापूर्वक कहा, “मैं मूर्ख हूँ। राजकुमारी बनना मुझे अच्छा नहीं लगता फिर भी यह भूलना मेरे लिए कठिन है कि मैं राजकुमारी हूँ। मैं मूर्ख हूँ!” उसकी आँखों से अश्रुओं की अविरल धारा बहने लगी।

“एक रहस्य की बात बताऊँ, रुक्मिणी? यदि तुम चाहो, हृदय से चाहो कि कृष्ण तुम्हारी सहायता करें तो सहायता किए बिना वह रह ही नहीं सकते।”

“मैं तो यही चाहती हूँ कि वे मेरी रक्षा करें।”

“नहीं, रुक्मिणी! इसे इच्छा नहीं कहा जाएगा। करवीरपुर में मैं दुष्ट थी, हठी और स्वेच्छाचारी थी। वे मेरी सहायता को आए।”

“कैसे?”

“मेरा कोई न था। गोविन्द ने मुझे वसुदेव जैसे पिता और देवकी जैसी माता दी। मैं उनकी हत्या करने—अपने चाचा की मृत्यु का बदला लेने की कामना करती थी। वे मेरी सहायता को आए। मुझे शुद्ध किया। मेरी वैर-भावना को निर्मूल किया।”

“मुझसे ईर्ष्या होती है, शैव्या! मैं चाहती हूँ कि वे मुझे भी शुद्ध करें।”

“जब तक तुम्हारा रोम-रोम इसके लिए पुकार न उठे, तब तक कोई लाभ नहीं होगा।”

“तुम्हारा रोम-रोम इसके लिए पुकार उठा था?” रुक्मिणी ने शैव्या का हृदय टटोलते हुए पूछा।

“हाँ। मैं उन्हें धिक्कारती थी। उनकी हत्या करना चाहती थी। मेरे हृदय की एक-एक धड़कन इस प्रकार उन्हें भज रही थी। इसी से वे आए और मुझे मेरे द्वेष से मुक्त किया।”

रुक्मिणी हँस पड़ी। “मैं तो यह सोच बैठी कि वे तुमसे विवाह करना चाहते होंगे।”

“प्रत्येक युवती हृदय से चाहती है कि वे उसके साथ विवाह करें। त्रिवक्रा भी युवा और अपरिणीत होती तो उसकी भी यही इच्छा होती। पर वे तो तभी विवाह करेंगे जबकि...”

“जबकि?” रुक्मिणी ने अधीर होकर पूछा।

“जबकि उनके जीवन-धर्म में सहचारिणी बन सके, ऐसी पत्नी उन्हें मिले।”

''काश, मैं वैसी बन पाऊँ? अभी-अभी मैं गायों से हेत करने गौशाला गई थी, पर वे तो मेरी ओर आँखें निकालती हैं। यदि मैं शीघ्रता से हट न जाती तो उनमें से कोई मेरी हड्डियाँ ही तोड़ डालती। उन्हें जीतने के लिए मैं कुछ भी करने को तैयार हूँ।''

''अपने प्राणों पर खेलकर भी?''

''हाँ, हाँ, पर उनका जीवनधर्म क्या है, यह मैं नहीं जानती।''

''मैं बताती हूँ। वे इस सृष्टि में धर्म की स्थापना करना चाहते हैं।''

''तब तो मैं उनके योग्य नहीं। मुझे तो यह भी पता नहीं कि धर्म क्या है और अधर्म क्या है।''

''पर तुम अधर्म का नाश करने में तो उनकी सहायता कर सकती हो!''

''मैं दुर्जेय परशुराम नहीं। हाथ में परशु लेकर मैं दुष्ट राजाओं के मस्तक नहीं छेद सकती।''

''पर तुम अधर्म के साथ लड़ तो सकती हो! तुम्हारे पास अधिक शक्तिशाली अस्त्र है। जरा विचार कर देखो!'' शैव्या ने कहा, ''धर्म का कट्टर शत्रु कौन है?''

''मेरा भाई।''

''तुम्हारा भाई तो इस प्रचण्ड आँधी में तिनके के समान है। वास्तविक शत्रु तो जरासन्ध है। वह धर्म का तिरस्कार करता है। उसके अत्याचारों का शासन सर्वत्र है। वह राजाओं को बन्दी बनाता है, अथवा उनका नाश करता है। दुष्टों और पापियों को उसके यहाँ आश्रय मिलता है।''

''वह मेरा भी शत्रु है। इच्छा होती है कि उसका वध कर डालूँ। एक बार तो मैंने यह भी सोचा कि स्वयंवर में मैं उसे ही पसन्द करूँगी और विवाह के बाद प्रथम मिलन में ही उसका गला घोंट दूँगी।''

शैव्या ने हँसकर कहा, ''ऐसे पागल विचार से क्या लाभ! इससे कुछ न होगा। यदि तुम सचमुच कृष्ण की सहायता करना चाहती हो तो यह दृढ़ निश्चय कर लो कि शिशुपाल से ब्याह कभी नहीं करोगी।''

''मैं चेदि के इस मूर्ख राजकुमार का वरण कभी नहीं करूँगी।''

''अर्थात् अयोग्य पति को अस्वीकार कर योग्य से विवाह करोगी—यही न? कृष्ण तुम्हें ऐसा करने को नहीं कहते।''

''और मैं क्या कर सकती हूँ?''

''इस मिथ्या स्वयंवर की पोल खोल दो!''

''पर इससे तो कृष्ण मेरे पास नहीं आएँगे!''

''आएँगे, यदि मैं उन्हें जान सकी हूँ तो वे अवश्य आएँगे। तुम्हें जीतने नहीं, पर धर्म की स्थापना करने और मिथ्या स्वयंवरों द्वारा राजकुमारियों के अनिच्छा से

विवाह करने के अधर्म का नाश करने।''

''पर तब भी क्या वह मेरे साथ विवाह करेंगे?''

''सम्भवतः करें भी—यदि तुम अपना सर्वस्व उनके जीवन-कार्य में होमने को तैयार हो जाओ तो!''

''तुम जानती हो न कि गायें और अश्व उनके स्पर्श के लिए लालायित रहते हैं। इसी प्रकार उनको चाहनेवाले स्त्री-पुरुष भी उनके लिए अपने प्राण अर्पण करने को तैयार रहते हैं।''

''शैव्या, मुझसे ईर्ष्या होती है। तुम उन्हें कितना जान पाई हो?''

''यदि तुम चाहती हो कि वे तुमसे विवाह करें तो तुम्हें स्वयं को अनेक दास-दासियों की कक्षा में रखना होगा। त्रिवक्रा और शैव्या, उद्धव और श्वेतकेतु, माता देवकी और नन्हीं सुभद्रा सभी कृष्ण को चाहते हैं। वे सूर्य हैं। उनकी स्नेह किरणें उन सबको प्राप्त हो सकती हैं, जिन्हें प्रकाश और ऊष्मा की आवश्यकता है।''

''अर्थात् यदि मैं उनसे विवाह करूँ तो मेरा पति सभी को प्रकाश देनेवाला होगा!'' रुक्मिणी ने कृत्रिम निराशा से कहा।

''हाँ, सबको उनकी इच्छानुसार प्रकाश देनेवाला! पर, तुम उनके कार्य में सहधर्मचारिणी बनने को तैयार हो?''

''यदि मैं हो सकी तो!''

''धर्म के लिए मृत्यु का भी वरण करने को तैयार होओ, तभी तुम्हें धर्म के लिए जीना सम्भव होगा। एक बार मेरे सामने उन्होंने उद्धव को यही कहा था।''

कुछ दिन बाद शैव्या अपने संघ के साथ करवीरपुर के लिए रवाना हो गई।

कन्या और गऊ

शैव्या के चले जाने के बाद रुक्मिणी विचारों में खो गई। वह राजपरिवार की कन्या होने का गर्व अनुभव किया करती थी। शैव्या की बातों ने इस गर्व पर आघात किया था। वह कृष्ण की ओर आकर्षित हुई थी। कृष्ण की चमत्कारिक सिद्धियों की बातों ने इस आकर्षण को प्रेम में बदल दिया था। उसे विश्वास था कि यदि वह अपने पिता और दादा को कृष्ण के पास स्वयंवर का प्रस्ताव भेजने के लिए राजी कर ले तो कोई भी व्यक्ति अस्वीकार नहीं कर सकता। वह राजकन्या है। कृष्ण तो मात्र यादवों के नायक के द्वितीय पुत्र हैं। यदि बात चलाई जाए तो गोपाल नाम से पुकारे जानेवाले कृष्ण को लेशमात्र भी आपत्ति नहीं होनी चाहिए।

पर अब उसे पता चला कि गोपाल को प्राप्त करना कितना कठिन है। उसने उनके चरणों में शीश नवाया पर बदले में उसे अनादर ही मिला। क्षणभर तो उसे लगा कि वह इसी योग्य है।

उसकी आँखों में अश्रु छलक आए। शिशुपाल से विवाह करने की उसकी तनिक भी इच्छा नहीं थी। कृष्ण भी उसे नहीं स्वीकारेंगे और यदि स्वीकार किया भी तो गोपियों और शैव्या के बीच बँटा हुआ प्रेम ही उसे मिलेगा। विधि कितनी क्रूर है!

पर इस घनश्याम की मोहिनी मूरत को भूल पाना भी कहाँ सम्भव है! कंस को यमद्वार पहुँचानेवाले प्रतापी किशोर अथवा माता की बाँहों में समा जानेवाला किशोर–ये दो रूप उसके मन पर से हटते ही न थे। उन्होंने त्रिवक्रा को सुडौल बनाया, नागलोक में यम को जीता, गुरु सान्दीपनि के पुत्र का उद्धार किया, पंगु गरुड़ को दौड़ने लायक बनाया, रुक्मी के बाण को चक्र से चूर किया, सम्राट् जरासन्ध के प्राण बचाकर नमित किया, द्वेष और रोष से पूर्ण अपना वध करने की इच्छुक शैव्या के मन को विषमुक्त किया।

कृष्ण के एक के बाद एक कई चित्र उसकी आँखों के आगे तैरने लगे। उसे लगा कि कृष्ण के जीवन में कुछ चमत्कारिक तत्त्व अवश्य हैं। ऐसे पुरुष की पत्नी बनना सद्भाग्य ही कहा जाएगा–फिर चाहे वह राजा हो या गोपाल या मथुरा छोड़कर भाग जानेवाला ही क्यों न हो।

रुक्मिणी स्थिति को समझने का प्रयत्न कर रही थी। श्वेतकेतु और शैव्या से हुई उसकी बातचीत से पता चलता था कि मथुरा में कृष्ण के शत्रु उनका नाश करना चाहते हैं। जरासन्ध भी उनका वध करने को तड़प रहा है। वह स्वयं भी उनके नाश के लिए बिछी शतरंज का प्यादा मात्र है और वे अकेले हैं–आन्तरिक और बाह्य संकटों के बीच एकाकी। उसका हृदय तड़प उठा–मुझे कृष्ण के पार्श्व में रहना चाहिए, कृष्ण की रक्षा करनी चाहिए।

एकाएक उसके चित्त में सत्य का उदय हुआ। स्वयं उसके आसपास ही जरासन्ध की व्यूह-रचना की गई थी। उसकी निराशा अदृश्य हो गई। उसने विजयी स्मित किया, "गोपाल! तुम भले ही दुष्ट होओ, मैं तुम्हारे व्यक्तित्व के सूर्य की समस्त किरणें अपने में समा लूँगी और उन्हें प्रतिबिम्बित करूँगी। यदि इससे मृत्यु भी आए तो क्या?"

रुक्मिणी खड़ी हो गई। अपना अश्रुभीगा मुख धोया। फिर वस्त्र बदलकर अपने पिता राजा भीष्मक से मिलने गई। भीष्मक और युवराज रुक्मी झरोखे में बैठकर स्वयंवर की तैयारियों का अवलोकन कर रहे थे। उन्होंने रथ आते देखा, रुक्मिणी को उससे उतरते देखा। उन्हें रुक्मिणी का इस प्रकार आना भाता नहीं

था। जब भी वह आती, भाई-बहन के बीच विवाद होता और अन्त में रुक्मिणी रो पड़ती।

आज उसके चेहरे पर गाम्भीर्य था। भीष्मक ने दीर्घ श्वास ली। कोई नहीं जानता था कि रुक्मिणी की गम्भीरता से कब तूफान फट पड़ेगा। उसकी भँवें तनी हुई थीं। उसने आते ही कहा, ''पिताजी! मुझे बेचने की आपकी योजना पूरी हो गई?''

''तू ऐसी बातें क्यों करती है!'' भीष्मक ने कहा, ''हम तेरे भले के लिए ही तो कर रहे हैं।''

''हाँ, हाँ, अपना भला एक मुझे ही तो नहीं पता!''

''लड़की को अपने कुल की प्रतिष्ठा का ध्यान रखना चाहिए। तुम अन्तःपुर में क्यों नहीं बैठी रहतीं!'' रुक्मी ने भँवें चढ़ाकर कहा, ''तुम्हें अच्छा तो कुछ लगता ही नहीं!''

''मैं सब जानती हूँ, पर मेरा सौदा करने से कुल की प्रतिष्ठा घटेगी ही, बढ़ेगी नहीं!''

रुक्मी ने कहा, ''भोजकुल की प्रतिष्ठा को चोट पहुँचे, ऐसा कोई काम हम नहीं कर रहे।''

रुक्मिणी ने साहस कर पूछा, ''तुम अपने मित्र शिशुपाल के साथ क्या मेरा विवाह नहीं कर रहे?'' और अपने भाई की ओर एकटक घूरने लगी।

''पिताजी! इस लड़की में कोई विवेक-विचार ही नहीं,'' रुक्मी ने अपने पिता की ओर मुड़कर कहा, ''यह इतना भी नहीं जानती कि इसका भला किसमें है और किसमें नहीं।''

''अच्छा!'' रुक्मिणी ने गुस्से में कहा, ''तो सुनो सयानों के सरदार!'' उसने रुक्मी जैसा स्वर निकालते हुए कहा, ''रुक्मिणी ही इस परिस्थिति में उपयोगी सिद्ध हो सकती है। जरासन्ध महान सम्राट् हैं। पर उनकी प्रतिष्ठा अब रही नहीं। उनके जामाता का एक ग्वाले ने वध कर दिया। मैं रुक्मी, विदर्भ का उत्तराधिकारी, ही उसका स्थान ले सकता हूँ।'' यह कहकर रुक्मिणी ने अपने भाई की तरह ही मूँछों पर ताव दिया और छाती फुलाई। रुक्मी अपनी बात करते समय ऐसा ही करता था।

''मूर्ख कहीं की!'' रुक्मी बोला।

''मैं बुद्धिमानी की बात कह रही हूँ,'' रुक्मिणी ने कहा और फिर उसी के स्वर में बोली, ''महान सम्राट् हास्यास्पद हो गए। एक ग्वाले को भी पकड़ न सके, बल्कि उस ग्वाले ने ही उनके प्राण बचाए। मैं रुक्मी, परशुराम का महान विद्यार्थी, सम्राट् की प्रतिष्ठा को पुनः स्थापित करूँगा और उनका दाहिना हाथ बनूँगा।''

भीष्मक भाई-बहन में से किसी को नियन्त्रण में नहीं रख सकते थे। ऐसे

प्रसंगों पर वे चुप रहना ही श्रेयस्कर समझते।

रुक्मी बोला, ''अब तुम चुप भी रहोगी या नहीं?''

''तुम सुनोगे या नहीं?'' रुक्मिणी ने पूछा और फिर रुक्मी का अनुकरण करते हुए बोली, ''तू राजनीति को क्या समझे, नादान छोकरी! जा अन्तःपुर में जा। तू तो मात्र गऊ है और मैं अच्छे-से-अच्छे मूल्य पर तेरा सौदा करने को तत्पर हूँ। मैं तुझे शिशुपाल को सौंपूँगा। इससे दामघोष मेरी पकड़ में आ जाएगा। मैं सम्राट् की पौत्री अप्नवी के साथ विवाह करूँगा। मैं सबका स्वामी बनूँगा और जरासन्ध की विराट सेना का सेनापति!''

रुक्मी क्रोध में भरकर उठ खड़ा हुआ।

''इस तरह चले मत जाओ, भाई! यदि तुम मेरी बात सुनो तो कूटनीति का एकाध पाठ मैं तुम्हें और पढ़ा सकती हूँ।'' फिर एक बार और रुक्मी का स्वाँग भरते हुए बोली, ''यह गऊ का सौदा जरासन्ध के मित्रों में कड़ी बन जाएगा। अवन्ती विदर्भ के अधीन है, वह साम्राज्य से निकल नहीं सकेगा। मैं रुक्मी, अपनी बहन द्वारा चेदि पर अंकुश रखूँगा, यद्यपि मेरी बहन कुछ उद्‌दण्ड है।''

रुक्मी चीख उठा, ''हाँ, उद्‌दण्ड है।''

रुक्मी का स्वाँग इतने अच्छे ढंग से रचा गया था कि भीष्मक हँस पड़े। उन्होंने कहा, ''रुक्मिणी! स्वाँग तू खूब करती है, बहुत ही बढ़िया!''

''पिताजी! आपने ही रुक्मिणी को सिर पर चढ़ा रखा है।''

पर भीष्मक को आज के विवाद में आनन्द आ रहा था। वे बोले, ''रुक्मिणी को कोई नहीं बिगाड़ सकता। वह जन्म से ही ऐसी है।''

''तो सुनिए, पिताजी!'' रुक्मिणी ने फिर एक बार छाती फुला और मूँछों पर ताव देकर कहा, ''सुन ऐ मेरी मूर्ख बहन! मैं जरासन्ध और उसके मित्र शिशुपाल, शाल्व, विन्द तथा अनुविन्द की सेनाओं को संगठित करूँगा।'' और रुक्मी की नकल करते हुए अपनी छाती ठोकी।

''बहुत अच्छे! तू तो बड़ी मँजी हुई नट है!'' हँसते-हँसते भीष्मक की आँखों में आँसू आ गए।

''मैं रुक्मी, बड़ा मँजा हुआ कूटनीतिज्ञ हूँ। मैं ऐसी व्यवस्था करूँगा कि बुड्‌ढा दामघोष हमारे बीच में टाँग न अड़ा सके। फिर मैं मथुरा पर चढ़ाई करूँगा और उस गोपाल को पकड़कर उसका गला काट दूँगा।''

रुक्मी को लगा कि उपहास में भी उसका सारा रहस्य प्रकट हो रहा है। वह क्रोध से काँपने लगा, ''हाँ, मैं ऐसा ही करूँगा, ठीक ऐसा ही।'' उसने चिल्लाकर कहा और इस प्रकार आगे बढ़ा मानो रुक्मिणी को मारने जा रहा हो।

रुक्मिणी अपने आसन से खड़ी होकर एक कदम आगे बढ़ी। इससे रुक्मी

जहाँ था, वहीं रुक गया। "और मैं रुक्मी, अपने पिता से कहूँगा कि आप बहुत राज कर चुके। अब इस महल में शान्ति से बैठे रहो। विदर्भ का राजा मैं बनूँगा। मैं राजसूययज्ञ करूँगा और सभी नरेशों के मस्तक मेरे चरणों में झुकेंगे। मैं रुक्मी, चक्रवर्ती सम्राट् बनूँगा।"

रुक्मी के मुँह में झाग आ गए। रुक्मिणी ने उसका सारा भेद खोल दिया। जैसे-तैसे वह बोला, "अब यह बकवास बन्द कर!"

"नीचे बैठ और मेरी बात सुन, भाई! तुझे बहुत-कुछ सीखने को मिलेगा।" रुक्मिणी ने रुक्मी को धकेलकर नीचे बैठाया और स्वाँग भरते हुए फिर बोली, "जब सम्राट् की मृत्यु होगी तो मैं उनका साम्राज्य अपने राज्य में मिला लूँगा। और यह सब सम्भव है, क्योंकि मेरे पास एक गऊ जैसी बहन है, जिसे मैं शिशुपाल को बेच सकता हूँ।"

और रुक्मिणी तब तक हँसती रही, जब तक कि उसकी आँखों में आँसू न आ गए। फिर भीष्मक की ओर मुड़कर बोली, "पिताजी! क्या मैं मात्र गऊ नहीं? यह मेरा भाई है, जो बिगड़े साँड़ की तरह है। और पिताजी! यदि आप जरासन्ध के जाल में फँस गए तो आपको भी ये लोग कहीं का नहीं रखेंगे। मेरी बात सुनिए, मेरी मानिए!" उसने दोनों हाथ जोड़कर कहा। एकाएक उसकी वाणी में गम्भीरता आ गई।

"मैं क्या कर सकता हूँ, रुक्मिणी! तुझे कुल की प्रतिष्ठा रखनी है। मैंने स्वयंवर का आयोजन किया है और थोड़े ही दिनों में अनेक राजा कुण्डिनपुर पहुँच जाएँगे।"

"तो फिर अपना पति मुझे ही चुनने दें। ऐसा छल न कीजिए मेरे साथ!"

भीष्मक ने उसे शान्त करते हुए कहा, "तब तो तू कभी सही चुनाव नहीं करेगी, बेटी!"

"यदि आप कृष्ण वासुदेव को निमन्त्रण देंगे तो मैं सही चुनाव करूँगी। सारी दुनिया उनके चमत्कारों की बातें करती है।"

"बेटी! तेरा सिर फिर गया मालूम होता है। मैं उसे स्वयंवर में कैसे बुला सकता हूँ! तू राजकुमारी है। तेरा विवाह एक नायक के पुत्र के साथ नहीं हो सकता।"

"वे सम्राट् से भी अधिक महान हैं। उन्होंने सम्राट् को प्राणदान दिया था।"

भीष्मक ने कहा, "उसके कुटुम्ब अथवा उसके स्तर की ओर तो देख! उसे निमन्त्रण भेजा जाए तो कोई राजवंशी स्वयंवर में भाग न लेगा।"

"मान लो, मैंने स्वयंवर में किसी को पसन्द नहीं किया, तो?"

"तो अतिथि राजाओं का अपमान होगा और वे हमसे लड़ाई ठान लेंगे।"

“यदि मैं स्वयंवर मण्डप में ही मर जाऊँ तो भी वे युद्ध करेंगे?”

भीष्मक ने लाचारी से हाथ जोड़े। “बेटी! ऐसे अपशकुन की बात मेरे सामने मत कर। यदि मैं तेरी सहायता कर सकता तो अच्छा होता। स्वयंवर होना ही चाहिए। यदि स्वयंवर में तूने शिशुपाल के सिवा किसी और को पसन्द किया तो वह तुझे स्वीकार नहीं करेगा। जरासन्ध तेरा विवाह शिशुपाल के साथ ही करना चाहते हैं।”

“आपकी भी यही इच्छा है?”

“हाँ। जरासन्ध ने मेरे पिता को जैसे निवृत्त कर मुझे गद्दी पर बैठाया यह मुझे भली-भाँति स्मरण है। यदि उस समय हमने प्रतिकार किया होता तो विदर्भ के नायक मारे जाते और कुण्डिनपुर भस्मीभूत हो जाता। तू नहीं जानती बेटी! वे दिन कितने भयंकर थे! तेरा तब जन्म भी नहीं हुआ था।”

“अर्थात्, मैं इस राजसत्ता के द्वार खोलने आई हूँ, यही न? अब मुझे गाय का मूल्य पता चला।” फिर रुक्मी की ओर देखकर बोली, “अब मुझे मेरे बिगड़ैल भाई की योजना भी समझ में आती है।” यह कहकर वह तेजी से निकल गई।

श्वेतकेतु का नगर-त्याग

माघ शुक्ला पंचमी के दिन, जब सारे आर्यावर्त में बसन्तोत्सव मनाया जाता है, रुक्मिणी के स्वयंवर की तिथि निश्चित हुई।

कई राजा और राजकुमार पौष मास के कृष्ण पक्ष में ही विदर्भ की राजधानी कुण्डिनपुर में पहुँच गए। वे अपने पूरे दल-बल के साथ, रथ, हाथी और अश्वों की सेनाएँ लेकर आए थे। सारा नगर इस उत्सव के लिए सजाया गया था।

भोजकुल के राजा भीष्मक ने स्वयंवर के लिए भारी तैयारियाँ की थीं। अतिथियों और उत्सव में भाग लेने आए ग्रामजनों के भोजन का विशेष प्रबन्ध किया गया। राजाओं के लिए सोने के चमकदार गुंबज और ध्वजापताकाओं से सज्जित मण्डप खड़े किए गए। शहर के प्रत्येक भाग में नियत समय पर दुन्दुभि और शहनाई के मंगल-स्वर गूँज उठते।

अतिथियों के लिए विशेष शिविर बनाए गए। सम्राट् जरासन्ध सर्वप्रथम आ पहुँचे। उनके साथ कुछ राजा भी थे। भीष्मक के अतिथि के रूप में वे राजमहल में ही टिके।

चेदिराज दामघोष और उनका पुत्र शिशुपाल भी आ गया। शिशुपाल तो रूपवती विदर्भ कुमारी के पाणिग्रहण के सपने देख रहा था। उन्हें विशेष आदर का

पात्र मानकर राजकुटुम्ब की बारात को शोभे, ऐसा मध्यस्थ शिविर दिया गया।

शौभ के राजा शाल्व भी अपने साथ कुछ योद्धा लाए थे। वह जरासन्ध का विशेष मित्र था। उसका भी भव्य स्वागत हुआ। कारुण के दन्तावक्र, अवन्ती के राजकुमार विन्द और अनुविन्द तथा जरासन्ध के अधीन अन्य राजाओं का भी उचित स्वागत हुआ। सब अतिथि बहुत थोड़े योद्धा अपने साथ लाए थे। वे जानते थे कि स्वयंवर का परिणाम पूर्वनिश्चित है और सामान्यतया ऐसे प्रसंगों पर जो झगड़े हो जाते हैं, उनकी कोई सम्भावना नहीं।

वैसे यजमान तो राजा भीष्मक थे, पर अतिथियों के स्वागत का सारा भार रुक्मी ने अपने ऊपर ले लिया था। स्वयंवर की आयोजना में उसे बहुत अधिक परिश्रम करना पड़ा था। उसके लिए यह प्रथम राजकीय कार्य था। उसे मात्र अपनी हठी बहन की चिन्ता सता रही थी। वह किसी प्रकार माननेवाली नहीं थी।

रुक्मी को लगा कि रुक्मिणी बेकार विवाद खड़ा कर रही है। वह अकारण क्रय-विक्रय और कन्या तथा गऊ की बातें करती है। आदिकाल से ही राजकुमारियों के विवाह, राजपरिवारों के बीच सन्धियों को दृढ़ करने के लिए होते आए हैं। बहुत कम राजकुमारियों में अपना वर चुनने की वृत्ति या शक्ति होती है। वे माता-पिता की इच्छा के विरुद्ध नहीं जा सकतीं। पर रुक्मिणी की समस्या वास्तविक थी। वह बचपन से ही जो चाहती थी, वही करती थी।

पहले तो ऐसा ही प्रतीत होता था कि वह शिशुपाल को पसन्द करने का विरोध करेगी। वह कुछ दिन महल से बाहर भी नहीं निकली। भोजन ग्रहण करना भी उसने अस्वीकार कर दिया। लाज-मर्यादा छोड़कर वह नगर में बाहर निकल पड़ती और स्वयंवर की व्यवस्था में विक्षेप डालने लगती। रुक्मी की हँसी उड़ाने या उसका अपमान करने का कोई अवसर वह नहीं चूकती। फिर उसका विरोध घटने लगा। अब भी उसने शिशुपाल को पसन्द करने की स्पष्ट सहमति नहीं दी थी, पर रुक्मी जानता था कि रुक्मिणी जैसी गर्विष्ट कन्या स्पष्ट शब्दों में अपनी हार कभी स्वीकार नहीं करेगी।

पहले रुक्मी का विचार था कि मथुरा के यादव कुछ बाधा डालेंगे पर ऐसी कोई सम्भावना अब दिखाई नहीं पड़ती। लगता था कि स्वयंवर निर्विघ्न समाप्त हो जाएगा। पहले कुछ गुप्तचर यह समाचार लाए थे कि मथुरा के राजा उग्रसेन अपने किसी नाती को अपना उत्तराधिकारी घोषित करनेवाले हैं और वह बिना निमन्त्रण स्वयंवर में भाग लेने आएगा। पर मनोनीत युवराज बृहद्बाल ने ऐसा करना अस्वीकार कर दिया, जिससे सारा प्रश्न खटाई में पड़ गया था। उत्सव प्रिय यादवों ने स्वयंवर के दिन ही मथुरा में रथों की दौड़ निश्चित की थी और रुक्मी का कट्टर शत्रु कृष्ण इस दौड़ की आयोजना में व्यस्त था।

माघ मास के शुक्ल पक्ष की प्रतिपदा को उड़ता-सा समाचार सुनने को मिला कि कोई राजा बड़ी सेना के साथ स्वयंवर में भाग लेने आ रहा है। एकत्रित अतिथियों को यह समाचार निःसार लगा। अधिकांश निमन्त्रित अतिथि या तो स्वयं आए थे या नववधू के लिए उन्होंने उपहार भेजे थे। आर्यावर्त के दो प्रतापी नरेशों, हस्तिनापुर के धृतराष्ट्र और पाञ्चाल के द्रुपद ने स्वयंवर में आने में तो अपनी असमर्थता प्रकट की, पर नववधू के लिए उपहार भेजे थे। इसलिए इस स्वयंवर में बिना निमन्त्रण किसी के आने की सम्भावना नहीं थी। जरासन्ध, विदर्भ और चेदि के संयुक्त बल के सामने टक्कर लेने का दुःसाहस कौन करता!

प्रतिपदा के दिन आचार्य श्वेतकेतु उषाकाल के पूर्व ही जग पड़े। नदी में स्नान कर सन्ध्या-वन्दन के बाद उन्होंने सूर्य को अर्घ्य दिया। फिर वे नदी के तीर पर स्थित आश्रम में गए।

दादा कौशिक और राजा भीष्मक आचार्य के प्रति पूज्य-भाव रखते थे। भोजकुल के नायक और कुण्डिनपुर के विद्वान ब्राह्मण उन्हें आदर की दृष्टि से देखते थे। ग्राम के सामान्य नागरिक भी उनका सम्मान करते थे और उनके पास वेदपाठ करने आते थे। विद्यार्थी उनके गुणगान करते थकते नहीं थे। कद में वे छोटे थे, पर ज्ञान और शस्त्रविद्या में पारंगत थे। उनका व्यक्तित्व और उनका आदर्श सबको प्रभावित करता था।

उन्होंने वेदशाला में प्रवेश किया तो शिष्यों ने दण्डवत् किया। आसन ग्रहण कर उन्होंने शिष्यों के साथ 'होम' और 'विश्वदेव' किया। अग्नि का आह्वान करते हुए मन्त्रोच्चार किया। फिर हाथ उठाकर वे बोले, "वत्सो! मैं तुमसे कुछ कहना चाहता हूँ। मुझे यहाँ आए एक वर्ष हो रहा है। यहाँ के राजपुरुषों ने मेरा उचित आतिथ्य किया। और तुमने, मेरे वत्सो, मुझे अपना प्रेम, आदर और सेवा अर्पित की। तुममें से कई शस्त्रविद्या में निपुण हुए हैं। पर अब विदा की बेला आ गई है।"

शिष्य आश्चर्य से उनकी ओर देखने लगे। आचार्य श्वेतकेतु ने मध्यम स्वर में फिर कहा, "मैंने दुर्गपाल को बुलाया है। उनके आते ही मैं आश्रम, गायें और अन्य सभी वस्तुएँ राजा भीष्मक को दे देने के लिए उनके सुपुर्द कर दूँगा फिर राजा भीष्मक के पास जाकर उनसे विदा लूँगा। मेरा इस स्थान से विदा होने का समय आ गया है। पर मेरे जाने से तुम लोग दुखी मत होना, मेरा आशीर्वाद सदा तुम्हारे साथ रहेगा। तुम जहाँ भी रहो, जो भी करो, भगवान परशुराम और गुरु सान्दीपनि की मेरे द्वारा सौंपी गई धरोहर सँभालकर रखना।

"मेरे ब्रह्मचारियो! अपने तप से तुम पृथ्वी और उसके मनुष्यों को प्रभु की ओर प्रेरित कर सकोगे। तप पर अपनी श्रद्धा कभी विचलित मत होने देना। यदि

तुमने तप का त्याग कर दिया तो संसार वासना और हिंसा में चूर हो जाएगा और राक्षसी बन जाएगा।

''और मेरे वीर शिष्यो! मैं तुम्हें एक महत्त्व की सीख देता हूँ। तुम सदा धर्म के मार्ग पर चलना। मुझसे सीखी शस्त्रविद्या का उपयोग धर्म की रक्षा और अधर्म के विनाश के लिए ही करना। उसका उपयोग स्वार्थ के हित कभी न करना, कभी पाप में भाग न लेना।''

श्वेतकेतु ने कमर पर व्याघ्रचर्म लपेटा, दण्ड और कमण्डल लिया और खड़े हो गए। शिष्यों ने उन्हें घेर लिया।

कई तरुणों ने कहा, ''गुरुदेव! आप यों हमें छोड़कर नहीं जा सकते।''

''तुममें से किसी को भी मैं उसके माता-पिता की सम्मति के बिना अपने साथ नहीं ले जा सकता। और तुम भोजकुल के नायकों के पुत्र हो। मेरे जैसा कठोर जीवन तुम नहीं जी सकते।''

एक युवक बोला, ''हम भी आपके साथ चलेंगे, चाहे जो सहन करना पड़े।''

''अप्नव, तुम्हारी बात अलग है। तुम्हारे माँ-बाप नहीं हैं, इसलिए उनकी सम्मति लेने का प्रश्न ही नहीं उठता। तुम मेरे साथ चल सकते हो। इसी प्रकार जह्नु भी आ सकता है। पर हमें कई दिन तक सोने के लिए शैय्या और पर्याप्त भोजन नहीं भी मिल सकता है।''

''पर आप जा क्यों रहे हैं? एकाएक यह निर्णय किसलिए?''

''कल रात तक मैं प्रतीक्षा करता था कि भगवान कुछ चमत्कार दिखाएँगे, पर उन्होंने मेरी प्रार्थना सुनी नहीं। कोई चमत्कार नहीं हुआ। इसलिए मुझे व्रत-पालन के लिए यह निर्णय लेना पड़ा। मैं यहाँ नहीं रह सकता। और अधिक मुझसे कुछ मत पूछो,'' श्वेतकेतु ने स्नेहपूर्वक कहा और शिष्यों को आशीर्वाद दिया।

राजमहल में राजा भीष्मक, सम्राट् जरासन्ध और राजा दामघोष स्वयंवर की योजना के बारे में चर्चा कर रहे थे, तभी प्रतिहारी ने आकर आचार्य श्वेतकेतु के आने की सूचना दी। आचार्य के खण्ड में प्रवेश करने पर भीष्मक और दामघोष खड़े हो गए। आर्य राजाओं में विद्वान आचार्यों को इस प्रकार सम्मान देने की रीति थी। पर जरासन्ध बैठा रहा। उसके मन में विद्वानों का आदर चारण-भाट से अधिक न था। दूसरे राजाओं को भी वह सदा सचेत करता रहता कि आचार्यों, तपस्वियों को अधिक सिर चढ़ाने का फल अच्छा नहीं होता।

श्वेतकेतु ने आशीर्वाद दिया और प्रतिहारी ने जो आसन उनके लिए रखा उस पर बैठ गए।

भीष्मक ने पूछा, ''आचार्यश्रेष्ठ! इस समय आपके आगमन का क्या प्रयोजन है?''

''राजन्! मैं आपसे विदा लेने और आशीर्वाद देने आया हूँ।''

भीष्मक आश्चर्य में पड़ गए। ''विदा! आप कहाँ पधार रहे हैं? ऐसे अचानक! क्या हुआ आचार्य?''

श्वेतकेतु क्षण-भर चुप रहे, फिर बोले, ''राजन्! मैं कुण्डिनपुर छोड़कर जा रहा हूँ। अपने विद्यार्थियों को मैंने दीक्षान्त आशीर्वाद दे दिया है। दुर्गपाल को मैंने आश्रम और आपके द्वारा प्रदत्त समस्त सामग्री लौटा दी है। अब आपको आशीर्वाद देने और यहाँ से जाने...''

''कहाँ?''

''जहाँ भी भगवान ले जाए। पर यहाँ से दूर...''

''पर क्यों, किस कारण? यहाँ क्या नहीं है?'' भीष्मक अब भी आश्चर्यचकित थे।

''राजन्! आप मेरे प्रति अत्यन्त उदार रहे हैं? पर अब मैं आपका आतिथ्य स्वीकार करने की स्थिति में नहीं हूँ।''

भीष्मक ने कहा, ''कृपा करें, गुरुदेव! आपको जाना ही ही तो स्वयंवर पूर्ण होने पर पधारें। आप उत्सव से पहले चले गए तो अमंगल समझा जाएगा।''

''आपको जाना हो तो स्वयंवर के बाद चले जाना,'' जरासन्ध ने बीच में बोलते हुए कहा। उसने अपने क्रोध को किसी तरह दबाकर रखा। गोमन्तक में प्राण बचाकर भागा था, तब से वह श्वेतकेतु को गुरु सान्दीपनि के शिष्य, शस्त्रविद्या में पारंगत और अवन्ती के राजकुमारों के अध्यापक के रूप में जानता था। वह यह भी जानता था कि कुण्डिनपुर और भोजकुल के युवकों में आचार्य के प्रति कितना पूज्यभाव था! ऐसे आचार्य के अचानक चले जाने से राजा अपशकुन मानेंगे, यही सोचकर उसने श्वेतकेतु को रुकने के लिए कहा।

''नहीं, मैं रुक नहीं सकता। यहाँ रहने पर मेरे व्रत का खण्डन होगा।''

दामघोष को इस बात में रुचि उत्पन्न हुई। कृष्ण और बलराम से उसने श्वेतकेतु के बारे में सुना था। गुरु सान्दीपनि ने अपने उत्तम शिष्यों में श्वेतकेतु का नाम लिया था। उसने पूछा, ''पर इसी समय जाने का निर्णय आपने क्यों लिया? ऐसी क्या बात हुई जिससे आप अभी चले जाना चाहते हैं?''

''चेदिराज!'' श्वेतकेतु ने गम्भीरता से कहा, ''कल रात जब अवन्ती के राजकुमार मुझसे मिले तो कई बातें मेरे सामने स्पष्ट हो गईं। सब जानते हैं कि कुछ वर्षों के लिए मैं अपने आचार्य के कर्तव्य से च्युत हो गया था। एक वर्ष पहले मैं यहाँ आया तब आपसे मैंने यह बात कही थी। करवीरपुर में चमत्कारिक रूप

से जब मेरा उद्धार हुआ, तब मैंने यह प्रतिज्ञा ली कि जहाँ भी धर्म का, ऋतु का भंग हो, वहाँ नहीं रहूँगा।''

भीष्मक असमंजस में पड़ गए। जरासन्ध को इसमें कुछ चाल दिखाई पड़ी। भौंहें चढ़ाकर पूछा, ''यहाँ रहकर धर्म का पालन क्यों नहीं कर सकते? यहाँ कौन-सा अधर्म आपको दिखाई पड़ता है? अब तक तो सबकुछ ठीक ही चल रहा था। राजा भीष्मक का आतिथ्य भी आपने अब तक स्वीकार किया है। अब क्या हो गया?''

श्वेतकेतु ने सम्राट् पर अपनी दृष्टि स्थिर की। उनकी आँखों में तेज था। बोले, ''यह सच है कि राजा भीष्मक ने वेदोक्त कर्तव्यों का उचित पालन किया है और विद्या का उदार आतिथ्य किया है।''

सम्राट् ने अधीर होकर पूछा, ''फिर क्या बात है?''

श्वेतकेतु ने जरा भी अस्वस्थ हुए बिना उत्तर दिया, ''इन्होंने उदारतापूर्वक मुझे अन्न और आश्रम प्रदान किया। मैं भी अपने कर्तव्य से पीछे नहीं हटा। मेरा जो भी धर्म था, मैंने निभाया। राज्यगुरु भीष्मकाचार्य की मैंने सहायता की है, सुपात्रों को वेदों का अध्ययन कराया है, भोज नायकों को शस्त्रविद्या सिखाई है; पर अब मैं कुछ कर सकने की स्थिति में नहीं हूँ। मैं खाली हाथ आया था और खाली हाथ ही जा रहा हूँ, चक्रवर्ती!''

श्वेतकेतु ने जिस गौरव से जरासन्ध को उत्तर दिया उससे राजा भी प्रभावित हुए। भीष्मक ने कहा, ''आचार्यश्रेष्ठ! आपने हम पर अनेक उपकार किए हैं। आपके अल्पकालीन प्रवास से भी कुण्डिनपुर अपने पाण्डित्य के लिए प्रख्यात हुआ है। आपसे शिक्षा पाकर हमारे युवकों ने अधिक उत्साह और नई चेतना पाई है। विदर्भ की प्रजा आपके ज्ञान और पाण्डित्य का आदर करती है। मैं आपसे प्रार्थना करता हूँ कि आप न जाएँ। हमारे साथ ही रहें।''

जरासन्ध कटुता से हँसा, उसे भीष्मक की यह विनती अर्थहीन लगी।

''मुझे अपने व्रत का पालन करना ही चाहिए।''

''पर आपके व्रत में यहाँ कौन-सा विक्षेप पड़ता है? और फिर वह भी इतने दिनों तक रहने के बाद?'' भीष्मक ने फीकी हँसी हँसकर कहा, ''यदि कहीं कुछ भूल हो गई हो तो आप हमें बताएँ। हम तत्काल उसका सुधार कर देंगे।''

''राजन्! आप इच्छा करें तो भी वह भूल सुधारी नहीं जा सकती!'' फिर जरासन्ध की ओर निर्भयतापूर्वक देखते हुए बोले, ''उदाहरण के लिए आप इस स्वयंवर को रोक नहीं सकते।''

जरासन्ध उत्तेजित हो गया, ''इसका आपके व्रत से क्या सम्बन्ध है?''

''चक्रवर्ती सम्राट्! क्या आप अपने सामने बोले गए सत्य को सहन कर सकेंगे?''

"क्यों? मुझसे क्या भूल हुई?"

"मैं जानता हूँ कि आप जो प्रिय लगे वही सुनने के आदी हैं। मैं जो सोचता हूँ वह सुनना सम्भवतः आपको पसन्द न आए।"

जरासन्ध ने तिरस्कारपूर्वक हँसकर कहा, "क्या मैं इतना बुरा हूँ?"

"लोग यही कहते हैं। मैं यहाँ राजा भीष्मक को विदा के समय आशीर्वाद देने आया हूँ और शान्तिपूर्वक चला जाना चाहता हूँ। पर यदि आप सत्य जानना ही चाहते हों तो मैं किसी को यह नहीं कहने देना चाहता कि महान चक्रवर्ती के भय से एक ब्राह्मण सच न बोल सका। सुनिए! मैं यहाँ से इसलिए चला जाना चाहता हूँ कि आपके आग्रह से आयोजित यह स्वयंवर अधर्म है।"

"अधर्म!" जरासन्ध ने क्रोधित होकर पूछा, "क्यों स्वयंवर में क्या बुराई है?" उसे लगा कि मगध में यदि कोई ऐसा करने का साहस करता तो वह उसका मस्तक उड़ा देने की आज्ञा तत्काल दे देता। पर यहाँ चुप रहने में ही सार है। यह भीष्मक और दामघोष की भूमि है। यहाँ की रीति-नीति को मानना ही होगा।

"इस स्वयंवर में क्या बुराई नहीं है! अब तक मैंने कुण्डिनपुर में फैल रही बातों पर ध्यान नहीं दिया था। कल जब अनुविन्द ने बताया तो मेरी आँखें खुलीं। आपने वर पसन्द कर ही लिया है। आपकी आज्ञा है, इसलिए अन्य नरेश भी इस चुनाव पर सहमत हो गए हैं। आपके भय से अन्य कोई शिशुपाल के साथ शस्त्रविद्या में स्पर्धा के लिए तैयार होगा नहीं। यदि कन्या किसी और को पसन्द करे तो भी वह उसे स्वीकार करने का साहस नहीं दिखा पाएगा। रुक्मी की बहन रुक्मिणी का आपकी पौत्री अप्नवी के साथ विनिमय हो रहा है। मुझे आशा थी कि भगवान महादेव मेरी प्रार्थना को सुनेंगे और इस स्वयंवर को रोक सकें ऐसा कोई चमत्कार होगा। पर उनकी कृपा इस भूमि पर नहीं दीखती। सत्ता की शतरंज पर राजकुमारी का भोग चढ़ेगा ही। मैं इसे रोक भी नहीं सकता। न इसे अपना आशीर्वाद दे सकता हूँ। इसीलिए यहाँ से चले जाने के सिवा और कोई चारा नहीं है।"

श्वेतकेतु ने खड़े होकर राजा की ओर देखा। "राजन्! आपको यह कटु सत्य सुनना पड़ा, इसके लिए मुझे क्षमा करें। चक्रवर्ती ने ही इसके लिए मुझे विवश किया। अब मैं जाता हूँ। इस अधर्म में चेदिराज जैसे भी भाग ले रहे हैं, यह जानकर मुझे दुःख हुआ। राजाओ, मैं आपको आशीर्वाद देता हूँ कि आपको धर्म का मार्ग मिले।" फिर श्वेतकेतु ने हाथ उठाकर आशीर्वाद दिया और खण्ड से चले गए।

आचार्य राजमहल से बाहर निकले, तब उनके शिष्य और नगर में जिस किसी को उनके जाने की सूचना मिली, वे बाहर उनकी प्रतीक्षा में खड़े थे। शिष्यों ने

आचार्य का चरण-स्पर्श किया। एकत्रित जनसमूह ने उनके आशीर्वाद की याचना की।

आचार्य एक हाथ में दण्ड और दूसरे में कमण्डल लेकर नगर के द्वार की ओर बढ़े। उनके पीछे धनुष-बाण लेकर अप्नव और जह्नु चल रहे थे। द्वार के पास पहुँचकर वे पीछे मुड़े। हाथ उठाकर सबको आशीर्वाद दिया और वन की राह ली।

कुण्डिनपुर में विद्युतगति से यह समाचार फैल गया कि इस महान आचार्य ने किसी महान पातक के निवारणार्थ चमत्कार के लिए प्रार्थना की थी, पर देवों ने उसे स्वीकार नहीं किया। इसलिए अधर्म का आचरण हो, इससे पहले ही वे नगर त्यागकर चले गए। नागरिकों ने इस अधर्म का सम्बन्ध स्वयंवर से जोड़ा क्योंकि यह तथ्य सब पर प्रकट हो चुका था कि स्वयंवर आर्य-परम्परा का स्पष्ट अनादर कर आयोजित किया जा रहा है।

कण्डिनपुर में आगमन

राजा उग्रसेन ने दूसरे दिन कहा, ''बृहद्‌बाल ने मथुरा का युवराज बनना अस्वीकार कर दिया है।'' कृष्ण को इसमें कोई अनहोनी नहीं लगी। यादव-नायक उग्रसेन से मिले और बोले कि यादवों की रक्षा के लिए कृष्ण को भेजना चाहिए। वे ही जरासन्ध और भीष्मक का दर्प चूर करने में समर्थ हैं। वे ही असम्भव को सम्भव बना सकते हैं।

कृष्ण ने नम्रता से कहा, ''पूज्य गुरुजनो! यादवों का गौरव तभी अखण्डित रह सकता है, जब वे यह समझ लें कि अडिगता में मरना ही जीवन है। अपने पास शस्त्र हैं, अश्व हैं, रथ हैं, फिर भी रथ-स्पर्धा की आयोजना का निश्चय तक नहीं कर सकते। मेरे कई मित्र इसको क्षुद्र महत्त्व देते हैं। पर यदि हम धरती को कम्पित करनेवाली रथ-स्पर्धा भी न कर सकें तो भोज, चेदि और मगध की सेनाओं का सामना कैसे करेंगे! लोग सामर्थ्य का आदर करते हैं, युयुत्सा का नहीं।''

सात्यकि ने कहा, ''हम लड़ने को तैयार हैं, हमें प्रेरणा दो!''

कृष्ण ने कहा, ''पहले रथ-स्पर्धा सफल बनाने में मेरा साथ दो फिर आर्यावर्त के राजा यादवों का आदर करने लगेंगे।''

''परन्तु इस अपमान को क्या हम पी जाएँ?''

''सामर्थ्य प्राप्त करने में कोई अपमान नहीं। अपमान छिन्न-भिन्न होने में है।''

वृद्ध नायक गड ने कहा, ''आप स्वयंवर भंग कर रुक्मिणी को ले आएँ, मेरी तो यही इच्छा है।''

"मैंने पहले ही कहा था कि यह स्वयंवर मिथ्या है। अधर्म है। ऐसे ही राजकुमारी की इच्छा के विरुद्ध उसका अपहरण करना भी अधर्म है। फिर हमें यह भी नहीं भूलना चाहिए कि राजकुमारी का विवाह राजवंश में ही हो सकता है," कृष्ण ने किंचित् मुस्कराकर कहा, "और स्वजनो! यदि आप मुझमें श्रद्धा रखें, मुझे रथ-स्पर्धा की योजना करने दें तो हमारे शत्रुओं की आँखें खुल जाएँगी। मैं चाहता हूँ कि प्रत्येक यादव युवक इसमें मेरी सहायता करे।"

अक्रूर ने कहा, "गोविन्द! हमें आपमें पूर्ण श्रद्धा है।"

"तुम्हें जो उचित लगे वही करो!" राजा उग्रसेन ने कहा और फिर सात्यकि की ओर मुड़कर बोले, "सात्यकि! तुम शौर्य से भरे-पूरे हो। शौर्य दिखाने के अवसर की ताक में हो। श्रद्धा रखो, कृष्ण ही हमें विजय की ओर ले जाएँगे।"

अक्रूर ने कहा, "अवश्य! मुझे इसमें कोई शंका नहीं।"

"सम्भव है कि इस समय हम असमंजस में पड़ गए हों। कृष्ण जैसे स्थिति स्पष्ट देख सकते हैं, वैसे हम नहीं देख सकते। पर हम इनकी आज्ञा का अनुसरण करेंगे, रथ-स्पर्धा को सफल बनाएँगे।"

नायकों की सभा पूरी होने के बाद सात्यकि और विराट कृष्ण से मिले और बोले, "वासुदेव! हमने बृहद्बाल का साथ छोड़ दिया है। अब हम आपके साथ हैं।"

"यह तुमने ठीक नहीं किया। यह तो भाई बृहद्बाल के प्रति अन्याय होगा।"

सात्यकि ने कहा, "वह कायर है, हमें विजयश्री नहीं दिला सकता।"

कृष्ण ने कहा, "हम संगठित नहीं होंगे तो विजय कहाँ से पाएँगे? विजयी बनने के लिए भोग देना पड़ता है।"

विराट ने पूछा, "हम तैयार हैं। बोलो, हमें क्या भोग देना है?"

"तुम समस्त यादव युवकों को एकत्र करो और उन्हें रथ-स्पर्धा में भाग लेने पर राजी करो। मैं तुम्हें विजय दिलाऊँगा?"

विराट ने पूछा, "इस खेल से विजय कैसे मिलेगी?"

"सैकड़ों यादव युवक जीवन को संकट में डालकर रथ चलाएँ और तुम उसे खेल ही कहोगे, विराट? यदि यह खेल हो, तो भी अतिथियों का खेल होगा।"

"आपके मन में क्या है?" सात्यकि ने पूछा, "आप जरासन्ध से लड़ना चाहते हैं?"

"आज तो हम जरासन्ध जैसे महान सम्राट् को तो क्या, कारुल जैसे छोटे राज्य के राजा को भी हराने में असमर्थ हैं। परनतु यदि यह रथ-स्पर्धा, जैसी मैं चाहता हूँ वैसी हो जाए, तो बड़े-बड़े नरेश भी मथुरा से काँप उठेंगे।"

"हमें क्या करना होगा?"

"बृहद् का त्याग मत करो। उसे भी रथ-स्पर्धा में लाओ। मथुरा में चार सौ

महारथी हों, इसका क्या अर्थ होगा, जानते हो?''

सात्यकि विचार में पड़ गया। ''वासुदेव! आपकी बात सच है। हमारे सामर्थ्य में वृद्धि हो तब तक कुण्डिनपुर राह देख सकता है; पर मैं एक शर्त पर आपकी बात मानूँगा। शत्रु पर आक्रमण करने की योजना बनाएँ, तब अग्रिम पंक्ति में मुझे रखना होगा।''

कृष्ण हँसे और सात्यकि के कन्धे पर स्नेह से हाथ रखकर बोले, ''स्वीकार है। तुम सदा युद्ध में आगे रहना।''

दूसरे दिन राजा उग्रसेन ने घोषित किया कि माघ शुक्ला पंचमी को यमुना-तट पर रथ-स्पर्धा होगी। एक सहस्र यादव युवक गुरु सान्दीपनि के मार्गदर्शन में शिक्षा लेने लगे।

बलराम वृन्दावन से लौट आए। अपने प्रसिद्ध हल से यमुना को फिर वृन्दावन के पास ले आने की सिद्धि से वे प्रसन्न थे। उन्हें रथ अथवा अश्वों में अधिक रुचि नहीं थी। परन्तु युवकों को उत्साहित करने के लिए वे भी इसमें भाग लेने को तत्पर हो गए। जो भी सुस्त होता या थक जाता उसे वे अपनी निश्छल हँसी अथवा ललकार से प्रेरित करते।

स्पर्धा में जब एक पखवाड़े की देर रह गई, तब एक दिन आधी रात को सात्यकि सौ यादव युवकों के साथ मथुरा छोड़कर चला गया। बलराम और सात्यकि के बीच झगड़ा होने की बात सारे मथुरा में फैल गई। पर कृष्ण निश्चिन्त होकर स्पर्धा की तैयारियों में लगे रहे।

उत्सव में जब आठ दिन बाकी रह गए, तब मानो चमत्कार हुआ हो, इस प्रकार दो-दो शस्त्रसज्जित यादवों के साथ चार सौ रथ मथुरा से अदृश्य हो गए। उनके साथ कृष्ण भी चले गए। मथुरा के यादवों के हर्ष का पार न था। ये युवक यादवों के गौरव की रक्षा करने गए थे। यह गोविन्द की प्रेरणा का ही परिणाम था।

रथों का यह काफिला कुण्डिनपुर के लिए रवाना हुआ। उद्धव और सात्यकि ने मार्ग में सब व्यवस्था कर दी थी। किसी को भनक पड़ने से पहले ही कृष्ण कुण्डिनपुर की सीमा तक जा पहुँचे।

कुण्डिनपुर में एकत्र राजाओं को समाचार मिला कि कोई आमन्त्रित राजा एक बड़ी सेना लेकर आ रहा है। वे चौंक उठे।

प्रत्येक शिविर से योद्धागण नगरद्वार या दुर्ग पर यह देखने के लिए दौड़े कि कौन आ रहा है। उन्हें धूल के बड़े-बड़े बादल नगर की ओर आते दिखाई पड़े। मेघगर्जन-सी आवाज भी आ रही थी। फिर क्रुद्ध गरुड़ों की चीख-चिल्लाहट सुनाई पड़ी और इस सब शोर के बीच प्रबल शक्ति से फूँके जा रहे शंख की ध्वनि भी गूँजती हुई सुनाई पड़ी। दामघोष, विन्द और अनुविन्द तुरन्त इस ध्वनि को पहचान गए। यह पाञ्चजन्य का घोष था। कृष्ण आ पहुँचे थे।

सात्यकि रथ में बैठकर आगे बढ़ा। नगर-द्वार पर पहुँचकर अश्वों की लगाम खींच उसने शंखनाद किया। द्वारपाल ने बाहर आकर सात्यकि का सन्देश सुना :

"यादवश्रेष्ठ कृष्ण वासुदेव आए हैं। गोमन्तक जाते समय पूज्य कौशिक ने उनका जो उदार स्वागत किया था, उसके लिए वे कृतज्ञ हैं। उनके लिए वे उपहार लाए हैं। हमारे आदमी दुर्ग से अर्ध योजन दूर शिविर डालेंगे। मात्र कृष्ण वासुदेव, देवभाग के उत्तम पुत्र उद्धव, आचार्य श्वेतकेतु, करवीरपुर के राजा शुक्रदेव, उनके मन्त्री तथा गुरु सान्दीपनि के पुत्र पुनर्दत्त और गरुड़राज वैनतेय राजा कौशिक से मिलने जाएँगे।

"शूरों में श्रेष्ठ देवभाग के पुत्र मित्रकेतु भी राजा उग्रसेन द्वारा राजा भीष्मक को भेजे उपहार लाए हैं। माँ देवकी ने अपनी दासी त्रिवक्रा के साथ राजकुमारी रुक्मिणी के लिए सौगातें भेजी हैं।

"राजा भीष्मक के पास मेरा सन्देश पहुँचाओ! उनकी आज्ञा की मैं प्रतीक्षा कर रहा हूँ।"

दुर्गपाल ने सन्देश लेकर चोर-द्वार बन्द किया और राजमहल की ओर चला।

राजा भीष्मक सन्देश पाकर अन्यमनस्क हो गए। उन्हें कुछ सूझ न पड़ा कि क्या करना चाहिए। वे पिता कौशिक के पास जाने को उद्यत हुए और सम्राट् तथा अन्य अतिथियों को मन्त्रणा के लिए बुलाया। दादा कौशिक अपनी बात पर दृढ़ थे। उनके अनुसार कृष्ण वीर हैं। यादवों के नेता हैं। उनकी चतुराई और पराक्रम जगप्रसिद्ध हैं। वे उपहार और मैत्री लेकर आए हैं। आर्य-आतिथ्य की परम्परा स्पष्ट है। कृष्ण का स्वागत करना ही चाहिए और यदि कोई न जाए तो वे अकेले जाएँगे।

रुक्मिणी कृष्ण-आगमन का समाचार सुनकर हर्ष से पागल बन गई। वह घड़ी में हँसने लगती, घड़ी में रोने लगती। कभी क्रोध में आकर चिल्लाने लगती, कभी हर्षोन्मत्त होकर हँस पड़ती। उसे कोई नियन्त्रित नहीं रख सकता था।

जब दादा कौशिक, कृष्ण का स्वागत करने जा रहे थे, तब रुक्मिणी सामने मिली। रुक्मिणी के प्रकट हर्ष को देखकर वे दुखी हुए।

"बेटी! जरा संयम रख! नहीं तो दुखी होना पड़ेगा। गोपाल चाहे जितना अच्छा पात्र हो, तू उससे विवाह नहीं कर सकेगी। वह राजा नहीं और तू राजकुमारी है।" पर, रुक्मिणी दादा की इस डाँट पर भी हँस पड़ी।

सारे नगर में यह समाचार फैल गया कि जरासन्ध को हरानेवाले, करवीरपुर के शृंगलव वासुदेव का वध करनेवाले कृष्ण, दादा कौशिक से मिलने आए हैं। उनके साथ आचार्य श्वेतकेतु भी लौट आए हैं। आचार्य के शिष्य माता-पिता के निषेध की अवहेलना कर आचार्य से मिलने नगरद्वार पर दौड़े। उन्होंने आचार्य से कृष्ण के पराक्रमों की कथा बारम्बार सुनी थी। लोगों ने जब सुना कि दादा कौशिक कृष्ण का स्वागत करने जा रहे हैं तो वे भी उनके साथ हो लिये।

राजा भीष्मक और राज्य-अतिथि इस घटना से बौखला गए। रुक्मी के क्रोध का पार न था। वह तो इस ग्वाले से लड़ लेने पर तुला था। राजा भीष्मक ने उसे रोका और कहा, "कृष्ण का मैं अतिथि के रूप में स्वागत करनेवाला हूँ। श्वेतकेतु के शिष्य उसका स्वागत करने नगरद्वार पर गए हैं। लोग उसका सत्कार करने के लिए अधीर हो रहे हैं। कृष्ण अपने साथ कितने रथ लेकर आया है, यह कोई नहीं जानता। भोज-योद्धा इस समय उससे युद्ध करने की स्थिति में नहीं हैं।"

बिना युद्ध के विजय

लोगों का ध्यान अब भीष्मक के राजमहल पर से हटकर कुण्डिनपुर के किनारे पर स्थित दादा कौशिक के महल पर स्थित हुआ। दादा अपना अधिकांश समय यहाँ पूजा-पाठ में व्यतीत करते थे। इसी महल के विशाल चौक में तथा समीप ही आचार्य श्वेतकेतु के आश्रम में यादव सरदारों को ठहराने का प्रबन्ध किया गया।

दादा कौशिक, राजा दामघोष, विन्द और अनुविन्द तथा विशाल जनसमूह ने नगर-द्वार पर कृष्ण और यादव सरदारों का स्वागत किया। जनसमूह ने 'जय वासुदेव' का घोष किया।

राजा भीष्मक के वृद्ध राजपुरोहित भी विद्वान ब्राह्मणों सहित आतिथ्य के लिए उपस्थित थे। ब्राह्मणों ने वेदमन्त्रों का पाठ कर कृष्ण का सत्कार किया।

सचिव ने कृष्ण से कहा, "भगवान! विदर्भराज रुग्ण हैं। स्वस्थ होते ही वे आपका स्वागत करने पधारेंगे।"

"आचार्य, विदर्भराज से निवेदन करें कि उनके दर्शन पाकर मैं कृतार्थ होऊँगा।

मुझे कोई जल्दी नहीं। मैं यहाँ बसन्तोत्सव तक ठहरूँगा।'' कृष्ण ने मुस्कराकर कहा और साथ ही अपना यह निश्चय भी प्रकट कर दिया कि स्वयंवर से पहले वे जानेवाले नहीं हैं।

महल का चौक गरुड़ों के उल्लासपूर्ण हास्य से गूँज उठा। उनके गरुड़ जैसे चेहरे और विचित्र रहन-सहन सहज ही लोगों का ध्यान आकर्षित करते थे।

महल के झरोखे से रुक्मिणी ने रथ से उतरते कृष्ण के दर्शन किए और हर्षावेश में वह रुक्मी की पत्नी सुव्रता से लिपट गई। उसके कन्धे हिलाकर रुक्मिणी ने पूछा, ''भाभी! कितने अद्भुत हैं ये!''

''मैं जा रही हूँ।'' सुव्रता ने कहा, ''उस जादूगर ने तुम पर मोहिनी डाल दी है।''

''वासुदेव! पिछली बार जब आप यहाँ पधारे थे तब गुप्तवास करने का आपका निश्चय था। इसलिए तब मैं आपका उचित आतिथ्य नहीं कर सका, पर इस बार मैं यह सुअवसर खोनेवाला नहीं हूँ।'' दादा कौशिक ने एकान्त पाते ही कहा।

''दादाजी! मेरे लिए ऐसी किसी उपचार की आवश्यकता नहीं। मुझे राजाओं जैसा सम्मान भी नहीं चाहिए। उससे राजा भीष्मक के अतिथि राजाओं को बुरा लगेगा,'' कृष्ण ने नम्रता से कहा, ''पर मैं यह बात कभी नहीं भूल सकता कि मुझे आपने तब आश्रय दिया था, जब मैं जरासन्ध से भाग रहा था। आपने मुझे जीवनदान दिया। यह ऋण मैं कभी चुका न सकूँगा, पर मुझे आप अपना पुत्र ही मानें,'' कृष्ण ने उत्तर दिया और राजा उग्रसेन की भेजी हुई सौगातें उन्हें दीं।

कौशिक ने असमंजस के साथ कहा, ''वासुदेव! भीष्मक ने आपको स्वयंवर में आमन्त्रित नहीं किया, इसका मुझे दुःख है। पर इसमें कुछ कठिनाई थी। आचार्यगण भी कोई मार्ग न निकाल सके।''

कृष्ण ने हँसकर उत्तर दिया, ''दादाजी, मैं इस कठिनाई को समझता हूँ। मैं युवराज नहीं, सरदार का ज्येष्ठ पुत्र भी नहीं। किसी समय ग्वाले के रूप में मेरा पालन-पोषण हुआ था। इसका मुझे दुख भी नहीं। राजाओं में मेरा स्थान नहीं और यह सत्य मैं जरासन्ध या रुक्मी से अधिक अच्छी तरह जानता हूँ।''

''वासुदेव! ऐसा न कहें,'' कौशिक ने कहा, ''आप राजाओं से भी महान हैं। वय में छोटे हैं, पर हम सबसे अधिक समझदार हैं। आप जानते हैं कि यदि आपको निमन्त्रण भेजा जाता तो रुक्मिणी के लिए स्वयंवर की यह स्पर्धा सम्भव न होती। एकत्रित राजा आपसे अधिक ऊँचे आसन का आग्रह करते और यह अत्यन्त अनुचित होता।''

"मैं सब समझता हूँ, महाराज! आप जैसे राजा मेरे स्वागत के लिए नगरद्वार पर आएँ, यह भी उचित न था। मैंने अपने फूफा दामघोष और अपने मित्र विन्द-अनुविन्द को भी राज-व्यवहार के नियमों के विरुद्ध मेरा स्वागत करने आने के लिए उलाहना दिया था।" उनकी आँखों में एक मादक चमक थी।

"वासुदेव! मैंने सुना है कि आप धर्म के लिए जीते हैं। यदि इस समय कोई पूजा का पात्र व्यक्ति है तो वह आप ही हैं। जो आपको भगवान मानते हैं वे मुझे झूठे नहीं लगते। आप जैसे आए, यही देखिए न, एक भी प्रहार किए बिना आप सारा युद्ध जीत गए।"

"इतनी अधिक प्रशंसा न करें, आप समझदार और अनुभवी हैं। आपकी प्रशंसा कहीं-न-कहीं मुझे परास्त कर देगी।"

"मैं चाहता हूँ कि आप यहाँ पर एकत्र राजाओं की कक्षा में रहकर–अभिषिक्त नरेश बनकर ही स्वयंवर में भाग लें। जब मैंने राजगद्दी छोड़ी थी, तब एक छोटी-सी जागीर मैंने अपने लिए रख ली थी। अब भी मैं उस जागीर का स्वामी हूँ। मैं यह जागीर आपको देकर आपका राज्याभिषेक करना चाहता हूँ। इससे आप अन्य राजाओं की श्रेणी में आ जाएँगे।"

वृद्ध राजा की इस स्नेहपूर्ण उदारता से कृष्ण गद्गद हो गए। पर उन्होंने अस्वीकृति में सिर हिलाया, "राजन्! आपके इस औदार्य के लिए मैं कृतज्ञ हूँ। पर मैं जन्म से राजा नहीं, राजा बनने की वृत्ति भी मुझमें नहीं। धर्म की केवल राज्यधर्म के रूप में नहीं, बल्कि सर्वांग रूप से प्रतिष्ठा करना चाहता हूँ। मुझे यह सहन नहीं होगा कि मेरा कर्तव्य राज्यधर्म की सीमाओं में बँध जाए।"

"परन्तु आप स्वयंवर में भाग न लें, तो स्वयंवर होगा ही कैसे?"

कृष्ण ने दृढ़ स्वर में कहा, "दादा! राजा भीष्मक जिसकी आयोजना कर रहे हैं, वह स्वयंवर नहीं, छल है और इसी को रोकने मैं आया हूँ।"

"वासुदेव! ऐसा तो राजपरिवारों में होता ही रहता है।"

"इसका अर्थ इतना ही है कि राजा अपने पूर्वजों के गौरवपथ से भ्रष्ट हुए हैं। मैं उन्हें उबारने आया हूँ।"

कौशिक मुग्धभाव से कृष्ण की ज्योतिपूर्ण आँखों को देखते रहे। "यदि आपने स्वयंवर में भाग न लेने का ही निश्चय कर लिया तो मैं बाध्य नहीं करूँगा, वासुदेव! पर मैं आपका स्वागत विधिपूर्वक अभिषेक से करूँगा। आप शौर्य और बुद्धिमानी में राजाओं से भी महान हैं।"

"आपके उदार आतिथ्य को मैं अस्वीकार नहीं करूँगा। मात्र भय यही है कि जरासन्ध आप पर कुपित हो उठेगा।"

"मैं उसकी परवाह नहीं करता। राजकाज अब मैंने अपने पुत्र को सौंप दिया

है। मुझे तो आतिथ्य की आर्य-परम्परा निभानी है। जो पूजा का पात्र है, उसकी पूजा करनी है।''

दूसरे दिन जब राजा भीष्मक अपने शयनकक्ष में रुग्ण और संत्रस्त पड़े थे, तब कृष्ण उनसे मिलने आए। राजा के मुख्य सचिव तथा अन्य भोजनायक भी इस प्रसंग पर उपस्थित थे। मात्र रुक्मी दिखाई नहीं पड़ रहा था। कृष्ण के साथ उद्धव और सात्यकि, राजा शुक्रदेव और पुनर्दत्त, अग्रवण, घून के राजा गरुड़ वैनतेय भी आए थे। भीष्मक ने कृष्ण को स्वयंवर में निमन्त्रण न देने के लिए नम्रतापूर्वक क्षमा माँगी।

''राजन्! आप ऐसा कहते हैं इसके लिए आभारी हूँ,'' कृष्ण ने कहा और फिर दृढ़तापूर्वक बोले, ''पर मैं यहाँ आ गया हूँ और मथुरा के यादवों की अवहेलना अब नहीं की जा सकती। अपने पुत्र के कहने में आकर आप राजा उग्रसेन को भी निमन्त्रण भेजना भूल गए!''

''मैंने रुक्मी पर ही सारा भार डाल दिया था,'' भीष्मक ने असहाय वाणी में कहा, ''मेरी तो अब अवस्था हो गई है। वही सब सँभालता है।''

''महाराज! हम लोग मन खोलकर बात करें,'' कृष्ण ने कहा। उनके स्वर में जो सच्चाई थी, उससे भीष्मक काँप उठे, ''आपने यादवों के शत्रुओं के कहने पर यादवों की अवगणना की। यदि राजा उग्रसेन उपस्थित होते तो यह मिथ्या स्वयंवर होता ही नहीं।''

''मिथ्या स्वयंवर!'' भीष्मक गरज उठे। उन्होंने आँखें मूँदे ही कहा, ''वासुदेव, आपको किसी ने बहकाया है।''

कृष्ण इस निर्बल राजा को अनुकम्पा से देखते रहे। भीष्मक ने जब आँखें खोलीं तब कृष्ण बोले, ''भोजश्रेष्ठ स्वयंवर में मैं बलपूर्वक भाग लेने नहीं आया। राजपरिवार का जामाता बनने की महत्त्वाकांक्षा भी मैं नहीं रखता। मेरा पालन गोपाल के रूप में हुआ है और यह मुझे पता है कि राजस्वयंवर में राजाओं के साथ मैं बैठ भी नहीं सकता।''

भीष्मक ध्यान देकर कृष्ण की बात सुन रहे थे।

''पर मुझे अपने कर्तव्य का पालन करना है। आर्यधर्म की रक्षा करनी है। आपके इस स्वयंवर में वर का चुनाव जरासन्ध ने कर लिया है। अन्य अतिथि भी उससे सहमत हैं। राजकुमारी को अपना वर पसन्द करने की अनुमति आपने दी नहीं। इस दुरभिसन्धि द्वारा आप मथुरा के यादवों को पछाड़ना चाहते हैं।'' कृष्ण क्षण-भर रुके फिर भावविह्वल होकर बोले, ''आप राजा हैं। धर्म के रक्षक हैं। इसलिए मैं आपसे पूछता हूँ। क्या आप भोज-परिवार के उज्ज्वल रत्न, राजकन्या रुक्मिणी को यादवों को कुचलने के जरासन्ध के षड्यन्त्र की बलि-वेदी पर चढ़ा

देंगे? सच कहिए, हमने आपका क्या बिगाड़ा है कि आप ऐसे षड्यन्त्र में उसका साथ दे रहे हैं?''

''वासुदेव! आपके साथ शत्रुता मोल लेने का मेरा कोई विचार नहीं। मैं यादवों को कुचलने की चाल में साथ भी नहीं देना चाहता,'' भीष्मक ने कृष्ण को उत्तर देने का पंगु प्रयास करते हुए कहा, ''यदि ऐसा कोई षड्यन्त्र होता तो क्या आपके फूफा इरामें संयुक्त होते? मेरी बात मानो, वासुदेव! इस स्वयंवर में कोई अधर्म नहीं। राजपरिवारों के आपसी सम्बन्ध दृढ़ करने के लिए ही राजकन्याओं के विवाह होते हैं।''

''महाराज, आप तो शास्त्रों में प्रवीण हैं। आर्य-परम्परा को आप मुझसे अधिक जानते हैं,'' कृष्ण ने किंचित् मुस्कराते हुए कहा, ''स्वयंवर में राजकन्या स्वयं ही अपने पति को पसन्द करे, ऐसी परम्परा हमारे ऋषियों ने स्थापित की है।''

''मैं जानता हूँ।''

कृष्ण ने हाथ जोड़कर कहा, ''इसीलिए तो मैं यादवश्रेष्ठ राजा उग्रसेन और अपने पिता वसुदेव की ओर से यह कहने आया हूँ कि आप इस अधर्म में भाग न लें।''

भीष्मक कुछ देर चुप रहे, फिर बोले, ''इतने सब राजाओं को निमन्त्रित कर स्वयंवर को स्थगित करना असम्भव है। भोजकुल को इससे कलंक लगेगा।''

''तो क्या आप चाहते हैं कि मथुरा के यादव हमारे प्राचीन ऋत की संवर्धना करें और अधर्म को रोकें?'' कृष्ण बोले। उनके स्वर में धमकी का भाव स्पष्ट था।

''तब तो भारी संकट आ पड़ेगा। भगवान! हमें इससे बचाएँ।'' असहायता में भीष्मक का सिर एक ओर लुढ़क गया।

कृष्ण कौशिक के महल में लौटे, तब त्रिवक्रा उनकी प्रतीक्षा कर रही थी। उसने कृष्ण का चरण-स्पर्श कर कहा, ''गोविन्द! राजकुमारी रुक्मिणी का सन्देश लाई हूँ।''

''मैं जानता था, तुम ऐसा ही कुछ करोगी,'' कृष्ण ने हँसकर कहा, ''अच्छा कहो, क्या सन्देश है?''

त्रिवक्रा ने चारों ओर देखा कि कोई सुन तो नहीं रहा है, फिर आश्वस्त हो धीरे से बोली, ''राजकुमारी ने कहलाया है कि गोविन्द, इस भव और भवोभव में आप ही मेरे नाथ हैं, आप ही मेरे स्वामी हैं। मैं किसी और को नहीं वरूँगी।''

कृष्ण हँस पड़े, ''त्रिवक्रा! मैं जानता हूँ। तुम यहाँ ऐसी ही कोई योजना लेकर आई थीं। राजमहल में रहकर तुम राजनीति में भी प्रवीण हो गई लगती हो।''

"गोविन्द! मेरी हँसी न उड़ाएँ। मैं आपके लिए ही जीती हूँ। जो कुछ करती हूँ, आपके लिए ही करती हूँ और यह कोई खेल नहीं। राजकुमारी के जीवन-मरण का प्रश्न है। उन्होंने कहा है कि अन्य किसी से विवाह करने के बदले वे मृत्यु का वरण करना अधिक पसन्द करेंगी।"

कृष्ण ने हँसकर कहा, "सभी लड़कियाँ ऐसा कहती हैं, फिर दूसरे से विवाह कर सुखी भी हो जाती हैं।"

"पर, वह ऐसी नहीं। वह कितनी कठोरता से भाई और पिता की ओर देखती हैं, आप नहीं जानते। वह चाहती हैं कि आप उनका हरण कर लें।"

कृष्ण गम्भीर हो गए। "त्रिवक्रा! यह असम्भव है।"

"क्यों? राजा कन्याओं का अपहरण कर उनके साथ गान्धर्व विवाह करते आए हैं। यह तो परम्परा है। माता-पिता भी बाद में ऐसे युगलों को आशीर्वाद देते हैं।"

"त्रिवक्रा! राजकुमारी से कहना कि उनका मुझ पर राग है, यह मैं जानता हूँ। यदि मैं उनसे विवाह करूँ तो माँ देवकी भी प्रसन्न होंगी।"

"फिर आपत्ति क्या है?"

"फिर भी राजकुमारी से कहना कि मैं यहाँ धर्म की रक्षा करने और आवश्यकता हुई तो उसके लिए संघर्ष करने आया हूँ। अपने लिए पत्नी का शोध करने नहीं।"

त्रिवक्रा ने निःश्वास लेकर कहा, "गोविन्द! मैं कभी तुम्हें समझ न सकूँगी!"

"मेरा दुर्भाग्य है कि तुम भी मुझे नहीं समझतीं। मेरा जीवन अपने लिए नहीं, मात्र धर्म के लिए है।"

"तो वे स्वयंवर रचाएँगे ही।"

"मैं देखता हूँ, वे स्वयंवर कैसे रचाते हैं!"

"तब तो फिर आप राजकुमारी से विवाह कर सकेंगे। जब दो व्यक्तियों में परस्पर आकर्षण हो तो उन्हें कौन रोक सकता है विवाह करने से?"

"आज तो धर्म ही मुझे रोक रहा है," कृष्ण ने दृढ़ता से कहा, "मैं विदर्भ की राजकन्या या किसी से भी विवाह नहीं कर सकता। जरासन्ध हरसम्भव युक्ति से मेरा नाश करना चाहता है। मैं तभी विवाह करूँगा, जब अपनी पत्नी को शान्ति से रख सकूँ। उसे अनुकूल घर दे सकूँ। राजकुमारी से कहना कि तब तक मैं किसी से भी विवाह नहीं करूँगा। इस बीच अन्य किसी से विवाह करने के लिए वह स्वयं स्वतन्त्र हैं। यदि ग्रह अनुकूल हुए तो मैं रुक्मिणी को अपनी सहधर्मिणी बनाऊँगा।"

जरासन्ध और उसके साथियों ने स्वयंवर स्थगित करने का निर्णय किया। इस अवसर पर युद्ध मोल लेना उन्हें उचित न लगा। कुण्डिनपुर में जब सहस्रों यादव-योद्धा उपस्थित हों, तब मिथ्या स्वयंवर रचना सम्भव न था। उन्होंने तो अपने गौरव पर आँच न आए इसलिए कृष्ण के अभिषेक के समय उपस्थित रहने

की तत्परता भी प्रकट की।

जरासन्ध ने बड़ी चतुराई से सारी बाजी बदलकर स्थिति सँभाल ली। भीष्मक निर्बल था। देह से और मन से भी। दामघोष जरासन्ध का प्रीतिपात्र बनना चाहता था, परन्तु यादवों के, विशेषकर कृष्ण के संहार की किसी योजना में साथ देना उसके लिए सम्भव न था। अवन्ती के राजकुमार कृष्ण-भक्त थे। भोज-नायक और कुण्डिनपुर के वरिष्ठ व्यक्ति भी कृष्ण भक्ति की स्पर्धा करते प्रतीत होते थे।

क्षण-भर के लिए जरासन्ध की क्रोधाग्नि भड़क उठी। इस ग्वाले ने फिर उसकी योजना को विफल कर दिया था। यह भी उससे छिपा न रहा कि कृष्ण ने कुण्डिनपुर में सभी पर अपूर्व नैतिक प्रभाव डाला था। वह सशस्त्र सैनिकों सहित आए और लड़े नहीं। वे स्वयंवर को रोकने आए, पर राजकुमारी के साथ विवाह करने के अपने स्वार्थ को लेकर नहीं। राजाओं में आदरपात्र वयोवृद्ध कौशिक के लिए वे सौगातें लेकर आए और सबके हृदय जीत लिये। इसका असाधारण प्रभाव पड़ा। कुण्डिनपुर की समस्त प्रजा कृष्ण के स्वागत के लिए उमड़ पड़ी। ऐसी स्थिति में उनके साथ युद्ध करना उचित न था। सम्राट् ने सोचा कि इस समय यदि वे अपना धैर्य खो बैठे तो स्थिति हास्यास्पद हो जाएगी।

जरासन्ध अपने अहंकार और निराशा को जीतकर स्वस्थ बन गया। अन्य राजाओं से मिलते समय उसने इस प्रकार कहा मानो सारी परिस्थिति को विशाल दृष्टि से देख रहा हो, "कृष्ण शान्ति से आए हैं। उनके साथ लड़ना ठीक नहीं लगेगा।" सभी राजा जरासन्ध के इस व्यवहार से दंग रह गए। उनकी समझ में नहीं आया कि उनके मन में क्या है।

सम्राट् ने सब राजाओं को कृष्ण के स्वागत-समारोह में उपस्थित रहने की सलाह दी। राजाओं ने भी राहत की साँस ली। स्थिति ही ऐसी थी कि इन संजोगों में यही उत्तम मार्ग था। कई राजाओं को भीष्मक का व्यवहार कायरतापूर्ण भी लगा पर और कुछ सम्भव भी न था। यादव सशस्त्र थे, भारी संख्या में थे।

रुक्मी और शिशुपाल सम्राट् के प्रति रोष से भर गए। सम्राट् के इस आश्वासन के बाद कि विवाह की पूर्वनिश्चित योजना भविष्य में कार्यान्वित की जाएगी, दोनों कुछ ठण्डे पड़े, पर दोनों इसके बाद एकान्त में रहने लगे। रुक्मी राजमहल से बाहर नहीं निकलता। शिशुपाल भी सदा अपने शिविर में ही रहता। दोनों अपने-अपने पिता की निन्दा करते।

जब सब राजा विदा हो गए, तब जरासन्ध ने अपने विश्वासपात्र साथी शाल्व के साथ मन्त्रणा की। मन्त्रणा घण्टों तक चलती रही। उसके बाद उसके चिन्तित चेहरे पर कुछ सन्तोष की झलक दिखाई पड़ी।

बसन्त पंचमी के दिन कुण्डिनपुर में बड़ी धूमधाम से बसन्तोत्सव मनाया

गया। दादा कौशिक के महल के चौक में लोगों की भीड़ लग गई। वृद्ध राजा ने कृष्ण वासुदेव का अभिषेक विधि से सम्पन्न किया। इस तरुण वीर के बहुमान से सारा कुण्डिनपुर हर्षोन्मत्त हो गया। कृष्ण के पराक्रमों की कथा सबने सुन रखी थी। उन्हें देखने के लिए सब उत्कण्ठित थे।

अभिषेक-विधि सम्पूर्ण होने के बाद कृष्ण ने उपस्थित नरेशों का अभिवादन किया। इस अवसर पर सम्राट् जरासन्ध, शिशुपाल और रुक्मी की अनुपस्थिति सबको खल रही थी।

कौशिक, भीष्मक और दामघोष ने अपने-अपने आसन से उठकर कृष्ण का आलिंगन किया। जनता के 'जय कृष्ण वासुदेव' के हर्षनाद से गगन गूँज उठा। सारा नगर उत्सव में मग्न हो गया। सर्वत्र नृत्य, गीत और हर्षध्वनि सुनाई पड़ रही थी। वीर योद्धा अपने शस्त्र-कौशल का प्रदर्शन कर रहे थे। गरुड़ स्वच्छन्द हो नृत्य कर रहे थे।

कौशिक, शुक्रदेव, उद्धव और सात्यकि के साथ कृष्ण लोगों में मुक्त रूप से घूम रहे थे। स्त्री-पुरुष कृष्ण के चरण-स्पर्श कर आशीर्वाद माँगते थे। आज स्वयंवर होनेवाला था, यह बात भी वे भूल गए।

दोपहर में कौशिक ने भोज का आयोजन किया। इसमें जरासन्ध भी उपस्थित था। राजागण एक अलग पंक्ति में बैठे, उनके बीच में सम्राट् जरासन्ध को आसन दिया गया। उनके सामने राजपद धारण न करनेवाले मेहमान बैठे थे। इनके बीच में कृष्ण को स्थान दिया गया। इनकी एक ओर यजमान कौशिक थे, तो दूसरी ओर यादव-नायक बैठे थे। एक ओर आचार्यों की पंक्ति थी।

राजकुटुम्ब की स्त्रियाँ इन सम्मानित अतिथियों को परोसने निकलीं। रानी सुव्रता और राजकुमारी रुक्मिणी भी इनमें थीं। रुक्मिणी ने सर्वप्रथम आचार्यों की पंक्ति में पयासन्न परोसा। फिर वह राजाओं की पंक्ति में परोसने गई। अलंकारों से आभूषित रुक्मिणी का मस्तक आदर से विनत था। पलकें झुकी हुई थीं।

रुक्मिणी सामने की पंक्ति में परोसने लगी। जब वह वहाँ पहुँची, जहाँ कृष्ण बैठे थे तो उसके हाथ काँपने लगे। कृष्ण को पयासन्न परोसते समय उसके हाथ में से पात्र गिर गया। रुक्मिणी क्षण-भर सिहरी, उसके कण्ठ से अस्फुट स्वर निकला और वह संज्ञाहीन हो गई। परन्तु धरती पर गिरते समय उसने रोषपूर्ण दृष्टि से कृष्ण के साथ आँखें चार कर ली थीं।

तुरन्त ही राजपरिवार की स्त्रियों ने रुक्मिणी को घेर लिया। सभी इस सुकोमल राजकुमारी के प्रति सहानुभूति अनुभव कर रही थीं।

कौशिक ने कहा, ''आपकी पत्तल पयासन्न से भर गई। इसे आपको बदल देना होगा।''

कृष्ण बोले, ''दादा, आपके परिवार के आतिथ्य से ही मैं छलक उठा हूँ।''

अन्तःपुर में जब रुक्मिणी की सुध लौटी तब सुव्रता ने उसके कान ऐंठकर कहा, ''तुम्हें ठोकर लगी थी, न? दुष्ट! मैं जानती थी कि तू ऐसा ही कुछ काण्ड करेगी। गोविन्द का ध्यान आकर्षित करने के लिए ही तूने जानबूझकर ऐसा किया था, न?''

रुक्मिणी की आँखें विजयमद से नाच उठीं। ''आज सवेरे वे पिताजी से कह रहे थे कि मैं यहाँ अपने लिए पत्नी प्राप्त करने नहीं आया,'' और रुक्मिणी ने पुरुष स्वर की नकल करते हुए कहा, ''मैंने पयासन्न के पात्र को छलकाकर उन्हें बता दिया कि मैं तुम्हें जीतने आई हूँ। देखती हूँ, कौन जीतता है?''

''निर्लज्ज!'' सुव्रता ने रुक्मिणी को हलकी फटकार देते हुए कहा। आज सुव्रता के हर्ष का पार नहीं था क्योंकि घर में सौत लाने का प्रश्न अभी तो टल गया था।

कृष्ण की नई चिन्ता

यादव योद्धा जब कुण्डिनपुर से लौटे तो उनके हृदय विजयोल्लास और हर्ष से छलक रहे थे। 'कृष्ण वासुदेव' की जय-जयकार से वे सारे आकाश को कम्पायमान कर रहे थे। मथुरा में सर्वत्र आनन्द-मंगल छा गया। अनेक उत्सवों की योजना हुई। पुरुष एक-दूसरे की पीठ ठोंकते। स्त्रियाँ विजय के गीत गातीं। बालक भी हर्षोन्मत्त हो गए थे। योद्धागण कुण्डिनपुर के हालचाल सबको बड़े गर्व से सुनाते कि कैसे उन्होंने स्वयंवर की योजना को निष्फल कर सम्राट् की प्रतिष्ठा को एक और गहरा धक्का लगाया। सभी बड़े प्रेम से ये बातें सुनते और कहते।

कृष्ण ने आकर उग्रसेन और अन्य सरदारों को प्रणाम किया। वृद्धों की आँखों में हर्ष के आँसू उमड़ आए। वसुदेव ने उन्हें गले लगा लिया और उनका मस्तक सूँघा। माँ देवकी ने उन्हें बाँहों में भर लिया और नन्हे बालक की तरह फफक पड़ीं। यादव-युवकों के हृदय गर्व से फूले नहीं समा रहे थे। वे उस भूमि तक की पूजा करने लगे, जिस पर कृष्ण के चरण पड़ते थे।

इतना अधिक आदर पाकर भी कृष्ण शान्त और निर्विकार रहते। अपने मित्र उद्धव से भी उन्होंने इस मौन का रहस्य नहीं कहा। उद्धव उनमें आए इस परिवर्तन को सावधानी से लक्ष्य कर रहे थे। दूसरे दिन यादव सरदारों की गुप्त मन्त्रणा हुई। सारी बात कृष्ण के मुख से सुनकर भावी नीति निर्धारित करने के लिए यह सभा बुलाई गई थी।

कृष्ण ने वह सब बताया, जो कुण्डिनपुर में घटा। उग्रसेन ने फिर एक बार गद्‌गद हृदय से कहा, ''गोविन्द! वत्स! तू यादवों का मुकुटमणि है। तूने मथुरा के गौरव की रक्षा की है।'' यादव सरदारों ने 'साधु-साधु' कहकर कृष्ण की सिद्धियों का बखान किया। उत्तर में कृष्ण ने हाथ जोड़कर उदास स्मित के साथ कहा, ''यह सच है कि हमने अपने गौरव की रक्षा की है, पर हमने अपने सर्वनाश को निमन्त्रण भी दे दिया है।''

वसुदेव, अक्रूर और उद्धव समझ गए कि कृष्ण का आशय क्या है, पर अन्य सभी को इससे आश्चर्य हुआ।

''ऐसे मंगल अवसर पर ऐसी वाणी क्यों बोलते हो, वासुदेव!'' राजा ने कहा, ''इस समय तो यादवों की कीर्ति-ध्वजा फहरा रही है।''

कृष्ण कुछ क्षण रुके। अपने मन की बात सरदारों के समक्ष प्रकट करें या नहीं, इसी ऊहापोह में रहे, फिर गम्भीर होकर बोले, ''हमने जरासन्ध की योजना को मिट्‌टी में मिला दिया। वह उसका बदला अवश्य लेगा, वह मथुरा को भस्मीभूत कर देगा।''

कृष्ण की वाणी सबके मर्म को बींध गई। वे चुप हो गए।

रुद्र ने पूछा, ''गोविन्द! क्या यह तुम्हारा निश्चित मत है?'' रुद्र विजय-बेला में भी भय का विचार करनेवाला सावधान सचिव था।

''हाँ, यदि मैं जरासन्ध को ठीक जान पाया हूँ तो!'' कृष्ण ने कहा, ''परन्तु आप यह बात अपने तक ही रखें, गुरुजन! सम्भवतः मेरा अनुमान गलत सिद्ध हो। मैं यादवों को हतोत्साह बनने देना नहीं चाहता। वे सबल और आत्मश्रद्धावान बनें, यही मेरी कामना है।''

वृद्ध गड ने पूछा, ''अर्थात्, कुण्डिनपुर जाकर हमने भूल की, यही न?''

''पूज्य काका! जो कुछ हुआ उसका विचार अब हम त्याग दें, इससे कुछ हाथ नहीं आएगा। आप ही हमारे गौरव की रक्षा करने की बातों में सबसे आगे थे।'' कृष्ण ने धीरे से कहा, फिर एकाएक स्वर ऊँचा कर बोले, ''और मैंने वही मार्ग अपनाया जो एकमात्र मेरे लिए प्रशस्त था। यदि हम चुप बैठे रहते तो हमारी प्रतिष्ठा धूल में मिल जाती। जरासन्ध एक ऐसी प्रचण्ड सन्धि करने में सफल हो गया होता, जिससे वह हमें समूचा निगल जाता। और हम, अपने ही कुटुम्ब में हो रहे मिथ्या स्वयंवर को रोकने में अपने धर्म से च्युत होते। अन्ततः शिशुपाल भी अर्धयादव है। हमारी बुआ का लड़का है।''

''कृष्ण! तुम्हारी बात सच है। जरासन्ध का भय वैसे भी बना रहता। उससे हम सरलता से नहीं बच सकते। उसका सामना करने के लिए तो हमें सदा तत्पर रहना ही होगा,'' अक्रूर ने कहा, ''देवाधिदेव हमारी सहायता करेंगे और तुम हमारे

अग्रणी हो, इसलिए हम सभी बाधाओं को पार कर सकेंगे।''

उग्रसेन ने श्रद्धा और स्नेह के साथ कहा, ''हाँ, यदि कृष्ण ने हमें प्रेरणा दी तो हम सभी भयों से मुक्त हो सकेंगे।''

वसुदेव ने कहा, ''परन्तु जरासन्ध यह साहस करेगा? विदर्भ, चेदि और अवन्ती अब उसकी सहायता करेंगे, इसकी सम्भावना कम है।''

''यह सच है कि जरासन्ध के मित्रों के बीच दृढ़ सन्धि नहीं हो सकी। जरासन्ध अब क्या करेगा, यह भी हम नहीं जानते। पर इतना निश्चित है कि वह हमारा नाश करने के लिए कुछ उठा न रखेगा,'' कृष्ण ने कहा, ''परन्तु गुरुजनो! यह बात हम सभी अपने तक ही सीमित रखें।''

कृष्ण और अन्य अग्रजों ने यह चिन्ता अपने मन में दबाकर रखी। कृष्ण यादवों की सेना को सबल बनाने में जुट गए।

कुछ महीने बाद हस्तिनापुर से एक राजवंशी कुछ साथियोंसहित मथुरा आया। उसने कोई अग्रिम सूचना नहीं भेजी थी और योग्य सत्कार इत्यादि की परवाह किए बिना ही उसने नगर में प्रवेश किया। उसका रथ सीधा वसुदेव के महल की ओर बढ़ा। वह प्रवासी सुदृढ़ स्नायुओंवाला, ऊँचे कद और चौड़ी छाती का था। उसके चेहरे पर मुस्कान थिरक रही थी। वसुदेव के महल के सामने रथ खड़ा कर वह उसमें से कूद पड़ा और उल्लासपूर्ण बुलन्द आवाज में पुकार उठा, ''वसुदेव मामा, कहाँ हो? अरे बलराम, उद्धव, कृष्ण देखो तो मैं आया हूँ। कहाँ चले गए सब! कृष्ण, कृष्ण, कहाँ हो तुम? कहाँ हो तुम सब?'' इस तेज स्वर की गूँज सारे महल में छा गई। इतने ऊँचे स्वर में पहले कभी कोई वसुदेव के महल में नहीं चिल्लाया था।

सबसे पहले कृष्ण बाहर आए। हाथी के शिशु के समान नवागन्तुक को देखते ही वे पहचान गए। कृष्ण को देखकर वह भी आगे बढ़ा। कृष्ण उसके चरण-स्पर्श करने जा ही रहे थे आगन्तुक ने उन्हें बाँहों में भरकर उठा लिया।

''कृष्ण! तुम जैसे थे वैसे ही हो। देखो, मैं कितना बढ़ गया हूँ। हाँ, मात्र कीर्ति में तुम बढ़े हो। अपने मन की बात कहूँ? हस्तिनापुर में तुम्हारी कीर्ति ठौर-ठौर चर्चा का विषय बनी हुई है। मैं तो तुम्हारी प्रशंसा सुनते-सुनते थक गया हूँ। इस कीर्ति में थोड़ा भाग हमें भी तो दो!''

''भीमसेन! तुम कितने बढ़ गए हो! देखकर अच्छा लगता है। कुन्ती बुआ और अन्य सभी भाई आनन्द में हैं न?''

''मैं जब वहाँ होता हूँ, तब सबकुछ ठीक-ठाक ही रहता है। पर, इस समय

यहाँ हूँ, इसलिए हस्तिनापुर में अन्धेर-ही-अन्धेर होगा,'' भीम ने अट्टहास करते हुए कहा। कृष्ण के साथ वह महल में गया।

हस्तिनापुर के राजा धृतराष्ट्र के भाई पाण्डु और वसुदेव की बड़ी बहन कुन्ती का द्वितीय पुत्र भीम इस प्रकार मथुरा में आया। वह बलराम के पास गदायुद्ध में प्रवीणता प्राप्त करने आया था।

भीम सदा उत्साह और उल्लास के साथ जीता। उसके होंठों से बहता हास्य का झरना कभी सूखता न था। उसका हृदय हिमालय जैसा विशाल था। वह जिस किसी से मिलता तुरन्त मित्रता कर लेता। उसकी बातें भी बड़ी-बड़ी होतीं। उसकी उपस्थिति से वसुदेव का महल भर उठा।

भीम ने अपनी और अपने चारों भाइयों की बातें कीं। पाण्डवों ने गुरु द्रोणाचार्य के पास रहकर शस्त्रविद्या की शिक्षा पूर्ण की थी। शिक्षा पूरी होने पर जो परीक्षा हुई उसमें अर्जुन और भीम सबसे आगे रहे। इसके बाद गुरु द्रोणाचार्य के नेतृत्व में उन्होंने पाञ्चाल के राजा द्रुपद का दर्प चूर किया। हस्तिनापुर की प्रजा इन पाँचों भाइयों को चाहती थी, पर उनके चचेरे भाई धृतराष्ट्र के पुत्र उनसे द्वेष रखते थे।

भीम ने कहा, ''युधिष्ठिर का हस्तिनापुर के युवराज के रूप में अभिषेक हुआ है। पर बात इतनी सरल नहीं है। धृतराष्ट्र के ज्येष्ठ पुत्र दुर्योधन ने अपने मामा शकुनि की सहायता से षड्यन्त्र रचा है। जब मैं मथुरा के लिए रवाना हुआ, तब उसका जाल फैल चुका था। दादा भीष्म और काका विदुर भी दुर्योधन की नीचता के आगे असहाय हैं। कब क्या होगा, कोई नहीं कह सकता।''

एकान्त पाते ही भीम ने कृष्ण को गम्भीर स्वर में कहा, ''गोविन्द, मैं काका विदुर का सन्देश लाया हूँ। मात्र तुमसे ही कहना है,'' और फिर कृष्ण के कान में बोला, ''वास्तव में मैं यहाँ इसलिए आया हूँ, पर तुम यह बात गुप्त रखना।''

विदुर हस्तिनापुर के सचिव थे। वे महर्षि वेदव्यास की एक दासी से हुए पुत्र थे। इस प्रकार वे धृतराष्ट्र और पाण्डु के भाई थे। वे चतुर और दूरंदेशी थे। माँ की ममता से वे हस्तिनापुर की नियति का निरीक्षण कर रहे थे।

कृष्ण ने हँसकर कहा, ''क्या सन्देश लाए हो!'' उन्हें भीम के अचानक आगमन से कुछ सन्देह तो पहले ही से था।

''काका विदुर ने कहा है कि मुझे यह बात केवल तुमसे ही कहनी है। वे जानते हैं कि मुझ पर किसी बात को गुप्त रखने का भरोसा नहीं किया जा सकता। परन्तु यह बात तो मैंने गुप्त रखी है।''

कृष्ण हँस पड़े, ''हाँ भाई! तुमने उसे गुप्त रखा तो वह अवश्य बहुत महत्त्व

की होनी चाहिए। पर, अब मुझे तो बताओ!''

भीम ने स्वर धीमा कर कहा, ''काका विदुर को समाचार मिला है कि शाल्व राजा के गुप्तचर सिन्धु नदी के उस पार शासन करनेवाले दुष्ट कालयवन से मिले थे। वह दैत्य आर्यावर्त के किसी राजा पर आक्रमण करने के लिए भारी सेना एकत्र कर रहा है। काका को लगता है कि सम्भवतः वह मथुरा पर आक्रमण करेगा। उन्होंने मुझे तुम्हें सचेत करने के लिए ही भेजा है।''

कृष्ण ने शान्ति से सुना। कुछ देर वे कुछ नहीं बोले। फिर कहा, ''भाई! मुझे एक वचन दो! किसी पर भी यह रहस्य प्रकट मत करना। यह बात बिलकुल भूल ही जाओ। स्वप्न में भी इसका विचार मत करना।''

''मेरी कठिनाई तो यह है कि मैं सपने में भी बकता रहता हूँ। मुझसे बोले बिना रहा ही नहीं जाता। पर यह बात गुप्त रखने की है, यह मैं पल-पल अपने मन को समझाता रहता हूँ। इसलिए सपने में भी इसकी बात नहीं करूँगा।''

''हो सके तो यह बात अपने से भी गुप्त रखना।''

''भाई! तुमने जब यह बात कह दी तो मेरा मन हलका हो गया,'' भीम ने हँसकर कहा, ''हम सब तुम्हारे पराक्रमों की चर्चा सुनकर प्रसन्नता से झूम उठते हैं। सोचता हूँ, तुम्हारे शत्रुओं का मस्तक विदीर्ण करने के लिए मैं यहाँ होता तो कितना अच्छा होता।'' और फिर कृष्ण को आश्वासन दे रहा हो इस प्रकार स्नेह से एक धौल जमाते हुए वह बोला, ''चिन्ता मत करना, कृष्ण! मैं यह रहस्य रख सकूँगा।''

एक पखवाड़े के बाद चेदि की रानी श्रुतश्रवा अपने भाई वसुदेव से मिलने आईं। कृष्ण ने कुण्डिनपुर में जो पराक्रम दिखाया था, उस पर वे गर्व अनुभव कर रही थीं। उन्होंने कहा, ''मेरे पति ने कृष्ण के पहुँचने पर जरासन्ध से स्पष्ट कह दिया कि मैं कृष्ण से नहीं लडूँगा; शिशुपाल तो इतना क्रोधित हुआ कि किसी से कुछ बोले बिना अपने शिविर में बन्द हो गया। इसके बाद ही जरासन्ध ने स्वयंवर स्थगित किया और कृष्ण के सम्मान में आयोजित भोज में भी भाग लिया।''

फिर उसने कृष्ण को एकान्त में बुलाकर कहा, ''कृष्ण! आर्यपुत्र को जरासन्ध में विश्वास नहीं। राजा भीष्मक को भी उनमें श्रद्धा नहीं। सम्राट् की अब तक हम पर कृपा है। शिशुपाल अपने पिता से बोलता भी नहीं। तुम तो जानते हो कि जरासन्ध कितना चतुर है! अब वह शौभ के शाल्व के सिवाय और किसी का विश्वास नहीं करता। जाते समय उसने शिशुपाल को एक ओर ले जाकर कहा, पुत्र! चिन्ता न करो। आगामी वर्ष माघ मास में रुक्मिणी के साथ तुम्हारा विवाह

होगा। कृष्ण चाहे जिये या मरे!''

''आपको यह कैसे पता चला बुआ?''

''शिशुपाल ने स्वयं मुझसे कहा। मैंने उससे रुक्मिणी का विचार त्याग देने को कहा। तब उसने बताया कि सम्राट् इस अपमान का बदला लिये बिना नहीं छोड़ेंगे। जरासन्ध के इन शब्दों में कि कृष्ण चाहे जिये या मरे, मुझे तो भारी अपशकुन लगता है, बेटा!''

कृष्ण ने शान्ति से कहा, ''हाँ, शकुन तो बुरे लगते हैं, बुआ! पर जरासन्ध का व्यूह अब स्पष्ट होता जा रहा है।''

इस समाचार पर विचार करते समय कृष्ण भय से काँप उठे। जरासन्ध ने राज्यसंघ स्थापित करने की अपनी योजना स्थगित कर दी थी। यह मानकर कि विदर्भ, चेदि और अवन्ती की सहायता उसे नहीं मिलेगी, वह अपना भावी कार्यक्रम बना रहा था। अब उसकी योजना में मात्र शाल्व था। भीम द्वारा दी गई विदुर की सूचना भी यही थी। शाल्व के साथ सम्राट् की गुप्त मन्त्रणा, कालयवन के साथ शाल्व के गुप्तचरों की भेंट और सैन्य एकत्र करने की कालयवन की चेष्टा से यही स्पष्ट होता था कि राक्षसी बल का आश्रय लेकर जरासन्ध यादवों को निर्मूल करना चाहता है। वह पूर्व से मथुरा पर आक्रमण करेगा। कालयवन और शाल्व नैऋत्य से आएँगे। इससे यादवों के लिए पीछे हटने का स्थान नहीं बचेगा।

इस प्रकार कालयवन की सहायता लेकर यादवों को निर्मूल करने की जरासन्ध की योजना थी। जरासन्ध आर्य-परम्परा का प्रेमी कभी नहीं रहा। सब नीति-नियमों को ताक में रखकर वह कालयवन के साथ निकल पड़ेगा। यह सभी प्रकार से सम्भव था। कालयवन तो दैत्य था। वह आर्यावर्त पर चढ़ाई कर दे तो सारी मथुरा भस्मीभूत हुए बिना न रहेगी।

कृष्ण चिन्तातुर हो उठे। वे मथुरा को हृदय से चाहते थे। यादवों से उन्हें अपार स्नेह था। ऐसी परिस्थिति उत्पन्न हो रही थी, जिससे मथुरा और यादवों का अस्तित्व ही इस धरती से उठ जाए। वे स्वयं, यादवों के तारनहार, इस विनाश को बुला लाए थे।

कुछ प्रयास के बाद कृष्ण स्वस्थमन हो सके। ये समाचार वे किसी को भी नहीं बता सकते थे। न इस भय का निवारण ही कर सकते थे। इस विपत्ति को टालने का कोई उपाय सूझ नहीं रहा था। अब तो सर्वनाश की ही प्रतीक्षा करनी थी।

हस्तिनापुर से सहायता प्राप्त करने की सभी आशाएँ व्यर्थ थीं। आन्तरिक

ईर्ष्या से वह छिन्न-भिन्न हो रहा था। पाण्डव कुछ सहायता कर सकते थे, पर स्वयं उनकी परिस्थिति बड़ी विकट थी।

पाञ्चाल का राजा द्रुपद हस्तिनापुर के साथ हुए संघर्ष में इतना निर्बल हो गया था कि जरासन्ध की सेनाओं को मार्ग देने की माँग का प्रतिकार करने की स्थिति में वह न था।

अन्य छोटे राजा भी यादवों की सहायता को आने में समर्थ न थे। यदि जरासन्ध और कालयवन मथुरा पर आक्रमण करें तो यादवों को बचाने का कोई उपाय न था। पर इस समय इस भावना को हृदय में ही दबाकर रखना उचित था। यदि यादवों को इसकी भनक पड़ जाए तो वे भय से त्रस्त हो उठेंगे। मथुरा में हलचल मच जाएगी और सुरक्षा के लिए कोई दृढ़ कदम उठाना भी असम्भव बन जाएगा।

कृष्ण ने सोचा कि यह भार असह्य है। उन्होंने अपने जीवन का विहंगावलोकन किया। वे धर्म के मार्ग पर चलते आए थे। धर्म की रक्षा के लिए उन्होंने चमत्कारिक पराक्रम भी कर दिखाए थे। पर, अब क्या होगा?''

श्रद्धा का लोप

कृष्ण धर्म की हो रही हानि पर विचार कर रहे थे। हस्तिनापुर में भीष्म जैसे धर्मावतार विराजमान थे, फिर भी अधर्म का अभ्युत्थान हो रहा था। मुनियों में श्रेष्ठ वेदव्यास अपने महान नैतिक और आध्यात्मिक प्रभाव के रहते हुए भी राजाओं की अनैतिकता को नियन्त्रित नहीं कर पा रहे थे।

अब जरासन्ध कालयवन की सहायता लेकर अपने सैनिकों को मथुरा की ओर भेजेगा। ये सैनिक गाँवों को जलाएँगे, लूटपाट करेंगे, निर्दय हत्याकाण्ड मचाएँगे, स्त्रियों की मर्यादा को भंग करेंगे। कालयवन के आदमी तो संस्कार या नीति से रहित राक्षस हैं। गुरु गर्गाचार्य अपनी युवावस्था में कालयवन के पिता के दरबार में रहे थे। उनसे कृष्ण ने कालयवन के बारे में बहुत कुछ सुन रखा था।

कृष्ण कई दिनों से क्षुब्ध थे। उनका हृदय व्यथा से विदीर्ण हो रहा था। पर प्रिय से प्रिय मित्र पर भी वे यह रहस्य प्रकट नहीं कर सकते थे। गोवर्धन और गोमन्तक की घटनाओं के समय उनके हृदय में जो श्रद्धा प्रकट हुई थी वह क्षण-भर के लिए क्षीण हो गई। पर इस व्याकुलता के बाद फिर श्रद्धा प्रदीप्त हुई। धर्म की स्थापना करनी ही होगी। अधर्म का नाश होना ही चाहिए। इसके लिए कार्य करने

की आवश्यकता है—तत्काल, निर्णयात्मक और प्रभावशाली कार्य करने की। 'यदि मैं इसका सामना न कर सकूँ तो दूसरे किस प्रकार करेंगे? जरासन्ध का प्रतिकार ऐसे शस्त्रों से करना चाहिए कि उसकी हिंसा बंध्य हो जाए' पर ऐसे शस्त्र कहाँ हैं?

चतुर्मास के बाद मथुरा में ऐसी अफवाहें फैलने लगीं कि जरासन्ध विशाल सेना लेकर मथुरा की ओर बढ़ रहा है। इस बार उसने आर्यावर्त के किसी नरेश की सहायता नहीं माँगी, न किसी पर भरोसा रखा। केवल कृष्ण ही यह जानते थे कि कालयवन भी अपने राक्षसी दलों को एकत्र कर रहा है और शाल्व के राज्य की ओर कूच करने को तैयार है, जरासन्ध से मिलकर वह मथुरा के सर्वनाश को सम्पूर्ण करेगा।

कृष्ण को प्रतीत हुआ कि अब कुछ कदम उठाने का समय आ गया है। उन्होंने यादव सरदारों की सभा बुलाने के लिए राजा उग्रसेन से विनती की। कृष्ण ने सभा में बताया कि आक्रामक सेनाएँ यादवों का नाश करने के लिए मथुरा पर चढ़ाई करनेवाली हैं। सुनकर सभी इतने त्रस्त और निराश हो गए मानो महल पर बिजली गिर पड़ी हो।

कद्रु ने कहा, "हे भगवान! हम लोग तो बुरे फँसे।"

अक्रूर ने कहा, "हमें भीष्म और द्रुपद को सहायता के लिए तत्काल सन्देश भेजना चाहिए।" इस बार तो अक्रूर की कृष्ण में श्रद्धा भी डगमगा गई।

"द्रोणाचार्य से युद्ध करने के बाद द्रुपद अब निर्बल हो गया है," कृष्ण ने कहा, "और भीष्म स्वयं कठिनाई में हैं। युधिष्ठिर के युवराज बनने के बाद कौरवों और पाण्डवों में आन्तरिक संघर्ष बढ़ गया है। मुझे लगता है कि उनकी सहायता पर भरोसा नहीं किया जा सकता।"

उग्रसेन ने कहा, "हे भगवान!"

वसुदेव ने कहा, "राजा दामघोष ऐसे षड्यन्त्र में कैसे फँस गए, यही मुझे विचित्र लगता है!"

"पिताजी, चेदिराज को तो इसका पता भी नहीं। इस बार जरासन्ध ने आर्यावर्त के किसी राजा पर भरोसा नहीं रखा। मात्र कालयवन और शाल्व से उसने साँठगाँठ की है और वे हमारे पीछे हटने के नैऋत्य मार्ग को रोकेंगे।"

शंकु ने कहा, "इससे बचने का अब कोई उपाय नहीं।" कृष्ण ने कुछ उत्तर न दिया।

वसुदेव ने खिन्न स्वर में कहा, "क्षत्रियों के समक्ष एक ही मार्ग हो सकता है, लड़ना अथवा मरना!"

"और अपने स्त्री-बच्चों को विजेताओं के हाथों सौंप दें!" सत्राजित ने

रोषपूर्ण स्वर में कहा। कंस की मृत्यु के बाद मथुरा में लौटे यादवों का वह सरदार था। ''जब से हमने अपना भाग्य इस छोकरे के हाथ में सौंपा, तब से ही हमें अंदेशा था कि यह दुर्गति होनेवाली है।''

''कायरो!'' बलराम गरजा। सभा में हलचल मच गई। एक-दूसरे पर आक्षेप लगाए जाने लगे। राजा उग्रसेन ने बड़ी कठिनता से सभा में शान्ति स्थापित की। फिर उन्होंने पूछा, ''कृष्ण! इससे बचने का कोई मार्ग है?''

''हमारी श्रद्धा ही हमें मार्ग दिखाएगी,'' कृष्ण ने शान्त स्वर में कहा। सबने कृष्ण की बात ध्यान से सुनने का यत्न किया। उनके मन में एकमात्र कृष्ण पर श्रद्धा थी। कृष्ण ने कहा, ''और मैं देखता हूँ कि हम अपनी श्रद्धा खो बैठे हैं।''

''जब सर्वनाश मुँह बाए सामने खड़ा हो, तब श्रद्धा रह भी कैसे सकती है!'' एक कम्पित स्वर ने कहा।

सत्राजित ने कहा, ''कृष्ण ही हमारे सर्वनाश के लिए उत्तरदायी है,'' और जाने के लिए खड़ा हो गया।

अक्रूर ने कहा, ''सत्राजित! ऐसे बातें मत करो। अभी कुछ दिन पहले तो हम उसे अपना तारनहार मानते थे।''

''तुम मानते होगे। मैं नहीं मानता था।'' सत्राजित ने कहा और सभा से उठकर चला गया। उसके साथ उसके दो-चार साथी भी चले गए। किसी ने कहा, ''बृहद्बाल हमें बचा सकता है। वह जरासन्ध के पास जाकर शान्ति के लिए याचना कर सकता है। आगे भी एक बार उसने हमें विपत्ति में से बचाया था।'' कई तरुण सरदारों ने इसका समर्थन किया, पर बड़े-बूढ़ों को इससे आश्चर्य ही हुआ। वे चुप रहे।

उग्रसेन ने कृष्ण की ओर अपेक्षाभरी दृष्टि डाली। पर वे एक शब्द भी न बोले। वसुदेव के कहने पर सभा स्थगित कर दी गई।

उस रात मथुरा के प्रत्येक परिवार पर भय छा गया। दूर से सिंह की गर्जना सुनकर जिस प्रकार मेमनों की दशा होती है, वैसा ही कुछ हाल यादवों का था।

कृष्ण यादवों की बौखलाहट को देखकर व्यथित हुए। उनका हृदय अनुकम्पा से भर गया। परिस्थिति विषम थी। जरासन्ध बदला लेने की भावना से भभक रहा था। यादव भय और आशंका से काँप रहे थे। किसी को धर्म का भान न था। किसी को यह श्रद्धा न थी कि धर्म ही उनकी रक्षा करेगा। 'यतो धर्मस्ततो जयः' का उनके लिए कोई अर्थ न था।

घर के लोगों में भी श्रद्धा का लोप उनके व्यवहार में देखा जा सकता था। सभी एक संरक्षणात्मक छत्र कृष्ण के आसपास रच रहे थे, ताकि कृष्ण अकेले न पड़ जाएँ। पिता जब-तब उनकी ओर देखकर मुस्कराते, पर इस मुस्कान में चिन्ता

का भार छुपा नहीं रह सकता था। माँ देवकी भी उनके साथ अधिक ममता दिखाने लगीं। बलराम उनकी रक्षा के लिए हरदम तैयार रहते। अक्रूर चाचा की विरक्ति अदृश्य हो गई। वे कृष्ण का उत्साह बढ़ाने का प्रयत्न करते। "जो कुछ भी हो, मैं तुम्हारे साथ हूँ," जैसे आश्वासन से उद्धव उन्हें प्रसन्न रखने की चेष्टा करता। सबका व्यवहार ऐसा था मानो कृष्ण को इस समय आन्तरिक शक्ति और बाह्य रक्षण की नितान्त आवश्यकता है।

कृष्ण का हृदय सब स्वजनों के लिए अनुकम्पा से भर गया। स्नेह के अतिरेक में इन्हें लग रहा था कि कृष्ण को उनकी आवश्यकता है। पर स्वयं उन्हें न शक्ति की आवश्यकता थी, न रक्षण की। वे कृष्ण को धर्म के स्वरूप में नहीं, संयोगों में जकड़े एक निर्बल मानवी के रूप में देखते थे। उनमें ऐसी श्रद्धा का होना आवश्यक है कि धर्म अविजेय है, तभी अधर्म को टाला जा सकता है।

कृष्ण को लगा कि जिस श्रद्धा का अनुभव वे करते हैं, उसका एक अंश भी यादवों को तो क्या अपने निकट सम्बन्धियों को भी नहीं दे सकते। यह श्रद्धा शैशव से ही उनमें प्रकट हुई थी। यादव ऐसी श्रद्धा के बिना कठिनाइयों का सामना निर्णयात्मक रूप से नहीं कर सकते थे।

प्रातः स्नान करने के लिए जब वे यमुना घाट पर जाने को उद्यत हुए तो माँ ने उन्हें रोकने का प्रयत्न किया। माँ को डर था कि रोष से भरे और निराश यादव उन्हें चोट पहुँचाने का प्रयास न करें। पर कृष्ण ने अपनी मधुर मुस्कराहट से माँ को मना लिया। भीम आज चले जानेवाले थे और उनके साथ यमुना-स्नान का आनन्द उठाना वे छोड़ना नहीं चाहते थे।

उद्धव और भीम के साथ कृष्ण नदी के तीर पर गए। रास्ते में उन्होंने यादवों को छोटे-छोटे यूथों में भावी विपत्ति की चर्चा करते पाया। कृष्ण को देखते ही वे चुप हो जाते। उनकी दृष्टि में रोष और अश्रद्धा स्पष्ट झलकती थी। सात्यकि सदा प्रातः स्नान के लिए नदी तट पर आता था, पर आज वह भी दिखाई नहीं दे रहा था। सम्भवतः कृष्ण जैसे अप्रिय व्यक्ति के साथ उसे दिखाई पड़ने में संकोच अनुभव हो रहा था।

जब वे स्नान कर बाहर आए तो आसपास के लोगों ने उन्हें घेर लिया। कई स्त्रियाँ भी वहाँ जमा हो गईं।

"कृष्ण! तुम्हीं ने हमारी यह दशा की," एक वृद्ध ने कहा, "तुम्हारे कारण यादवों का विनाश होगा।"

एक वृद्धा रो पड़ी, "अरे मेरे बच्चे! इनका क्या होगा रे!"

दूसरी ने कहा, "कंस के राज में जी तो लेते थे, अब तो मरना होगा..."

एक और आदमी बोला, "हाँ, जरासन्ध किसी को नहीं छोड़ेगा।"

“इसने कंस को मारा, तभी से लगता था कि यह दशा होगी।”

“यदि मेरे बालकों को कुछ हुआ तो माँ दुर्गा का कोपभाजन बनेगा तू!”

“हम सब किसी हत्यारे के ग्रास बनेंगे।”

“एक ग्वाले के हाथ में राज्य का भविष्य सौंपने से और क्या होगा!”

कृष्ण होंठों पर मन्द मुस्कान और अन्तर में तथा आँखों में असीम अनुकम्पा लिये ये बातें सुन रहे थे। पर अब उनकी मुस्कान का जादू लोगों पर प्रभाव नहीं डालता था। स्त्रियों के क्रन्दन और पुरुषों के आक्रोश के सिवा कुछ सुनाई न पड़ता था।

वे खड़े रहे। सबको उन्होंने अपने मन का भार हलका करने दिया। भीम और उद्धव उन्हें साथ ले जाने और यदि कोई हाथ उठाए तो उनकी रक्षा करने के लिए तत्पर हुए, पर कृष्ण के संकेत से वे दूर ही खड़े रहे। उन्होंने शान्त और उदास स्वर में कहा, “तुम्हारी भावनाओं को मैं समझ सकता हूँ। यह भी जानता हूँ कि इस विपत्ति को मैंने ही बुलाया है।”

एक वृद्ध ने कहा, “पिछली बार की भाँति तू तो इस बार भी भाग जाएगा।”

कृष्ण ने यमुना के जल से अंजलि भरकर कहा, “अपने हाथ में यमुना का जल लेकर मैं प्रतिज्ञा करता हूँ कि जब तक मैं जीवित हूँ, तुममें से किसी को मृत्यु का मुँह नहीं देखना पड़ेगा।”

एक स्थूलकाय स्त्री ने लाल-लाल आँखें निकालते हुए कहा, “तू जरासन्ध की शरण चला जा! वह हमें बचा लेगा।”

“यदि तुम लोग इससे बच सको, तो मैं यह भी करूँगा,” उनके स्वर में विषाद झलक रहा था। “माताओ! गुरुजनो! बन्धुओ! आप लोग धर्म में अपनी श्रद्धा खो क्यों बैठे? जहाँ धर्म है, वहीं जय है।”

एक यादव ने कहा, “नहीं भई, आजकल तो अधर्म का बोलबाला है।”

“कभी नहीं।” उनकी आँखें चमक उठीं। भावकम्पित स्वर में बोले, “धर्म का नाश कभी नहीं होता और जो धर्म में जीते हैं, उनका नाश कभी नहीं होता।” फिर सत्तावाहक वाणी में उन्होंने कहा, “घर जाओ! परमात्मा में श्रद्धा रखो! धर्म में श्रद्धा रखो! वही तुम्हारी रक्षा करेगा। मैंने प्रतिज्ञा ली है कि जब तक मैं जीवित हूँ, तुममें से एक भी आक्रान्ता के हाथ से नहीं मरेगा।”

कृष्ण ज्यों ही आगे बढ़े, लोगों ने उनके लिए मार्ग छोड़ दिया। कृष्ण घर की ओर चल पड़े।

पीछे भीड़ में से एक स्वर सुनाई पड़ा, “इस ग्वाले को बोलना अच्छा आता है, पर मेरी बात याद रखना, जरासन्ध के आते ही यह फिर भाग खड़ा होगा।”

और, फिर एक बार भीड़ में से क्रोधपूर्ण बड़बड़ाहट सुनाई पड़ने लगी। कृष्ण

ने इन शब्दों को सुना और विचार में पड़ गए। थोड़ी देर बाद उन्होंने उद्धव की ओर मुड़कर कहा, ''मनुष्य ही मनुष्य का शत्रु है–अपने ही दोष से वह मारा जाता है।''

सारे दिन वसुदेव के महल में भाँति-भाँति के लोग आकर धमकियाँ देते रहे, अपशब्द बोलते रहे। वसुदेव ने उन्हें आश्वासन दिया कि कोई-न-कोई रास्ता निकल आएगा, पर कोई यह बात मानने को तैयार न था। देवकी ने उन्हें प्रभु में श्रद्धा रखने के लिए कहा, पर इसके लिए कोई तैयार न था।

भीम ने विदा लेते समय कहा, ''भाई कृष्ण! मेरा विचार था कि तुम यहाँ अधिक सुखी होगे, पर यह मेरी भूल थी।''

''भाई, जब हम सुख या दुःख की बात करते हैं तो इनका सच्चा अर्थ नहीं जानते। सुख या दुःख जिसका स्पर्श न कर सकें, क्या ऐसी कोई वस्तु कहीं नहीं? सम्भवतः ऐसी ही सारवस्तु इस परीक्षाकाल में हमारे हाथ लग जाए।''

भीम हँस पड़ा, ''ऐसी बातों से मुझे उलझन में मत डालो। ऐसी बातें युधिष्ठिर अधिक समझते हैं। मैं तो सुखी होता हूँ या दुःखी। अच्छा कृष्ण! सुखी रहना!''

कृष्ण और उद्धव ने भीम का चरण-स्पर्श किया। भीम का रथ हस्तिनापुर की ओर चल पड़ा।

कृष्ण ने उद्धव से कहा, ''उद्धव! ये पाँचों भाई बड़े अच्छे हैं। वे सत्तारूढ़ होंगे तो धर्म की स्थापना करेंगे। पर वह समय कब आएगा!''

जब वे लौटे तो मथुरा नगरी सो रही थी। कृष्ण ने उद्धव की ओर मुड़कर कहा, ''उद्धव! ये सब धर्म में अपनी श्रद्धा खो बैठे हैं। क्या तुमने भी श्रद्धा त्याग दी है?''

''नहीं, गोविन्द! धर्म में अपनी श्रद्धा मैं कभी नहीं गँवाऊँगा। मुझे तुममें भी श्रद्धा है।''

''तुम मेरी चिन्ता मत करो। पर इन लोगों की श्रद्धा मुझे जगानी होगी। यदि मैं इनमें फिर से श्रद्धा प्रेरित न कर सका तो मेरा जीना व्यर्थ है। मेरा जीवन ही असफल सिद्ध होगा।''

''मैं जानता हूँ, कृष्ण!''

''इस समय मैं कहाँ जा रहा हूँ, यह मत पूछना। पिता और माँ की सँभाल लेते रहना, मेरी ओर से उनका चरण-स्पर्श करना। बड़े भैया और अन्य सभी को कहना कि वे सदा मेरे साथ रहेंगे। जिन्हें मेरी बात सुनने में रुचि हो उनसे कहना कि कृष्ण नहीं, धर्म में उनकी श्रद्धा ही यादवों की रक्षा करेगी। इस श्रद्धा को

पुनर्जीवित करने के लिए मैं कुछ भी बलिदान करने को तैयार हूँ।''

कृष्ण ने उद्धव का आलिंगन किया, अपने अलंकार और शस्त्र उसे सौंपे और हाथ में दण्ड लेकर अन्धकार में अदृश्य हो गए।

नए जीवन की ओर

दूसरे दिन मथुरा में यह समाचार बिजली की तरह चारों ओर फ़ैल गया कि कृष्ण रातोंरात अदृश्य हो गए हैं। सभी को इससे आघात लगा और आश्चर्य भी हुआ।

बाघ की गर्जना सुनकर ग्वाले के बिना गायें जैसे वन में इधर-उधर दौड़ती हैं, वैसे ही यादव अन्यमनस्क हो घूमने लगे। उनके हृदय में कालयवन या जरासन्ध से भी बड़ा भय घर कर गया। उनकी वाचा लुप्त हो गई। कृष्ण चले गए, अब उनका क्या होगा, यही विचार उन्हें खाए जा रहा था। सभी किंकर्तव्यविमूढ़ और स्तब्ध थे।

सत्राजित और उसके साथियों की जीभ पर अब कोई अंकुश न रहा। ''गोविन्द भय का सामना कर ही नहीं सकता! पहले भी वह भाग गया था। इस बार भी भागा।'' उनके विचार से बृहद्‌बाल ही अब मथुरा को बचा सकता था। जरासन्ध के साथ मैत्री स्थापित कर वह उसके रोष को शान्त कर सकता था। पर बृहद्‌बाल टूट चुका था। उसे अपनी कायरता का भान था। उसने तो क्रोधित होकर कहा, ''गोविन्द के पास जाओ। वही तुम्हारा तारनहार है न! वही तुम्हें बचाएगा।'' जो उसके पास कुछ आशा लेकर गए, वे गालियाँ देते लौटे।

सात्यकि, विराट और उनके साथी विमूढ़ बन गए। कृष्ण चले गए। अब क्या होगा, यही चिन्ता उन्हें सता रही थी। मथुरा पर छाए संकट की गम्भीरता से सभी परिचित थे, पर जब तक कृष्ण थे, तब तक अन्तिम घड़ी तक लड़ने की आशा तो थी। अब कृष्ण चले गए। यादव नेता भयत्रस्त थे। अब हत्याकाण्ड को कोई बचा न सकेगा। उन्हें लगा, मझधार में छोड़कर खवैया चला गया। असहाय-से वे बलराम के पास गए।

बलराम उन पर बिगड़ गए कि किसी ने कृष्ण पर श्रद्धा न रखी। सात्यकि और उसके मित्र उनके पास पहुँचे तो उनका ज्वालामुखी फट पड़ा, ''तुम सब कायर हो। कल तो तुमने उसे तज दिया था, आज उसे खोजने आए हो! अब ढूँढ़ निकालो उसे! तुम सब कालयवन के रक्तपिपासु राक्षसों के ग्रास बनने योग्य ही हो।''

सात्यकि ने कहा, ''पर बड़े भैया! अब आप ही कोई मार्ग सुझाइए।''

बलराम ने तिरस्कार से कहा, ''नहीं बाबा! मैं तो वहीं जाकर रहूँगा जहाँ कृष्ण होगा। तुम्हारे साथ मथुरा में रहने से तो कृष्ण के साथ वन में रहना अच्छा है।''

लोगों की भावना भी अब दूसरे छोर पर जा पहुँची। कृष्ण भगवान थे। उन्होंने कंस के अत्याचारों से उनको मुक्त किया। जरासन्ध को हराया। कुण्डिनपुर में यादवों की प्रतिष्ठा को गौरवशाली बनाया। वही उन्हें बचा सकते थे। वे चले गए। अब भविष्य अन्धकारमय था। इसमें बड़े-बूढ़ों का ही दोष था। उन्होंने इस विपत्ति के लिए कृष्ण को उत्तरदायी ठहराया और उसे गँवा बैठे। सभी यह भूल गए कि केवल एक दिन पहले उन्होंने कृष्ण को कितनी खरी-खोटी सुनाई थी।

पूरा दिन बीत गया, पर कृष्ण का कोई समाचार न मिला। स्त्रियों ने अचानक यह शोध कर ली कि कृष्ण आए तभी यादवों के भाग्य जागे थे। वे थे तब तक यशस्वी बन रहे थे, पर अब कृष्ण चले गए तो दुर्भाग्य आएगा ही। कई स्त्रियों ने मनौतियाँ मानीं, व्रत रखे और कृष्ण सकुशल लौट आएँ, इसके लिए प्रार्थनाएँ कीं।

एक दिन पहले कृष्ण को भाँति-भाँति के अपशब्द कहनेवाली स्त्रियाँ आज उन्हें न देखकर हताश हो गईं। वह मोहक मुस्कान, वे भुवनमोहिनी आँखें और उस मधुरवाणी का प्रवाह आज कहीं दिखाई न दे रहा था। सत्राजित की पन्द्रह वर्ष की पुत्री सत्या लाल-लाल आँखें किए पिता के पास पहुँची और कृष्ण के अदृश्य होने का सारा दोष उन्हीं को देती हुई बोली, ''आप उन्हें धिक्कारते थे। आपने ही उन्हें भगा दिया। अब देवताओं का शाप हम पर बरसेगा, क्योंकि कृष्ण देवता थे।''

सत्राजित कृष्ण को धिक्कारता अवश्य था, पर अब यह भय इस धिक्कार से भी प्रबल निकला कि कृष्ण न लौटे तो क्या होगा! उन्होंने अपनी लाड़ली बेटी को पुचकारने का प्रयत्न किया। वह अत्यन्त कुपित हो उठी थी और सिसकियाँ भर रही थी।

पिछले दिन नदी-तट पर कृष्ण ने जो कहा, वह सबको याद आया। 'जब तक मैं जीवित हूँ, तुममें से एक भी किसी आक्रामक के हाथों नहीं मारा जाएगा।' सम्भवतः अपना वचन-पालन करने के लिए वे जरासन्ध की शरण में गए होंगे। जरासन्ध इस बार मथुरा को छोड़ेगा नहीं, यह भय तो सभी के मन में घर कर गया था, फिर भी वे कृष्ण के प्रति एक अनोखे आदर का अनुभव कर रहे थे।

गर्गाचार्य और अन्य ब्राह्मण बहुत घबरा गए। उन्होंने कृष्ण पर कोई अनिष्ट प्रभाव न पड़े, इसके लिए रुद्रयाग आरम्भ किया।

इस प्रकार मात्र अड़तालीस घण्टों में जरासन्ध के भय का स्थान कृष्ण के लिए चिन्ता ने ले लिया। उनके सुरक्षित लौटने के लिए स्थान-स्थान पर प्रार्थनाएँ होने लगीं।

गड और शंकु जैसे वृद्ध निराश हो गए। उन्हें विश्वास था कि चाहे जिस विपत्ति में से भी कृष्ण कोई-न-कोई उपाय ढूँढ़ निकालते। यह आशा अब न रही। वे कृतवर्मा, साँब और कक्ष से मिले और राजा उग्रसेन से सरदारों की सभा बुलाने के लिए विनती की।

दूसरे दिन सुबह सब सरदार राजा उग्रसेन और वसुदेव से मिले। सभा में इतनी अधिक उपस्थिति पहले कभी नहीं देखी गई। यादवों का विराट समूह राजमहल के बाहर एकत्र था। वह यह जानने के लिए आतुर था कि सरदार इस विकट स्थिति का क्या समाधान ढूँढ़ते हैं।

''यादवो, वासुदेव हमें छोड़कर चले गए,'' उग्रसेन ने व्यथापूर्ण स्वर में सभा को सम्बोधित करते हुए कहा, ''मथुरा को आलोकित करनेवाला प्रकाश अदृश्य हो गया। हम नहीं जानते कि वे कहाँ गए। पर इतना अवश्य जानते हैं कि वे क्यों चले गए। वे हमें बचाने के लिए गए हैं।'' राजा ने गद्‌गद हो आगे कहा, ''हम लोग उनके योग्य सिद्ध नहीं हुए। उन्होंने हमें उबारा, एक किया, बल प्रदान किया। हमें गौरवान्वित किया। हमें उनमें श्रद्धा नहीं रही और हमारी अश्रद्धा ने उन्हें मथुरा से चले जाने को बाध्य किया। अब हमारा आधार नहीं रहा। हमें सूझ नहीं रहा कि हम क्या करें!''

कुछ समय स्तब्धता छाई रही। कोई कुछ नहीं बोला। अन्ततः कद्रु ने कहा, ''कृष्ण अन्तिम रूप से किससे मिले थे?''

वसुदेव ने बताया, ''उद्धव से।''

राजा ने पूछा, ''कृष्ण ने जाते समय क्या कहा, उद्धव?''

''भगवन्! हम दोनों भीमसेन को विदा करने गए थे। देर रात गए हम लौटे। कृष्ण ने मुझसे कहा, 'उद्धव! यह मत पूछना कि मैं कहाँ जा रहा हूँ और क्यों जा रहा' हूँ।''

उद्धव की वाणी अश्रुओं से रुद्ध हो गई। उन्होंने फिर कहा, ''पिताजी और माँ को सँभालना। मेरी ओर से प्रतिदिन उनके चरण-स्पर्श करना। बड़े भैया से बोलना कि उनका स्थान मेरे हृदय में रहेगा!'' इतना कहकर उद्धव सिसकियाँ भरने लगा। आगे बोलने की शक्ति उसमें न रही। सबकी आँखें गीली हो गईं।

कुछ देर बाद उद्धव कुछ स्वस्थ हुआ। बोला, ''उन्होंने कहा, 'जिसे मेरी बात सुनने में रुचि हो, उनसे कहना कि कृष्ण नहीं, धर्म के प्रति श्रद्धा ही यादवों को बचाएगी। यादवों में यह श्रद्धा प्रेरित करने के लिए मैं कोई भी बलिदान देने को

तैयार हूँ। यही श्रद्धा समस्त चमत्कारों का मूल है'।"

कद्रु ने कहा, "फिर?"

उद्धव ने कहा, "उन्होंने अपने वस्त्रालंकार मुझे सौंपे और चले गए।" वह सिसकियाँ भर रहा था।

वसुदेव की आँखों से अश्रुधारा बह रही थी। उन्होंने हाथों से अपना मुँह ढँक लिया। अन्य अग्रज भी आँखों से आँसू पोंछ रहे थे।

क्रदु ने पूछा, "बलिदान से उनका क्या अर्थ था?"

कृतवर्मा ने कहा, "अभी कुछ दिन पहले उन्होंने नदी-तट पर लोगों से कहा था कि 'जब तक मैं जीवित हूँ, तुममें से किसी पर भी कोई आँच नहीं आ सकती। एक भी यादव किसी आक्रामक के हाथों नहीं मारा जाएगा।' मेरा पुत्र वहाँ था। उसी ने मुझे यह बात बताई।"

सात्यकि स्वस्थ न रह सका। कहा, "हम लोग कह सकते थे कि आक्रमणकारियों का सामना करने के लिए हम उनके साथ मरने को तैयार हैं, पर हम कायर हैं।"

सत्राजित ने कहा, "नहीं, हम कायर नहीं!"

"तुम न होगे, मैं तो हूँ!" सात्यकि ने कहा, "उस दिन नदी-किनारे उनके साथ जाने की भी हिम्मत मुझमें न थी। हाँ, मैंने कायरता दिखाई–और इसके लिए आज भी लज्जित हूँ। काश, धरती फट जाए..."

कद्रु ने कहा, "पिछली बार वे गोमन्तक गए थे, मथुरा को बचाने। सम्भवतः इस बार भी यही किया हो उन्होंने!"

वसुदेव ने मस्तक हिलाया। "पिछली बार उसने इसलिए ऐसा किया कि मथुरा को बचाने का वही एकमात्र उपाय था। पर इस बार स्थिति भिन्न है। जरासन्ध और कालयवन ने सन्धि की है और वे दोनों मिलकर मथुरा का नाश करना चाहते हैं। कृष्ण के कहीं चले जाने पर उनके इस निश्चय में कोई अन्तर नहीं जाएगा।"

"वह कहाँ गया होगा, वसुदेव? तुम्हें लगता है कि वह जरासन्ध के पास जाएगा?" उग्रसेन के स्वर में व्यग्रता थी।

"हम तो कल्पना ही कर सकते हैं। इस बार जरासन्ध का रुख इतना कठोर जान पड़ता है कि मथुरा के विषय में किसी प्रकार के समझौते की बात करना वह स्वीकार नहीं करेगा। कदाचित् यादवों पर उसका क्रोध कम हो जाए, इसलिए कृष्ण उसकी शरण में गया हो। यह भी सम्भव है।"

गर्गाचार्य ने कहा, "हो सकता है कालयवन से मिलने शाल्व के पास गए हों?"

"हे भगवान!" उग्रसेन बोल पड़े। कालयवन का नाम सुनकर ही सब काँप गए।

गड ने पूछा, "आचार्यदेव! आपको यह प्रतीति क्योंकर हुई?"

"कृष्ण जब अन्तिम बार मुझसे मिले, तब कालयवन के विषय में बहुत

पूछताछ कर रहे थे,'' गर्गाचार्य ने कहा, ''आप तो जानते ही हैं राजन् कि जब मैं युवा ब्रह्मचारी था, तब कालयवन के पिता के लोग मुझे पकड़कर ले गए थे। कालयवन का पिता कुछ-कुछ संस्कारी था। उसने मुझे कालयवन का गुरु नियुक्त किया। कालक्रम से यवन राजा मृत्यु को प्राप्त हुआ और कालयवन के मामा के हाथ में सत्ता आई। मुझे उन लोगों के आचार-विचार से घृणा हो गई। जब मैंने यह बात बताई, तब कृष्ण ने हँसकर कहा कि फिर तो मैं कालयवन का गुरुभाई हुआ! पर यह तो मैंने सोचा ही न था कि कृष्ण अकेले ही कालयवन का सामना करने चल देंगे।''

''वह राक्षस तो उनके टुकड़े-टुकड़े कर देगा!'' अनाधृष्ट ने कहा। वह किसी समय कालयवन के दरबार में रह चुका था। ''वे लोग तो बिलकुल पशु हैं!''

अचानक बलराम उत्तेजित हो उठे। ''आपने अब तक बताया क्यों नहीं कि कृष्ण कालयवन के पास गया है। हम भी वहाँ जाएँगे। उद्धव! चलो! इस प्रकार बातों में समय गँवाने का कोई अर्थ नहीं!'' बलराम ने अपने कन्धे पर गदा रखी और उद्धव का हाथ पकड़कर बोले, ''चलो उद्धव! जहाँ कृष्ण, वहीं हम।'' सारी सभा बलराम के इन शब्दों से चकित हो गई।

सात्यकि ने खड़े होकर कहा, ''मैं भी आपके साथ चलूँगा, बड़े भैया!''

''बलराम, ठहरो!'' उग्रसेन ने कहा, ''कृष्ण का बलिदान किसी तरह नहीं दिया जा सकता—यदि मृत्यु हमारे भाग्य में बदी है तो हम एकसाथ मरेंगे।''

कई वरिष्ठ व्यक्ति एकसाथ ''साधु-साधु!'' बोल उठे।

''वीर-प्रजा स्वतन्त्रता की रक्षा के लिए मृत्यु का भी हँसते-हँसते सामना करती है,'' वसुदेव ने कहा, ''परन्तु हममें के कई के विचार इससे भिन्न हैं।''

गड ने कहा, ''नहीं, हम सब मरने के लिए तैयार हैं, पर पहले कृष्ण को वापस लाओ!''

सब एकसाथ बोल उठे, ''हाँ, हाँ, कृष्ण को वापस लाओ!''

वसुदेव ने कहा, ''बलराम, उद्धव और सात्यकि को हम कृष्ण की शोध में भेजेंगे।''

उग्रसेन ने कहा, ''बलराम! जाओ और गोविन्द से कहो कि यादवों को केवल तुम्हारी आवश्यकता है। और किसी की नहीं। कृपा कर लौट आओ!''

मथुरा के लिए यह असह्य स्थिति थी। सारा नगर आशा और निराशा के बीच झूलता हुआ कृष्ण के पुनरागमन की प्रतीक्षा कर रहा था। सबको यह आशंका भी त्रस्त कर रही थी कि यदि कृष्ण न लौटे तो? यदि वे फिर दिखाई न पड़े तो? उन्होंने लौटने से मना कर दिया तो? वरिष्ठों के लिए चिन्ता का यह बोझ असह्य था। तरुण अधीर हो गए थे। स्त्रियाँ आँसू बहा रही थीं।

कई दिन और रात इस प्रतीक्षा में अधीरता से बीते। चौथे दिन पाञ्चजन्य का स्वर हवा में गूँज उठा। मथुरा का हृदय प्रसन्नता से छलक उठा। स्त्री-पुरुष-बालक, सरदार, बड़े-छोटे—सभी नगर-द्वार पर जा पहुँचे। कृष्ण लौट आए थे!

"कृष्ण की जय! कृष्ण की जय! जय श्रीकृष्ण!" हाथ में दण्ड लेकर संन्यासी की पोशाक में जैसे ही कृष्ण दिखे, लोगों ने जय-जयकार से उनका स्वागत किया। पर यह कृष्ण कुछ भिन्न थे। यह धीमी गति से चलते थे। उनके मुख पर गम्भीरता थी।

कृष्ण के चेहरे पर अंकित दृढ़ता देखकर सब आश्चर्य में पड़ गए। कृष्ण ने उग्रसेन और वसुदेव को प्रणाम किया। दोनों ने कृष्ण का आलिंगन किया। स्त्रियों की भीड़ के आगे माँ देवकी खड़ी थीं। उनकी आँखों से अविराम अश्रुधारा बह रही थी। सब कृष्ण को प्रणाम करने दौड़े।

कृष्ण की आँखों में विषाद झलक रहा था। "हे राजन्! हे पिताजी! मैं अपनी इच्छा के विरुद्ध आपके प्रति अपनी श्रद्धा से आकर्षित होकर आया हूँ।"

उग्रसेन ने कहा, "कृष्ण! जो भी हो, हम तुम्हारे बिना नहीं रह सकते!"

"हे यादवश्रेष्ठ!" कृष्ण बोले, "धर्म की रक्षा करने के लिए हमें हर क्षण प्राण भी न्योछावर करने को तैयार रहना चाहिए। इस श्रद्धा के बिना हम जीवित नहीं रह सकते।"

हँसते और सिसकियाँ भरते हुए सब लोग कृष्ण को मथुरा में ले आए। कृष्ण अत्यन्त गम्भीर थे।

राजा ने सरदारों को तत्काल मिलने के लिए आमन्त्रित किया। राजमहल के आँगन में लोग कृष्ण से मिलने के लिए उत्सुक खड़े थे। वे कृष्ण को संन्यासी के रूप में नहीं, परन्तु अपने उसी मोहन वेश में देखना चाहते थे। पीताम्बर, मोरपंख से सुशोभित मुकुट, गले में वैजयन्ति...

कृष्ण ने उन्हें निराश नहीं किया। बलराम, उद्धव और सात्यकि के साथ वे अपने उसी मोहन वेश में आ गए। वे दुर्जेय शक्ति के प्रतीक दिखाई पड़ रहे थे।

लोग कालयवन के भय को भूल गए। 'कृष्ण वासुदेव की जय' से आकाश गूँज रहा था। कृष्ण ने हाथ जोड़कर सबके अभिनन्दन स्वीकार किए। दृढ़ और स्पष्ट स्वर में बोले, "कृष्ण की जय नहीं, धर्म की जय कहो!"

वे भीतर सरदारों की सभा में उपस्थित होने गए। सभा को कृष्ण का एक भिन्न स्वरूप दिखाई पड़ा। चक्रधारी और धर्मरक्षक वासुदेव का प्रभाव अब उनकी समझ में आया।

राजा उग्रसेन ने कृष्ण से कहा, "हमारी श्रद्धा कम हो गई थी, कृष्ण! हमें क्षमा करना!"

गड ने कहा, ''वासुदेव! जीवन और मृत्यु दोनों में हम तुम्हारे साथ हैं। हमें छोड़कर कहीं न जाना।''

कृष्ण ने पिता और राजा के चरण-स्पर्श किए। फिर हाथ जोड़कर कहा, ''हे राजन्! हे पिता! आपकी जैसी प्रबल इच्छा थी, उसी से आकर्षित हो मैं लौट आया। मैं कभी आपको नहीं छोड़ूँगा, आप मुझे छोड़ देंगे, तब भी नहीं।''

कद्रु ने कहा, ''कृपा कर ऐसी बातें न कहें। आप चमत्कारी पुरुष हैं। आप ही हमारी रक्षा कर सकते हैं।''

''मैंने पहले भी कहा था, और आज फिर कहता हूँ कि चमत्कार श्रद्धा से ही होते हैं। श्रद्धा के बिना देवता भी चमत्कार नहीं दिखा सकते।''

शंकु ने कहा, ''हमें आपमें श्रद्धा है। आप ही बताइए, हम क्या करें?''

गड ने कहा, ''हाँ, हमें आपमें पूरा विश्वास है, वासुदेव!''

कई अग्रज बोल उठे, ''हाँ, हाँ, हाँ!''

सात्यकि ने कहा, ''वासुदेव! कृपा कर भूतकाल की घटनाओं को भूल जाओ। हम अन्तिम समय तक आपके साथ हैं। संगठित हैं।''

''कृष्ण! मेरे बेटे!'' वसुदेव ने भावना-भरे स्वर में कहा, ''तुमने हमारी शक्ति की पूरी परीक्षा ले ली है। हम जानते हैं कि लड़ते-लड़ते मर जाने के सिवाय और कोई चारा नहीं और तुम्हारे नेतृत्व में हम जरासन्ध और कालयवन के आक्रमणों का भी सामना कर लेंगे।''

कृष्ण ने धीमे, पर दृढ़ स्वर में कहा, ''पूज्य पिताजी! महाराज! यदि हममें अपने पर विश्वास हो तो हम अब भी जीवित रह सकते हैं और अपनी स्वतन्त्रता की भी रक्षा कर सकते हैं।''

''वह कैसे?'' कई आतुर स्वर सुन पड़े।

कृष्ण ने सात्यकि और सत्राजित तथा उनके अनुयायियों की ओर देखकर पूछा, ''जरासन्ध अथवा कालयवन की शरण में जाने के बदले क्या हम मरना पसन्द करेंगे?''

सत्राजित ने कहा, ''और कोई मार्ग भी नहीं!''

सात्यकि ने कहा, ''हमें जीने और स्वतन्त्र रहने का कोई मार्ग हो तो दिखाओ!''

''यदि आप स्वतन्त्रता के लिए प्राणार्पण करने को प्रस्तुत हों तो मैं आपको जीवित रहने का मार्ग भी दिखाऊँगा।'' कृष्ण ने कहा। उनके स्वर में दृढ़ता और प्रतीति थी।

''कृष्ण! कृपा कर कहो कि हमें क्या करना है! हम वही करेंगे और अपने सम्मान की रक्षा करेंगे,'' राजा बोले, ''मैंने सभी वरिष्ठ व्यक्तियों से पूछ लिया है।

हम बलि के बकरे की तरह नहीं मरेंगे। लड़ते-लड़ते मरना हमें स्वीकार है।''

सभा में नीरवता छा गई। सब कृष्ण के वचन सुनने को तत्पर थे।

''कालयवन, जरासन्ध से पहले मथुरा पहुँचेगा। फिर भी उसे आते-आते अभी एक महीना तो लगेगा ही। हम सब स्त्री, बालक, पुरुष अपने-अपने अश्व, पशुओं और हाथियोंसहित मथुरा छोड़कर चल दें।''

कद्रु ने कहा, ''पर जाएँगे कहाँ? पड़ोस का कोई राजा हमें आश्रय देगा नहीं, और यदि दे भी तो कालयवन और जरासन्ध मिलकर उसका भी नाश कर देंगे।''

''एक राज्य ऐसा है जहाँ हम जा सकते हैं। वहाँ के राजा और प्रजा मुक्त-हृदय से हमारा स्वागत करेंगे,'' कृष्ण ने कहा, ''बड़े भैय्या बलराम ने राजा कुकुद्मीन के लिए कुशस्थली पर अधिकार किया था। वह सुन्दर स्थान है, उसके किनारों पर सौराष्ट्र का समुद्र लहराता है। राजा कुकुद्मीन बलराम को अपनी पुत्री और राज्य दोनों दे देने को आतुर हैं। वहाँ जरासन्ध या कालयवन कोई भी नहीं आ सकेगा। वहाँ रहकर हम अपना भाग्य बदल सकेंगे।''

सत्राजित ने कहा, ''पर कुशस्थली तो बहुत दूर है।''

कृष्ण ने कहा, ''पर यमभूमि से बहुत समीप है!''

कुछ देर तक कोई कुछ न बोला। गम्भीर स्वर में कृष्ण आगे बोले, ''यदि आप मथुरा न छोड़ने का निश्चय कर बैठे हैं तो वैसा कहिए। मैं आपकी इच्छा का पालन करूँगा। पर तब मृत्यु का सामना करने को हमें तैयार होना होगा। अपने स्त्री-बालकों को केसरिया वस्त्र पहना दो। फिर भी आशा की एक झलक मैं आपको देता हूँ। आप रथ और गाड़ियाँ तैयार रखें, अश्वों, पशुओं और हाथियों को साथ ले लें और मथुरा को उसके भाग्य पर छोड़ दें। हम नए शक्तिशाली जीवन की ओर, वीरों की भाँति जाएँगे, भयभीत निर्वासितों की तरह नहीं!'' उनके शब्द सबके हृदयंगम हो गए।

वे मुस्कराए, ''यह तो जीवन के लिए प्रयास है। हमें अधर्मी शत्रुओं के आक्रमणों को विफल करना है। श्रद्धा और शक्ति होगी तो हम इस प्रयास में सफल होंगे।''

कद्रु ने पूछा, ''यदि सफल न हुए तो?''

''मरना तो एक बार है ही!'' कृष्ण ने अपूर्व आत्मश्रद्धा के साथ कहा, ''हमारे पास और कोई विकल्प नहीं। नए जीवन की ओर बढ़ते समय मृत्यु भी आए तो हम स्वीकार करेंगे।''

उनकी चमकती हुई आँखें सारी सभा पर घूमीं। सबके चेहरों पर आशा की नई झलक दिखाई पड़ी। ''बड़े भैया और उद्धव कुशस्थली का मार्ग जानते हैं। यह सच है कि यह रास्ता जंगलों, रेगिस्तानों और दलदलों से भरा है, पर बलराम और

उद्धव जैसे मार्गदर्शकों के होते हम पर कोई विपत्ति नहीं आएगी। अब समय गँवाने का कोई अर्थ नहीं!''

उग्रसेन ने पूछा, ''और तुम्हारा क्या होगा?''

''मैं अपने वचन का पालन करूँगा। आप सबके चले जाने के बाद ही मैं मथुरा छोड़ूँगा। मैं यहीं रहूँगा और सबकी सुरक्षा का भार लूँगा। कालयवन यदि आया और आप तक पहुँचने का उसने प्रयत्न किया तो मैं अकेला उसे रोकूँगा। यदि यादवों को मरना होगा तो फिर मुझे भी जीना नहीं है। महाराज! हमें आशीर्वाद दें। आज से चार दिन बाद सोमवार को यादव नए जीवन की ओर प्रस्थान करेंगे।''

प्रस्थान

यादवों का कूच आरम्भ हुआ। वे सुरक्षा और स्वतन्त्रता की दिशा में आगे बढ़ रहे थे। जंगल, रेगिस्तान और दलदलों को पार करते हुए वे सौराष्ट्र के अपरिचित सागरतट की दिशा में चले।

सबसे आगे बलराम और उद्धव थे। राजा उग्रसेन, वसुदेव, अक्रूर और अन्य वयोवृद्ध सरदार अपने-अपने परिवार-सहित रथों में बैठे थे। तरुण अश्वारूढ़ थे। अन्य यादव सपरिवार बैलगाड़ियों में चल रहे थे। प्रत्येक परिवार के वाहन के साथ-साथ उसका पशुधन, ऊँट, हाथी इत्यादि भी थे।

आश्रितजन, निषाद, नाग और अन्य लोग अपने कुटुम्ब के साथ पैदल चल रहे थे। संघ के पीछे सात्यकि के नेतृत्व में युवा अश्वारूढ़ यादव थे। यात्रा निर्विघ्न हो, इसका भार इन्हीं को सौंपा गया था। इनके साथ मथुरा से सटे छोटे राज्य अग्रवन के राजा चारुदश्न भी हो लिये थे। यवनों के हाथों मारे जाने से अधिक श्रेयस्कर उन्हें यादवों के साथ नवजीवन की शोध में निकलना लगा। इन सबके पीछे कृष्ण भी घोड़े पर सवार होकर चले आ रहे थे। उन्होंने इस बात की प्रतिज्ञा ली थी कि सब लोग अपने गन्तव्य स्थान तक सकुशल पहुँच जाएँ।

यात्रा अत्यन्त कठिन थी। कई लोग मार्ग में मरणासन्न हो गए। प्रवास का श्रम और रेगिस्तान की गरमी असह्य थी। कई पशु, अश्व, हाथी मृत्यु के मुख में चले गए। पर ऐसी कुछ नगण्य घटनाओं को छोड़कर यादव किसी गम्भीर विपत्ति में फँसे बिना रेगिस्तान और जंगलों से सकुशल पार हो गए। फिर वे लवणिका नदी के तट पर पहुँचे। नदी वैसे तो छिछली थी, पर वर्षा हो जाने के कारण उसका वेग बढ़ गया था।

अधिकांश लोग नदी पार करने में सफल हो गए, पर समस्त संघ को नदी पार

करने में अब भी चार दिन लग जाने की सम्भावना थी। रात पड़ने पर कृष्ण ने सात्यकि को बुलाकर कहा, ''सात्यकि! अब मुझे तुमसे अलग होना पड़ेगा।''

''क्यों?'' सात्यकि ने साश्चर्य पूछा, ''तीन-चार दिनों में तो हम नदी पार कर जाएँगे, भगवन्!'' सात्यकि और उसकी वय के तरुण अब कृष्ण को 'भगवन्' कहकर सम्बोधित करने लगे थे।

''देखो सात्यकि! हम लोग भारी संकट में हैं। कल रात को पश्चिम के आकाश में मैंने प्रकाश की क्षीण रेखाएँ देखी थीं। आज भी वह प्रकाश दिखाई पड़ता है। यह कालयवन की सेनाओं द्वारा जलाई गई अग्नि की लपटों का प्रकाश है। वह लवणिका की घाटी से जा रहा लगता है। यदि ऐसा है तो वह कल या परसों हमें पकड़ लेगा और तब तक हम नदी पार नहीं कर सकेंगे।''

इस प्रदेश से परिचित लोगों ने भी बताया कि यह उजाला अनेक तप्तकुण्डों की शिखाओं का प्रकाश है। सात्यकि ने पश्चिम के आकाश की ओर देखा और कहा, ''हमें शीघ्रता करनी चाहिए।''

''हम चाहे जितनी शीघ्रता करें तो भी सब लोगों को नदी पार करने में चार दिन तो लग ही जाएँगे। और फिर, शेष बचे लोग प्रशिक्षित योद्धा नहीं हैं, एक सीमा से आगे वे शीघ्रता नहीं कर सकते।''

''अधिकांश यादव उस पार पहुँच गए हैं। अब सेवक, अनुचर, निषाद इत्यादि ही बचे हैं। उन्हें यदि हम उनके भाग्य पर छोड़ दें तो?'' सात्यकि ने पूछा।

''ये हमारे ही लोग हैं। हमारे ही अंश! इन्हें उस दैत्य की दया पर नहीं छोड़ा जा सकता और यह कौन जानता है कि हम सब पार हो जाएँ, उससे पहले ही कालयवन यहाँ नहीं आ पहुँचेगा और मथुरा जाने की अपेक्षा हम लोगों का पीछा नहीं करेगा। वह तो जंगली है!''

सात्यकि ने नम्रता से पूछा, ''तो हमें क्या करना चाहिए, भगवन्?''

''मैं अब चलता हूँ, सात्यकि! जाकर कालयवन से मिलूँगा और उसे दो-तीन दिन तक रोके रखूँगा। इतने में तुम सब नदी पार कर आगे बढ़ सकोगे। आशा है कि हमारे प्रस्थान का पता उसे नहीं लगा है।''

सात्यकि ने कहा, ''उससे मिलकर आप संकट में फँस सकते हैं।''

''यदि वह लवणिका की घाटी में से होकर आ रहा है, तो वह निश्चय ही कल या परसों तक हमें पकड़ लेगा। इसलिए वहाँ जाने का जोखिम उठाने के सिवा कोई चारा नहीं!'' कृष्ण ने दृढ़ता से कहा।

''पर भगवन्, वह कदाचित् आपकी...'' कुछ हिचकिचाते हुए सात्यकि ने कहा, ''हत्या कर बैठे!''

''हाँ, इससे अधिक तो वह कर ही क्या सकता है! पर उसकी क्या चिन्ता?

मृत्यु अन्ततः है भी क्या! पुराने वस्त्र छोड़कर नए वस्त्र धारण करना ही तो!''

''पर आपके बिना हम सबका क्या होगा?''

''ऐसा मत कहो! मैंने तुम सबको मार्ग दिखा दिया है। धर्म का अनुसरण करो। तुम्हें कोई आँच नहीं आएगी। इसी श्रद्धा को लेकर मैं जिया हूँ और चाहता हूँ...'' कृष्ण ने सात्यकि के कन्धे पर हाथ रखते हुए कहा, ''कि इसी श्रद्धा को लेकर तुम सब भी जियो।''

सात्यकि की आँखें अश्रुओं से छलक उठीं, ''पर भगवन्...''

''सात्यकि! बातों में समय गँवाने का अवसर नहीं। मैं किसी को मार्गदर्शक के रूप में अपने साथ ले जाता हूँ—वह मुझे रास्ता बता देगा।''

सात्यकि कृष्ण के चरणों में गिर पड़ा। कृष्ण ने उसे उठाकर उसका आलिंगन किया और कहा, ''सात्यकि, मेरे प्रिय मित्र, मेरे आशिष स्वीकार करो। मेरा सन्देश सुनो। महाराज उग्रसेन से कहना कि यादव अब स्वतन्त्र हो गए हैं। उन्हें अब सबल होना चाहिए और जरासन्ध का नाश करना चाहिए। जब तक वह जीवित है, आर्यावर्त में धर्म की स्थापना नहीं हो सकती।''

''हाँ, भगवन्!'' सात्यकि ने आँसू पोंछते हुए कहा।

कृष्ण ने भावनाप्रधान स्वर में आगे कहा,''मेरे माता-पिता से कहना कि मैं सदा उनके पास ही होऊँगा। बड़े भैया से कहना कि वह रेवती से शीघ्र ही विवाह कर लें। रेवती से कहना कि पुत्रवधू के रूप में माता-पिता की सेवा करना उसका धर्म है। वह वीरांगना है। मुझे विश्वास है कि वह अपने कर्तव्यों का पालन करेगी।''

सात्यकि ने किसी प्रकार रो पड़ने से स्वयं को बचाया।

''बलराम यादवों का ध्यान रखेंगे। उनसे मेरा प्रणाम कहना और सात्यकि...''

''मेरे लिए क्या आज्ञा है, प्रभु?'' सात्यकि ने अवरुद्ध कण्ठ से कहा।

''तुम्हें अधिक कुछ नहीं कहना। तुम वीर हो, निष्ठावान हो, उदार हो। ऐसे ही रहना! उद्धव वीर है, पर हृदय से वैराग्यवान है। जैसे वह मेरा मित्र था, वैसे ही मित्र, तुम उसके बन जाना!''

''हाँ, प्रभु!'' सात्यकि ने कहा। अब वह स्वयं को रोक नहीं सका और फफक पड़ा।

''आओ! मुझे आलिंगन दो, सात्यकि! मृत्यु की चिन्ता मत करो। भय में जीना ही मरण है।''

कृष्ण ने सात्यकि का मस्तक सूँघा और आशिष दिया। मृदु स्वर में वे बोले, ''अब एक और बात, फिर मैं जाऊँगा।''

''कहिए, प्रभु!''

''तुम राजकुमारी रुक्मिणी को जानते हो? राजा भीष्मक की पुत्री! जब मैं

बिल्कुल छोटा था, तब से उसने मुझे अपने नाथ के रूप में स्वीकार किया है। तभी से वह रात-दिन मेरे नाम की रट लगाए है।''

वे क्षण-भर के लिए रुके, फिर बोले, ''शत्रुओं से घिरी रहने पर भी धर्मयुद्ध में वह सदा मेरे साथ रहती है। चम्पक पुष्प जैसी कोमल और प्रभावशाली राजकुमारी हमारी ओर होकर अकेली जरासन्ध से लड़ी है। उसने साथ न दिया होता तो हम कभी के समाप्त हो गए होते।''

सात्यकि ने मस्तक झुकाया। कृष्ण की बात सुनकर वह गद्‌गद हो गया।

''जरासन्ध मथुरा के विनाश के बाद शिशुपाल के साथ रुक्मिणी का विवाह रचाने के लिए बल देगा। रुक्मिणी की मुझ पर श्रद्धा समस्त मानवीय बन्धनों से परे है। यदि उसे मालूम हो गया कि मैंने धर्म के लिए जीवन त्याग दिया है तो वह अवश्य मेरा अनुकरण करेगी।''

कृष्ण ने अपनी भावनाओं को नियन्त्रित किया और समभाव से आगे बोले, ''बड़े भैया, उद्धव और अन्य सभी यादवों को मेरा यह सन्देश देना कि चाहे जो स्थिति हो, उसे जरासन्ध के जाल से बचाएँ। यदि इससे पहले उसने प्राण त्याग दिए तो उसकी भस्म द्वारका में लाकर उस पर विराट मन्दिर बनाना। वह धर्म के प्रतीक के समान है। उसका आशीर्वाद यादवों की कीर्ति बढ़ाएगा।''

कृष्ण ने सात्यकि के मस्तक पर हाथ रखा और अपने रथ पर बैठकर चले गए। उनके पीछे मार्गदर्शक भी अश्वारूढ़ हो चल पड़ा। सात्यकि अवाक् हो देर तक उन्हें जाते देखता रहा।

अन्धकारपूर्ण रात्रि में घोड़ों को तेज दौड़ाकर उषाकाल होते ही कृष्ण वहाँ जा पहुँचे, जहाँ कालयवन की सेना ने पड़ाव डाल रखा था। वे कालयवन के तम्बू के पास पहुँचे और यह सन्देश भिजवाया कि गर्गाचार्य के शिष्य, कृष्ण वासुदेव मथुरा उन्हें सुपुर्द करने आए हैं।

सुनकर कालयवन को आश्चर्य हुआ। उसने आज्ञा दी, ''आगन्तुक को प्रस्तुत करो।''

कृष्ण कालयवन के समक्ष जा खड़े हुए। उसका भयंकर मुख, कठोर आकृति, लम्बी दाढ़ी और आँखों में खेल रहा क्रूर हास्य किसी को भी भयभीत करने को पर्याप्त थे। उसके आसपास उसके समान ही कठोर, क्रूर और अर्धनग्न अंगरक्षक खड़े थे। अधिकांश के पास ताँबे की तलवारें और चमड़े की ढालें थीं। कइयों के पास पत्थर की गदाएँ भी थीं। उनके लम्बे, बिखरे बाल उनकी भयंकरता में वृद्धि कर रहे थे।

कृष्ण स्वस्थ होकर आगे बढ़े और सविनय बोले, ''मैं कृष्ण हूँ। शूरों के नायक वसुदेव का पुत्र और आपके गुरु, गर्गाचार्य का शिष्य।''

कालयवन ने पूछा, ''जरासन्ध के जामाता कंस को मारनेवाला ग्वाला तू ही है न?''

''हाँ,'' कृष्ण ने शान्ति से कहा, ''मैं यादवों की ओर से मथुरा का अधिकार आपको सौंपने के लिए आया हूँ।''

यवन की आँखें विजय के उन्माद से चमक उठीं। ''यदि तू वसुदेव का पुत्र कृष्ण ही है तो मैंने अपने मित्र जरारान्ध को वचन दे रखा है कि तुझे मैं अपनी मुट्ठी में पीस डालूँगा। पर आश्चर्य है कि तू मुझे मथुरा कैसे सौंपने आया!''

''मैं यह कहने आया हूँ कि आपको मथुरा जीतने का कष्ट करने की आवश्यकता नहीं। इससे पहले कि जरासन्ध आकर मथुरा पर अधिकार करे, आप उसे अपने अधिकार में ले लें। यही हम सबकी इच्छा है। मैं मथुरा का मार्ग आपको बताने आया हूँ।''

''तू मेरे साथ खिलवाड़ करना चाहता है, छोकरे?'' कालयवन ने तलवार की मूठ पर हाथ रखकर पूछा।

''मैं आपके साथ खिलवाड़ कैसे कर सकता हूँ!'' कृष्ण ने हँसकर कहा, ''मैं अकेला हूँ और निशस्त्र हूँ। आपके पास आकाश के तारों के समान अनगिनत सैनिक हैं।''

''तेरे साथ क्या व्यवहार करना चाहिए, यह मैं देखूँगा!''

कालयवन ने अपने सैनिकों को किसी अज्ञात भाषा में आज्ञा दी। सैनिक कृष्ण को पकड़कर ले गए। कालयवन ने अपने मुख्य सेनापतियों के साथ मन्त्रणा की। उस दिन उसकी सेना वहीं पड़ाव डाले रही।

दूसरे दिन कालयवन ने कृष्ण को बुला भेजा। उसने पूछा, ''जरासन्ध के मथुरा पहुँचने से पहले हम वहाँ अपना अधिकार कैसे कर सकते हैं?'' आज उसके स्वर में शंका का पुट कम था।

''मैं आपको मथुरा जाने का द्रुत मार्ग बताऊँगा। यदि आप लवणिका के उत्तरी किनारे से आगे बढ़ेंगे तो मथुरा पहुँचने में आपको अधिक समय लगेगा। मैं आपको अग्रवन में से होकर ले जाऊँगा, जिससे आप जरासन्ध से भी एक महीने पहले मथुरा पहुँच जाएँगे।''

''मैं यह कैसे मान लूँ कि तुम सच कह रहे हो?''

''आप अपने मार्गदर्शकों को लेकर मेरे साथ आएँ। आपको विश्वास हो जाएगा। मैं और मेरा मार्गदर्शक आपको रास्ता बताएँगे।''

कालयवन ने दाँत भींचकर कहा, ''यदि तूने उलटा रास्ता दिखाया तो मैं तेरा

खून पी जाऊँगा। तुझे जीवित जला दूँगा।''

''मैं जानता हूँ,'' कृष्ण ने स्वस्थता से कहा। उनकी मुस्कान में तनिक भी अन्तर नहीं आया। ''चाहे जैसे हो, आपने मुझे मार डालने की प्रतिज्ञा तो कर ही रखी है। इसलिए किस प्रकार मारेंगे, इसकी चिन्ता मुझे नहीं।''

कालयवन इस साहसपूर्ण उत्तर को सुनकर हँस पड़ा। उसके समक्ष भय न खानेवाला यह पहला व्यक्ति था।

''मैं स्वयं तेरे साथ चलूँगा। यदि तूने भागने की तनिक भी चालाकी की तो तेरे टुकड़े-टुकड़े कर दूँगा!''

कृष्ण और उनका मार्गदर्शक कालयवन को उत्तरी रेगिस्तान की ओर ले गए। वहाँ से वे मथुरा के राजमार्ग से मिलानेवाले ईशान मार्ग की ओर मुड़े।

तीसरे दिन सुबह कृष्ण की प्रसन्नता का पार न था। अब तक तो सात्यकि लवणिका पार कर चुका होगा। पाँचवें दिन कालयवन और कृष्ण जब छावनी लौटे तो कालयवन ने कूच का आदेश दिया।

कालयवन ढाल, तलवार और गदा लेकर सेना के पीछे रहता था। कृष्ण पर पहरा देने के लिए उसने चार रक्षक रखे। वह इस बात का विशेष ध्यान रखता था कि कृष्ण कहीं भाग न जाए।

पर कृष्ण ने भाग जाने की कोई चेष्टा नहीं की। इसके विपरीत, अपनी भावी से भेंट करने की तैयारी में वे स्वस्थ मन से जुट गए। वे अपने अश्व को बहुत जतन से रखते और उसे अच्छा खिलाते-पिलाते।

थोड़े दिन बाद सेना मथुरा के मुख्य मार्ग पर पहुँची। कालयवन ने देखा कि किसी बड़ी सेना या संघ के वहाँ से जाने के चिह्न स्पष्ट दिखाई पड़ रहे हैं। जलाए हुए अग्नि-कुण्ड, पालक-पशुओं के शवों पर उड़ते गिद्ध, कहीं-कहीं देहों के अग्निसंस्कार होने के चिह्न, भोजन की पत्तलें इत्यादि देखकर उसे भारी आश्चर्य हुआ।

कालयवन ने अपने सैनिकों को आसपास रहनेवाले किसी व्यक्ति को ढूँढ़ लाने की आज्ञा की। बड़ी कठिनता से वे दो ऐसे आदमियों को पकड़ लाए जो वहाँ झोंपड़ी बाँधकर रह रहे थे। वे भय से थर-थर काँपने लगे। उन्होंने डरते-डरते कहा, ''बहुत से लोग रथों, अश्वों, बैलगाड़ियों पर और पैदल भी, यहाँ से होकर गए थे, उनकी संख्या कितनी थी, यह हम नहीं जानते, पर उनके साथ पालतू पशु भी थे।''

कालयवन ने पूछा, ''वे कौन थे, यह जानते हो?''

''नहीं, महाराज!''

''सच-सच बोलना! नहीं तो तुम्हारी जीभ खींच लूँगा!'' कालयवन ने क्रोधित होकर कहा।

वे भयभीत होकर उसके चरणों में गिर पड़े। बोले, ''वे कौन थे यह हम नहीं

जानते। वे बहुत प्रतापी पुरुष लगते थे। वे बारम्बार एक नाम उच्चारते थे, वह हमें याद है।''

''कौन-सा नाम?''

''वे लोग कृष्ण वासुदेव की जय बोल रहे थे।''

कालयवन ने देखा, कृष्ण कुछ दूरी पर घोड़े पर बैठे थे। उसने आज्ञा दी, ''बन्दी को यहाँ लाओ!''

कृष्ण अपना अश्व कालयवन के निकट ले आए।

''तुम जिस कृष्ण वासुदेव की बात करते हो, वह यही है?'' कालयवन ने उन ग्रामीणों से पूछा।

वे कृष्ण को देखते ही पहचान गए। उनका घनश्याम वर्ण और मधुर वदन उनके हृदय में बस गया था। इन्होंने ही तो उनके परिवार को भोजन-सामग्री दी थी। उनकी समझ में न आया कि कालयवन को क्या उत्तर दें। उनका मन भय और कृतज्ञता के बीच झूल रहा था। कृष्ण इसे भाँप गए। उन्होंने अपना अश्व कालयवन के और भी निकट ले लिया।

''इन्हें क्या पूछ रहे हो?'' कृष्ण ने कहा, ''मैं ही इस मार्ग से महीनों पहले गया था।''

''तेरे साथ कौन था?'' कालयवन का हाथ उसकी तलवार की मूठ पर गया।

''मथुरा के यादव!'' कृष्ण ने बिना किसी हिचकिचाहट से कहा।

''तो तू मुझसे झूठ बोला?'' कालयवन की भृकुटि तन गई।

''नहीं। मथुरा खाली है और आप उस पर अधिकार कर लें, यही विनती करने आया था।''

''और यादव भाग गए हैं, यही न? मेरे और उनके बीच तूने महीनों का अन्तर डाल दिया, धूर्त!'' कालयवन ने तलवार खींच ली और अपने अश्व को कृष्ण की ओर बढ़ाया।

कृष्ण मानो इसी क्षण की प्रतीक्षा में थे। उन्होंने घोड़े को हलकी-सी एड़ लगाई। घोड़ा आगे उछला। कृष्ण ने इस अश्व का लालन-पालन इतने जतन से यों ही नहीं किया था! वह अंगरक्षकों की पूरी पंक्ति को लाँघ गया और दक्षिण दिशा में दौड़ा।

मुचकन्द की गुफाएँ

क्षण-भर तो कालयवन और उसके सैनिक स्तब्ध रह गए। फिर यवन ने क्रोध से

दाँत पीसे और अपने घोड़े को एड़ लगाकर कृष्ण का पीछा करना शुरू किया। उसके कई अनुचर भी उसके पीछे-पीछे दौड़े।

कृष्ण का शरीर वैसे भी हलका था, फिर उस पर शस्त्रों का भार भी न था। उनका पीछा करनेवाले लम्बे और भारी शरीर के थे। भाले, तलवार, ढाल, बख्तर, शिरस्त्राण इत्यादि के बोझ से भी वे दबे हुए थे।

कृष्ण का अश्व तीर की तरह छूटा और घड़ी-दो घड़ी में वह पीछा करनेवालों से बहुत आगे निकल गया। सूर्यास्त होने पर एक झरने के पास कृष्ण रुके और घोड़े को रास्ते पर सुस्ताने और चरने के लिए छोड़ दिया। वे शरीर को फैलाकर लेट गए और आँखें मूँद लीं।

कुछ देर के बाद वे खड़े हुए और लगाम पकड़कर घोड़े को एक ओर ले जाने लगे। इतने में किसी घोड़े की टाप दूर से सुनाई पड़ी। ऐसा लगा कि पीछा करनेवालों में से कोई अब भी पीछे-पीछे आ रहा था।

कृष्ण घोड़े पर सवार हो गए और सावधानीपूर्वक उसे दौड़ाया। एक के बाद एक कई घड़ियाँ बीत गईं, फिर भी पीछा करनेवाले घोड़े की टाप बराबर सुनाई पड़ रही थी।

सवेरा होने लगा। कृष्ण पीछा करनेवाले से आगे निकल गए थे। इतने में उनके घोड़े को ठोकर लगी और वह गिर पड़ा। उन्हें लगा कि पीछा करनेवाला अब कुछ ही क्षणों में आ पहुँचेगा। भोर के धुँधलके में उन्होंने देखा कि एक ऐसी पगडण्डी जंगल की ओर जा रही थी जिस पर कठिनाई से एक आदमी या बकरी चल सकती है।

उन्होंने अश्व की ओर अनुकम्पा से देखा और उसे वहीं पड़ा रहने देकर पगडण्डी पर प्रयाण किया। रास्ते पर के गड्ढे और काँटों से बच-बचकर उन्हें चलना पड़ रहा था। थोड़ी देर बाद ऐसा सुनाई पड़ा मानो पीछा करनेवाले का घोड़ा आकर रुका है। फिर एक क्रोधित स्वर में गाली देने का स्वर सुनाई पड़ा। यह स्वर कालयवन का था। कालयवन भी इसी पगडण्डी पर कृष्ण का पीछा करने लगा।

कृष्ण यथासम्भव शीघ्रता से दौड़ रहे थे। सूर्योदय हुआ। धरती पर सुनहरी किरणें फैल गईं। कृष्ण क्षण-भर साँस लेने को रुके और पीछे देखा। कालयवन ने काफी दूरी तय कर ली थी। अब उसका दानव-मुख स्पष्ट दिखाई दे रहा था। उसने अपना कवच, शिरस्त्राण और तलवार फेंक दी थी। अब तो दोनों में जो बलवान हो, जो अधिक देर टिक सके, उसी की जीत थी।

इससे बचने का कोई मार्ग है या नहीं, यह देखने के लिए कृष्ण ने इधर-उधर दृष्टि दौड़ाई। कुछ दूरी पर उन्हें एक टेकरी दिखाई पड़ी। वहाँ कई गुफाएँ भी

दृष्टिगोचर हो रही थीं। उनमें से धुआँ निकल रहा था। इससे यह अनुमान लगाया जा सकता था कि वहाँ बस्ती होनी चाहिए। कृष्ण ने सोचा कि सम्भवतः उधर से कोई बचने का रास्ता निकल आए।

कृष्ण ने प्राणपण से अपनी सारी शक्ति लगाकर टेकरी की ओर दौड़ना प्रारम्भ किया। टेकरी पर जाने के लिए एक छोटी-सी पगडण्डी थी। थोड़ा आगे बढ़ने पर कृष्ण ने देखा कि कालयवन टेकरी के नीचे खड़ा है और अपने शेष शस्त्र भी उतारकर फेंक रहा है जिससे जल्दी से ऊपर चढ़ा जा सके। यह तो स्पष्ट था कि वह थक चुका है।

कृष्ण को इस विषम स्थिति में भी हँसी आ गई। अब दोनों समान रूप से निशस्त्र थे। अब लड़ाई होगी तो शरीर-बल से ही। पर यह भी वे जानते थे कि यवन बगल में छुरी रखता है। उन्होंने सोचा कि कुछ विश्राम करके उससे भिड़ा जाए तो अच्छा होगा।

कृष्ण विश्राम के लिए रुके। अब वे टेकरी की चोटी तक पहुँच गए थे। वहाँ उन्होंने छह गुफाएँ देखीं। कई गुफाओं के सामने अग्निकुण्ड तप रहे थे। गति धीमी कर उन्होंने पीछे देखा। यवन अभी आधी टेकरी ही चढ़ पाया था।

धीरे-धीरे कृष्ण बीच की एक गुफा की ओर बढ़े। वही सबसे बड़ी थी। उन्होंने अन्दर झाँका। एक वृद्ध महात्मा अर्धनग्न अवस्था में सो रहे थे। उनके शरीर पर भस्म रमी थी। गुफा के एक कोने में बुझी हुई आग थी।

कृष्ण ने अपनी कमर से पीत वस्त्र उतारकर वृद्ध को ओढ़ा दिया और स्वयं गुफा के एक अँधेरे कोने में बैठ गए। उनकी आँखें बराबर गुफा के द्वार पर टिकी थीं। कुछ समय बाद कृष्ण की थकावट कुछ कम हुई। यदि यवन से लड़ना पड़ा तो वे तैयार थे। इतने में उन्हें यवन का थका हुआ श्वास सुनाई पड़ा। कृष्ण अब लड़ने के लिए प्रस्तुत थे।

कालयवन गुफा में घुसा। पीताम्बर ओढ़े सोए हुए व्यक्ति को उसने कृष्ण ही समझा। कालयवन ने कमर से कटार निकाली और सोए व्यक्ति को लात मारकर कटार उसकी बगल में घुसेड़ दी।

वृद्ध खड़े हुए। उनके एक हाथ से खून बह रहा था। पीली, घनी भवों से ढकी हुई उनकी आँखें क्रोध से आग उगल रही थीं। इतने वृद्ध होते हुए भी वे बाघ की तरह कालयवन पर टूट पड़े। उसके कटारीवाले हाथ को उन्होंने मरोड़ दिया और उसे बुझी हुई अंगार में पछाड़ दिया। यवन चीखने-चिल्लाने लगा।

शोर सुनकर अन्य चार वृद्ध भी दौड़कर आ गए। उनके हाथों में ताँबे की त्रिशूलें थीं। उन्होंने त्रिशूलें यवन की देह में घुसा दीं। यवन अपने ही रक्त में सना मूर्च्छित हो गया।

वृद्धों ने उसे उठाकर टेकरी से नीचे फेंक दिया।

कृष्ण बाहर आए और वृद्ध के पैरों पड़े। अपने पीताम्बर से एक पट्टी फाड़कर उन्होंने वृद्ध के घाव पर बाँधी।

"कौन हो तुम?" उन महात्मा ने पूछा, फिर स्वगत ही बोल पड़े, "हर हर महादेव!"

कृष्ण ने वृद्ध की पट्टी को सँभालते हुए कहा, "महात्मा, मैं कृष्ण वासुदेव हूँ।"

"कृष्ण वासुदेव!" स्मृति को टटोलते हुए वृद्ध बोले और फिर 'भद्र, भद्र' कहकर अपने एक शिष्य को बुलाया। शिष्य से उन्होंने पूछा, "वासुदेव, कृष्ण वासुदेव–क्या यह नाम हमने कहीं सुना था, भद्र?"

"गुरुदेव, दो वर्ष पहले जब हम प्रभास को गए थे, तब सुना था कि वे महान् योद्धा हैं। लोग कह रहे थे कि उन्होंने मृत्यु के देव यम पर विजय प्राप्त की और मगध के दुष्ट राजा को भी पराजित किया।"

"तुम वही कृष्ण वासुदेव अपने को बताते हो?" वृद्ध ने पूछा।

"हाँ महात्मन्! मैं वही हूँ। मैं कोई महान योद्धा नहीं। मैं मथुरा का यादव हूँ। शूरों के नायक वसुदेव का छोटा पुत्र। हाँ यह सच है कि मैंने नागलोक के राजा यम को हराया और मगध के जरासन्ध को भगा दिया।"

"यहाँ क्या कर रहे थे तुम?"

कृष्ण ने संक्षिप्त में अपनी कथा कही। उनकी कथा सुनने के बाद वृद्ध ने अपने शिष्यों को बुलाकर उनका उचित सत्कार करने को कहा।

दूसरे दिन उन्होंने कालयवन की मृत देह ढूँढ़ निकाली और विधिपूर्वक उसका दाह-संस्कार किया।

कृष्ण को इस तपस्वी की विचित्र रीति-भाँति देखकर कुछ कौतूहल हुआ। वे घण्टों तक चिलचिलाती धूप में भी जलती हुई अग्नि के पास बैठे रहते और 'हर हर महादेव' का जप करते। एक दिन कृष्ण से पूछे बिना न रहा गया, "गुरुदेव! आप यहाँ किसलिए रह रहे हैं, यह जिज्ञासा मुझे है?"

"वत्स! हम यहाँ कई वर्षों से रह रहे हैं, जब हम पहले-पहल इन गुफाओं में रहने आए तब शायद तुम्हारे पिता ने भी जन्म नहीं लिया होगा। ये मुचकन्द की गुफाओं के नाम से प्रख्यात हैं। सत्ययुग में देवाधिदेव इन्द्र के साथ युद्ध कर महान राजा मुचकन्द यहाँ विश्रान्ति के लिए आया था। अब लोग मुझे भी मुचकन्द कहते हैं।"

"परन्तु आपने ऐसा एकान्त स्थान क्यों पसन्द किया?"

"लोगों के जीवन की असारता, दुष्टता और विकृति को मैंने देखा है। किसी

समय मैं एक शक्तिशाली सरदार था, मेरे पत्नियाँ, पुत्र और मित्र थे। पर शान्ति की खोज में मैंने उनका परित्याग किया और अन्ततः यहीं आकर मुझे शान्ति मिली।''

''गुरुदेव, जीवन असार नहीं,'' कृष्ण ने आदर-भाव से कहा, ''जीवन को यदि धर्म से जिया जाए तो उसका स्वरूप खिल उठता है। तब जीवन जीने योग्य हो जाता है।''

महात्मा ने अपना सिर अस्वीकृति में हिलाते हुए कहा, ''जब तुम बड़े होओगे तब तुम्हें जीवन की असारता समझ में आएगी। तब तक मैं जीवित रहा तो तुम्हारा यहाँ स्वागत करूँगा। इस कंगाल जीवन को छोड़ देना ही सच्चा धर्म है।''

''गुरुदेव! क्षमा करें! पर मैं यह नहीं समझ पाता। जीवन से दूर रहना ही यदि वास्तविक धर्म है तो फिर ब्रह्मा ने यह जगत रचा ही क्यों?''

''तुम किस प्रकार का जीवन जीओगे, वत्स?''

''मैं धर्ममय जीवन जीने में विश्वास करता हूँ। इसी से जीवन जीने योग्य बनता है।''

महात्मा के मुख पर एक म्लान हँसी छा गई। ''तुम्हें संसार का अनुभव नहीं, वत्स! तुमने उसकी दुष्टता नहीं देखी। यदि तुम शान्ति चाहते हो तो इस संसार का त्याग कर दो।''

''गुरुदेव, मैंने संसार का त्याग किए बिना ही शान्ति प्राप्त की है।''

''यह कैसे सम्भव है?''

''परिणाम की चिन्ता किए बिना यदि सत्य के मार्ग पर चलें तो शान्ति प्राप्त होकर ही रहेगी।''

''अद्भुत, वत्स! अद्भुत! जीवन जीकर तुमने जीवन प्राप्त किया! यह विचित्र है।''

''और मैं इसी को सिद्ध करने के लिए चेष्टा कर रहा हूँ, गुरुदेव!''

कृष्ण अब कुशस्थली जाने के लिए आतुर हो रहे थे। परन्तु महात्मा के शिष्य उन्हें जाने नहीं दे रहे थे। इन शिष्यों ने मैदानों में कालयवन की तलाश में भटकते हुए यवन के दलों को देखा था। कृष्ण का इस समय सौराष्ट्र जाना निष्कंटक न था।

इन दिनों कृष्ण इन महात्माओं के आचारों का पालन करते थे। उनके जीवन-दर्शन से असहमत होते हुए भी वे वहाँ शिष्यवत ही रहे। अंग पर भभूत लगाते और प्रतिदिन महादेव का ध्यान धरने बैठते।

कुछ सप्ताह बाद महात्मा और उनके शिष्य प्रभास की यात्रा पर निकले। तब कृष्ण भी उनके साथ थे। प्रभास पहुँचकर हिरण्य नदी जहाँ सागर में मिलती है,

वहाँ कृष्ण नहाए और भगवान सोमनाथ की पूजा की। इस बीच उन्होंने सुना कि कुछ दिन पूर्व यादव सेना जहाजों में बैठकर किसी दूर देश में युद्ध के निमित्त गई है। कुशस्थली पहुँचने के बाद इतने कम अवकाश में यादव कहाँ गए होंगे, इसका अनुमान कृष्ण न लगा सके। उन्होंने मुचकन्द ऋषि की भस्म ली और द्वारका के नाम से परिचित कुशस्थली की ओर चल पड़े।

इस सुदूर भूमि में यादव बस गए, यह देखकर कृष्ण की आँखें शीतल हो गईं। द्वारका के किनारे पर उन्होंने सैकड़ों नई झोंपड़ियाँ बँधी देखीं। उन्होंने कई गायों को भी पहचान लिया। पशु मैदानों में मुक्त रूप से चर रहे थे। बहुत से खेतों में खेती भी होने लगी थी।

कृष्ण जब बस्ती में गए तो वहाँ पर व्याप्त शून्य ने उन्हें आश्चर्य में डाल दिया। उनसे जो भी मिले वे अधिकांशतः मध्य वय पार कर चुके थे या अति वृद्ध थे। स्त्रियों की आँखों में आँसू और चेहरे चिन्तायुक्त थे। सबने काले वस्त्र पहन रखे थे और अलंकार उतार दिए थे। ऐसा तो तभी होता जबकि यादव शोक मना रहे हों।

कृष्ण की समझ में न आया कि इस शोक का पालन किसलिए किया जा रहा है। उन्होंने नगर में प्रवेश किया और वहाँ जा पहुँचे जहाँ प्राचीन महल खड़े थे। एक घर के आगे वे खड़े रहे। कुछ देर बाद उसमें रहनेवाले दिखाई पड़े। वे किसी मन्दिर से आते जान पड़ रहे थे। उन्होंने भी शोक की पोशाक पहन रखी थी।

उनमें एक वृद्धा थी। साथ में उसकी पुत्री और पुत्रवधू थी। कृष्ण उन्हें देखते ही पहचान गए। वह मथुरा के दुर्गपाल शंकु की पत्नी थी। कई बार उन्होंने दुर्गपाल के यहाँ भोजन किया था और इसी वृद्धा ने उन्हें परोसा था।

''माँ! शूरों के नायक वसुदेव का घर कहाँ है?''

वृद्धा की आँखों की रोशनी मद्धिम हो गई थी। उसने कुछ देर तक कृष्ण के मुख की ओर गौर से देखा, फिर बोली, ''तपस्वी! इस रास्ते से सीधे जाकर दाएँ मुड़ जाना। वहाँ एक बड़ा घर है। उसी में शूरों के श्रेष्ठ वसुदेव रहते हैं। पर उनके यहाँ से भिक्षा मत माँगना। वे शोक में हैं। भिक्षा चाहिए तो मेरे यहाँ से ले जाओ!'' यह कहकर वृद्धा ने अपनी पुत्री को भिक्षा के लिए कुछ लाने को कहा।

''क्यों, क्या हुआ? उनके कुटुम्ब में क्या किसी की मृत्यु हो गई?''

वृद्धा स्त्री सीढ़ियों में बैठ गई। सिर पकड़े कुछ देर बैठी रही। फिर बोली, ''प्रत्येक घर में शोक है, वत्स!'' उसका कण्ठ अब रुँध गया था।

''क्यों? सभी युवक कहाँ चले गए? क्या सभी युद्ध में...'' इस सार्वत्रिक शोक का अर्थ कृष्ण न समझ सके।

''नहीं, युवक तो सब विदर्भ गए हैं, राजकुमारी रुक्मिणी को बचाने। हमारे

प्रिय गोविन्द की वह मनवांछित वाग्दत्ता थी। गोविन्द हमें छोड़कर चले गए। हमारे हृदय फटे जा रहे हैं,'' वृद्धा ने सिसकियाँ भरते हुए कहा, ''पिछले दो मास से हम रो रहे हैं। अब तो आँखों के कुएँ भी रीते हो रहे हैं।''

कृष्ण अपनी मृत्यु के लिए दुखी इस बुढ़िया के रुदन से द्रवित हो गए।

कृष्ण ने पूछा, ''उन्हें क्या हुआ?''

''वे अद्‍भुत थे। हमारे गोविन्द! हमारे तारनहार। हमारे भगवान! मथुरा से वे हमें इस अद्‍भुत भूमि में ले आए और हमें बचाने के लिए स्वयं दुष्ट दैत्य के भोग बन गए।''

वृद्धा रो पड़ी। एक स्त्री भीतर से भिक्षा लेकर आई। कृष्ण ने अपने भिक्षापात्र में उसे स्वीकार किया।

''माँ, आप लोग किसी मन्दिर से लौटी हैं?''

''हाँ, हमने गोविन्द की पूजा के लिए मन्दिर बनाया है।''

सुनकर कृष्ण गद्‍गद हो उठे। उन्होंने वृद्धा से विदा ली। यादवों की उदासी का कारण अब उनकी समझ में आया। उनका अपने प्रति इतना प्रेम देखकर उनके नयन सजल हो उठे। युवा यादव बलराम और उद्धव को भेजे गए कृष्ण के सन्देश का पालन करने गए थे।

उन्हें भी जाना चाहिए। रुक्मिणी को बचाना ही होगा। कृष्ण तेजी से वसुदेव के महल की ओर बढ़े। कई वृद्ध अनुचरों का आना-जाना देखकर लगता था कि पिता वसुदेव किसी महत्त्व के काम में व्यस्त थे।

माँ क्या कर रही होंगी? घर के एक भाग में मन्दिर था। लोगों के छोटे-मोटे दल दर्शन के लिए आ-जा रहे थे। एक स्त्री बाहर निकली। उसके साथ दो-तीन दासियाँ थीं। कृष्ण उसे पहचान गए। वह कंसा मौसी थी। किसी समय वह कृष्ण की मृत्यु की कामना करती थी। अपने पुत्र बृहद्‍बाल के प्रेम में ही उसका सारा संसार सिमट गया था।

बृहद् कहाँ होगा, यह प्रश्न भी कृष्ण के मस्तिष्क में कौंध गया। वह बलराम के साथ गया होगा या पीछे रह गया?

कृष्ण ने आगे बढ़कर उनमें से एक स्त्री से पूछा, ''क्या मैं मन्दिर में जाकर दर्शन कर सकता हूँ?''

स्त्री ने उनके मुख की ओर देखा, फिर कहा, ''जा, दर्शन हो जाएगा, पूजा तो समाप्त हो गई।''

कृष्ण ने हाथ ऊँचा कर आशिष दिया और आगे बढ़ गए। इस स्त्री ने अपने साथ की स्त्री से पूछा, ''इस तपस्वी का चेहरा कुछ परिचित-सा लगता है–है न?''

''ऐसे तो कई साधु आते हैं और चले जाते हैं,'' दूसरी ने तिरस्कार से कहा।

कृष्ण भीतर गए और दूसरे लोगों के वहाँ से हटने की प्रतीक्षा करने लगे। वे माँ देवकी से मिलने को अधीर थे। उन्होंने देखा कि खण्ड में छोटे से पट्ट पर एक आसन था। उसमें मोरपंख के साथ उनका मुकुट और उनके अलंकार थे। सामने सुदर्शन चक्र और पाञ्चजन्य शंख रखे थे। उनका धनुष सारंग और गदा कौमोदकी भी वहीं थे। यह गोविन्द का ही मन्दिर था।

अधिकांश लोग चले गए थे। मात्र माँ, अक्रूर काका और त्रिवक्रा अभी आँखें मूँदे कुछ बोल रहे थे। नजदीक जाने पर उन्हें सुनाई पड़ा :

हे कृष्ण गोविन्द हरे मुरारी!
हे नाथ नारायण वासुदेवा!

ये लोग तब तक इस मन्त्र का उच्चार करते रहे जब तक कि माँ मूर्छित होकर गिर न पड़ीं। कृष्ण अब स्वयं को नियन्त्रित न रख सके। उन्होंने पुकारकर कहा, ''माँ! मैं आया हूँ।''

तीनों ने आँखें खोलकर विस्मय से कृष्ण को देखा। त्रिवक्रा के हाथ से पूजा का थाल गिर गया। वह दौड़ी। भस्म लगे रहने पर भी उसने कृष्ण को पहचान लिया। वह उनके चरणों में गिर पड़ी और पुकार उठी, ''कृष्ण! कृष्ण!''

कृष्ण उसे उठाएँ इससे पहले ही देवकी और अक्रूर उनकी ओर दौड़ पड़े। देवकी वृद्ध और दुर्बल हो गई थीं। उनकी आँखें रो-रोकर फूल गई थीं। आश्चर्यचकित हो वह कृष्ण का मुँह निहारती रहीं।

''माँ!'' कहकर कृष्ण आगे बढ़े।

''गोविन्द!'' माँ ने कहा, और कृष्ण के पैरों के पास निढाल होकर वह गिर पड़ीं।

कृष्ण ने हाथ का भिक्षापात्र दूर फेंक दिया और माँ को उठाकर भीतर कक्ष में ले गए।

अविभक्त आत्मा

हृदय विदीर्ण करनेवाले समाचार थे। सम्राट् जरासन्ध मथुरा पर शीघ्र आक्रमण करनेवाले थे। उन्होंने मथुरा को भस्मीभूत करने की प्रतिज्ञा ली थी। यह सुनते ही राजकुमारी रुक्मिणी मूर्च्छित हो गई। जरासन्ध ने अपने साथियों से स्पष्ट कह दिया था कि इस अभियान में उसे किसी की सहायता नहीं चाहिए। रुक्मी ने उसमें साथ देने की तत्परता दिखाई, पर जरासन्ध ने उसे भी साफ ना कहला दिया।

अब बाजी पलट गई थी। जरासन्ध ने अकेले ही जाने का निर्णय किया था।

वह अपने शत्रु को क्रूर से क्रूर सजा देना चाहता था। इसके बाद जब यह समाचार फैला कि दुष्ट कालयवन भी, जिसकी क्रूरता की कथाएँ जगविख्यात थीं, जरासन्ध का इस अभियान में साथी है तो यादवों के बचने की किसी को कोई आशा न रही।

रुक्मिणी ने दादा के आगे अपना हृदय खोला। वृद्ध कौशिक को आशा की कोई किरन दिखाई न पड़ती थी। रुक्मिणी दिन-रात घायल हिरणी की तरह तड़पने लगी। उसे सदा गोविन्द की याद आती। गोविन्द पर छाए विपत्ति के बादल उसे भयभीत किए थे।

कार्तिक मास में आचार्य श्वेतकेतु के शिष्य अप्नव और जह्नु कुण्डिनपुर वापस आए। अवन्ती में गुरु सान्दीपनि के आश्रम में रह रहे आचार्य ने रुक्मिणी और उसके दादा को सन्देश भेजा था। कृष्ण यादवों को सुदूर सौराष्ट्र की ओर ले जा रहे थे। महीनों बाद रुक्मिणी के होंठों पर स्मित की रेखा दिखाई पड़ी। उसके हृदय में आशा का संचार हुआ।

परन्तु साथ ही उसकी चिन्ता में भी वृद्धि हुई। रेगिस्तान में यादवों की क्या गति हुई होगी? गोविन्द का क्या होगा? मार्ग में कुछ हो गया तो?

कार्तिक बीता। मार्गशीर्ष आया। पर न जरासन्ध का कोई समाचार आया, न यादवों का। रुक्मिणी को अनुभव हुआ कि वह जीवन और मृत्यु के बीच झूल रही है। आशा और निराशा के दौर आते रहे। अब सुव्रता का साथ भी न रहा था। सुव्रता तब तक रुक्मिणी का साथ देती रही जब तक उसे सौत आने का डर था, पर अब रुक्मी के जरासन्ध की पौत्री के साथ विवाह करने की सम्भावना बहुत कम रह गई थी। उसने पति को रिझाने के लिए रुक्मिणी से सम्बन्ध तोड़ लिया।

रुक्मिणी को अपने दादा से भी कोई आश्वासन न मिला। वे इन घटनाओं से अत्यन्त व्यथित हुए। कृष्ण में उनकी श्रद्धा भी जाती रही। कृष्ण रुक्मिणी को बचा सकेंगे, इसकी आशा भी अब उन्हें न रही।

बीस वर्ष की यह राजकन्या विचित्र उलझन में पड़ गई। वह अकेली पड़ गई। राजमहल के सारे शोरगुल के बीच उसकी एकान्तिकता उसके अन्तर को कचोट रही थी। उस पर तब दुख का पहाड़ ही टूट पड़ा जब सम्राट् जरासन्ध ने उसके पिता भीष्मक को कठोर आज्ञापत्र के समान एक सन्देश भेजा। वैशाख सुद तीज–अक्षय तृतीय–को रुक्मिणी का स्वयंवर होगा। निमन्त्रण उन्हीं को भेजना होगा जिनकी स्वीकृति जरासन्ध दे। जरासन्ध स्वयं कुण्डिनपुर होकर मगध लौटनेवाला था और रुक्मिणी-शिशुपाल के विवाह में उपस्थित रहना चाहता था।

ऐसा ही एक सन्देश चेदिराज दामघोष को भेजा गया है, यह समाचार दूत ने राजा भीष्मक को दिया। यह आज्ञा ही थी। राजा भीष्मक अथवा राजा दामघोष को स्वयं निर्णय करने का कोई अधिकार नहीं दिया गया था।

रुक्मिणी ने इतने जोर से होंठ काटा कि उससे रक्त बहने लगा। उसने स्वस्थ होने का प्रयत्न किया। उसका भावी अन्धकारमय था। यादवों का कोई समाचार न था। कृष्ण आकर उसे बचा लेगा, ऐसी कोई सम्भावना न थी। मृत्यु ही एकमात्र मार्ग रह गया था। फिर भी हृदय के किसी कोने में आशा का अखण्ड दीप जल रहा था। कृष्ण चमत्कार कर सकते हैं। लोग कहते हैं कि वे भगवान हैं और रुक्मिणी को इसमें विश्वास था। अन्तिम क्षण तक भी आकर कृष्ण उसे उबार लेंगे। पर बुद्धि उससे कह रही थी, 'मूर्ख! यह कपोल-कल्पना है। यादवों का क्या हुआ, कोई नहीं जानता और सौराष्ट्र यहाँ से बहुत दूर है।'

उसने रही-सही हिम्मत एकत्र कर कृष्ण के लिए एक सन्देश जह्नु के साथ आचार्य श्वेतकेतु को भिजवाया :

वासुदेव! यदुश्रेष्ठ!
भीष्मक-पुत्री रुक्मिणी का!
चरणों में प्रणाम स्वीकारो!
सात-सात बीते बसन्त
उस शुभ दिन, शुभ घड़ी को,
जब प्रथम दर्शन कर, मैं हुई थी धन्य,
तब से ही व्याकुल,
जनम-जनम की दासी यह तेरी,
दिन-रात, सोते-बैठते, जागते-उठते,
बस एक ही रट लगी है मन में मेरे
तुम्हारे मिलन की।
दैत्य का आदेश मिला,
अक्षय तिथि को रचो स्वयंवर,
पर मेरे तो तुम ही हो नाथ
और कोई नहीं वर!
आओ, हे चक्रधारी! हे गरुड़ध्वज!
आओ, हे गिरधर गोपाल!
शरणागत की लाज रखो, मुरारी!
प्राण-प्रण से, मन-वचन-धर्म से
मैं मात्र हूँ तिहारी!

जीवित बचूँ, तो ले जाओ हाथ पकड़कर
यदि मर जाऊँ
तो ले जाओ भस्म को ही कृतार्थ कर
जहाँ-जहाँ चरण पड़ें तुम्हारे
वहीं उसे बिखेर देना!
तुम्हारे बिना तो अब नहीं हो सकता जीना।

प्रीत का यह सन्देश लेकर जह्नु का रथ अवन्ती की ओर बढ़ा। फिर भी रुक्मिणी का हृदय भयविह्वल था। उसे क्या करना चाहिए, उसकी समझ में न आ रहा था। संत्रस्त हो वह सहायता के लिए शैव्या की ओर अभिमुख हुई। अप्नव को करवीरपुर भेजकर उसने शैव्या को यह सन्देश भेजा :

शैव्या! प्यारी बहन!
भीष्मक पुत्री रुक्मिणी के
इन शब्दों पर करना मनन!
चारों ओर अन्धकार ही अन्धकार व्याप्त मेरे
क्षीण किरन का भी नहीं होता कहीं आभास!
अकेली हूँ, असहाय हूँ,
सहारा देने को कोई नहीं बढ़ता है हाथ आज,
अपनी इस अनाश्रित भगिनी की तू ही रख लाज!
आ, शीघ्रातिशीघ्र आ!
सौगन्ध है तुझे उस और मुकुट बंसीवाले की,
जिसकी मोहिनी से हम दोनों ही हैं आत्मविस्मृत
जिसकी मधुर स्मृति से दोनों के हृदय झंकृत।

अप्नव वन और पर्वतों के दुर्गम पथ लाँघता हुआ करवीरपुर की ओर इस सन्देश को लिये धीरे-धीरे बढ़ रहा था।

किन्तु जो आघात अब हुआ वह अत्यन्त क्रूर और भयानक था। श्वेतकेतु ने सन्देश भेजा :

भोजकुलोत्पन्न भीष्मकसुता रुक्मिणी!
सान्दीपनि के शिष्य श्वेतकेतु के आशिष स्वीकार करो!
त्रिभुवन आज कम्पायमान, धर्म की हानि हुई,

सूर्य और चन्द्र अब व्यर्थ ही उगते हैं आकाश में;
वासुदेव पुरुषोत्तम मारे गए धर्मयुद्ध में,
राहु बन कालयवन सूर्य को ही ग्रस गया।
कृष्ण-कृष्ण कह व्यर्थ किया आक्रन्दन,
व्यर्थ ही प्रतीक्षा है अब उनके आगमन की,
पितृलोक गए कृष्ण, बुझ गया दिव्य दीप
ज्योति ही न रही अब इस जीवन की।
फिर भी धैर्य धरो देवि,
अक्षय तिथि आएगी,
हम मिलेंगे,
और जो भी आज्ञा होगी तुम्हारी
शिरोधार्य करूँगा
वासुदेव का जीवन्त अर्द्धांश
समझकर तुम्हें!

रुक्मिणी के मानो प्राण निकल गए। अब जीने का कोई अर्थ न था। किसके पास सलाह लेने जाए, क्या करे, कुछ समझ में न आता। निराशा की प्रतिमूर्ति बनी जड़ित अश्रुविन्दु के समान वह स्तब्ध हो गई, कहीं भी कोई आशा या आश्वासन नहीं!

क्षण-क्षण, दिन-दिन माघ महीना बीता जा रहा था।

फाल्गुन के प्रारम्भ में उसे दो सन्देश मिले। पहला शैव्या का। वह करवीरपुर के राजगुरु रुद्राचार्य के साथ आ रही थी। दूसरा सन्देश जह्नु आचार्य श्वेतकेतु से लाया। यह सन्देश कृष्ण के बड़े भैया बलराम ने भेजा था :

विदर्भ सुन्दरीश्रेष्ठ, भीष्मक-पुत्री रुक्मिणी!
वसुदेव आत्मज बलराम तुम्हें आशिष देता है।
सन्देश मिला तुम्हारा, पर अब गोविन्द कहाँ!
प्राणों का सम्बल, जीवन की ज्योति, प्रीत का आधार कहाँ!
कृष्ण के अन्तिम शब्द तुम्हारे ही विषय में थे,
तुम्हारी रक्षा का उनमें आदेश था,
तुम यदु-कुल की लक्ष्मी हो,
तुम्हारा स्थान हमारे ही बीच है देवि!
तुम्हें सादर ले जाने को,
यादव प्लवन सहित आएँगे!

यह सन्देश सुनकर रुक्मिणी की आँखें अश्रुओं से छलक उठीं। उसके गोविन्द अन्तिम क्षण तक उसी का विचार करते रहे! यादवों के शक्तिशाली रथों से यह धरती गूँजेगी। बलराम आएँगे। उद्धव और श्वेतकेतु आएँगे। वह यादवों की कुल-अधिष्ठातृ बनकर सौराष्ट्र जाएगी।

पर यह उत्तेजना क्षण-भर की थी। कठोर वास्तविकता फिर सामने आ खड़ी हुई और वेदना के सहस्रों शूल फिर छेदने लगे। गोविन्द अब इस संसार में न रहे। बलराम के साथ जाने से कदाचित् इस स्वयंवर से बचा जा सकेगा, पर वह अपने स्वामी की अर्द्धांगिनी होकर नहीं, बल्कि उनकी आज्ञा की अनुगामिनी होकर ही सौराष्ट्र में रह सकेगी।

यादव शक्तिशाली लोग हैं। कुछ समय बाद वे गोविन्द को भूल जाएँगे और वह पति के साथ एक रात भी न बिता सकनेवाली शूर-कुटुम्ब की असहाय विधवा बन जाएगी। रुक्मिणी की अशान्त आत्मा पुकार उठी, 'नहीं, ऐसा नहीं हो सकता। बलराम और यादव उदार हैं, पर गोविन्द के बिना उनके बीच तेरा कोई स्थान नहीं।'

साथ ही भोज-परिवार में भी उसका कोई स्थान न था। देर-सवेर उसका भाई रुक्मी कुण्डिनपुर का राजा बनेगा। वह कभी भी उसकी आश्रित बनकर जीना पसन्द नहीं करेगी। उसके गोविन्द को दिया हुआ उसका दाहिना हाथ कभी दूसरे पुरुष को नहीं दिया जा सकेगा।

वह कृष्ण की वाग्दत्ता थी। उसका स्थान जीवन में अथवा मृत्यु के बाद कृष्ण के ही साथ था। कृष्ण न हों तो इस संसार में जीने का कोई अर्थ नहीं! उसने निर्णय कर लिया। गोविन्द परलोक में उसकी प्रतीक्षा कर रहे थे। मात्र उसी की।

कृष्ण के चरणों में कितनी ही कन्याओं ने जीवन अर्पण किया था। राधा, विशाखा, आशिका, शैव्या—इन सबमें उसे ही कृष्ण ने पसन्द किया।

वह पार्थिव थी, पर कृष्ण-स्पर्श ने उसे मानवी से देवी बना दिया। कृष्ण और उसकी आत्मा अविभक्त थी, उसे अविभक्त ही रहना चाहिए। जीवन में और मृत्यु में भी!

नाथ का आगमन और रुक्मिणी का उद्धार

कुछ दिनों में शैव्या कुण्डिनपुर आ पहुँची। उसके साथ रुद्राचार्य भी आए। शुक्रदेव को भी स्वयंवर का निमन्त्रण मिला था, पर वह कुछ दिन बाद आनेवाला

था। शैव्या और रुद्राचार्य दादा कौशिक के अतिथि बने।

रुक्मिणी शैव्या से गले मिली। शैव्या को सारा दुखड़ा कहा। जब शैव्या ने कृष्ण की मृत्यु का समाचार सुना तो उसका कलेजा फट पड़ा। दोनों युवतियों की अश्रुधारा में जीवन से भी अधिक मूल्यवान एक महामानव की स्मृति ज्योतिमान थी।

शैव्या के आने से रुक्मिणी को कुछ सहारा मिला। अपनी असहाय अवस्था की बात कर उसका कलेजा कुछ हलका हुआ। बलराम ने रुक्मिणी को छुड़ाने के लिए जो निश्चय किया था, उसकी जानकारी शैव्या को पहले ही हो गई थी।

उद्धव ने करवीरपुर आकर सारी योजना पर प्रकाश डाला था। इस योजना को कार्यान्वित करने के लिए पुनर्दत्त करवीरपुर की सेना लेकर बलराम के पास पहुँच गए थे।

यादवों और करवीरपुर की सेनाओं ने तापी नदी की घाटी में कुण्डिनपुर और सूर्यतीर्थ के राजमार्ग पर कई व्यूहात्मक स्थानों पर अधिकार कर लिया था। शैव्या ने रुक्मिणी को बताया कि उसे द्वारका ले जाने के लिए, वहाँ जहाज तैयार खड़े होंगे।

रुक्मिणी ने अपने निराधार होने की बात शैव्या से कही और कहा कि शूर-कुटुम्ब की असहाय विधवा होने की अपेक्षा वह मृत्यु को अधिक पसन्द करेगी। कृष्ण आकर उसे अपहरण कर ले जाएँ यह बात अलग थी। क्षत्रियों में ऐसे विवाह हुए थे और उन्हें स्वीकारा भी गया था। पर वर की मृत्यु के बाद उसके सम्बन्धी वाग्दत्ता को ले जाएँ यह तो राजकुमारी के लिए अक्षम्य दोष गिना जाएगा।

शैव्या भी इससे सहमत थी। उसे यह भी सच लगा कि कृष्ण के बलिदान के लिए बलराम और यादवों के हृदय में चाहे जितना आदर-भाव क्यों न हो, मृत वीर की अविवाहित विधवा के रूप में उसका स्थान यादवों में कठिन हो जाएगा।

अन्त में रुक्मिणी और शैव्या एक ही निश्चय पर पहुँचीं। अन्तिम क्षण आने पर अपने इच्छित वर को यमभूमि में वरण करने के लिए रुक्मिणी को तैयार रहना चाहिए। शैव्या का समर्थन पाकर रुक्मिणी अपने जीवन के इस अन्तिम कार्य की धैर्यपूर्वक प्रतीक्षा करने लगी।

चैत्र आया। चैत्र के दिन एक के बाद एक बीतने लगे। रुक्मी का प्रभाव अब चारों तरफ बढ़ने लगा था। उसने उत्साहपूर्वक स्वयंवर की तैयारियाँ शुरू कीं। उसका जीवन-शत्रु कृष्ण मृत्यु को प्राप्त हो चुका था। मथुरा भस्मीभूत

हो गया था। यादव सुदूर सौराष्ट्र में जा बसे थे। उनका चमत्कारी नायक अब उनके बीच में न था। यह जानकर कि रुक्मिणी ने अन्ततः अपनी भावी को स्वीकार कर लिया है, उसका मन निश्चिन्त हुआ। रुक्मिणी ने अब प्रतिकार करना छोड़ दिया था। उलटे वह अब स्वयंवर के दिन के लिए अधीर हो रही थी।

कुण्डिनपुर तापी और पूर्णा नदी की सँकरी त्रिकोणाकार मुखभूमि में बसा था। संगम नगर से डेढ़ मील दूर था। तापी और पूर्णा दोनों नदियों के घाटों को राज अतिथियों के स्वागत के लिए सज्जित किया गया था।

अक्षय तृतीया को अभी तीन दिन बाकी थे कि चेदिराज दामघोष और उनका पुत्र शिशुपाल आ पहुँचे। चेदिराज की श्रद्धा डगमगा गई थी। मथुरा भस्मीभूत हुआ और कृष्ण मृत्यु को प्राप्त हुए, इसलिए सत्ता का सन्तुलन बनाए रखने का प्रयत्न करने की कोई सम्भावना अब न रह गई थी।

पिता हताश थे। इसका लाभ उठाकर शिशुपाल ने चेदि में अपनी सत्ता बढ़ा ली थी। धीरे-धीरे उसने राज्य की सर्वोच्च सत्ता अपने हाथ में ले ली। अब उसका रास्ता सरल था। उसका विवाह रुक्मिणी से होगा, रुक्मी सम्राट् की पौत्री से परिणय करेगा और दोनों मगध के मुख्य सामन्त बनेंगे। रुक्मी को पछाड़कर वह वर्चस्व बढ़ा सकेगा, इसका उसे विश्वास था।

अवन्ती के दो राजकुमारों में से विन्द एक छोटे दल के साथ आया। उसके पिता के अस्वस्थ होने के कारण अनुविन्द न आ सका, यही उसने सबको बताया। वास्तव में अनुविन्द अवन्ती की छोटी-सी सेना लेकर बलराम से जा मिला था।

आचार्य श्वेतकेतु भी विन्द के साथ आए और शैव्या द्वारा रुक्मिणी से मिले। बलराम भी श्वेतकेतु के सम्पर्क में थे। इस प्रकार समस्त परिस्थितियों की बागडोर श्वेतकेतु ने अपने हाथ में ले ली।

शैव्या और रुक्मिणी ने श्वेतकेतु को अपने विश्वास में लिया। श्वेतकेतु ने उनके निश्चय का समर्थन किया, पर बलराम की प्रार्थना को स्वीकार करने की सम्भावना पर भी विचार किया।

विवाहोत्सव की तैयारियाँ आरम्भ हो गईं। वैशाख की प्रथमा से ही भोजसमारम्भ, गीत, संगीत, नृत्य इत्यादि के कार्यक्रमों में यजमान और अतिथि व्यस्त रहने लगे। जरासन्ध इस सारे राजवृन्द का केन्द्र था। अधिकांश राजा उसके आसपास चक्कर काटते रहते। इस समय जरासन्ध भुवन का स्वामी लगता था।

द्वितीया को ब्राह्मणों ने स्वयंवर मण्डप की धार्मिक विधि से रचना की।

ज्योतिषियों ने स्वयंवर का समय मध्याह्न का निश्चित किया। उस समय उपस्थित राजकुमारों के बीच शिशुपाल पूर्वनिश्चित लक्ष्य को तीर से भेदनेवाला था और रुक्मिणी को उसे वरमाला पहनानी थी।

विवाह से सम्बन्धित प्रथम विधि अक्षय तृतीया की सुबह होनेवाली थी। नगर से डेढ़ योजन दूर पूर्णा और तापी के संगम पर अन्नपूर्णा देवी का मन्दिर था। तह भोजकुल की कुलदेवी मानी जाती थी।

स्वयंवर के मण्डप में जाने से पहले योग्य मुहूर्त में वधू का कुलदेवी के दर्शन करने जाने का प्रचलन दीर्घकाल से चला आ रहा था। माता के दर्शन के बाद विवाह हो तो उसे दीर्घ और सुखी दाम्पत्य जीवन प्राप्त हो।

स्वयंवर के दिन तड़के उद्धव और सात्यकि एक छोटी-सी नौका लेकर पूर्णा और तापी के संगम पर आए। नौका को पेड़ से बाँधकर वे अन्नपूर्णा के मन्दिर के पीछे आम्रकुंज में छिप गए।

उसी समय अप्नव और जह्नु मन्दिर से थोड़ी दूर तापी के किनारे स्थित श्मशान में चन्दनकाष्ठ की चिता तैयार कर रहे थे। वे अपने साथ घी भी लाए थे।

उसी समय जिस खण्ड में कन्या सो रही थी, उसके नीचे शहनाई बजने लगी। पर कन्या पहले से ही जाग रही थी।

रानी सुव्रता और अन्य स्त्रियों ने कन्या को विधिपूर्वक स्नान कराया। उसके अंगों पर सुगन्धित द्रव्यों का लेप किया। ब्राह्मण मन्त्रोच्चार कर रहे थे।

कन्या ने बहुमूल्य वस्त्र धारण किए। विवाह के गीत गाती स्त्रियों ने उसे आभूषण पहनाए। उसके वस्त्रों पर पुष्पों की पटल ओढ़ाई गई। अन्नपूर्णा के दर्शन के बाद पति का वरण करने तक उसे यह फूलों की झूल ओढ़े रहना था।

रुक्मिणी के उत्साह का पार नहीं था। अपने इच्छित वर का वरण करने की घड़ी निकट आ रही थी। अब तक शिशुपाल से विवाह का विरोध करनेवाली रुक्मिणी में इतना उत्साह कहाँ से आ गया, यह सुव्रता और अन्य स्त्रियों की समझ में न आ रहा था।

मंगल-बेला आ पहुँची। ब्राह्मणों ने मन्त्रोच्चार किया। कन्या रथ में बैठी। सुव्रता और अन्य दो राजकुमारियाँ भी उसके साथ रथ में बैठीं। पीछे अन्य आठ रथों में दूसरे राज्यों की रानियाँ और राजकुमारियाँ आ रही थीं। उनके पीछे घुड़सवार और पैदल अंगरक्षक थे।

रुक्मिणी हर्ष से बौरा रही थी। मन-ही-मन सुव्रता रुक्मिणी के इस उत्साह को शाप दे रही थी। रुक्मिणी के शिशुपाल का वरण करने से उसका भविष्य

अन्धकारमय हो जाएगा। रुक्मी तुरन्त उस पर सौत लाने का प्रयत्न करेगा।

अन्नपूर्णा देवी के मन्दिर के सामने यह जुलूस रुका। कन्या के लिए फूलों की बिछावन की गई थी। उस पर पैर रखकर रुक्मिणी नीचे उतरी। राजगुरु, रुद्राचार्य और श्वेतकेतु उसके स्वागत के लिए खड़े थे।

अन्नपूर्णा के गर्भ मन्दिर में लगभग अँधेरा था। मात्र दो घी के दीये देवी की मूर्ति पर प्रकाश डाल रहे थे। कन्या ने देवी को प्रणाम किया। आचार्यों ने मन्त्रोच्चार किया।

इस प्राथमिक विधि के बाद वे रुक्मिणी को परिक्रमा-पथ में ले गए। राजगुरु आगे थे, रुद्राचार्य और श्वेतकेतु पीछे।

परिक्रमा-पथ सँकरा और अन्धकारमय था। आम्रवन की ओर खुलते सँकरे द्वारों से थोड़ा-सा उजाला आ रहा था। एक द्वार से रुक्मिणी बाहर निकल गई। उसी के समान वस्त्र पहने और उसी की तरह फूलों की झालर ओढ़े शैव्या परिक्रमा-पथ में प्रवेश कर गई। रुक्मिणी ने फूलों की झालर हटा दी और श्वेतकेतु के पीछे-पीछे चली।

परिक्रमा के बाद अन्य विधियाँ प्रारम्भ हुईं। फूलों की झालर ओढ़े कन्या मूक भक्ति-भाव से देवी को प्रणाम कर रही थी।

श्वेतकेतु और रुक्मिणी आम्रवन से बाहर आए। उद्धव और सात्यकि वृक्षों के पीछे से निकल आए और नौका की दिशा में चलने के लिए रुक्मिणी को संकेत किया।

''उद्धव, खड़े रहो!'' रुक्मिणी ने कहा। उसके स्वर में आज्ञा की झंकार थी, ''मैं तुम्हारे साथ नहीं चलूँगी। वासुदेव की पत्नी केवल अपने नाथ की है। आचार्य, मुझे चिता की ओर ले चलिए!'' रुक्मिणी ने श्वेतकेतु से कहा।

''देवि...'' उद्धव ने विरोध किया।

''मेरे लिए एक ही मार्ग है,'' रुक्मिणी ने कहा। उसकी आँखें किसी अनोखे तेज से चमक रही थीं, ''मुझे अपने नाथ से मिलना है। इच्छित वर का वरण करना है। तुम उनके छोटे भाई हो। देवर के रूप में अग्निदाह देने का अधिकार तुम्हारा है। अपने हाथ से मुझे अग्निदाह दो और मेरा मार्ग प्रशस्त करो।''

रुक्मिणी ने गौरव के साथ श्वेतकेतु का अनुसरण किया। उसके तेज के आगे उद्धव का विरोध निष्प्रभ हो गया। उसने मार्ग दे दिया और पीछे-पीछे चलने लगा। कोई कुछ बोल नहीं रहा था। शैव्या को कोई पहचान ले और उसका पीछा करे, इससे पहले ही उसका अग्नि-प्रवेश करना आवश्यक था।

इन लोगों को आते देखकर अप्नव और जह्नु ने चिता प्रदीप्त की। उसमें घी डाला। ज्वालाएँ प्रज्ज्वलित हो उठीं। रुक्मिणी चिता के आगे हाथ जोड़कर

खड़ी हो गई और परलोक में उससे मिलने के लिए श्रीकृष्ण से प्रार्थना करने लगी।

इतने में पीछे से घोड़े की टाप सुनाई पड़ी। कोई रोके, इससे पहले ही अग्नि-प्रवेश करने के लिए रुक्मिणी ने पैर आगे बढ़ाए।

उद्धव और श्वेतकेतु को लगा कि अन्तिम घड़ी में योजना कहीं उलटी न पड़ जाए। किसका रथ आ रहा है, यह देखने के लिए वे पीछे मुड़े।

उनके हृदय आनन्द से उछल उठे। रथ पर कृष्ण थे और उनके हाथ में अश्वों की लगाम थी। अश्व तीव्र गति से दौड़ रहे थे।

श्वेतकेतु ने रुक्मिणी को पीछे खींचा। रुक्मिणी ने देखा—पथरीले मार्ग पर जो रथ बड़ी तेजी से आ रहा था, उस पर उसके अपने गोविन्द खड़े थे!

रुक्मिणी का मस्तिष्क चक्र की तरह घूमने लगा। वह सबकुछ भूलकर रथ की ओर दौड़ी। अश्वों को अचानक रोककर कृष्ण रथ से कूदे और रुक्मिणी को उठाकर रथ में बैठा लिया।

उद्धव, श्वेतकेतु और सात्यकि हर्ष से पागल हो गए। आम्रवन के पीछे छिपाई नौका में बैठकर शीघ्रता से नदी पार कर वह सबको यह समाचार सुनाने दौड़े।

कृष्ण ने रथ को पीछे मोड़ा। रथ जब नदी का मुख पार कर गया तो कृष्ण ने अश्वों को रोका। उन्होंने कमर से बँधा पाञ्चजन्य निकाला और उसका विजयनाद सारे आकाश में गूँज उठा।

समस्त वातावरण में पाञ्चजन्य के स्वर फैल गए। मित्रों और शत्रुओं को पता लग गया कि पाञ्चजन्य का स्वामी अभी जीवित है और अन्तिम विजय उसी की हुई है।

उपसंहार

[1]

रुक्मिणी सागरतट पर खड़ी लहराती मत्त तरंगों को एकटक निहार रही थी। पिछले दो मास की घटनाओं के चित्र एक के बाद एक उसके मानस-पटल पर उभर आए। उसे लगा, गत दो मास में वह सौ जन्मों जितना अनुभव प्राप्त कर चुकी है।

कृष्ण ने उसे अपने हाथों में उठाकर रथ में बिठाया था और अश्वों को दौड़ा

दिया था। पूर्णा के पथरीले तटप्रदेश पर रथ के पहिए गड़गड़ाहट करते घूम रहे थे। गतिमान रथ और पथरीले रास्ते के कारण रुक्मिणी की कोमल देह रथ के हत्थे से बार-बार टकरा रही थी। वह बड़ी कठिनता से अपना सन्तुलन रख पा रही थी। पर कृष्ण की मुस्कान उसे सहारा दे रही थी। उसे श्रद्धा से ओत-प्रोत कर रही थी। अब वह कृष्ण के साथ थी। अब उसे स्वयंवर के भय में जीने की कोई आवश्यकता न थी।

बलराम और अन्य यादवों से भेंट हुई। रुक्मिणी ने पहली बार बलराम को देखा। उस उदार और स्नेहसिक्त वीर ने उसे बड़े उत्साह से आशिष दी। उनकी बड़ी-बड़ी आँखों में करुणा छलक रही थी।

यादव अभी तापी नदी के उत्तर की ओर बढ़ ही रहे थे कि रुक्मी भोजसेना के साथ पीछा करता आया और यादवों पर टूट पड़ा। भयंकर युद्ध हुआ। रुक्मिणी भयत्रस्त आँखों से योद्धाओं को लड़ते और मरते देखती रही। रथ को भयंकर तेजी के साथ चलाकर रुक्मी कृष्ण पर झपटा। वह काँप उठी। उसने अपनी आँखें मूँद लीं।

फिर यह देखने के लिए कृष्ण को कोई चोट तो नहीं आई, उसने अपनी आँखें खोलीं। कृष्ण का यह रूप उसने आगे कभी न देखा था। वे रथी के आसन पर खड़े थे। उनके बाएँ हाथ में अश्वों की लगाम थी। उनके चेहरे पर स्मित नहीं था। उनकी आँखें एक अनोखी शक्ति से चमक रही थीं।

उसने रुक्मी का तीर कृष्ण पर सधा देखा। फिर एक बार भय से उसकी आँखें मुँद गईं। दूसरे क्षण आँखें खुलीं तो देखा कि कृष्ण ने एक ओर झुककर रुक्मी का निशाना चुका दिया है।

फिर उसने जो कुछ देखा, वह अनोखा था। कृष्ण ने सुदर्शन-चक्र हाथ में ले लिया। रुक्मिणी ने इस चक्र के बारे में काफी सुन रखा था। कहा जाता था कि यह चक्र अपना लक्ष्य कभी चूकता नहीं। ''हे भगवान! क्या मैं अपने भाई की हत्यारिणी सिद्ध होऊँगी?'' यह विचार उसे कचोट रहा था। वह स्वयं को घसीटते हुए किसी प्रकार कृष्ण के पास पहुँची और उनके चरणों का स्पर्श किया। कृष्ण ने नीचे देखा! ''नाथ! नाथ! मेरे भाई का वध न करना!'' उसने दयार्द्र स्वर में कहा। उसकी आँखों से अश्रुधारा बह रही थी।

कृष्ण के चेहरे पर मुस्कान थिरक उठी। उन्होंने चक्र वापस रख दिया। अपने हाथ की लगाम सारथी बाहुक को दी और अपना धनुष सारंग उठाकर निशाना साधा।

रुक्मिणी ने आँखें मूँद लीं। दूसरे क्षण आँखें खोलीं तो देखा कि तीर रुक्मी की ओर बढ़ रहा है। ''कहीं रुक्मी की मृत्यु न हो जाए? हे भगवान! रुक्मी को

जीवित रखना!''

विजय का उन्मत्त घोष सर्वत्र फैल गया। घोड़े हिनहिना उठे। यादवों ने वासुदेव का जयनाद किया। यादव विजयी हुए थे।

रथ रुक गए। रुक्मी धरती पर निढाल पड़ा था। उसकी मृत्यु नहीं हुई थी, मात्र घायल हुआ था। उद्धव ने झुककर उसके घाव से बहते रक्त को दबा दिया। रुक्मिणी ने भगवान का आभार माना और महारुद्र का व्रत लिया। उसके भाई ने उसकी आँखें खोल दीं।

कृष्ण रथ से नीचे उतरे। रुक्मी घायल हो गया था, फिर भी वह उठ बैठा और कृष्ण की ओर घृणा से घूरता हुआ अपशब्द कहने लगा। बलराम को हँसी आ गई।

उसके गोविन्द नीचे झुके। उद्धव और सात्यकि की मदद से उन्होंने रुक्मी को उठाया और रथ में रुक्मिणी की बगल में उसे लिटा दिया। पट्टी बँधी रहने पर भी रुक्मी के घाव से रक्त-स्राव हो रहा था। रुक्मी ने रुक्मिणी पर क्रोध से दृष्टि डाली और उस पर थूकने का प्रयत्न किया।

''रुक्मी!'' कृष्ण ने कहा, ''सब भूल जाओ और अपनी बहन को क्षमा कर दो। इसी ने तुम्हारे प्राण बचाए हैं। यह न होती तो तुम कभी के मृत्युमुख में चले गए होते।''

रुक्मी बड़बड़ाया, ''दुष्ट! ग्वाला!'' रुक्मिणी को अपने भाई की कृतघ्नता पर लज्जा आई। गोविन्द ने उसे जीवनदान दिया, फिर भी वह उनके लिए ऐसी भाषा का उपयोग कर रहा था।

''रुक्मी! अपने क्रोध को नियन्त्रण में रखो! मैं अभी तुम्हें राजा भीष्मक के पास भेजने की व्यवस्था करता हूँ।'' कृष्ण ने हँसकर कहा।

रुक्मी एकाएक उठ बैठा और चिल्ला पड़ा, ''नहीं, नहीं, मैंने सौगन्ध खाई है कि जब तक कृष्ण का सिर मेरी हथेली में न हो तब तक मैं कुण्डिनपुर नहीं लौटूँगा। मैं वहाँ नहीं जा सकता।''

''पर अपनी बहन को विधवा बनाने की सौगन्ध लेना कोई अच्छी बात नहीं।'' कृष्ण ने विनोद करते हुए कहा, ''इससे बहुत अधिक पराक्रमी कार्य करने के अवसर तुम्हें मिले थे। कुण्डिनपुर नहीं जाना चाहते तो मेरे साथ द्वारका चलो। वहाँ तुम यादवों के बीच मेरी पत्नी के सम्माननीय भाई की भाँति रह सकोगे।''

बलराम आगे आए। स्नेहपूर्ण स्वर में बोले, ''रुक्मी के स्थान पर कोई भी होता, कृष्ण! वह अपने कुल के गौरव की रक्षा करने आता ही। इसने कुछ अनुचित नहीं किया। हाँ, तुम्हारे जैसे युवक को इसने वर के रूप में पसन्द नहीं किया, यह

इसकी मूर्खता अवश्य है। पर इसे कुण्डिनपुर वापस जाना ही चाहिए। मैं इसे वहाँ ले जाता हूँ।''

रुक्मी ने आँखें खोलीं और रोष से कहा, ''मैं कुण्डिनपुर नहीं जाऊँगा। मैंने प्रतिज्ञा ली है कि जब तक कृष्ण का मस्तक उतारकर नहीं ले जाऊँ, तब तक नगर में प्रवेश नहीं करूँगा।''

''तो फिर तुम्हारे लिए एक ही सम्मानपूर्ण रास्ता है!'' बलराम ने कहा, ''द्वारका में तो कृष्ण के साले के रूप में तुम्हारा जीवन मानहीन बन जाएगा। इससे तो अच्छा है कि तुम यहीं टिक जाओ। हम लोग यहाँ से कुछ देर बाद रवाना होंगे। तुम अपने आदमियोंसहित यहीं बस जाओ, यही उत्तम रहेगा।''

[2]

सूर्यतीर्थ से ये लोग जहाज में बैठकर प्रभास पहुँचे। वहाँ सबने भगवान सोमनाथ की पूजा की। यादवों ने वहाँ भव्य सत्कार का प्रबन्ध कर रखा था। पुष्पों और पताकाओं की रंगीन छटा के बीच शंखनाद और शहनाई के स्वर वातावरण में गूँजने लगे।

हर्ष के आँसू छलकाते हुए माँ देवकी ने रुक्मिणी को कलेजे से लगाया। विशालकाय, पर स्नेहपूर्ण जिठानी रेवती ने उसे बड़े प्रेम से आलिंगनबद्ध किया। त्रिवक्रा तो हर्ष से नाच उठी और बधाई के गीत गाने लगी।

रुक्मिणी वसुदेव, राजा उग्रसेन, अक्रूर, देवभाग और अन्य बुजुर्गों के पैरों पड़ी। बड़ी स्त्रियों ने उसे आशीर्वाद दिए। किसी ने उसे कलेजे से लगाया, किसी ने उसके रूप की प्रशंसा की, तो कोई उसकी विनम्रता के गुण गाने लगी। उसे सागर-स्नान के लिए ले जाया गया और फिर भाँति-भाँति के बहुमूल्य वस्त्रालंकारों से सज्जित किया गया।

कृष्ण की वाग्दत्ता के रूप में वह माँ देवकी के पास रहने लगी। अब तो कृष्ण से लुक-छिपकर आँखों-आँखों में ही बातें की जा सकती थीं। कृष्ण के साथ बोलना मर्यादा भंग करने के समान था। त्रिवक्रा अथवा देवर उद्धव के साथ उसे कृष्ण से सन्देश और उपहार मिलते रहते थे।

कुछ समय बाद लग्नोत्सव हुआ। समस्त द्वारका नगरी पर उत्साह की लहर छा गई। यादवगण सुन्दर-सुन्दर वस्त्र धारण कर नगर में घूमने लगे। घर-द्वार सजाए गए। बालक आनन्द से नाच-गाने लगे। नाविकगण भी 'भगवान' की एक झलक पाने के लिए आतुर थे।

धीरे-धीरे अतिथि आने लगे। करवीरपुर के शुक्रदेव, अवन्ती के विन्द और अनुविन्द और आसपास के कई अन्य राजा आए। शुक्रदेव के साथ रुक्मिणी को नया जीवन देनेवाली शैव्या भी आई।

पवित्र वेदी के पास श्वेत दाढ़ी से शोभायमान गर्गाचार्य जोर-जोर से वेदमन्त्र उच्चार रहे थे। हस्तमिलाप हुआ। गोविन्द का कर-स्पर्श कर रुक्मिणी धन्य हो गई। गोविन्द के साथ वह सात कदम चली। इस सप्तपदी ने उसे गोविन्द के साथ एक कर दिया। देवों और मनुष्यों की साक्षी में वह अपने 'नाथ' की अर्द्धांगिनी बनी।

फिर गीत और नृत्य के कार्यक्रम हुए। स्त्रियों ने मंगल-गीत गाए। यादव उत्साह में आकर एक-दूसरे का आलिंगन कर रहे थे। रुक्मिणी के नाथ रेशमी पीताम्बर और रेशमी उपवस्त्र धारण कर मस्तक पर मोरपंखजड़ित मुकुट पहने घूम रहे थे। उनकी भुवनमोहिनी मुस्कान सबके हृदय जीत रही थी। अपने प्रिय की प्रियतमा बनने का अनिर्वचनीय आनन्द रुक्मिणी अनुभव कर रही थी।

रात हुई। जीवन में एक ही बार आनेवाली वह रात सुहाग की रात थी। समान वय की स्त्रियाँ हँसी-ठिठोली कर रही थीं। रेवती ऐसी बातें कर रही थी कि रुक्मिणी के गाल लज्जा से रक्तवर्ण हो उठे। त्रिवक्रा उसे नववधू के लिए फूलों से सज्जित कक्ष में ले गई।

अब वह अकेली थी। उसका सारा शरीर कम्पमान था। स्वस्थ होने का प्रयास कर वह उन चरणों की ध्वनि सुनने को कान लगाए बैठी रही जिनकी प्रतीक्षा वह जन्म-जन्म से कर रही थी।

गोविन्द आए, मुस्कराए और उसकी श्रद्धा फिर से लहरा उठी। वह खड़ी हुई, प्रणाम किया और उनके निकट खड़ी हो गई। कृष्ण ने मुकुट उतारा, वैजयन्ती उतारी और उसे बाँहों में भर लिया। उन अतीव प्रिय, संरक्षक बाँहों में वह अपने-आपको कितनी सुखी और सुरक्षित अनुभव कर रही थी!

सारी रात आनन्द का एक क्षण बनकर रह गई।

दूसरे दिन गोविन्द भोर होते ही बाहर निकल गए। रुक्मिणी देर तक अर्द्ध जागृत अवस्था में इस आनन्द रात्रि के सपने देखती सोई रही। वासुदेव के महल से टकराती सागर की रुद्र लहरें उसके सपनों को ताल दे रही थीं। माता देवकी ने सदा की भाँति बड़ी समझदारी दिखाई और रुक्मिणी को भोजन तैयार होने पर ही बाहर आने का आदेश दिया।

जब उद्धव आए, तब रुक्मिणी अत्यन्त प्रसन्न मुद्रा में बैठी थी। रुक्मिणी को उद्धव अच्छे लगते थे। पर उनका प्रभाव कुछ और ही प्रकार का था। वे किसी

देवदूत की भाँति आते और लोगों की सहायता कर पीछे खिसक जाते।

उद्धव ने आकर प्रणाम किया। वे रुक्मिणी से वय में बड़े थे, पर बड़े भाई की पत्नी को योग्य आदर देना वे कभी न भूलते थे।

''आज कृष्ण आपसे नहीं मिल सकेंगे। सुबह ही तीन जहाजों के तूफान में फँस जाने का समाचार मिला। कृष्ण, सात्यकि तथा विराट उन जहाजों को बचाने गए हैं। उन्होंने आपका ध्यान रखने के लिए मुझे कहा है।''

रुक्मिणी की आँखों में भय छा गया। ''वे कैसे जहाजों को बचाएँगे?''

''नौकादल के नायक कुक्कुर उनके साथ गए हैं। वे छोटी-छोटी नौकाओं में जाएँगे और यदि जहाज डूब गए तो उनके यात्रियों को नौकाओं में बैठाकर बचा लेंगे।''

''पर कल रात समुद्र में भयंकर तूफान था। उन्हें तो कुछ नहीं होगा न?''

''भृगुतीर्थ जा रहे इन जहाजों में यादवों के तीस कुटुम्ब भी थे। कृष्ण उन्हें डूबने के लिए यों ही नहीं छोड़ सकते थे।''

''पर ऐसे तूफानी समुद्र में जाने से पहले उन्होंने अपने प्राणों की चिन्ता नहीं की? यदि उन्हें कुछ हो गया तो मेरा क्या होगा?'' रुक्मिणी ने आँखों में आँसू भरकर पूछा।

उद्धव ने स्नेहपूर्ण स्वर में कहा, ''आप चिन्ता न करें। कृष्ण को कुछ नहीं होगा और कृष्ण कुछ करने का निश्चय कर लें तो उन्हें कौन रोक सकता है। उन्हें यादव न रोक सके, जरासन्ध न रोक सका, कालयवन भी रोकने में असमर्थ रहा। हम उन्हें रोकनेवाले कौन हैं!''

''आप क्रूर हैं, देवरजी! गोविन्द का जीवन संकट में है, यह आप देख नहीं सकते।''

''उत्तेजित न हों, भाभी! मैं भी कृष्ण से प्रेम करता हूँ—सभी कृष्ण को प्रेम करते हैं। कृष्ण मेरे या आपके लिए ही नहीं जीते, उन सबके लिए जीते हैं, जो उन्हें चाहते हैं। उनमें से किसी को कोई आँच आती है तो वे अपना जीवन संकट में डालने को तुरन्त तैयार हो जाते हैं।'' उद्धव ने हँसकर कहा, ''गोविन्द का स्वभाव ही ऐसा है। हमें उसे स्वीकार कर लेना चाहिए। हम तो सर्वभाव से उनके प्रति अपने को समर्पित ही कर सकते हैं।''

रुक्मिणी ने अधीरता से होंठ काटे। ''हाँ, सब उनको चाहते हैं और वे भी सबको चाहते हैं। इसमें मेरा स्थान कहाँ!''

''भीष्मक-सुता! आपका स्थान सबसे पहले है। कालयवन का भय जब सिर पर मँडरा रहा था तब उन्होंने आपको ही याद किया था, याद है न?''

उद्धव की नम्र वाणी में जो हलका उपालम्भ था, वह रुक्मिणी समझ गई।

"आप उनकी सहधर्मिणी हैं। उन्हीं की तरह होना सीखिए।"

रुक्मिणी रो पड़ी। उसे अपनी निर्बलता का ध्यान आया। "मैं जानती हूँ, देवरजी! उनकी सहधर्मिणी होने की योग्यता मुझमें नहीं। हे भगवान! आपने इतनी सामर्थ्य मुझे क्यों न दी?" वह पलंग पर गिरकर तकिए में मुँह छिपाकर रोने लगी।

कुछ देर कोई कुछ न बोला। कुछ स्वस्थ होने के बाद वह बोली, "मेरे लिए कोई सन्देश भेजा है, उन्होंने?"

"हाँ, उन्होंने मुझसे कहा, 'उद्धव! रुक्मिणी से कहना कि वह यादवों की भाग्यलक्ष्मी बनकर रहे। यादव मेरे अस्तित्व का ही एक अंग हैं। और उद्धव! तुम रुक्मिणी का ध्यान रखना।' भाभी! उन्हें भी लगा कि वे जिस मार्ग पर जा रहे हैं वह संकट से भरा है, इसीलिए तो उन्होंने यह सन्देश भेजा है।"

उसे एकाएक शैव्या का ख्याल आया। एक बार जब सभी को यह विश्वास हो गया था कि कृष्ण मृत्यु को प्राप्त हो गए हैं तो शैव्या और वह एक-दूसरे से लिपटकर रो पड़ी थीं।

"शैव्या कहाँ है? मैं उससे मिलना चाहती हूँ।" उसने कहा और फिर तुरन्त ही पूछा, "क्या उन्होंने शैव्या के लिए भी कोई सन्देश भेजा है?"

"हाँ, उन्होंने कहा है 'जब तक मैं नहीं लौटूँ, मेरा चक्र शैव्या को दे देना। वह उसकी पूजा में सारा जीवन बिता देगी।' "

रुक्मिणी फफक-फफककर रोने लगी। उसे याद आया कि पिछले दिन उत्सव के उल्लास में वह शैव्या से मिलकर उसे आलिंगन देना भूल गई थी। उसने कहा, "मैं शैव्या से मिलना चाहती हूँ। उससे कहो कि..."

उद्धव रुक्मिणी की इस अधीरता को देखकर हँस पड़े। उन्होंने कहा, "भाभी, जैसे ही उसे पता चला कि कृष्ण डूबते हुए जहाजों को बचाने गए हैं, वह तत्काल प्रभास पहुँच गई। उसने शुक्रदेव से कहा है कि जब तक कृष्ण न लौटेंगे, वह प्रभास के समुद्र-तट पर ही उनकी प्रतीक्षा करेगी।"

[3]

उद्धव चले गए। रुक्मिणी के पैरों-तले से ही धरती खिसक गई। उसके हृदय में ईर्ष्या का शूल गड़ रहा था। शैव्या कृष्ण से विवाह करना चाहती थी। कृष्ण ने उसका अनादर किया तो सम्पूर्ण शरणागति से उसने उन्हें जीत लिया। उसने रुक्मिणी को भी कृष्ण को प्राप्त करने में सहायता दी थी। इस समय जब कृष्ण

का जीवन संकट में है, वह सागर-तट पर खड़ी उनकी सकुशल लौटने की प्रतीक्षा कर रही है।

''मैं ही निरी निकम्मी हूँ,'' रुक्मिणी ने स्वयं से कहा, ''कल मैंने उत्सव में शैव्या के सामने भी नहीं देखा और आलिंगन भी नहीं दिया। आज भी मैं स्वार्थी बनकर, कृष्ण वापस नहीं आए तो मेरा क्या होगा, यह रोना रो रही हूँ और वह सागर किनारे खड़ी है!''

बड़ी देर तक वह बिछौने में पड़ी आँसू बहाती रही। क्षण-क्षण वह शैव्या के सान्निध्य की कामना करने लगी। उसके लिए व्याकुल थी। पर साथ ही यह विचार भी उसके हृदय को कचोट रहा था कि इस विनम्र श्यामा का स्थान उसके पति के हृदय में है। परन्तु क्या वह गोविन्द के हृदय पर अपना एकक्षत्र शासन स्थापित कर सकती है? गोविन्द से वह कैसे कहे कि वे वसुदेव, माँ देवकी, बलराम, अक्रूर, उद्धव और त्रिवक्रा से स्नेह न करें! वे सबको चाहते थे। यादव वृद्धाओं के वे लाड़ले थे। छोटे-छोटे बालकों के साथ वे खेलने लग जाते थे। वे जहाँ भी जाते, यह वानर-सेना उनके नाम का जयघोष करती हुई चलती। कृष्ण सबको चाहते थे। इन सबके जीवन-सूर्य के बीच क्या वह ग्रहण बन सकती है!

फिर वह आत्मनिन्दा करने लगी। कृष्णवधू बनने की योग्यता उसमें कहाँ! वे देवता हैं। उन्हीं के स्पर्श से वह देवी बनी, पर उसके अन्दर देवी का कोई अंश नहीं। वह संकुचित स्वार्थवृत्ति से कृष्ण को चाहती है। शैव्या के प्रति कृष्ण का कैसा भाव है, इस पर उसने कभी ध्यान नहीं दिया। शैव्या के इस महान आत्म-बलिदान के लिए उसने कभी विचार तक नहीं किया। वह स्वार्थी पत्नी बनकर अपने नाथ को जिस उच्च भूमिका पर वे खड़े हैं, उससे नीचे संकुचित प्रेम के स्तर पर ले आना चाहती है!

वह बड़ी देर तक विचार करती रही। वह स्त्री है। उसमें स्त्री-सुलभ ईर्ष्या का होना स्वाभाविक है। पर नाथ के स्पर्श ने उसे देवी बना दिया। उसे अपने नाथ के प्रति सम्पूर्ण समर्पण करना होगा। इस पूर्ण शरणागति में उसे शैव्या को भी पीछे रख देना होगा।

शैव्या को श्रीकृष्ण के प्रति अत्यन्त भक्ति-भाव था। यदि शैव्या के साथ विवाह करने का उन्होंने निश्चय किया होता तो क्या वे उसे करवीरपुर में अकेली रहने देते! नहीं, उसका विश्वास लौटा। वह यादवों की भाग्यलक्ष्मी है। शैव्या उस चक्र की पूजा करेगी, जिस चक्र की वे स्वयं पूजा करते थे।

वह आन्तरिक वेदना से कराह उठी, ''गोविन्द! आप जिसे चाहेंगे, मैं भी उसे चाहूँगी। शैव्या अब करवीरपुर जाकर अकेली नहीं रहेगी। गोविन्द, लौट आओ!

अपनी ईर्ष्यालु और स्वार्थी पत्नी को क्षमा कर दो!"

रुक्मिणी पलँग से उठ बैठी। मुँह धोकर उसने नवीन वस्त्र धारण किए और माँ देवकी के पास गई। भोजन समाप्त होने तक वह रास के कामों में हाथ बँटाती रही। फिर माँ से प्रभास जाकर शैव्या के साथ रहने की अनुमति माँगी।

रथ प्रभास की दिशा में आगे बढ़ रहा था। उसने देखा कि शैव्या अकेली समुद्र-तट पर खड़ी है। उसकी आँखें तूफानी सागर पर टिकी हैं। दूर क्षितिज पर उसकी नजरें गड़ी हैं। समुद्र की प्रचण्ड लहरों से वह भीग रही थी, पर उसे इसका भान न था।

उसके होंठों पर एक अद्‌भुत मुस्कान थी–ऐसी मुस्कान रुक्मिणी ने पहले कभी न देखी थी। अपने इस स्मित के चुम्बक से मानो वह क्रोधित समुद्र से कृष्ण को तटप्रदेश पर वापस बुला रही थी।

परिशिष्ट

1. पञ्चजन और पुण्यजन राक्षस

कंस का हनन करने के पश्चात् श्रीकृष्ण ने जो प्रथम महत्त्वपूर्ण कार्य किया, वह अपने गुरु सान्दीपनि के पुत्र को वैवस्वतपुरी से वापस लाना था। इस कथा का आधार प्रामाणिक प्रतीत होता है। सान्दीपनि के पुत्र को प्रभास के आसपास किसी स्थान से पकड़कर सागर पार वैवस्वतपुरी ले जाया गया था। उसकी खोज में निकले श्रीकृष्ण ने पञ्चजन नामक समुद्री राक्षस (राक्षस शब्द दुष्ट और घृणित विदेशियों के लिए प्रयोग किया जाता था) का नाश किया। यह भी कहा जाता है कि सौराष्ट्र के समुद्री तट पर कुशस्थली में इन लोगों ने अपनी बस्ती कायम की थी।

ऋग्वेद में पाणि उन लोगों को कहा गया है जो आर्य देवताओं को बलि नहीं देते थे। उन्हें 'भेड़िए', 'राक्षस' इत्यादि घृणावाचक शब्दों से पुकारा जाता था। उन्हें दस्यु और परमाणी भी कहा जाता था। कुछ विद्वानों का मत है कि ये काफिलों में (अश्वसहित) जानेवाले आदिवासी व्यापारी थे, जो आवश्यकता पड़ने पर, अपने माल की रक्षा करने के लिए लड़ने को तैयार रहते थे। (मैक्डोनल एण्ड कीथ, 'वैदिक इंडेक्स', भाग-1, पृ. 471-72)।

इसी से मेरा अनुमान है कि पुण्यजन, पञ्चजन और पाणि एक ही विदेशी जाति के भिन्न-भिन्न नाम हैं। ये शायद वही फिनिशियन लोग थे, जिन्हें प्राचीन

यूरोप के समुद्री मार्गों पर साहसपूर्ण यात्रा करनेवाली, गैर-ईमानदार जाति समझते थे। 1600 से 1350 ईस्वी पूर्व (राबिन्सन्स : 'हिस्ट्री ऑफं फोनिशिया,' पृ. 406)। फोनेशिया में बसने से पहले फोनेशिया के दक्षिण में यूरीथ्रियन सागर के किनारों पर कई स्थानों में इनकी बस्तियाँ थीं। इससे यही जान पड़ता है कि अरब सागर में ही इनका दौरदौरा था।

2. यम, वैवस्वतपुरी का सम्राट्

सागरपार स्थित यमपुरी–वैवस्वतपुरी–से सान्दीपनि के पुत्र को वापस लाने में श्रीकृष्ण तभी सफल हुए जब उन्होंने मृत्यु के देवता और सूर्यदेव विवस्वान के पुत्र यम को परास्त कर दिया। इस नाम का अर्थ सूर्य अथवा प्रकाश का नगर भी हो सकता है। अरब सागर पर एक पुरातन स्थल का नाम 'प्रकाश का नगर' बताया जाता है। बैबिलोन के पास भी लारसा नामक एक नगर था, जिसका अर्थ 'सूर्य की नगरी' होता है।

हरिवंश में आई कथा को बारीकी से देखा जाए तो वैवस्वतपुरी का सम्राट् यम, मृत्यु का देवता यम नहीं, बल्कि एक जीवित व्यक्ति जान पड़ता है। हरिवंश के अनुसार इस यम ने सर्वप्रथम श्रीकृष्ण को विष्णु का अवतार माना और फिर सान्दीपनि के पुत्र को लौटाने की अपेक्षा श्रीकृष्ण से युद्ध किया। यह तो कभी सोचा नहीं जा सकता कि यम, जो एक अधीन देवता है, विष्णु से लड़ने का साहस करेगा। इससे यही जान पड़ता है कि कृष्ण ने एक ऐसे राजा को परास्त किया, जिसे बाद में मृत्युदेव यम कहा जाने लगा। और यदि वह राजा ही था तो उस लड़के को न लौटाने का उसके लिए पर्याप्त कारण रहा होगा। किसी-न-किसी रूप में वह राजा के लिए अनिवार्य रहा होगा।

यदि मेरा अनुमान सही है तो वैवस्वतपुरी सौराष्ट्र तट के उस पार अरब सागर में स्थित रही होगी। इस सन्दर्भ में यह भी ध्यान देने योग्य है कि सिकन्दर के आगमन तक सिन्ध में हैदराबाद के क्षेत्र को पाताल कहा जाता था। अरब सागर में किसी द्वीप अथवा तट पर कोई बन्दरगाह भी नागराज धुम्रवर्मा द्वारा शासित था। इन्होंने अपनी कन्याओं का विवाह श्रीकृष्ण के एक पूर्वज से किया था क्योंकि इन्हीं में से एक कन्या के पुत्र को धुम्रवर्मा का द्वीप विरासत में मिला था। इस द्वीप के लोग समुद्र के गर्भ में से मोती निकाल लाने में दक्ष थे (हरिवंश, विष्णुपर्व, 38, 29-34)। इससे यह जाहिर होता है कि अरब सागर में नाग बस्तियाँ थीं। सभी अधिकारियों का मत है कि श्रीकृष्ण और पाण्डवों की एक पूर्वज नाग राजकन्या थीं। यादव सरदार शूर–जिन्होंने शूर वंश की स्थापना की–

नागराज आर्यक–जिन्हें भोज, भावि अथवा मरीख भी कहा जाता था–की एक पुत्री से ब्याहे थे। उनसे शूर को दस पुत्र हुए, जिनमें श्रीकृष्ण के पिता वसुदेव सबसे बड़े थे और उनके बाद दूसरे स्थान पर उद्धव के पिता देवभाग थे। इसी नागसुन्दरी से शूर की पाँच कन्याओं ने जन्म लिया, जिनमें पाण्डवों की माता पृथा अथवा कुन्ती सबसे बड़ी और चेदि की महारानी तथा शिशुपाल की माता श्रुतश्रवा चौथी थीं (महाभारत, आदिपर्व, अध्याय 128, श्लोक 64, भागवत 19, 24, हरिवंश 1, 134)।

आर्यों के भारत आने से पूर्व, समाज की प्रारम्भिक अवस्था में 4000 ईस्वी पूर्व, एशिया माइनर से जापान तक चालकोलिथिक संस्कृति के लोग फैले थे, जो माँ की उपासना करते थे। हड़प्पा संस्कृति के लोगों में भी माँ की पूजा प्रचलित थी और कुछ विद्वानों का मत है कि देवी का आदि नाम माँ है, शायद उससे उमा और अम्बा शब्द उद्‌भूत हुए।

3. गोमन्तक काण्ड

कृष्ण और बलराम के गोमन्तक में शरण लेने की कथा हरिवंश में तो है, पर विष्णुपुराण अथवा भागवत में नहीं। यदि हरिवंश की कथा सही है तो गोमन्तक शायद आधुनिक गोवा अथवा सह्याद्रि पर्वत की चोटी महेन्द्र पर्वत के आसपास पश्चिमी तट पर कोई अन्य स्थान होना चाहिए।

यह घटना कई कारणों से महत्त्वपूर्ण बन गई है। अपने गोमन्तक प्रवास में ही कृष्ण गरुड़ के सम्पर्क में आए। पुराणों में कहीं तो गरुड़ को दिव्य पक्षी कहा गया है और कहीं उन्हें गरुड़ की भाँति मानव बताया गया है (हरिवंश, द्वितीय भाग, अध्याय 40, 41)। गोमन्तक में ही कृष्ण और बलराम को वे शस्त्र प्राप्त होते हैं जिनका सम्बन्ध उनसे जोड़ा गया है, और जिनमें से प्रत्येक का एक विशेष नाम है (हरिवंश 2, अध्याय 43-9 और 10)।

गोमन्तक काण्ड में ही बलराम सर्वप्रथम उन आदतों को अपनाते हैं जिनकी पुराणों ने चर्चा की है। प्रत्येक पुराण में मद्यपान के प्रति उनका प्रेम बताया गया है, परन्तु हरिवंश में यह वर्णन मिलता है कि किस प्रकार वे सर्वप्रथम सुगन्ध देनेवाले कदम्ब वृक्ष की ओर आकृष्ट होते हैं और उसका रसपान करते हैं। इसी से मद्य का 'कादम्बरी' नाम पड़ा। (हरिवंश 2, अध्याय 41-43)। फिर भी, मैं यह दावे के साथ नहीं कह सकता कि श्रीकृष्ण और बलराम के समय में पश्चिमी समुद्रतट पर कदम्ब वृक्ष थे ही।

अपने गोमन्तकवास में ही बलराम ने उन तीन दिव्य अप्सराओं का सहवास

प्राप्त किया, जिनके नाम मैंने इस कथा में तीन गरुड़ बालाओं को दिए हैं, (हरिवंश 2, अध्याय 41-35)।

गोमन्तक काण्ड का अपना महत्त्व है क्योंकि इसी में कृष्ण-बलराम द्वारा जरासन्ध को हराए जाने का वर्णन मिलता है, और जरासन्ध तथा उसके साथियों की इस पराजय ने ही श्रीकृष्ण और बलराम को अजेय होने की उस ख्याति से विभूषित कर दिया था, जिसकी चर्चा हम बाद की घटनाओं के वर्णन में पाते हैं।

❑❑❑